Die Konzeptualisierung und empirische Überprüfung des Vertrauenskonstrukts im Rahmen einer vergleichenden Studie zwischen internetbasiertem und traditionellem Handel

Markt und Konsum

Herausgegeben von Prof. Dr. Dr. h.c. Ursula Hansen

Band 16

PETER LANG

Frankfurt am Main · Berlin · Bern · Bruxelles · New York · Oxford · Wien

Daniel Bornemann

Die Konzeptualisierung und empirische Überprüfung des Vertrauenskonstrukts im Rahmen einer vergleichenden Studie zwischen internetbasiertem und traditionellem Handel

PETER LANG
Europäischer Verlag der Wissenschaften

Bibliografische Information Der Deutschen Bibliothek
Die Deutsche Bibliothek verzeichnet diese Publikation in der Deutschen Nationalbibliografie; detaillierte bibliografische Daten sind im Internet über <http://dnb.ddb.de> abrufbar.

Zugl.: Hannover, Univ., Diss., 2004

D 89
ISSN 0946-5995
ISBN 3-631-53117-6

www.peterlang.de

Geleitwort

In der Diskussion über die Anwendungspotentiale des Internet werden häufig zentrale Bedenken in Bezug auf die Vertrauensproblematik geäußert. Herr Bornemann nimmt sich somit eines überaus aktuellen Praxisproblems an, das angesichts der zunehmenden Bedeutung des Internetmarketing von wachsender Relevanz ist. Herr Bornemann verknüpft in seiner Untersuchung das Internetmarketing mit dem Relationship Marketing, das als neueres Konzept des Marketing verstärkt in der Praxis angewendet wird und in dem Vertrauen ein zentrales Zielkonstrukt bildet. Er nimmt eine Konzeptualisierung und empirische Überprüfung des Vertrauenskonstruktes im Vergleich von Internethandel und traditionellem Handel vor und wendet diese auf zwei ausgewählte Branchen an, die derzeitig den höchsten Internetumsatz erzielen. Im Zentrum seiner Arbeit steht die Entwicklung eines Determinantenmodells für Vertrauen und seine Dimensionen des Wohlwollens und der Kompetenz. Zugrunde liegt seinen Überlegungen die Commitment-Trust-Theorie, in der das Vertrauen als grundlegendes Konstrukt des Relationship Marketing in den Kontext anderer Beziehungskonstrukte gestellt wird.

Die Arbeit gliedert sich in sieben Hauptkapitel. Dabei folgt der Aufbau der klassischen Logik theoriegeleiteter und empirisch orientierter Arbeiten. Nach einem einführenden Kapitel beschäftigt sich Herr Bornemann zunächst mit dem Konstrukt Vertrauen im Relationship Marketing. Dazu werden neben den Grundlagen des traditionellen Vertrauenskonstrukts die Grundzüge des Relationship Marketing aufbereitet, um dann mit der Commitment-Trust-Theorie und verwandten Ansätzen den theoretischen Rahmen für die Verwendung des Konstrukts Vertrauen herauszustellen, das Herr Bornemann dann anschließend in die Theorie des Relationship Marketing einbringt. In der Folge beschäftigt sich der Verfasser mit den Grundlagen der internetorientierten Marketing- und Konsumverhaltensforschung und zeigt die Besonderheiten des Relationship Marketing im Internet auf. Dem Vertrauen als Schlüsselvariable des Relationship Marketing im Internet ist das folgende Kapitel gewidmet, in dem der Verfasser die internetspezifischen Ausprägungen des Konstruktes theoretisch aus Literaturbeiträgen und Plausibilitätsüberlegungen ableitet und in Untersuchungshypothesen überführt. Im empirischen Teil werden dann die Methodik und Ergebnisse der empirischen Untersuchung dargestellt, die den Kern der Arbeit bilden. Daraus werden im anschließenden Schlussfolgerungen gezogen. Die Arbeit schließt mit einer Zusammenfassung.

Im empirischen Teil der Arbeit erfolgt eine Internetbefragung von 2.108 Internet-NutzerInnen und eine Vorstudie mit einem Befragungsumfang von 273 Personen. Die Untersuchung wurde im Rahmen eines Marktforschungspraktikums an den Universitäten Hannover und Münster durchgeführt. Dieses Projekt schätze ich sowohl von seinem Forschungs- wie von seinem didaktischem Wert als anspruchsvoll und gelungen ein. Sorgfältig befasst sich Herr Bornemann im Vorfeld mit den besonderen Marktforschungsproblemen von Online-Befragungen allgemein in ausführlicher Form, was angesichts der geringen Erfahrungen in diesem Bereich angemessen ist.

Herr Bornemann greift mit seiner Arbeit ein zentrales Thema in der Schnittstelle von Relationship Marketing und Internetmarketing auf. Er wendet dazu interdisziplinäre Ansätze zum Konstrukt Vertrauen auf das Internetmarketing an und leistet theoretische Weiterentwicklung dieses in den Anfängen befindlichen Untersuchungsfeldes. In einer empirisch anspruchsvollen Untersuchung generiert er Erkenntnisse über die Determinanten des Vertrauens einschließlich seiner Dimensionen Wohlwollen und Kompetenz und über die Wirkungsbeziehungen des Vertrauens hinsichtlich Kundenbindung und Commitment. Die Untersuchung wird in den beiden Branchen der Touristik und des Buch/CD/DVD/-Handels mit einem Vergleich des Off- und Online-Bereichs vorgenommen. In einem Fazit weist Herr Bornemann auf Handlungsimplikationen hin und ordnet seinen Beitrag in den Weg bisheriger und zukünftig möglicher Forschungen ein.

Ich wünsche dieser spannenden Arbeit aufgrund ihres aktuellen und zukunftsträchtigen Themenbezugs einen vielfältigen und interessierten Leserkreis und eine breite Wirkung in die Praxis hinein.

Hannover, im Juli 2004

Ursula Hansen

Vorwort

Verfolgt man die Diskussion um die aktuelle Relevanz des Internets für die Marketing-Theorie und -Praxis, stößt man unweigerlich immer wieder auf das Schlagwort Vertrauen. Offensichtlich herrscht in beiden Bereichen die Annahme vor, bei Vertrauen handele es sich um eine Schlüsselgröße, die über den Erfolg oder Misserfolg nicht nur einzelner Unternehmungen oder Projekte im Internet entscheidet, sondern vielmehr von hoher Bedeutung für den Erfolg des Mediums Internet selbst ist. Folglich fällt den im Rahmen der vorliegenden Arbeit gewonnenen Erkenntnissen nicht allein aus einer Marketing-Perspektive eine hohe Relevanz zu, sondern auch aus einer eher weiter gefassten, gesellschaftlichen Perspektive. Dabei ist die Feststellung besonders wertvoll, dass Vertrauen offensichtlich auch im Internet gezielt herausgebildet werden kann.

Da ich mich, gleichermaßen privat wie beruflich, sehr intensiv mit dem Medium Internet beschäftige, war es mir zum Einen ein wichtiges Anliegen, mit dieser Arbeit einen Beitrag zum tieferen wissenschaftlichen Verständnis des Vertrauenskonstruktes als Schlüsselgröße im Internet zu leisten. Zum Anderen zielte die Arbeit darauf ab, in Folge der hohen Praxisnähe direkt verwertbare Implikationen für die Marketing-Praxis zu schaffen. Nicht zuletzt die umfangreiche empirische Untersuchung trägt hierzu maßgeblich bei.

Natürlich wäre dies alles ohne die tatkräftige Unterstützung zahlreicher Personen nicht möglich gewesen. Besonders danken möchte ich meiner „Doktormutter", Frau Professor Dr. Dr. h.c. Ursula Hansen, die mich nach meinem Studium der Wirtschaftswissenschaften am Lehrstuhl Marketing I: Markt und Konsum der Universität Hannover aufnahm und mir somit die Möglichkeit gab, unter ihrer Aufsicht meine Dissertation durchzuführen. Für zahlreiche Diskussionen und Anregungen aber insbesondere auch für die sehr hilfreichen Doktorandenkolloquien gebührt ihr mein besonderer Dank. Herrn Prof. Dr. Klaus-Peter Wiedmann sei an dieser Stelle für die sehr zügige Durchsicht und Begutachtung der Arbeit und das von ihm entgegengebrachte Interesse gedankt. Gleichermaßen danke ich ihm für die Abnahme des mündlichen Teils der Doktorprüfung in Form der Disputation. Dies gilt ebenfalls Prof. Dr. Udo Müller, der sich auch nach seiner Emeritierung die Zeit genommen hat, sich in die Arbeit einzulesen und als Vorsitzender die Disputation abzunehmen. Besonders hervorheben möchte auch die Unterstützung von Prof. Dr. Thorsten Hennig-Thurau, der mir nicht nur im Rahmen des gemeinsamen Marktforschungspraktikums für den empirischen Teil zur Seite stand, sondern durch zahlreiche Diskussionen maßgeblich zum wissenschaftlichen Niveau der Arbeit beigetragen hat. Abschließend seien noch meine Kollegen sowie ausdrücklich Frau Brauns hervorgehoben, die fachlich aber insbesondere auch moralisch zum gelingen der Arbeit beigetragen haben.

Neben meinem beruflichen Umfeld gebührt der Dank natürlich meiner Familie, meinen Eltern, die mir nicht nur über die Finanzierung des Studiums diesen Weg ermöglicht haben, sondern durch beschwerliche Korrekturarbeiten gleichermaßen zum Gelingen der Arbeit beigetragen haben. Ihr moralischer Beitrag wird nur noch überboten von dem meiner Freundin und zukünftigen Ehefrau Silja Kuckulies. Neben ihrer unermüdlichen moralischen Unterstützung entwarf sie quasi nebenbei die Abbildungen und den Online-Fragebogen und war mir ein wichtiger Ratgeber in Bezug auf die Gestaltung der Arbeit. Ich hoffe, mich in naher Zukunft einmal revanchieren zu können.

Hannover, im Juni 2004

Daniel Bornemann

Inhaltsverzeichnis

Abbildungsverzeichnis

Abkürzungsverzeichnis

AGB	Allgemeine Geschäftsbedingungen
B2C	Business to Consumer
CD	Compact Disc
CME	Computer-Mediated Environment
CRM	Customer Relationship Management
DEV	durchschnittlich erfasste Varianzen
DVD	Digital Versatile Disk
EC	Electronic Commerce
E-Commerce	Electronic Commerce
eCRM	Electronic Customer Relationship Management
ed.	Editor
eds.	Editors
EDV	Elektronische Datenverarbeitung
E-Mail	Electronic Mail
F&E	Forschung und Entwicklung
HTML	Hypertext Markup Language
HTTP	Hypertext Transfer Protocol
InterNIC	Internet Network Information Center
IP	Internet Protocol
IRC	Internet Relay Chat
Mio.	Millionen
MW	Mittelwert
OECD	Organisation für Economic Co-operation and Development
PC	Personal Computer
SD	Standardabweichung
TCP	Transmission Control Protocol
TV	Television
URL	Uniform Resource Locator
USA	United States of America (Vereinigte Staaten von America)
WWW	World Wide Web

A. Einleitung

1 Problemstellung

Das Kundenvertrauen verkörpert eine der zentralen Voraussetzungen im Rahmen der Herausbildung und Festigung langfristiger Geschäftsbeziehungen zwischen Unternehmen und ihren Kunden (vgl. *Hansen* 2000, S. 417). Neben dem traditionellen, stationären Handel gilt dies gleichermaßen, wenn nicht sogar in gesteigerter Form, für im Internet angebotene Produkte und Dienstleistungen (vgl. für den stationären Handel z.B. *Bendapudi & Berry* 1997 20f.; *Berry* 1993, S. 1; *Crosby, Evans & Cowles* 1990, S. 70; *Dorsch, Swanson & Kelley* 1998, S. 130; *Kaapke & Dobbelstein* 1999; *Morgan & Hunt* 1994, S. 24; vgl. für den internetbasierten Handel z.B. *Lee & Turban* 2001, S. 75f.; *Morrison & Firmstone* 2000, S. 1f.; *Shankar, Sultan & Urban* 2002, S. 2). Dabei nimmt Vertrauen die Rolle einer „key mediating variable" des Relationship Marketings ein (vgl. *Morgan & Hunt* 1994, S. 22) und stellt aus Sicht der Kunden einen der Kernnutzen der Beziehung zum Anbieter dar (vgl. *Hennig-Thurau, Gwinner & Gremler* 2002, S. 231).

Abbildung 1:
Vertrauenslabel des Internethändlers www.computeruniverse.net

Quelle: www.computeruniverse.net

Gerade im Bereich der Unternehmenspraxis wurde die Erfolgsrelevanz des Vertrauensbegriffs insbesondere für den Internethandel frühzeitig erkannt. Verschiedene Ansätze wie etwa die zahlreichen Vertrauenslabel (siehe Abbildung 1), die sich auf den Websites vieler Internethändler finden, stellen dabei Versuche dar, der vorherrschenden Vertrauensproblematik gerecht zu werden, der sich Händler gerade im Internet ausgesetzt sehen. Die grundsätzliche Frage nach der Relevanz für die Marketingtheorie und -praxis ist also evident.

Betrachtet man allgemein die bisherige Entwicklung des Internets sowie das weiterhin zu erwartende Wachstum des Mediums, hat das Internet weitreichende Auswirkungen auf die Marketingpraxis. Zwar stellt das Internet originär ein

Kommunikationsmedium dar. Aus der fortschreitenden Verbreitung und technischen Weiterentwicklung resultieren jedoch weiterreichende Auswirkungen, die sich keineswegs auf den Bereich der Marketing-Kommunikation beschränken. Vielmehr ergeben sich aus dem integrativen Charakter des Mediums grundlegende Einflüsse auf sämtliche Instrumentalbereiche von Unternehmen (vgl. *Hoffman & Novak* 1996a, S. 50; 1996b; *Wirtz* 2000, S. 1-4).

Es stellt sich die Frage nach der theoretischen Einordnung und Fundierung im Rahmen der Marketingwissenschaft. Angesichts der beschriebenen Entwicklung in der Unternehmenspraxis verwundert es, dass sich die Marketingtheorie bislang eher ambivalent mit dem Medium Internet befasst hat. Zwar ist unter quantitativen Gesichtspunkten eine beachtliche Anzahl Veröffentlichungen zu konstatieren (vgl. etwa die Literaturübersicht in Kapitel D 2.1). Bei dem überwiegenden Teil dieser Arbeiten handelt es sich jedoch um Praktikerleitfäden, Literatur aus dem Bereich der Unternehmensberatung oder, im Vergleich zu anderen Marketingbereichen, um noch vergleichsweise wenig differenzierte theoretische Arbeiten. In qualitativer Hinsicht muss also festgestellt werden, dass insbesondere die Schaffung eines theoretischen Rahmens für Marketing im Internet noch in den Anfängen steht. Hier sind etwa Konzepte wie das Electronic Marketing (vgl. *Hansen & Bode* 1999, S. 350-373; *Herrmanns & Flegel* 1992) und das Internet Marketing (vgl. *Fritz* 1999; 2001) zu nennen. Weiter bestehen sowohl im Bereich der Ziele als auch der Instrumente diverse Überschneidungen mit dem Feld des Electronic Commerce (E-Commerce, EC). Eine einheitliche Begriffsfindung und -abgrenzung steht allerdings sowohl für Electronic Marketing und Internet Marketing als auch für den Electronic Commerce noch aus.

Muss für die Marketingforschung im Allgemeinen ein noch relativ großer Forschungsbedarf konstatiert werden, gilt dies für das Konzept des Relationship Marketings und die Übertragung der theoretischen Erkenntnisse auf das Internet umso mehr. Nur wenige Veröffentlichungen versuchen, einen theoretischen Rahmen für Relationship Marketing im Internet zu schaffen und werden ihrem Ziel bestenfalls in Ansätzen gerecht. Hier verspricht der Bereich des Electronic Commerce Ansätze für einen Wissenstransfer, da verschiedene Autoren in Vertrauen und Kundenbindung analog zum Relationship Marketing Schlüsselgrößen des Electronic Commerce sehen (vgl. etwa *Wirtz & Vogt* 2001, S. 117). Zwar gelten bezüglich der qualitativen Verwertbarkeit der Literatur die gleichen Limitationen, die für die Marketing- und insbesondere die Relationship-Marketing-Literatur angeführt werden, unter quantitativen Aspekten eröffnet sich jedoch ein weites Literaturfeld.

Ein Ziel dieser Arbeit wird es sein, einen solchen theoretischen Rahmen zu skizzieren und der Arbeit zugrunde zu legen. Einleitend stellt sich die Frage, inwieweit Relationship Marketing überhaupt ein sinnvolles Konzept für das Angebot und den Vertrieb von Leistungen über das Internet darstellt. Diverse Veröffentlichungen aus dem Bereich der Unternehmenspraxis weisen auf breite Schnittstellen und Ansatzpunkte hin. Der Aufbau und Erhalt eines umfangreichen Kundenstamms erscheint demnach als Erfolgsvoraussetzung für Marketing im Internet. Enorme Aufwendungen vieler Internetfirmen im Bereich der konventionellen Werbung in anderen Medien weisen auf die Bedeutung von Relationship-Marketing-Maßnahmen hin und lassen sie auch aus kostenwirtschaftlichen Gesichtspunkten sinnvoll erscheinen.

Vor dem Hintergrund des zu entwickelnden theoretischen Rahmens werden die Commitment-Trust-Theorie des Relationship Marketings (vgl. *Morgan & Hunt* 1994) und verwandte Konstrukte herangezogen, welche regelmäßig als theoretische Grundlage des Relationship Marketings sowohl im konventionellen Sinne als auch in Bezug auf das Internet betrachtet werden. Zudem weist die Commitment-Trust-Theorie dem Vertrauenskonstrukt besagte Schlüsselrolle zu und verortet Vertrauen im theoretischen Rahmen des Relationship Marketings. Diverse Veröffentlichungen aus dem Bereich der Marketing-Theorie, Electronic-Commerce-Forschung aber auch der Unternehmenspraxis weisen dabei darauf hin, dass Vertrauen in seiner Schlüsselrolle in Bezug auf das Internet sogar noch evidenter ist (vgl. *Castelfranchi & Tan* 2002, S. 55f.; *Grabner-Kraeuter* 2002, S. 43; *Hoffman, Novak & Peralta* 1998, S. 2).

Diese Annahme basiert auf diversen Besonderheiten, die sich aus den Charakteristika des Internets ergeben. Persönlicher Kontakt wie etwa im Rahmen eines persönlichen Verkaufsgesprächs oder der Erbringung eines Services direkt am Kunden findet nicht bzw. vergleichsweise selten statt. Transaktionen und Geschäftsbeziehungen werden folglich auf einer eher unpersönlichen und anonymen Ebene vollzogen. Hinzu kommt, dass gerade in Bereichen wie der Zahlungsabwicklung Unsicherheiten existieren, denen von Konsumentenseite eine hohe Bedeutung beigemessen wird. Diese sind neben dem Ausbleiben des persönlichen Kontakts auch auf die technische Unausgereiftheit des Mediums Internet zurückzuführen. Einheitliche Standards für die Zahlungsabwicklung, aber auch für die sichere Ausweisung bzw. Identifizierung von Personen und Institutionen, sind erst in der Entwicklung oder setzen sich nur langsam durch. Dies hat zur Folge, dass der Schutz der Privatsphäre sowie persönlicher Informationen nicht immer gewährleistet werden kann bzw. von Kundenseite häufig angezweifelt wird. Ebenfalls ist eine latente rechtliche Unsicherheit anzuführen, welche die Bedeutung von Vertrauen unterstreicht. Das Internet in seinem globalen Umfang schafft hier rechtliche Freiräume bzw. neue Sachverhalte, auf die Staaten bei der Gestaltung des Rechtsrahmens erst langsam reagieren; Entscheidungen auf länderübergreifender Ebene sind vielfach gefordert, erweisen sich jedoch als vergleichsweise aufwendig und langwierig.

Zusammenfassend lässt sich festhalten, dass beim Bezug von Produkten und Leistungen über das Medium Internet ein hohes Maß an Unsicherheit und Risiko zu verzeichnen ist. Vielfach gibt erst die tatsächliche Erfahrung mit einem Anbieter Aufschluss bzw. Sicherheit über dessen Vertrauenswürdigkeit und Seriosität. Die angeführten Sachverhalte verdeutlichen, warum dem Konstrukt des Vertrauens im Rahmen des Relationship Marketings im Internet eine gesteigerte Bedeutung im Sinne einer Schlüsselfunktion zukommt.

2 Aufbau der Arbeit

Auf die Einleitung folgend wird in Kapitel B der Arbeit das Konzept des Relationship Marketings im Handel als zugrunde gelegter theoretischer Rahmen behandelt und das Vertrauenskonstrukt in diesem Konzept verortet. Eingangs wird dabei der Begriff des Handels betrachtet. Es folgen die konzeptionellen Grundlagen des Relationship Marketings.

Aufbauend auf der Vorstellung des Relationship-Marketing-Ansatzes und der theoretischen Fundierung folgt im dritten Teil des Kapitels B die Darstellung des Vertrauenskonstrukts sowie die Klärung des der Arbeit zugrunde gelegten Verständnisses von Vertrauen. Das Vertrauenskonstrukt wird auf der Basis seiner theoretischen und historischen Grundlagen behandelt. Vor diesem Hintergrund wird eingangs eine interdisziplinäre Betrachtung vollzogen, die neben der Berücksichtigung in den Wirtschaftswissenschaften im Allgemeinen das Vertrauenskonstrukt in der Philosophie, der Soziologie und der Psychologie aufgreift. Ziel ist es, eine breite Wissensbasis zu schaffen, die als Grundlage für die Modifikation des Vertrauenskonstrukts hinsichtlich der Besonderheiten des Internets dienen kann. Anschließend wird die theoretische Fundierung des Vertrauenskonstrukts vollzogen. Dabei werden neben der Definition und Abgrenzung zentrale Determinanten von Vertrauen identifiziert und in ein Determinanten-System überführt, welches in Kapitel E der Arbeit einer empirischen Überprüfung unterzogen wird.

Es folgt die theoretische Fundierung des Relationship-Marketing-Konzeptes über die Commitment-Trust-Theorie. Hier wird auch die Einordnung des Vertrauenskonstruktes als Bestandteil der Commitment-Trust-Theorie vollzogen und somit eine Verortung des Vertrauens im Relationship Marketing durchgeführt. Die Commitment-Trust-Theorie eignet sich für eine Verortung des Vertrauens, da sie mit einer Abbildung der Konsequenzen des Vertrauens im Zusammenhang des Relationship Marketings einhergeht.

Kapitel C der Arbeit enthält die Übertragung des Relationship-Marketing-Konzeptes auf das Internet. Einführend erfolgt ein Überblick über die grundlegenden Merkmale des Internets wie etwa die technischen Grundlagen und die nutzbaren Dienste, welche die Basis aller Relationship-Marketing-Maßnahmen im Internet darstellen. Einleitend werden internetbezogene Ansätze am Beispiel des Internet Marketings und des Electronic Marketings skizziert, um auf diesem Wege die bisherige Auseinandersetzung der Marketingtheorie mit dem Medium Internet in qualitativer und quantitativer Hinsicht zu verdeutlichen. Es folgt eine Abgrenzung und Zugrundelegung des Internet Marketings als relevanten internetbezogenen Marketingansatz.

Anschließend wird das Konsumentenverhalten im Internet beleuchtet. Hier ergeben sich aus den Besonderheiten des Mediums abweichende Charakteristika und Verhaltensweisen, die Ansätze für die Identifikation von Determinanten des Kundenvertrauens versprechen.

Es folgt die Skizzierung eines theoretischen Rahmens für ein Relationship-Marketing-Konzept im Internet. Basierend auf der Herausstellung von Gemeinsamkeiten und Ansatzpunkten wird die Notwendigkeit der Modifikation des konventionellen Relationship-Marketing-Konzepts auf den Bereich des Internets aufgezeigt. Dann wird die Übertragung der Prinzipien des Relationship Marketings auf das Internet durchgeführt sowie ein alternatives Ziel- und Wirkungssystem des Relationship Marketings im Internet entwickelt. Abschließend wird eine Modifikation der Instrumentalbereiche vorgenommen. Ergebnis ist der Ansatz eines theoretischen Rahmens für ein modifiziertes Relationship Marketing im Internet, welches die Grundlage der Behandlung des Vertrauens im Internet darstellt.

In Kapitel D wird der zentrale Gegenstand der Arbeit, das Vertrauenskonstrukt im Internet, wieder aufgegriffen. Ziel ist es, dieses an die Charakteristika des Internets anzupassen und somit seiner Bedeutung gerecht zu werden. Auf die spezifische Begriffsbestimmung unter Berücksichtigung der Besonderheiten des Internets folgt die Anknüpfung an die in Kapitel B entwickelte Systematisierung der Vertrauensdeterminanten. Sowohl die Systematisierung als auch die Determinanten werden im Detail auf ihre Gültigkeit überprüft und um internetspezifische Determinanten erweitert. Anschließend erfolgt die Behandlung der Konsequenzen von Vertrauen im Internet im Rahmen einer angepassten Commitment-Trust-Theorie des Relationship Marketings im Internet, deren Grundlagen bereits in Kapitel B gelegt wurden.

Es schließt sich in Kapitel E die empirische Überprüfung der im bisherigen Verlauf der Arbeit gewonnenen Erkenntnisse an. Hier soll im Rahmen einer vergleichenden Online-Befragung das Kauf- und Beziehungsverhalten von Konsumenten im traditionellen und internetbasierten Handel untersucht werden. Ziel ist es, die Ergebnisse der theoretischen Behandlung des Konstruktes des Kundenvertrauens einschließlich seiner Ursachen und Konsequenzen in beiden Bereichen empirisch zu bestätigen, zu vergleichen und die Bedeutung von Vertrauen als Schlüsselgröße des Relationship Marketings im Internet zu unterstreichen. Dabei wird auf eine vergleichende, primär quantitativ ausgelegte Internetbefragung zurückgegriffen, welche die Bereiche Reisebüros und Buch/CD/DVD-Handel zum Gegenstand hat. Ebenfalls soll der geschaffene theoretische Rahmen für ein Relationship Marketing im Internet bestätigt werden. Neben der Überprüfung der in Kapitel B und D aufgestellten Determinantenmodelle werden die Konsequenzen von Vertrauen im Sinne der Commitment-Trust-Theorie empirisch überprüft und verglichen. Das Kapitel schließt mit einer zusammenfassenden Betrachtung der Ergebnisse.

Kapitel F der Arbeit enthält die Ableitung notwendiger Schlussfolgerungen. Aufbauend auf der empirischen Überprüfung der theoretischen Erkenntnisse im Rahmen der Modifizierung des Relationship Marketings und der Ausdifferenzierung des Vertrauenskonstrukts sollen an dieser Stelle Implikationen für Marketingtheorie und -praxis abgeleitet werden. Die Fragestellung, ob es sich bei Kundenvertrauen um eine Schlüsselgröße des Relationship Marketings auch im Internet handelt, wird hier beantwortet. Zudem werden konkrete Aussagen über ein systematisches Vertrauensmanagement für traditionelle und internetbasierte Händler aus den Ursachen und Konsequenzen des Vertrauens abgeleitet. Insgesamt wird an dieser Stelle eruiert, ob es sich bei dem modifizierten Konzept des Relationship Marketings und dem innewohnenden Vertrauensmanagement um einen praktikablen Ansatz handelt, welcher der Marketingpraxis ein adäquates Konzept zur Seite stellt. Aus den offen gelegten Limitationen wird zudem der weitere Forschungsbedarf abgeleitet.

Im abschließenden Kapitel G erfolgen eine Zusammenfassung der Ergebnisse und ein kurzer Ausblick.

3 Wissenschaftstheoretische Einordnung

Die Kenntnis der wissenschaftstheoretischen Einordnung einer wissenschaftlichen Arbeit ist von elementarer Bedeutung für das Verständnis der Vorgehensweise als auch der Beurteilung der Forschungsergebnisse (vgl. *Albert* 1976, Sp. 4675). Dabei ist der realwissenschaftliche Forschungsprozess mit verschiedenartigen Problemkomplexen behaftet, die sich etwa aus der Subjektivität der

Wahrnehmung, interessenbezogenen Werturteilen, der Präzision der Sprache und Verallgemeinerungen ergeben (vgl. *Ulrich & Hill* 1979, S. 165). Zur Lösung der genannten Problemkomplexe und zur kritischen Reflexion des wissenschaftstheoretischen Ablaufs können grundsätzlich die Forschungsaspekte 1) des Entdeckungszusammenhangs, 2) des Begründungszusammenhangs und 3) des Verwertungszusammenhangs unterschieden werden (vgl. im Detail bei *Ulrich & Hill* 1979, S. 165-189; siehe auch *Hansen* 1990, S. 4-7), die hier aufgegriffen und auf den Sachverhalt der vorliegenden Arbeit angewendet werden sollen.

Ad 1) *Entdeckungszusammenhang*: „Der Entdeckungszusammenhang eines wissenschaftlichen Forschungsprozesses ist der gedanklich Bezugsrahmen (die konzeptuelle Basis)“ (*Ulrich & Hill* 1979, S. 165f.) und ist auf die Fragestellung fokussiert, unter welchen Bedingungen der Forscher zu theoretischen Konzeptionen gelangt. Dabei stellen sich Fragen nach der Abgrenzung des Objektbereichs, der konkreten Problemstellung der Arbeit, den Grundbegriffen und Variablen der Erfassung des Objektbereichs sowie der Aufstellung und Systematisierung von Arbeitshypothesen. Diese Fragestellungen sollen im Folgenden aufgegriffen werden.

Nach *Meffert* (1992, S. 700f.) kann grundlegend in den *systemorientierten Ansatz*, den *entscheidungsorientierten Ansatz*, den *situativen Ansatz* und den *verhaltenswissenschaftlichen Ansatz* unterschieden werden. Die vorliegende Arbeit ordnet sich in den Bereich des *verhaltenswissenschaftlichen Ansatzes* ein. Den Mittelpunkt stellen dabei Wahrnehmungs-, Urteils- und Entscheidungsprozesse von Konsumenten dar. Dabei soll jedoch von einer expliziten Einordnung in das Feld der originären Konsumentenverhaltensforschung Abstand genommen werden, sondern vielmehr eine Einordnung im Bereich der Marketing-Forschung, genauer der Relationship-Marketing-Forschung durchgeführt werden. Die Einordnung erfolgt vor dem Hintergrund, aus den Ergebnissen der Arbeit Ansatzpunkte für das Vertrauensmanagement von traditionellen und internetbasierten Händlern ableiten zu können und wird analog zur gängigen Einordnung vergleichbarer Werke in diesem Themengebiet vollzogen. Die Arbeit untersucht somit Sachverhalte des Konsumentenverhaltens bzw. die Reaktion von Konsumenten auf unternehmerisches Handeln und leitet Erkenntnisse ab.

Gegenstand der Arbeit ist das Vertrauen von Konsumenten in traditionelle und internetbasierte Händler, also Vorgänge auf Käufermärkten. Hier stellt sich die Forschungsfrage, unter welchen Bedingungen Konsumenten Händlern vertrauen und welche Konsequenzen sich aus diesem Vertrauen ergeben. Ursachen und Konsequenzen werden dabei theoretisch erschlossen und in der Folge hypothetische Zusammenhänge postuliert, die schließlich empirisch überprüft werden.

Aus den Ergebnissen werden in der Folge Implikationen für die Marketing-Theorie und -Praxis abgeleitet.

Ad 2) *Begründungszusammenhang*: Der Begründungszusammenhang bezieht sich auf die Methodik der empirischen Überprüfung des gedanklichen Bezugsrahmens, wobei sich die Frage stellt, unter welchen Bedingungen singuläre Beobachtungen überprüft und verallgemeinert werden können (vgl. *Ulrich & Hill* 1979, S. 165). Die Ergebnisse müssen dabei Wissenschaftsregeln unterworfen werden, die unterschieden werden können in *deskriptive Aussagen*, *explikative Aussagen*, *praktisch-normative Aussagen* und *normativ-ethische Aussagen* (vgl. hier und im folgenden *Hansen* 1990, S. 5-7; siehe ähnlich bei *Fritz* 1992, S. 59-62; *Hennig-Thurau* 1998, S. 15f.).

Deskriptive Aussagen stellen einen bedeutenden Anteil der wissenschaftlichen Forschung dar, indem sie wahrnehmbare Sachverhalte des Untersuchungsgegenstandes erfassen und beschreiben. Gerade die grundlegenden Kapitel der vorliegenden Arbeit weisen über weite Strecken deskriptiven Charakter auf. Diese haben die Generierung und grundlegende Darstellung der Sachverhalte zum Thema Vertrauen im traditionellen Handel und in der Folge im internetbasierten Handel sowie begleitende Aspekte der Relationship-Marketing-Theorie und des Internet Marketing zum Gegenstand.

Explikative Aussagen haben das Ziel, Ursache-Wirkungs-Zusammenhänge zwischen Sachverhalten aufzudecken und zu erklären. Dominierend im Bereich der Sozial- respektive Wirtschaftswissenschaften ist diesbezüglich der *kritische Rationalismus*. Dieser setzt die Gestaltung von Hypothesen in der Form voraus, dass sie an der Realität scheitern können (vgl. *Anderson* 1983, S. 20f.; *Popper* 1971, S. 3; 1976, S. 15; siehe auch bei *Hansen* 1990, S. 7). Der empirische Beleg theoretischer Erkenntnisse ist demnach niemals endgültig zu führen. Vielmehr können diese nur vorläufig bestätigt werden, bis Einzelbeobachtungen sie widerlegen, sprich falsifizieren (vgl. *Ulrich & Hill* 1979, S. 176).

Jedoch muss angeführt werden, dass infolge der größeren Komplexität sozialwissenschaftlicher Forschungsfelder, in die auch marketingwissenschaftliche Forschungsthemen eingeordnet werden, eine vollständige Falsifikation von Theorien nicht möglich ist, da eine Vielzahl von Einflussfaktoren determinierend wirkt, die es zu berücksichtigen gälte (vgl. *Hennig-Thurau* 1998, S. 13). Vielmehr verspricht die schrittweise Näherung und Bestätigung von Theorien, wie sie der Ansatz des *wissenschaftlichen Realismus*[1] postuliert, aussichtsrei-

---

[1] Der wissenschaftliche Realismus hat insbesondere in der englischsprachigen Marketingforschung infolge der mit dem kritischen Rationalismus verbundenen Schwierigkeiten einen

chere Ergebnisse (vgl. *Homburg* 1995, S. 59) und soll auch in Rahmen dieser Arbeit zugrunde gelegt werden. Während der *kritische Rationalismus* ausschließlich die Ableitung von Erkenntnissen und Hypothesen mittels deduktiver Verfahren vorsieht (vgl. *Popper* 1971, S. 3; *Raffeé* 1984, S. 15), lässt der wissenschaftliche Realismus zudem die Nutzung von induktiven Methoden zu (vgl. *Hunt* 1990, S. 9). *Raffeé* (1984, S. 15) führt diesbezüglich an, „dass der Induktion als Methode der Gewinnung von Hypothesen eine erheblich Bedeutung zukommt", zumal sie den Erwartungshorizont erweitert und Impulse für weitere Forschungsbemühungen liefert. Gleichermaßen weisen die Ausführungen nicht ausschließlich *konfirmatorischen Charakter* auf, sondern gerade im Bereich der Identifikation und schrittweisen Selektion von Determinanten im späteren Verlauf sowie der Überprüfung der Zusammenhänge im modifizierten Commitment-Trust-Modell über weite Strecken zudem *explorative Elemente*.

Weiter kann zwischen *praktisch-normativen* und *normativ-ethischen* Aussagen unterschieden werden. Während praktisch-normative Aussagen über die Umwandlung von Kausalaussagen in Mittel-Zweck-Aussagen hergeleitet werden, drücken sich normativ-ethische Aussagen in moralischen Prinzipien über den Untersuchungsgegenstand aus. Zudem können praktisch-normative Aussagen empirisch belegt werden, wohingegen sich normativ-ethische Aussagen einer solchen Überprüfung entziehen (vgl. etwa *Hansen* 1990, S. 7). Gerade im Bereich der Implikationen greift die vorliegende Arbeit regelmäßig auf praktisch-normative Aussagen zurück. Normativ-ethische Aussagen werden hingegen nicht verwendet.

Ad 3) *Verwendungszusammenhang*: Der Verwendungs- bzw. Verwertungszusammenhang stellt die Frage nach dem Zweck oder der Verwendung der wissenschaftlichen Aussagen und Erkenntnisse (vgl. *Ulrich & Hill* 1979, S. 167). Die Verwertung der Erkenntnisse der vorliegenden Arbeit zielt zum einen auf das Vertrauensmanagement von traditionellen wie internetbasierten Händlern ab. Diesbezüglich verspricht die theoretische Abhandlung und anschließende empirische Überprüfung wichtige Hinweise zur Ableitung praxisrelevanter Implikationen. Zum anderen kommt die kundengerechte, vertrauensvolle Ausgestaltung von Einkaufsangeboten in einem zweiten, indirekten Schritt auch den Konsumenten zu Gute. Dies ist anzunehmen, zumal Konsumenten entsprechende Handelsleistungen, insbesondere im Internet, umfangreich nachfragen und vieles darauf hindeutet, dass die vorherrschende Vertrauensproblematik dabei bislang hemmend wirkte.

Bedeutungszuwachs verzeichnet und stellt eine alternative wissenschaftstheoretische Grundkonzeption dar. Maßgeblich tragen dazu die Arbeiten von *Hunt* bei; vgl. z.B. *Hunt* 1990, 1992.

B. Vertrauen als Schlüsselgröße des Relationship Marketings im Handel

1 Zum Begriff des Handels

Zentraler Gegenstand dieser Arbeit im Allgemeinen und der empirischen Untersuchung in Kapitel E im Besonderen ist der Handel. Dies gilt sowohl für seine traditionelle Ausprägung in Form von Ladengeschäften als auch die in jüngerer Vergangenheit immer weiter verbreitete Form des internetbasierten Handels. Da im weiteren Verlauf der Arbeit das Vertrauen im Rahmen beider Formen des Handels erforscht werden soll, bedarf es im Vorfeld einer näheren Betrachtung des Handelsbegriffs.

Jedoch stellt sich die begriffliche Abgrenzung des Handels alles andere als eindeutig dar. *Hansen* (1990, S. 1) konstatiert diesbezüglich, dass der Handelsbegriff ein in der Marketing-Theorie und -Praxis „vieldeutig verwendeter Terminus" ist. Grundsätzlich kann zur Begriffsklärung auf zwei abweichende Meinungen in der Literatur zurückgegriffen werden. 1) Die eine sieht den Handel im funktionalen, weiter gefassten Sinn als Tätigkeit des Austausches von Gütern. 2) Die institutionelle Betrachtung hingegen beschränkt sich auf die Betrachtung der marktlichen Organe, deren Hauptaufgabe im An- und Verkauf von Gütern besteht (vgl. *Hansen* 1990, S. 1; S. 8-10; siehe ähnlich bei *Seyffert* 1972, S. 1-14).

Ad 1) Verschiedene Ansätze einer funktionalen Betrachtung des Handels finden sich in der Literatur, die neben zahlreichen Übereinstimmungen insbesondere im Bereich der Begrifflichkeiten und der Abgrenzung der Funktionen einige Abweichungen aufweisen (vgl. etwa *Hansen* 1990, S. 13-26; *Oberparleitner* 1955; *Seyffert* 1972, S. 5-10). Exemplarisch soll der Ansatz von *Hansen* (1990, S. 15-26) skizziert werden. Demnach führt der Handel sowie unterstützende Gewerbe distributive Funktionen aus, die im Bereich zwischen Produktion und Verwendung anfallen und grundsätzlich in die *Vermittlungsfunktionen des Warenstroms, des Kommunikationsstroms und des Wertstroms* unterteilt werden können.

Die *Vermittlungsfunktion des Warenstroms* kann weiter ausdifferenziert werden in die quantitative Warenumgruppierung (Sammeln, Aufteilen), die qualitative Warenumgruppierung (z.B. Sortimentierung, Warenveredelung und -pflege, Kundendienst) sowie die Raumüberbrückung im Sinne des Warentransports und die Funktion des zeitlichen Ausgleichs (Lagerhaltung, Vordisposition). Die *Vermittlungsfunktion des Kommunikationsstroms* wird weiter unterteilt in die Funktionen der Angebots- und Nachfragelenkung (Beschaffungs- und Absatzmarktforschung) und der Angebots- und Nachfragelenkung (Werbung, persönlicher Verkauf). Zudem kann die *Vermittlungsfunktion des Wertstroms* weiter differenziert werden in die Funktion der Preisermittlung (Kalkulation) sowie des zeitlichen Zahlungsausgleichs (Kreditierung, Vorfinanzierung).

Ad 2) Die institutionelle Betrachtung ist grundsätzlich eng verbunden mit der funktionellen Sichtweise. Dabei ist der Handel in sehr abweichenden Formen vertreten und die Aufarbeitungen in der Literatur (vgl. etwa *Berekoven* 1990, S. 29f.; *Hansen* 1990, S. 26-34) weisen sowohl weitreichende Gemeinsamkeiten als auch Unterschiede im Detail auf. Wieder soll exemplarisch die Unterteilung von *Hansen*[2] angeführt werden. Diese unterscheidet grundlegend in Binnenhandelsbetriebe und Außenhandelsbetriebe. Binnenhandelsbetriebe umfassen mehrstufige Betriebsformen in Form von Kooperationsformen (z.B. Einkaufsgenossenschaften, Freiwillige Ketten) und Konzentrationsformen (Filialunternehmen, filialisierte Großunternehmen wie Supermarktketten) sowie einstufige Betriebsformen in Gestalt von Groß- und Einzelhandelsbetrieben. Zu den Außenhandelsbetrieben zählen Export- und Importhandelsgesellschaften.

Zudem finden sich in der handelsbezogenen Literatur verschiedenen Struktur- und Erklärungsansätze, welche die institutionelle Entwicklung der Betriebsformen zum Gegenstand haben und hier nur Erwähnung finden werden sollen. Dies sind das sog. „wheel of retailing" bzw. die Dynamik der Betriebsformen, das Lebenszykluskonzept sowie der dialektische Erklärungsansatz (vgl. *Hansen* 1990, S. 31-34).

Eine ausführliche Begriffsdiskussion kann an dieser Stelle nur angedeutet werden.[3] Vor dem Hintergrund dieser Arbeit erscheint es vorteilhaft, einen Handelsbegriff zugrunde zu legen, der sowohl den Handel mit materiellen Gütern als auch den Handel von Verfügungsrechten im Sinne von Dienstleistungen abdeckt. Eine solche weiter gefasste Abgrenzung würde demnach die bereits angeführten und im Rahmen der empirischen Untersuchung in Kapitel E wieder aufgegriffenen Bereiche des Buch/CD/DVD-Handels sowie der Reisebüros einschließen. Unter diesen Gesichtspunkten bietet sich die Definition von *Bolen* (1978, S. 4) an, der unter dem Einzelhandel „all activities which result in the offering for sale of goods and/or services [...] for purposes of ultimate consumption" zusammenfasst. Dieser Handelsbegriff beinhaltet eine recht breite Spanne an Betriebsformen.

2 Vgl. für einen Überblick sowie die Zuordnung der funktionalen Betrachtung zur institutionellen Auflistung *Hansen* 1990, S. 30.

3 Vgl. für eine ausführliche Übersicht und Begriffsdiskussion *Hansen* 1990, S. 1f.; siehe auch bei *Berekoven* 1990, S. 1-70; *Oehme* 1992, S. 7-14; S. 8-26; *Seyffert* 1972, S. 1-14.

Zudem ergibt sich die Frage der Notwendigkeit einer Neu-Definition des Handelsbegriffes für den Bereich des internetbasierten Handels. Allerdings stellen *Kolesar & Galbraith* (2000, S. 437) fest, dass es sich beim internetbasierten Handel um „the sale of products and services to the consumer market, over the Internet" handelt und somit nur um eine Modifikation des traditionellen Handels. Der Sichtweise kann an dieser Stelle beigepflichtet werden. Es bleibt allerdings abzuwarten, inwieweit die Darstellung der gewandelten Marktwege im Rahmen des Internet Marketings sowie die theoretische Diskussion und empirische Untersuchung der Determinanten und Konsequenzen des Kundenvertrauens im traditionellen sowie im internetbasierten Handel die Notwendigkeit einer Neu-Definition bedingen. [4]

2 Relationship Marketing als konzeptioneller Rahmen der Arbeit

2.1 Grundlagen des Relationship Marketings

2.1.1 Begriff und zentrale Inhalte des Relationship Marketings

Das Konzept des Relationship Marketings[5] hat sich seit seiner ersten Erwähnung in der Literatur im Jahre 1983 (vgl. *Berry* 1983, S. 25) inzwischen etabliert und ist weitgehend akzeptiert worden. Somit hat auch die fortwährende Diskussion, ob es sich bei dem innewohnenden Beziehungsansatz um einen Paradigmenwechsel in der Marketingwissenschaft handelt, weitgehend an Bedeutung verloren.[6]

---

[4] Eine weitere Abgrenzung der Bereiche des traditionellen Handel und des internetbasierten Handel in Bezug auf die empirische Untersuchung erfolgt in Kapitel E 3.2.2.

[5] Die Begriffe des Beziehungsmarketings und des Relationship Marketings sollen im Rahmen dieser Arbeit synonym verwendet werden. Auf eine explizite Abgrenzung der Begriffe des Customer Relationship Managements (CRM), des Customer Relationship Marketings und des eCRM soll an dieser Stelle verzichtet werden, da in der Theorie und insbesondere in der Praxis überaus abweichende Begriffsverständnisse kursieren. Diese reichen von einer vollständigen Deckung der Inhalte mit dem Verständnis des Relationship Marketings Ansatzes in dieser Arbeit bis hin zu einer ausschließlich im operativen Bereich angesiedelten Nutzung verdeckt gesammelter Kundendatenbanken, welche mit dem Beziehungsgedanken dieser Arbeit wenig gemein hat; vgl. auch bei *Rapp* 2003. In engem Zusammenhang mit dem Konzept des Relationship Marketings steht zudem der Ansatz des Nachkaufmarketings; vgl. z.B. *Hansen & Jeschke* 1992, S. 89. Dieser nimmt gleichermaßen eine langfristige, beziehungsorientierte Perspektive ein, fokussiert allerdings auf Marketingaktivitäten, die in der Nachkaufphase einsetzen.

[6] Vgl. zum Paradigmenbegriff *Kuhn* 1962. Zu den Befürwortern des Paradigmenwechsels gehören u.A. *Grönroos* 1994a, S. 4, 14f. und *Gummesson* 1996, S. 13; 1997, S. 53f.; 1999, S. 243-245; dem Paradigmenwechsel steht insbesondere *Backhaus* 1997, S. 29f. ablehnend gegenüber; siehe auch bei *Hansen & Bode* 1999, S. 313; *Hennig-Thurau & Hansen* 2000, S. 3f.

Auch in der Unternehmenspraxis nimmt das Konzept des Relationship Marketings seit geraumer Zeit, analog zu seiner Frequentierung in der wissenschaftlichen Literatur, einen hohen Stellenwert ein. Immer häufiger führen Firmen Kundenbindungsprogramme, Kundenclubs, Kundenkarten und vergleichbare Maßnahmen ein. Gerade von Seiten der Unternehmensberatungspraxis wird diese Entwicklung weiter forciert. Customer-Relationship-Management-Konzepte (CRM) finden sich mittlerweile in den meisten größeren Unternehmen und dies nicht mehr nur in der Dienstleistungsbranche (vgl. *Fassott & Eggert* 2002, S. 493). Einleitend kann also festgehalten werden, dass es sich beim Konzept des Relationship Marketings um einen mittlerweile in Literatur und Praxis etablierten Ansatz handelt.

Die Selektion und Erweiterung des Relationship-Marketing-Ansatzes als theoretischer Rahmen der zugrunde liegenden Arbeit bedingt einleitend eine Definition und Abgrenzung des Begriffes. Das Verständnis von Relationship Marketing soll im Rahmen dieser Arbeit in Anlehnung an die Definitionen von *Berry* erfolgen, welcher unter Relationship Marketing „attracting, maintaining and [...] enhancing customer relationships“ (1983, S. 25) versteht. Analog gestaltet sich die Definition bei *Diller*, der in dem Konzept „die aktive und systematische Analyse, Selektion, Planung, Gestaltung und Kontrolle von Geschäftsbeziehungen“ (1995a, S. 442) sieht. Da es sich bei der letztgenannten jedoch um eine Definition für Beziehungsmanagement handelt, also Beziehungen zu anderen Gruppen aus dem Umfeld der Unternehmung eingeschlossen werden, bedarf diese einer Einschränkung auf den Bereich von Geschäftsbeziehungen zu Kunden. Vielfach wird diese Einschränkung nicht vorgenommen (vgl. *Buttle* 1996a, S. 13; 1996b; *Gruen* 1995, S. 447), erscheint im Rahmen der vorliegenden Arbeit jedoch sinnvoll, da im weiteren Verlauf eine Übertragung der Erkenntnisse des traditionellen Relationship Marketings auf den Bereich des Internets und insbesondere auf Geschäftsbeziehungen im Bereich Business-to-Consumer vollzogen wird. Dabei haben beide Definitionen gemein, dass die Geschäftsbeziehung den zentralen Gegenstand des Relationship Marketings darstellt, den es aktiv zu gestalten gilt.

Interessant erscheint vor dem Hintergrund der Thematik dieser Arbeit auch die ergänzende Definition von *Gummesson*, der Relationship Marketing definiert als „marketing seen as relationships, networks and interaction“ (1999, S. 2). *Gummesson* fügt hinzu, dass die Beziehung zwischen der Unternehmung und dem Kunden die Basisbeziehung des Relationship Marketings darstellt (1999, S. 2). Insbesondere der enthaltene Netzwerkansatz verspricht jedoch Anknüpfungspunkte an den Bereich des Internets und des Electronic Commerce.

Entscheidende Differenz im Vergleich zum auf Einzeltransaktionen ausgerichteten *transaktionsorientierten* Marketing ist die oben herausgestellte Perspektive der Geschäftsbeziehung. Diese ist langfristiger als im transaktionsorientierten Marketingverständnis, dass sich primär auf die Anwerbung neuer Kunden konzentriert (vgl. *Buttle* 1996a, S. 2f.; *Diller* 1995a, S. 442). Im Relationship Marketing finden hingegen alle Phasen der Beziehung Beachtung. Der verwandte Ansatz des Nachkaufmarketing berücksichtigt dabei insbesondere die Phase nach dem Kauf, die maßgeblich für die Herausbildung von Kundenzufriedenheit verantwortlich ist, da hier die Erklärungsbedürftigkeit und somit die Notwendigkeit des Kundenkontaktes am größten ist (vgl. z.B. *Jeschke* 1995). Die Geschäftsbeziehung stellt folglich das zentrale Analyseobjekt (vgl. *Hennig-Thurau* 1998, S. 20-25) und konstitutive Element (vgl. *Possekel, Olavarria-Berger & Jenner* 1994, S. 221) des Relationship Marketings dar. Sie wird allerdings regelmäßig nicht als Gegensatz zur Einzeltransaktion verstanden, sondern schließt diese ein (vgl. *Engelhardt & Freiling* 1995, S. 20; *Grönroos* 1995, S. 252-254; *Gummesson* 1996, S. 8f.).

Im Zielsystem des Relationship Marketings hat die Ausrichtung auf Geschäftsbeziehungen zur Folge, dass der Beziehungserfolg zur zentralen Erfolgsgröße wird. Die investive Betrachtungsperspektive (vgl. *Diller & Kusterer* 1988, S. 211; *Plinke* 1989, S. 316-319; siehe auch bei *Hennig-Thurau* 2000) resultiert in einem Wechsel von traditionellen, transaktionsbezogenen Kalkulationskriterien zum Kundenwert und den damit verbundenen Kundenlebenszyklusphasen (vgl. *Diller* 1995b, Sp. 287f.; 1995c, S. 56-60; *Hennig-Thurau* 1998, S. 22f.). Diese langfristige Perspektive beinhaltet, in der „Einzeltransaktion immer auch ein Mittel zur Generierung neuer Transaktionen zu sehen“ (*Plinke* 1997, S. 33). Dabei wird allerdings deutlich, dass es sich bei der Fokussierung auf Kundenbindung nicht um eine zwingend vorteilhafte Strategie handeln kann. Vielmehr ergibt sich unter gewissen Bedingungen eine situative Vorteilhaftigkeit des Ansatzes (vgl. *Bornemann, Hennig-Thurau & Hansen* 2003, S. 2). Insbesondere für den Bereich des Internets ist im späteren Verlauf dieser Arbeit zu klären, ob eine solche situative Vorteilhaftigkeit auch für den Bereich des Internets gegeben ist.

Diller (1995a, S. 443f.) zieht zur näheren Charakterisierung des Relationship Marketings zudem zentrale Prinzipien heran, die in der Folge näher dargestellt werden sollen und im späteren Verlauf auch für die Übertragung des Relationship Marketings auf den Bereich des Internets wieder Verwendung finden. Er nennt 1) *Individualisierung*, 2) *Selektion und Priorisierung von Kunden*, 3) *Interaktion*, 4) *Integration* und 5) eine *Aktionsperspektive*.

Ad 1) *Individualisierung*: Die konsequente Individualisierung aller Marketingaktivitäten zur Befriedigung spezifischer Kundenbedürfnisse betrifft sowohl die Informationsseite als auch die Aktionsseite des Marketings (vgl. *Diller* 1995a, S. 443). Sie ist aufgrund heterogener Kundenpräferenzen Voraussetzung für erfolgreiche Kundenbindung (vgl. *Hennig-Thurau* 1998, S. 23f.; *Diller & Kusterer* 1988, S. 211). Insbesondere vor dem Hintergrund individueller Ansprache und der Individualisierung des Angebots versprechen diesbezüglich moderne Informations- und Kommunikationstechniken bisher nicht gekannte Möglichkeiten der Individualisierung der Kundenbeziehung (vgl. *Buxel* 2002, S. 5-7; siehe auch in Kapitel C 2.2.1).

Allerdings bedeutet ein hoher Individualisierungsgrad nicht zwangsläufig, jedem Kunden so viele Informationen wie möglich zur Verfügung zu stellen, sondern vielmehr eine Kundenbeziehung nach Maß, also an den Bedürfnissen des Kunden orientiert, zu gestalten. Wird etwa nur ein allgemeiner Überblick über bestimmte Produktinformationen gewünscht, sollte der Kunde diese ohne großen Suchaufwand erhalten. Er bestimmt somit den Detailliertheitsgrad der angeforderten Information. Auf der anderen Seite erscheint hingegen eine vollkommene Individualisierung aller Instrumentalbereiche bis hin zu Co-Produktion und Mass Customization denkbar (vgl. *Diller* 2001, S. 69).

Ad 2) *Selektion und Priorisierung von Kunden*: Die Selektion und Priorisierung von Kunden im Rahmen des Relationship Marketings ergibt sich aus der Notwendigkeit, die mit der Individualisierung der Geschäftsbeziehung verbundenen Kosten vor dem Hintergrund bestehender Ressourcenknappheit auf profitable Kunden zu begrenzen (vgl. *Berry* 1995, S. 239; *Diller* 1995a, S. 443; *Scheiter & Binder* 1992; *Zeithaml & Bitner* 1996, S. 178-180). Neben der ausschließlichen Ausrichtung an antizipierten Umsätzen und Erträgen kann es in diesem Zusammenhang entscheidend sein, Abhängigkeitsverhältnisse von einzelnen Beziehungspartnern auszuschließen und somit im Sinne eines Beziehungsportfolios die Partner zu wählen (vgl. *Diller* 1995b, Sp. 292; *Hennig-Thurau* 1998, S. 24f.). Im Vordergrund steht die Annahme, dass ein Großteil des Ertrages von einem nur geringen Teil der Kunden erbracht wird.

Einschränkend ist allerdings anzumerken, dass nicht zwangsläufig die rentabelsten Kunden auch an einer Beziehung zur Unternehmung interessiert sein müssen (vgl. *Dowling & Uncles* 1997, S. 72f.). Kriterien zur Selektion und Priorisierung sollten folglich mit Bedacht gewählt werden.

Ad 3) *Interaktion*: Das aktionistische Denken mit dem Ziel der einseitigen Kundenbeeinflussung wird im Relationship Marketing abgelöst von einem hohen Maß an Interaktion. Prozessdenken und Dialogorientierung vertiefen die

Kundenbeziehung. Die Kommunikation mit den Kunden soll somit auf breiter Basis ansetzen und auch von Kundenseite aktiv betrieben werden (vgl. *Diller* 1995a, S. 443f.). Es wird ersichtlich, dass der Aspekt der Interaktion eng mit der in a) angeführten Individualisierung verbunden ist.

Abbildung 2:
Grundlegende Unterschiede zwischen den Ansätzen des Relationship Marketings und des transaktionsorientierten Marketings

Kriterium	Relationship Marketing	Transaktionsorientiertes Marketing
primäres Betrachtungsobjekt	Beziehung	Einzeltransaktion
genereller Ansatz	eher interaktionsorientiert	eher aktionsorientiert
Perspektive	evolutionär-dynamisch	statisch
Basisorientierung	implementationsorientiert	entscheidungsorientiert
langfristig gegenüber kurzfristig	im allgemeinen langfristige Perspektive	im allgemeinen kurzfristige Perspektive
fundamentale Strategie	Aufrechterhaltung bestehender Beziehungen	Anwerbung neuer Kunden
Ausrichtung im Entscheidungsprozess	alle Phasen konzentrieren sich auf Nachkaufentscheidungen und -handlungen	Nachkaufaktivitäten
Kontaktintensität	hoch	gering
Grad wechselseitiger Abhängigkeit	im allgemeinen hoch	im allgemeinen gering
Messung von Kundenzufriedenheit	direkt über die Verwaltung des Kundenstamms	indirekt über den Marktanteil
vorherrschende Qualitätsdimension	Interaktionsqualität	Ertragsqualität
Rolle des internen Marketings	grundlegende strategische Bedeutung	keine oder begrenzte Bedeutung
Bedeutung der Mitarbeiter für den Unternehmenserfolg	hoch	gering
Produktionsausrichtung	mass customization	Massenproduktion

Quelle: in Anlehnung an Hennig-Thurau & Hansen 2000, S. 5

Ad 4) *Integration*: Die breite Kommunikation mit dem Kunden bedingt einen engeren Kontakt mit diesem. Der Kunde wird im Idealfall in die Wertschöpfungskette integriert (vgl. *Diller* 1995a, S. 443f.; *Meyer & Westerbarkey* 1991, S. 90-100). Führt man diesen Gedanken fort, nimmt der Kunde im Extremfall die Rolle des „Co-Produzenten“ (vgl. *Hansen & Hennig* 1995, S. 317-322; *Hansen, Hennig-Thurau & Schrader* 2001, S. 21) ein, der aktiv an Konzeption und Entwicklung teilnimmt und seine Ideen und Interessen einbringt. Dies kennzeichnet den Übergang von der Interaktion zur Integration. Wieder kann angenommen werden, dass die Charakteristika des Internets hier neue Möglichkeiten der kostenwirtschaftlichen Interaktion und Integration ermöglichen bzw. ermöglichen werden (vgl. *Diller* 2001, S. 72f.).

Ad 5) *Aktionsperspektive*: Abschließend wird die „aktive und systematische Steuerung der Geschäftsbeziehung im Sinne der Beziehungsziele" (*Diller* 1995a, S. 444) genannt. Unter Berücksichtigung des Beziehungszustandes werden diverse beziehungspolitische Instrumente verwendet. Zu unterscheiden sind dabei die sachliche Beziehungsebene, die Organisationsebene, die Machtebene und die emotionale Ebene (vgl. *Diller* 1995a, S. 444f.). Unklar bleibt dabei allerdings, ob sich Konflikte mit der Dialogorientierung im Rahmen der Interaktion ergeben.

Abbildung 2 verdeutlicht nochmals die Abgrenzung zum transaktionsorientierten Marketing und unterstreicht somit die Besonderheiten des Relationship Marketings.

2.1.2 Das Zielsystem des Relationship Marketings

2.1.2.1 Kundenbindung als zentrale Zielgröße

Im Rahmen der Identifikation und empirischen Überprüfung der Schlüsselgrößen des Relationship Marketings stellt die Identifikation des Zielsystems des Relationship Marketings eine wichtige Voraussetzung dar. Dabei besteht weitgehende Einigkeit, dass es sich bei Kundenbindung[7] um das zentrale Ziel des Relationship Marketings handelt (vgl. *Crosby & Stevens* 1987; *Heskett et al.* 1994; *Reichheld & Sasser* 1990; *Rust & Zahorik* 1993).

Anzumerken ist allerdings, dass die gezielte und systematische Bindung von Kunden in der Marketingliteratur lange Zeit nur eine untergeordnete Rolle spielte. Erst mit der Einführung des Konzeptes des Relationship Marketings in den 80er Jahren des 20. Jahrhunderts stieg die Aufmerksamkeit. Man erkannte nun die Relevanz, welche die langfristige Bindung von Kunden für den Unternehmenserfolg aufweisen konnte (vgl. *Payne & Frow* 2000, S. 306; *Payne & Rickard* 1997, S. 6). Zweifel an der Effizienz des Massenmarketings, steigende Wettbewerbsintensität und somit sinkende Gewinne auf vielen Märkten bildeten

---

[7] Alternativ zum Relationship Marketing verwenden einige Autoren den Begriff des Kundenbindungsmanagements; vgl. etwa *Bruhn & Georgi* 1998b. Aufgrund der großen inhaltlichen Nähe zum Relationship Marketing soll der Ansatz des Kundenbindungsmanagements im Rahmen dieser Arbeit jedoch nicht als eigenständiges Konzept angesehen werden, sondern dem Relationship Marketing untergeordnet werden.

auf Unternehmensseite den Auslöser für einen Umorientierungsprozess (vgl. *Homburg & Bruhn* 1998, S. 5). Eine einseitige Fokussierung auf Neukundengewinnung bei ungebremster Abwanderung von Stammkunden offenbarte sich als bedeutende Risikokomponente für gegenwärtige und zukünftige Gewinne vieler Unternehmen (vgl. *Bruhn & Georgi* 1998a; 1998b, S. 413; *Hansen & Hennig* 1995, S. 311f.; *Meyer & Oevermann* 1995, Sp. 1340). Die bereits angeführte Studie von *Reichheld & Sasser* (1990) wies dann Anfang der neunziger Jahre erstmals eine Korrelation von Kundenbindung und Unternehmenserfolg nach und forcierte das Interesse in Forschung und Praxis weiter (siehe auch bei *Payne & Frow* 2000, S. 306; *Reichheld* 1993; 1996).

Einigkeit herrscht in der Literatur bezüglich der situativen Erfolgsrelevanz der gesteigerten Kundenbindung im Relationship Marketing. Kundenbindung wird in diesem Zusammenhang eine Schlüsselrolle zugewiesen (vgl. *Homburg & Bruhn* 1998, S. 5; *Rust & Zahorik* 1993, S. 195f.). Weitere Zielgrößen, die regelmäßig angeführt werden, sind das Konstrukt der Kundenzufriedenheit, des Commitment und das im Rahmen dieser Arbeit als zentral für den Bereich des Internets betrachtete Vertrauen.

Jedoch bedarf deren Bedeutung einer Relativierung. Sie stellen zwar wichtige Zielgrößen in der Erfolgskette des Relationship Marketings dar, bezüglich des Unternehmenserfolgs haben sie jedoch eher die Funktion eines vorgelagerten Beziehungsziels. Kundenbindung hingegen wirkt direkt über eine Steigerung der Umsätze auf den Unternehmenserfolg (vgl. *Homburg & Bruhn* 1998, S. 5; *Morgan, Crutchfield & Lacey* 2000). Sie ist die primäre Zielgröße und wird folglich wie angeführt stellvertretend für den Begriff des Relationship Marketings verwendet (vgl. *Hennig-Thurau, Klee & Langer* 1999, S. 112).

2.1.2.2 Erweiterung des Zielsystems

Neben Kundenbindung als zentrale Zielgröße des Relationship Marketings werden in der Literatur weitere Zielgrößen angeführt. *Diller* (1995a, S. 443-446) unternimmt den Versuch, Kundenbindung in das Zielsystem des Relationship Marketings einzureihen. Er stellt Kundenbindung auf eine Ebene mit Kundennähe und Unabhängigkeit gegenüber dem Kunden. Kundenbindung stellt somit auch bei *Diller* einen zentralen Erfolgsfaktor dar. Weiter verspricht Kundennähe eine Steigerung der Ergiebigkeit der Beziehung sowie Kosteneinsparungen als Folge eines besseren Informationsstandes. *Diller* (1995a, S. 443) betont jedoch die Gefahr von Abhängigkeitsverhältnissen gegenüber einzelnen Kunden im Falle eines einseitigen Kundenportfolios (siehe auch *MacDonald* 1996, S. 100f.). Kundennähe und Unabhängigkeit bedürfen somit einer genauen Abwägung. Der Beziehungserfolg ist nicht nur von Profitabilität, sondern ebenfalls von der Sicherheit der Geschäftsbeziehung abhängig, wobei sich Anknüpfungspunkte zu den in Kapitel B 2.1.1 angeführten Prinzipien ergeben. Es wird deutlich, dass Kundenbindung nur eine erfolgreiche Strategie darstellen kann, wenn sie entsprechend in den Unternehmenszusammenhang integriert wird (vgl. *Diller* 1995a, S. 443-446). Die wechselseitigen Wirkungen der einzelnen Faktoren im Zielsystem des Relationship Marketings sowie ihr Einfluss auf den Beziehungserfolg verdeutlicht Abbildung 3.

Allerdings muss angemerkt werden, dass das von *Diller* eingeführte Zielsystem insgesamt nicht vollständig ausfällt. Zudem ergeben sich verschiedene Abgrenzungsprobleme zwischen den Bestandteilen des Systems. Dieser Kritik folgend sollen weitere, von *Dillers* (1995a, S. 445) Sichtweise abweichende Einteilungen des Zielsystems des Relationship Marketings, die sich in Teilen in Bezug auf die Begrifflichkeiten unterscheiden, in Teilen aber auch weitere Faktoren berücksichtigen, aufgegriffen und der Arbeit zugrunde gelegt werden. Sinnvoll erscheint insbesondere eine Einteilung hinsichtlich ökonomischer und vorökonomischer Faktoren. Die vorökonomischen Faktoren finden ihren Ausdruck in den unten dargestellten Bestandteilen der Commitment-Trust-Theorie (vgl. Kapitel B 4), dem Vertrauen, dem Commitment und der Loyalität der Kunden, auf die an dieser Stelle nur verwiesen werden soll.

Abbildung 3:
Systematisierung der Zielvariablen im Relationship Marketing

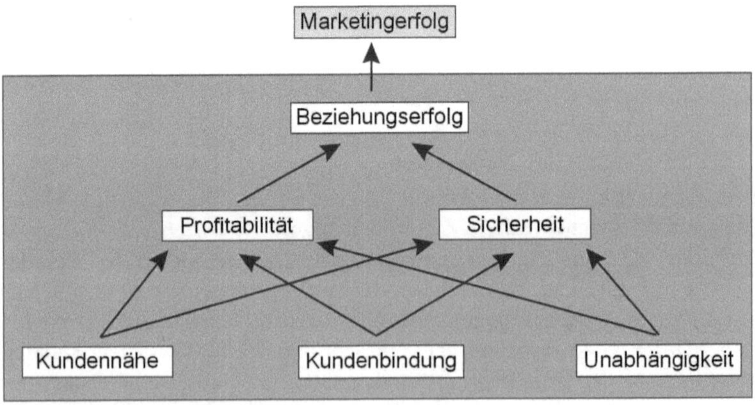

Quelle: Hennig-Thurau & Hansen 2000, S. 7; in Anlehnung an Diller 1995a, S. 445

Die ökonomischen Ziele ergeben sich direkt aus der Erfolgsrelevanz des Relationship Marketings und sollen analog behandelt werden. Hier finden sich in der Literatur[8] zentrale Erfolgsgrößen, die regelmäßig angeführt werden. Diese sollen im Folgenden skizziert werden.

Wie bereits angeführt, nehmen Wiederkäufe als faktische Ausprägung der stabilisierenden Kundenbindung eine zentrale Stellung im Hinblick auf die Bedeutung des Relationship Marketings ein und sind entsprechend primäres Ziel aller Relationship-Marketing-Maßnahmen (vgl. *Bruhn*, 1998, S. 218f.; *Hennig-Thurau & Bornemann* 2001, S. 11f.). Zudem wird im Rahmen einer Relationship-Marketing-Strategie ein gesteigertes Volumen der einzelnen Transaktionen sowie in Grenzen eine gesteigerte Zahlungsbereitschaft angenommen (vgl. *Bruhn* 1998, S. 223). Hinzu kommen Umsätze aus Cross-Selling (CS), welches sich durch den Erwerb weiterer Leistungen neben dem bereits bezogenen Teil des Angebotsprogramms durch einen Beziehungskunden kennzeichnet. Ausschlaggebend für die angeführten Nutzenkategorien ist ein hohes Ausmaß an Kundenzufriedenheit sowie in der Folge Commitment und Vertrauen als Zielgrößen des Relationship Marketings (vgl. Kapitel B 4). Die Existenz der dargestellten Einflüsse wurde auf empirischem Wege bestätigt (vgl. *Bruhn* 1998, S. 226f.).

Neben den besagten Erfolgsgrößen verspricht Relationship Marketing auch im Bereich der Kosten verschiedene Einsparungspotentiale. Plausibel erscheint hier insbesondere, dass infolge der Bindung von Kunden und einer entsprechend verringerten Abwanderung Ausgaben für die Kundenakquisition eingespart werden können. Hinzu kommt, dass ein hohes Ausmaß an Commitment und Vertrauen in der Regel mit positiver Mundwerbung verbunden ist (vgl. *Bruhn* 1998, S. 233; *Rust, Zahorik & Keiningham* 1995, S. 59; *Zeithaml, Berry & Parasuraman* 1996, S. 34). Positive Mundwerbung bezeichnet alle informellen Formen der Kommunikation zwischen einem Kunden und anderen Personen, die positive Bewertungen von Produkten und Dienstleistungen eines speziellen Anbieters zum Gegenstand haben (vgl. *Brown & Reingen* 1987, S. 350f. *Tax, Chandrashekaran & Christiansen* 1993, S. 74). Der innewohnende Akquisitionseffekt dieser Kommunikation verstärkt das Einsparungspotential im Rahmen der Kundenakquisition weiter. Die Bindung der Mitarbeiter ist eine weitere wichtige Determinante für die Eröffnung von Einsparungspotenzialen im Rahmen des Relationship Marketings (vgl. *Bruhn* 1998, S. 120; *Heskett et al.* 1994, S. 166f.). Zudem beeinflusst die Anzahl der gebundenen Kunden die

---

[8] Vgl. etwa *Bruhn* 1998, S. 218f.; für einen detaillierten Überblick der erfolgsrelevanten Wirkungszusammenhänge des Relationship Marketings siehe *Hennig-Thurau & Bornemann* 2001; 2003.

Servicekosten des Unternehmens, da gebundene Kunden bei steigender Dauer der Geschäftsbeziehung Abläufe des Unternehmens besser erfassen und sich als Co-Produzenten einbringen, was zur Senkung von Betreuungskosten führen kann (vgl. *Meyer, Blümelhuber & Pfeiffer* 1999, S. 67).

In der Theorie verspricht das Konzept des Relationship Marketings beachtliche Erfolgspotentiale, die es auszuschöpfen gilt. Betrachtet man jedoch, welchen Erfolg Unternehmen in der Praxis mit Hilfe von Relationship-Marketing-Ansätzen tatsächlich realisieren können, tritt häufig Ernüchterung ein. Nur wenige Unternehmen konnten ihre Umsätze und Gewinne längerfristig steigern. Viele Maßnahmen stellten sich als weitgehend ungenügend bzw. unpassend heraus und diverse Relationship-Marketing-Programme wurden in der Konsequenz wieder eingestellt (vgl. z.B. *Carroll* 1991, S. 15-20; *Rigby, Reichheld & Schefter* 2002, S. 55). Stellt man diese Erfahrungen den vielen positiven Beispielen gegenüber, so wird schnell deutlich, dass es sich beim Konzept des Relationship Marketings um kein zwangsläufig sinnvolles Konzept handelt. Eine Überprüfung der Erfolgsaussichten auf Basis diverser situativer Umfeld- und Infeldvariablen ist entsprechend einer Einführung zwingend voranzustellen und im Rahmen der Ziele, aber auch der Instrumente und des konkreten Instrumentaleinsatzes zu beachten.

2.1.3 Instrumente und Strategien im Rahmen des Relationship Marketings

Im Mittelpunkt der Durchführung des Relationship Marketings steht die Umsetzung der Strategie durch konkrete Maßnahmen, also durch die Instrumente des Relationship Marketings. In der Praxis sind dabei häufig Defizite zu konstatieren, da Maßnahmen regelmäßig isoliert durchgeführt werden. Die Instrumente des Relationship Marketings werden also nicht angemessen aufeinander abgestimmt und in ein ganzheitliches strategisches Relationship-Marketing-Konzept integriert (vgl. *Homburg & Bruhn* 1998, S. 19f.).

Auch wenn einige Autoren im Rahmen des Relationship Marketings eine Ausweitung der Instrumente vorschlagen (vgl. *Grönroos* 1994b, S. 348-350; *Gummesson* 1996, S.15f.; *Slywotzky & Shapiro* 1993, S. 98), soll im Rahmen dieser Arbeit an der bekannten Einteilung in die „4Ps“ festgehalten werden, welche in der Folge für die Belange des Relationship Marketings modifiziert wird. Eine mögliche Verzerrung der ursprünglichen Instrumentalbereiche wird dabei in Kauf genommen werden (vgl. ähnlich bei *Hansen & Bode* 1999, S. 306f.). Die folgende Abbildung 4 verdeutlicht eine mögliche Modifikation des Marketing-Mixes im Rahmen des Relationship Marketings. Allerdings ist zu beachten, dass in Abhängigkeit des jeweiligen Autors alternative Einteilungen vorgenommen werden. Verschiedene Elemente können in der nachstehenden Auswahl folglich abweichend zugeordnet werden.

Abbildung 4:
Beziehungsorientierte Modifikation des Marketing-Mixes

Produktpolitik	**Preispolitik**	**Kommunikations-politik**	**Distributionspolitik**
Co-Produktion	Kundenwert	Beziehung	Individualisierung
Qualität Konsum-Kompetenz Service Cross-Selling	Treue-/Mengen-Rabatte monetäre Zusatzleistungen	kundenindividuelle Dialoge Database Systeme Direkt-Marketing	Kundenclubs Kooperation

Quelle: Hansen 2000, S. 417; Hansen & Bode 1999, S. 304

Eine Auswahl der modifizierten Elemente des Marketing-Mixes soll nun kurz vorgestellt werden. Die Darstellung erhebt jedoch keinen Anspruch auf Vollständigkeit, sondern soll die Ausrichtung der Instrumentalbereiche im Rahmen des Relationship Marketing verdeutlichen.

Produktpolitik: Im Zentrum produktpolitischer Maßnahmen im Rahmen des Relationship Marketings stehen die Verbesserung des Leistungsprogramms sowie die Servicekomponente (vgl. *Homburg & Bruhn* 1998, S. 20). Hauptziel ist die positive Beeinflussung von Kundenzufriedenheit über eine an den Kundenwünschen ausgerichtete Gestaltung des Leistungsprogramms (vgl. *Bruhn* 1999, S. 143). Chancen eröffnet insbesondere die moderne Informationstechnologie, die eine weitreichende Individualisierung von Produkten und Services ermöglicht. Gerade der Servicequalität fällt eine zentrale Rolle zu (vgl. *Hansen, Hennig-Thurau & Schrader 2001, S. 51f.*). Weiter steht das Qualitätsmanagement im Fokus produktpolitischer Maßnahmen in der Unternehmenspraxis (vgl. *Bruhn* 1999, S. 144).

Allerdings sollte einschränkend berücksichtigt werden, dass eine hohe Leistungsqualität zwar Voraussetzung für die Schaffung von Commitment, Zufriedenheit und Kundenbindung ist, vor dem Hintergrund des Qualitätsstandards in vielen Branchen der Spielraum zur Alleinstellung jedoch nur gering ist (vgl. *Peter* 1998, S. 76f.; 1999, S. 242f.). Die produktpolitischen Maßnahmen führen isoliert somit kaum an das gewünschte Ziel. Vielmehr gilt es, sie in das Instrumentarium des Relationship Marketings einzubinden.

Preispolitik: Preispolitische Maßnahmen im Rahmen des Relationship Marketings stellen primär Rabatt- und Bonussysteme, finanzielle Anreize sowie Preisdifferenzierungsstrategien dar (vgl. *Bruhn* 1999, S. 141-143). Regelmäßig wird diesbezüglich argumentiert, an die Stelle kurzfristiger Kalkulationen müsse als Kalkulationsbasis der Kundenwert, der Customer Lifetime Value treten.

Insgesamt sollte in Bezug auf preispolitische Maßnahmen allerdings berücksichtigt werden, dass Kundenbindung, die einzig auf Preisnachlässen beruht, keine Basis für die langfristige Bindung von Kunden im Sinne echter Loyalität darstellt. Vielmehr ist das Risiko der Abwanderung bei vermeintlich attraktiveren Konkurrenzangeboten evident (vgl. *Berry* 1995, S. 240f.; *Hansen & Bode* 1999, S. 299f.). Auch können Leistungsdefizite der Kernleistung über finanzielle Beziehungsanreize langfristig nicht überkompensiert werden (vgl. *Bruhn* 1999, S. 143). Soziale und strukturelle Bindungsmaßnahmen versprechen hier einen längerfristigen Bindungserfolg (vgl. *Liljander* 2000, S. 167-169). Eine mit den weiteren Instrumentalbereichen abgestimmte Preispolitik stellt jedoch trotzdem einen wichtigen Bestandteil des beziehungsorientierten Instrumentariums dar.

Kommunikationspolitik: Ziel kommunikationspolitischer Relationship-Marketing-Maßnahmen ist es, in einen kontinuierlichen Dialog mit dem Kunden zu treten (vgl. *Homburg & Bruhn* 1998, S. 20). Besondere Bedeutung kommt der Integration des Kunden und der Interaktion mit demselben zu. Die Stabilisierung und Intensivierung der Kundenbeziehung sowie die Schaffung von Kundenzufriedenheit stehen im Mittelpunkt. Ein effektives Mittel stellt vor diesem Hintergrund das Konzept des Beschwerdemanagements dar (vgl. *Hansen* 1995; *Hansen, Jeschke & Schöber* 1995, S. 298f.). Es eröffnet Möglichkeiten Unzufriedenheit abzubauen, positive Mundwerbung zu forcieren und langfristig die Kundenbindung zu steigern. Zudem stellt das Beschwerdemanagement eine wichtige Quelle zur Generierung von Markt- und Kundeninformationen dar (vgl. *Hansen* 1995, S. 278f.; *Hansen & Schoenheit* 1995, S. 224). Weitere Maßnahmen einer beziehungsorientierten Kommunikationspolitik sind z.B. Direct-Mail, Kundenzeitschriften, Kundenkarten und Event-Marketing sowie Kundenclubs.[9]

Distributionspolitik: Hauptaufgabe der Distributionspolitik im Relationship Marketing ist es, die Kundennähe zu erhöhen (vgl. *Hennig-Thurau & Hansen* 2000, S. 10). Zu unterscheiden ist hier zwischen handelsgerichteten Maßnahmen, bei denen die Frage im Mittelpunkt steht, auf welchem Wege die Bereitschaft des Handels zur Umsetzung von Relationship-Marketing-Maßnahmen erhöht werden kann, sowie konsumentengerichteten Maßnahmen. Bei letzteren steht die aktive Gestaltung von direkten Vertriebsmaßnahmen im Fokus (vgl.

---

9 Vgl. *Bruhn* 1999, S. 134; siehe für einen Überblick auch *Bruhn & Homburg* 1998, S. 21. Kundenclubs werden alternativ bei einigen Autoren der Distributionspolitik zugeordnet.

Bruhn 1999, S. 145f.). Beispiele für direkte Vertriebsmaßnahmen können Abonnements, Heimverkauf, Online-Vertrieb oder Katalogverkauf sein (vgl. *Homburg & Bruhn* 1998, S. 21). *Hansen & Bode* (1999, S. 304-307) betonen die Bedeutung der Individualisierung der Distribution. Zu diesem Zweck führen die Autoren insbesondere Kundenclubs und Kooperationen an.

Die vorgenommene Aufzählung möglicher Instrumente eines Marketing-Mix im Relationship Marketing ist mit Sicherheit nicht vollständig und könnte an dieser Stelle noch weiter ausgedehnt werden. Es soll jedoch bewusst auf eine umfangreiche Schilderung verzichtet werden. Ziel der Ausführungen war es zu verdeutlichen, dass der Wandel zu einer Beziehungsorientierung sich gerade auch in den Instrumentalbereichen niederschlägt. Alleinstehende Instrumente schaffen allerdings weder Kundenzufriedenheit noch Kundenbindung. Sie müssen in ein integriertes Relationship Marketing einfließen und dort sinnvoll kombiniert werden. Insbesondere in der Unternehmenspraxis bestehen diesbezüglich noch deutliche Defizite (vgl. *Homburg & Bruhn* 1998, S. 21).

2.2 Fazit: Die Reife des Relationship Marketings

Zwei Jahrzehnte nach der Einführung des Konzepts durch *Berry* (1983) kann festgehalten werden, dass Relationship Marketing im Bereich der Marketingforschung und -praxis nach wie vor große Berücksichtigung erfährt. Das Konzept hat seinen Platz in der Marketing-Theorie gefunden und auch in Bereichen wie der Konsumentenverhaltensforschung weitreichende Berücksichtigung erfahren (vgl. *Sheth, Mittal & Newman* 1999, S. 696-769). Entsprechend kann heute von der Reife des Konzepts des Relationship Marketings gesprochen werden (vgl. *Hennig-Thurau, Klee & Langer* 1999; *Berry* 1995). Doch eröffnen sich nach wie vor, wie bereits oben für die Bereiche der Relationship-Marketing-Theorie und -Praxis angeführt, zahlreiche Fragen, deren Beantwortung eher an Relevanz gewonnen hat.

Hennig-Thurau & Hansen (2000, S. 12-18) weisen darauf hin, dass eine generell gültige und anerkannte Relationship-Marketing-Theorie nach wie vor in weiter Ferne steht und geben einen umfangreichen Überblick über die sich eröffnenden Fragestellungen und Perspektiven, die es in Zukunft zu beantworten gilt:

- Integration des gesammelten Relationship-Marketing-Wissens,
- das Bezugsobjekt des Kunden,
- Internationales Relationship Marketing,
- Relationship Marketing aus der Perspektive des Kunden,
- die Nutzung von Informations- und Kommunikationstechnologien im Relationship Marketing,

- strategische Ressourcenverteilung,
- Implementierung eines Relationship-Marketing-Konzepts,
- Wiedergewinnung abgewanderter Kunden,
- Erfassung des Relationship Marketings in ökonomischen Erfolgsziffern.

Sollte es gelingen, diese zentralen Fragen der Relationship-Marketing-Forschung zumindest in Ansätzen zu beantworten, wird das Konzept seine Position in der Marketing-Forschung endgültig etablieren. Allerdings bedarf es hierzu noch beachtlicher Aufwendungen im Bereich der Marketing-Forschung, aber auch einer intensiven Zusammenarbeit mit der Praxis. Nur diese kann die Ergebnisse liefern, die zu einer weiteren Bestätigung und Festigung der bisherigen Erkenntnisse notwendig sind und entscheidende Anstöße für die nahe und ferne Zukunft des „Relationship Approach" liefern.

3 Das Konstrukt des Vertrauens im Relationship Marketing

3.1 Interdisziplinäre Betrachtung alternativer Vertrauenskonzeptionen

Notwendiger Bestandteil und Voraussetzung für die Betrachtung des Vertrauensbegriffs im Rahmen des Relationship Marketings im Internet ist eine schlüssige Begriffsdefinition und Abgrenzung. Gerade beim Vertrauensbegriff ist eine solche Definition und Abgrenzung jedoch mit einigen Schwierigkeiten verbunden. Dies bezieht sich nicht nur auf den Begriff, sondern auch auf Charakteristika, Ursachen und Konsequenzen des Vertrauens. *Mayer, Davis & Schoorman* (1995; siehe auch bei *Lee & Turban* 2001, S. 76) nennen exemplarisch fünf Felder, in denen bei einer Näherung an den Vertrauensbegriff regelmäßig Schwierigkeiten auftreten:

- Begriffsdefinition,
- Beziehung von Ursachen und Folgen des Vertrauens,
- Zusammenhang von Vertrauen und Risiko,
- Interpretation der Ergebnisse infolge abweichender Bezugsgrundlagen des Vertrauens,
- Einbezug sowohl von Vertrauendem als auch Anvertrautem.

Wissenschaftler in verschiedenen Disziplinen haben sich mit dem Vertrauensbegriff auseinandergesetzt (vgl. für einen Überblick *Lewicki, McAllister & Bies* 1998, S. 438; *Rousseau et al.* 1998, S. 393); dies allerdings mit abweichendem Ergebnis bzw. abweichender Bewertung des Prozesses der Begriffsfindung und Definition. Dabei wird der Vorgang der Begriffsfindung als widersprüchlich und verwirrend bezeichnet, der Begriff als schwer fassbar oder aber gänzlich auf eine Definition verzichtet (vgl. etwa *Gambetta* 1988; *McKnight & Chervany* 2002, S. 37). Die Schwierigkeiten einer einheitlichen Begriffsfindung liegen nicht zuletzt darin begründet, dass jede Wissenschaftsdisziplin ihre eigene Näherungsweise hat und den Begriff aus der ihr innewohnenden Perspektive betrachtet. Psychologen stellen etwa Persönlichkeitsmerkmale in den Mittelpunkt; Soziologen hingegen beschäftigen sich vor dem Hintergrund des Vertrauens mit sozialen Strukturen. Wirtschaftswissenschaftler analysieren primär kalkulative Hintergründe oder ergründen die institutionelle Bedeutung des Vertrauens. Hinzu kommt, dass der Vertrauensbegriff eher unbestimmt ist und aus seinem alltäglichen Gebrauch vielfältige Bedeutungen resultieren (vgl. *McKnight & Chervany* 2002, S. 35-37; *Rousseau et al.* 1998, S. 393; *Sheppard & Sherman* 1998, S. 422).

Ausgangspunkt der Begriffsdefinition und Abgrenzung soll ein Überblick über die relevanten Wissenschaftsdisziplinen sein, die sich bislang mit dem Vertrauensbegriff beschäftigt haben. Dies geschieht aus den oben genannten Gründen sowie der bereits in der Einleitung geäußerten Absicht, eine breite Wissensbasis zu schaffen, die im Rahmen der Modifikation des Vertrauenskonstrukts auf die Besonderheiten des Relationship Marketings im Internet als Grundlage herangezogen werden kann.

3.1.1 Vertrauen in der Philosophie

Zahlreiche Philosophen haben sich mit Vertrauen und verwandten Begriffen beschäftigt.[10] Insbesondere die Arbeiten von *Hartmann* (1962), *Bollnow* (1958) und *Schottlaender* (1957) sollen hier für einen Überblick aufgegriffen werden. *Hartmann* (1962, S. 468-470) zählt Vertrauen zu den sittlichen Werten, dessen Bedeutung sich allerdings nur dann voll entfalten kann, wenn sich der Anvertraute als zuverlässig und vertrauenswürdig erweist. Zudem betont er die Bedeutung des Entgegenkommens des Gegenübers und weist somit auf den Charakter einer reziproken Beziehung hin. Er sieht in Vertrauen ein Wagnis, das mit einem gewissen Einsatz des Vertrauenden verbunden ist. Auch in der Philosophie wird der Vertrauensbegriff somit in eine Beziehung zum Risikobegriff gesetzt. Auch *Bollnow* (1958, S. 175-182) befasste sich aus einer philosophischen Perspektive mit dem Vertrauensbegriff und weist diesem eine zentrale Rolle im menschlichen Alltag zu. Vertrauen beinhaltet dabei die Zuversicht, dass sich auch am kommenden Tag kein unumkehrbares Unheil ereigne. Zudem identifiziert er in Vertrauen eine wichtige Größe im Rahmen der Sinn- und Wertspendung des Menschen. Entsprechend kritisch betrachtet *Bollnow* den zunehmenden Vertrauensverlust in der Gesellschaft.

---

[10] Einen umfangreichen Überblick über die relevanten Forschungsarbeiten aus dem Bereich der Philosophie sowie der in Kapitel B 3.1.2 und 3.1.3 dargestellten Bereiche der Soziologie und Psychologie findet sich bei *Pieper* 2000.

Diesen Vertrauensverlust untersucht auch *Schottlaender* (1957, S. 28-38) in seinen Arbeiten. Neben einem Rückgang interpersonalen Vertrauens führt er insbesondere den zu konstatierenden Rückgang an Weltvertrauen an. Auch *Schottlaender* weist auf die Risikodimension von Vertrauen hin, die sich aus der Vorleistung ergibt, die Vertrauende erbringen müssen und welche im Falle eines Vertrauensbruches verloren ist.

Aus obigen Darstellungen wird deutlich, dass sich die Diskussion um Vertrauen in der Philosophie neben interpersonalen Bezugspunkten primär auf übergeordnete Fragestellungen der Sinn- und Wertschöpfung sowie gesellschaftliche Aspekte bezieht. Auch wenn die Betrachtung des Vertrauensbegriffes in der Philosophie somit sicherlich nicht direkt auf den Sachverhalt dieser Arbeit übertragbar ist, finden sich doch bereits einige interessante Begrifflichkeiten, die auch in der Diskussion in den Wirtschaftswissenschaften aufzufinden sind und Relevanz für die Thematik besitzen. Neben dem Risikobegriff ist hier ebenfalls die Unterscheidung in interpersonales und Gesellschafts- oder Systemvertrauen anzuführen, das sich zumindest ähnlich auch in der wirtschaftswissenschaftlichen und im Speziellen in der Marketing-Literatur wieder findet, da es auch hier den Rahmen bildet.

3.1.2 Vertrauen als zwischenmenschliches Phänomen der Soziologie

Von zentraler Bedeutung für die Vertrauensforschung in der Soziologie sind die Arbeiten von *Luhmann*.[11] Auch wenn es breite Übereinstimmungen und Ansatzpunkte mit den Arbeiten der oben vorgestellten Philosophen gibt, wird Luhmann den Soziologen zugeordnet.

Luhmann (2000, S. 1) sieht ähnlich der Sichtweise *Bollnows* (1958) und *Schottlaenders* (1957) in Vertrauen eine Grundvoraussetzung menschlichen Lebens. Ohne Vertrauen eröffnet sich „eine unvermittelte Konfrontierung mit der äußersten Komplexität“ (*Luhmann* 2000, S. 1), die für jeden Menschen unerträglich wäre. Vertrauen stellt in diesem Zusammenhang einen Mechanismus dar, der es Menschen bzw. allen existierenden Systemen ermöglicht, der Komplexität der Umwelt zu begegnen. Diese ist ansonsten so beherrschend, dass ohne eine Reduktion über Mechanismen wie Vertrauen eine Überforderung eintreten würde. Vertrauen reiht sich dabei in andere wirksame Mechanismen ein. Hier sind etwa Recht und Organisation zu nennen, die ähnlich komplexitäts-

[11] Das zentrale Werk *Luhmanns* 1968 (2000) stellt in diesem Zusammenhang „Vertrauen. Ein Mechanismus zur Reduktion sozialer Komplexität“ dar. So ist *Luhmann* führend in der Diskussion des Vertrauensbegriffes im deutschsprachigen Raum gewesen und hat die Forschung in diesem Feld vorangetrieben.

reduzierend wirken und somit die Bewältigung der unsicheren Zukunft ermöglichen. *Luhmann* spricht in diesem Zusammenhang von einem generalisierbaren Weltvertrauen. Sozialen Systemen ermöglicht es über eine Komplexitätsreduktion die Anpassung an die komplexe Umwelt. Vertrauen bildet Zukunft ab, indem es sie in gewissem Sinne vorwegnimmt (vgl. *Luhmann* 2000, S. 3-9). Allerdings ist Vertrauen von reiner Hoffnung abzugrenzen, die keinen Einfluss auf die Entscheidung hat und sich somit nicht auf eine kritische Alternative bezieht (vgl. *Luhmann* 2000, S. 28).

Luhmann (2000, S. 27f.) stuft Vertrauen als riskante Vorleistung ein und führt somit analog zur Verwendung des Vertrauensbegriffes in den Wirtschaftswissenschaften die Verbindung zum Risikokonstrukt ein. Zudem verbindet *Luhmann* (2000, S. 38) den Vertrauensbegriff mit einer vorherrschenden Informationsproblematik, da der Vertrauende im Moment des Vertrauens nicht ausschließen kann, dass der Vertraute ihn enttäuschen und sein Vertrauen somit missbrauchen könnte. Unter gewissen Umständen, die es zu klären gilt, ist der Vertrauende jedoch bereit, eine „Ergänzung von Informationen durch Willen" (*Luhmann* 2000, S. 40) vorzunehmen. Der Schaden, der dem Vertrauenden dabei entsteht, übersteigt eventuell sogar den Nutzen, der aus dem Vertrauensakt erwächst (vgl. *Luhmann* 2000, S. 29). Vertrauen stellt somit einen bewussten Verzicht auf Informationen dar und bewirkt die Umgehung des Informationsmangels und die Lösung bzw. Ausblendung der Informationsproblematik. Fehlende Informationen werden dabei im Rahmen einer Willensleistung durch interne Informationen ersetzt und es kommt zu einer Kombination von Wissen und Unwissen. Der Vertrauende sucht nach objektiven Anhaltspunkten bezüglich einer Rechtfertigung von Vertrauen, wobei entsprechende Anhaltspunkte das Risiko nur reduzieren, nicht jedoch ausschalten können (vgl. *Luhmann* 2000, S. 38-47).

Wesentliche Voraussetzung des Vertrauens, aber auch des Misstrauens ist das Vorherrschen von Vertrautheit, die anders als das zukunftsgerichtete Vertrauen vergangenheitsorientiert ist und sich auf bestehendes Wissen gründet. Vertrautheit ermöglicht ein abgewägtes Erwarten von Geschehnissen und somit eine Reduktion von Risiken, indem es Vorerfahrungen in den Vertrauensprozess einfließen lässt und darauf aufbauend eine Abbildung der Zukunft ermöglicht (vgl. *Luhmann* 2000, S. 20-27). Besondere Bedeutung hat Vertrautheit zudem, wenn sie personenbezogen ist, da sie vertrauensfördernd wirkt und die Vertrauensleistung in der Regel gar nicht mehr zum Gegenstand weiterer Überlegungen wird (S. 40f.). Es wird ersichtlich, dass *Luhmann* zwischen persönlichem Vertrauen und Systemvertrauen unterscheidet. Persönliches Vertrauen hat zum Gegenstand, dass eine anvertraute Person sich entsprechend ihrer Persönlichkeit bzw. der von ihm/ihr vorgegebenen Persönlichkeit verhalten wird. Systemvertrauen hingegen bezieht sich auf das Vertrauen in das Funktionieren eines Systems (S. 47-78).

Fasst man die Erkenntnisse *Luhmanns* zusammen, bieten sie außer kleineren Ungenauigkeiten wie dem Verzicht auf eine Definition einige hilfreiche Anknüpfungspunkte für den Sachverhalt dieser Arbeit. Insbesondere die Unterscheidung in persönliches Vertrauen und Systemvertrauen soll später wieder aufgegriffen werden. Gleiches gilt für die Beziehung von Vertrauen und Information bzw. den bewussten Verzicht auf Information.

Als weiterer Vertreter der Sozialwissenschaft befasste sich *Coleman* (1982a; 1982b; 1991) mit dem Vertrauensbegriff. In Abweichung zu *Luhmann* definiert er Vertrauen als eine „einseitige Übertragung von Kontrolle über Ressourcen, Handlungen oder Ereignisse“ (*Coleman* 1982b, S. 302). Der Vertrauensprozess beginnt mit einer einseitigen Vorleistung des Vertrauenden. Eine entsprechende Gegenleistung erfolgt erst zeitversetzt (vgl. *Coleman* 1991, S 124f.) und ist folglich mit Risiko verbunden. Dieses wird vom Vertrauenden bewusst toleriert, da die erwartete Gegenleistung größer als die Vorleistung ausfällt (vgl. *Coleman* 1982a, S. 283). Vertrauen wird dabei zu einem erfolgsorientierten Kalkül, das sich aus der Wahrscheinlichkeit der Rechtfertigung des Vertrauens, der Verlusthöhe im Falle des Vertrauensbruchs sowie dem Ertrag im Falle einer Bestätigung des Vertrauens ergibt (vgl. *Coleman* 1982b, S. 303). Handelt es sich bei der Vertrauensleistung um eine wechselseitige Vorleistung, hat dies einen stabilisierenden Effekt auf die Beziehung, da im Falle eines Vertrauensbruches beide Seiten einen Schaden erleiden (S. 306).

Abweichend zu *Luhmann* diskutiert *Coleman* nicht den Zusammenhang von Vertrauen und Information. Besonders positiv für eine Nutzung im Rahmen wirtschaftswissenschaftlicher Betrachtungen hervorzuheben ist jedoch das beschriebene Vertrauenskalkül, das für eine Übertragung auf die Thematik dieser Arbeit infrage kommt. Ebenso erwachsen aus der möglichen Reziprozität Ansatzpunkte.

Auch *Blau* (1964, S. 93) führt das zeitliche Auseinanderfallen von Leistung und Gegenleistung an. Allerdings trifft er die Annahme, dass sich Vertrauen erst langsam herausbildet. Entsprechend werden in Austauschbeziehungen eingangs nur recht kleine Vorleistungen erbracht und somit das Risiko gering gehalten. Auch *Zündorf* (1986, S. 303) greift diese Gedanken auf und beschreibt Vertrauen als „die freiwillige Übertragung der Kontrolle über Ressourcen, Handlungen oder Ereignisse einer nicht genau im Voraus festgelegten Gegenleistung in einer nicht genau terminierten Zukunft“ (*Zündorf* 1986, S. 303). *Zündorf* (1986, S. 33) sieht in Vertrauen einen Mechanismus zur Handlungskoordination wie Macht, Einfluss und Verständigung. Allerdings grenzt er es deutlich gegenüber ökonomischen Beziehungen ab, da die Gegenleistung weder fest terminiert noch spezifiziert ist. Neben nützlichen Erkenntnissen wie dem kalkulativen Element erschwert diese Restriktion eine direkte Übertragung auf den Sachverhalt der Arbeit.

3.1.3 Der Vertrauensbegriff in der Psychologie

Die Psychologie stellt einen weiteren Wissenschaftsbereich dar, der sich bereits frühzeitig mit dem Vertrauensbegriff auseinandergesetzt hat. Dabei können grundsätzlich zwei Gruppen von Wissenschaftlern unterschieden werden[12]. Zum einen wird Vertrauen als *personenspezifische Einstellung* aufgefasst. Hier sind die Arbeiten von *Rotter* (1967; 1971; 1980) hervorzuheben. Dem steht eine Gruppe von Wissenschaftlern gegenüber, die in Vertrauen primär ein *situativ bedingtes* Verhalten sehen. Stellvertretend sei hier auf die Arbeiten von *Deutsch* (1958; 1960) und *Zand* (1972) verwiesen.

Folgt man der Gruppe um *Rotter* (1967, S. 651), ist die Vertrauensbereitschaft ein Persönlichkeitsmerkmal und entsprechend abhängig von den Einstellungen und Erfahrungen eines Individuums. Vertrauen stellt die Erwartung einer Person dar, sich auf mündliche oder schriftliche Versprechen des Gegenübers zu verlassen (vgl. *Rotter* 1967, S. 651-653; 1971, S. 444) und wird als verhältnismäßig stabile Einstellung aufgefasst, die über längere Zeit wandelbar ist (vgl. *Rotter* 1967, S. 651-653). *Rotter* unterscheidet Personen in Bezug auf ihre Vertrauensbereitschaft grundsätzlich in zwei Gruppen. Die von ihm identifizierten „High-Truster" gehen ohne größere Vorbehalte Vertrauensbeziehungen ein, die „Low-Truster" hingegen zeigen weniger Vertrauensbereitschaft. Der konkrete Aufbau einer Vertrauensbeziehung hängt zudem entscheidend von den Erfahrungen des Vertrauenden ab (vgl. *Rotter* 1967, S. 653-659; 1980, S. 1). Zur Vertrauensmessung führt *Rotter* eine „Interpersonal Trust Scale" ein, welche eine persönliche Vertrauensbewertung wiedergibt. Je nach erreichter „Score" werden die Personen den beiden Gruppen zugeordnet, denen ein abweichendes Menschenbild zugrunde liegt. „High-Truster" räumen etwa einen großen Vertrauensvorschuss ein, der nur bei deutlichen Anzeichen der Vertrauensunwürdigkeit aufgekündigt wird und sind eher konsens- und kooperationsorientiert. Zudem führt *Rotter* einen Zusammenhang von Vertrauen und Vertrauenswürdigkeit an. „High Truster" erweisen sich demnach in der Regel selbst als vertrauenswürdiger (vgl. *Rotter* 1967, S. 653-659; 1980, S. 2).

---

[12] Vgl. für eine abweichende Einteilung die Arbeit von *Rotter* 1971, S. 444.

Allerdings existiert auch deutliche Kritik an der Theorie *Rotters* sowie deren theoretischer Untermauerung. Diese bezieht sich auf die mangelnde Berücksichtigung situativer Komponenten im Rahmen der theoretischen Fundierung. Eine vollkommene Fokussierung auf Persönlichkeitsmerkmale unter Vernachlässigung der spezifischen Situation erscheint wenig plausibel. Auch die Abgrenzung der Begrifflichkeiten ist nicht durchgehend schlüssig. Abschließend sei noch auf die empirische Untermauerung hingewiesen. Hier wurden neben den von *Rotter* angeführten Gruppen weitere Dimensionen identifiziert, welche *Rotters* Annahmen relativieren (vgl. z.B. *Oswald* 1994, S. 115; *Chun & Campbell* 1974).

Abweichend stellt sich die Arbeit der Wissenschaftler um *Deutsch* (1960; 1962) dar, die Vertrauen als primär situationsspezifisches Verhalten einstufen. Eine Situation, in der Vertrauen erwiesen wird, ist demnach grundsätzlich durch zwei Pfade gekennzeichnet. Sie weist sich durch einen positiven Vertrauensnutzen im Falle einer Bestätigung des Vertrauens und negativen Vertrauensnutzen bzw. Vertrauensschaden im Falle eines Vertrauensmissbrauchs aus. Der Eintritt des Vertrauensnutzens oder -schadens ist dabei abhängig vom Verhalten des Anvertrauten; der positive Vertrauensnutzen erscheint dem Vertrauenden größer als der Schaden im Falle des Missbrauchs. Zudem begibt sich der Vertrauende in eine Situation, in der er seine Verwundbarkeit steigert (vgl. *Deutsch* 1960, S. 124; 1962, S. 275-277).

Als Gründe für Vertrauen führt *Deutsch* (1960, S. 124) Verzweiflung, Konformität, Impulsivität, Arglosigkeit, Tugendhaftigkeit, Glaube, Masochismus und Zuversicht an. Dabei drückt sich das Ausmaß des Vertrauens in der Bereitschaft aus, Vorleistungen zu erbringen. Diese Vorleistung geht im Falle eines Vertrauensbruchs verloren und verkörpert somit den Risikobezug des Vertrauensbegriffs. Allerdings nimmt *Deutsch* in der Folge eine deutliche Abgrenzung beider Begriffe vor. Vertrauen kennzeichnet sich dadurch, dass ein möglicher Gewinn kleiner ist als der Verlust im Falle des Vertrauensmissbrauchs; durch Risiko geprägte Situationen weisen hingegen die gegenteilige Beziehung aus. Schließlich kennzeichnet Hoffnung Situationen, die nur mit einem positiven Nutzen verbunden sind. Der Gewinn ist im Falle eines positiven Ausgangs höher, wie etwa bei Glückspielen festgehalten werden kann. Entsprechend wird in Risikosituationen eine sehr viel geringere Eintrittswahrscheinlichkeit in Kauf genommen, als dies bei Vertrauenssituationen zu erwarten ist (vgl. *Deutsch* 1958, S. 266; 1960, S. 124; siehe auch bei *Sheppard & Sherman* 1998, S. 422). Entscheidend für eine Vertrauensleistung ist nach *Deutsch* (vgl. 1960, S. 125) sowohl das Verhältnis von zu erwartendem Vorteil und möglichem Schaden als auch die Eintrittswahrscheinlichkeit des positiven oder negativen Ereignisses.

Allerdings widerspricht die vorgenommene Begriffsabgrenzung im Sinne einer alternativen Verwendung in abweichenden Situationen sowohl dem gängigen Sprachgebrauch der Begriffe als auch der Abgrenzung durch andere Wissenschaftler und wird im Rahmen dieser Arbeit deshalb abweichend vollzogen. Vielmehr soll davon ausgegangen werden, dass dem Vertrauenden mit seiner Vorleistung ein Verlustrisiko erwächst, somit also beide Begriffe direkt miteinander verbunden sind. Zu kritisieren ist an den Arbeiten *Deutschs* zum Vertrauensbegriff insbesondere der Versuch, in spieltheoretischen Experimenten situative Gegebenheiten herauszuarbeiten, welche die Aussagekraft der Ergebnisse zumindest deutlich eingrenzen (vgl. *Rotter* 1967, S. 652; 1971, S. 444).

Auch bei *Zand* (1972, S. 229-233) findet sich ein situativ bedingtes Vertrauensverständnis in Analogie zu Deutsch, welches Vertrauen als wichtigen Faktor hinsichtlich der Effizienz von Beziehungen einordnet. Diese Sichtweise wendet *Zand* explizit auf den Sachverhalt von Managementfragestellungen und den Ablauf von Geschäftsprozessen an. Vertrauen drückt sich durch eine Steigerung der eigenen Verwundbarkeit gegenüber einer Person außerhalb der persönlichen Kontrolle aus, wobei der Schaden eines Vertrauensbruches den Nutzen im positiven Fall übersteigt. Weiter führt *Zand* (1972, S. 230) an, dass Vertrauen „is not a global feeling of warmth or affection, but the conscious regulation of one's dependence on another that will vary with the task, the situation, and the other person." Der situative Charakter des Vertrauensbegriffs wird dabei deutlich. Der Fokus der Arbeit von *Zand* liegt im Bereich der Entwicklung von Vertrauen und Misstrauen, wobei der reziproke Charakter des Vertrauens und die Bedeutung von Informationen und deren Weitergabe unterstrichen werden.

Resümiert man noch einmal die Arbeiten von *Deutsch* und *Zand* vor dem Hintergrund der Thematik dieser Arbeit, erscheint insbesondere die Übernahme des situativen Charakters des Vertrauensbegriffes praktikabel. Zudem ist auch der Gegenseitigkeitsaspekt in Beziehungen zwischen Anbietern und Kunden von Bedeutung. Abweichend stellt sich jedoch die Funktion von Informationen dar. Bei *Zand* (1972, S. 229f.) ist die Weitergabe von Informationen Teil der Vertrauensleistung. Personen in einem Vertrauensumfeld neigen eher zur Weitergabe von Informationen und verhalten sich wechselseitig kooperativer, was die Effizienz der Problemlösung deutlich steigern kann. Überträgt man dies auf den Sachverhalt der Arbeit, erklärt sich daraus etwa die Weitergabe persönlicher Informationen und Kreditkartendaten an einen vertrauensvollen Partner in einer Geschäftsbeziehung.

Für das Umfeld elektronischer Märkte soll jedoch zusätzlich davon ausgegangen werden, dass Informationen auch dem Vertrauensaufbau dienen, also im Vorfeld angeboten und ausgetauscht werden. Die Annahmen von *Zand* bedürfen hier somit einer Erweiterung. Fasst man die Betrachtung der Vertrauensforschung im Bereich der Psychologie zusammen, erscheint im Rahmen dieser Arbeit zudem eine Zusammenfassung beider Bereiche vorteilhaft, wie sie *Deutsch* (1960, S. 124) auch selber befürwortet. So kann davon ausgegangen werden, dass sowohl Persönlichkeitsmerkmale als auch situative Faktoren einen Einfluss auf die Vertrauensneigung von Personen haben.

3.1.4 Der Vertrauensbegriff in den Wirtschaftswissenschaften

Betrachtet man die wirtschaftswissenschaftliche Literatur[13] hinsichtlich des Vertrauensbegriffes, reicht die Berücksichtigung bis zu *Adam Smith* (1976, S. 90) zurück, der bereits in seinem Werk „Der Wohlstand der Nationen" auf die ökonomische Bedeutung des Vertrauensbegriffes hinweist. In der Folge wurde der Vertrauensbegriff dann in verschiedenen Gebieten der wirtschaftswissenschaftlichen Forschung aufgegriffen. Hier kann etwa auf die Spieltheorie, die Theorie des unvollkommenen Marktes und organisationstheoretische Ansätze verwiesen werden (vgl. *Krystek & Zumbrock* 1993, S. 21-23).

Grundlage der Spieltheorie ist es, Hinweise für die Bildung erfolgreicher Verhaltenstrategien in Beziehungen zu liefern. Dabei bildet die Spieltheorie Interdependenzen zwischen den betrachteten Akteuren in vereinfachter Weise ab, um auf diesem Wege den Ablauf der Interaktion modellieren zu können und daraus Handlungsempfehlungen abzuleiten. Grundsätzlich kann dabei zwischen einmaligen und wiederholten Spielen unterschieden werden. Vertrauen wird in diesem Zusammenhang als eine mögliche Gewinnmaximierungsstrategie bei wiederholten Spielen betrachtet. Die vorgenommene Modellierung wird in der Regel im Rahmen experimenteller Ansätze einer Überprüfung unterzogen. Vertrauen wird in der experimentellen Wirtschaftsforschung dann als Voraussetzung von Verhandlungsentscheidungen und als Ergebnis von Verhandlungen aufgefasst (vgl. *Albach* 1980, S. 2; *Selten & Tietz* 1980, S. 13f.; *Sauermann & Selten* 1967, S. 3-6).

Die Spieltheorie zeigt, dass die Dauerhaftigkeit von Interaktionen, wie sie auch im Rahmen von Geschäftsbeziehungen vorzufinden ist, eine zentrale Determinante für das Zustandekommen von Vertrauen und Kooperation darstellt. Somit wird auch der situative Charakter deutlich, der sowohl für Vertrauen als auch die

---

[13] Zudem wird der Vertrauensbegriff in zahlreichen Arbeiten aus dem Bereich der Marketingwissenschaft thematisiert. Diese überaus umfangreiche Literatur aus dem Bereich des Marketing und insbesondere des Relationship Marketing ist zwar in die wirtschaftswissenschaftlichen Literatur einzuordnen, soll im Rahmen dieser Arbeit jedoch in Kapitel B 3.2 separat behandelt werden.

Vorteilhaftigkeit des Relationship Marketings zugrunde gelegt wurde. Die spieltheoretischen Erkenntnisse verweisen darauf, dass Vertrauen in längerfristigen Geschäftsbeziehungen von größerer Bedeutung ist als im Rahmen einmaliger Transaktionen, in der Aspekte der Kontrolle dominieren (vgl. *Pieper* 2000, S. 104).

Im Rahmen der Informationsökonomik bzw. der Theorie unvollkommener Märkte wird Vertrauen hingegen als Mechanismus der Überwindung von Informationsasymmetrien aufgefasst, wobei zahlreiche Hinweise für die Bedeutung im Rahmen von Geschäftsbeziehungen sprechen. Dabei wird das Vertrauenskapital, welches ein Unternehmen durch vergangene Handlungen und die entsprechenden Erfahrungen der Kunden errungen hat, als eine Grundlage im Entscheidungsprozess der Kunden betrachtet und fungiert somit als akquisitorisches Kapital (vgl. *Albach* 1980, S. 3; *Gutenberg* 1984, S. 243-248). Eigenschaften und Dimensionen, die in Zusammenhang mit Vertrauen genannt werden, sind Verlässlichkeit und Integrität des Partners, die Kontinuität der Beziehung, das Wohlwollen der Partner und dessen Commitment. Die Nähe zum Vertrauensbegriff in dieser Arbeit wird daraus ersichtlich.

In organisationstheoretischen Ansätzen wird in Vertrauen ein Mittel gesehen, das zur effektiven Zusammenarbeit in Unternehmen beitragen kann. Prägend sind in diesem Zusammenhang die Arbeiten von *Ouchi* (1980; 1981), *Bleicher* (1982; 1985) sowie *Arrow* (1974). Auch im Bereich der Personalführung wird dem Vertrauenskonstrukt eine zentrale Bedeutung beigemessen. Nach *Ouchi* (1981, S. 5f.) stellt Vertrauen ein zentrales Element für die effektive Zusammenarbeit in Unternehmen dar und ist maßgeblich für deren Produktivität verantwortlich. *Bleicher* (1985, S. 2f.) führt an, dass die Beherrschung der wachsenden Komplexität und Umweltdynamik ein deutliches Umdenken im Bereich des Managements bedingt. Notwendige evolutionäre Veränderungen sind indes nur in Vertrauensorganisationen möglich, wohingegen Misstrauensorganisationen auf die Beibehaltung des Status quo abzielen.

Von Bedeutung im Rahmen dieser Arbeit ist insbesondere der Gedanke, dass Vertrauen einen zentralen Einflussfaktor hinsichtlich der Effizienz in Beziehungen darstellt.

3.1.5 Zusammenfassung

In den vorab stehenden Ausführungen wurde ein Überblick über zentrale Arbeiten zum Vertrauensbegriff in verschiedenen Wissenschaftsdisziplinen gegeben, wobei mitunter bereits die Autoren selbst auf die Relevanz für Geschäftsbeziehungen explizit hingewiesen haben (vgl. etwa *Rotter* 1980, S. 1;

Zand 1972, S. 229). Zwar vermag an dieser Stelle kein vollständiger Einblick in die jeweiligen Gebiete gegeben werden, der Fokus der Forschungsbereiche wird jedoch deutlich. Neben diversen Unterschieden bezüglich der Perspektive und der Inhalte lassen sich zudem einige Gemeinsamkeiten und Ergebnisse aus den Wissenschaftsdisziplinen für eine Übertragung auf den Sachverhalt dieser Arbeit finden.

Eingangs ist der *Risikobezug* des Vertrauensbegriffs zu nennen, der, wenn auch mit gewissen Abweichungen, von den meisten Autoren hergestellt wird (vgl. *Sheppard & Sherman* 1998, S. 422). Für den dieser Arbeit zugrunde gelegten Risikobezug des Vertrauensbegriffes bieten die Ausführungen von *Deutsch* und *Luhmann* bestenfalls Ansatzpunkte, die einer weiteren Klärung bedürfen. Festzuhalten ist, dass Vertrauen mit *Unsicherheit* verbunden ist. Aus Risiko und Unsicherheit erwächst die Bedeutung von *Informationen* und des *Austausches von Informationen* zwischen den Beteiligten, die abweichend als Ursache und Konsequenz von Vertrauen betrachtet wurden. Beide Sichtweisen stellen sich als fruchtbar und notwendig für eine weitere Betrachtung heraus. Analog kann die Position zugestimmt werden, dass Vertrauen mit einem bewussten Verzicht auf Informationen einhergehen kann. Als Folge von Vertrauen kann dann neben und durch eine *Reduktion der Komplexität* eine *gesteigerte Effizienz* von Beziehungen und Prozessen angenommen werden, die mit einer Senkung von Transaktionskosten einhergeht.

In zahlreichen Arbeiten aus verschiedenen Wissenschaftsgebieten wurde zudem auf den Aspekt der *Reziprozität* hingewiesen (vgl. für einen Überblick etwa *Krystek & Zumbrock* 1993, S. 7). Analog soll im weiteren Verlauf vom reziproken Charakter einer Vertrauensbeziehung ausgegangen werden.

Zudem soll die Unterteilung in Systemvertrauen und persönliches Vertrauen als Bezugsobjekt des Vertrauenden wieder aufgegriffen werden. Unterschieden werden soll weiter zwischen situativ bedingten Merkmalen und persönlichkeitsbedingten Merkmalen, die Einfluss auf die Vertrauensneigung von Personen in Situationen nehmen. Eine Verbindung beider Sichtweisen bietet sich, wie auch von *Luhmann* angeführt, vor dem Hintergrund der Thematik an (vgl. auch *Koczkas* 1981, S. 128; *Krystek & Zumbrock* 1993, S. 7) und muss im Rahmen der Identifikation von Determinanten Berücksichtigung finden.

Abschließend soll noch darauf hingewiesen werden, dass Vertrauen abweichend entweder als eher emotional dominiert und somit direkt nur bedingt nachvollziehbar oder aber eher kognitiv determiniert aufgefasst wird. Wieder soll, wie auch von zahlreichen Autoren vollzogen, eine Verbindung beider Sichtweisen durchgeführt werden (vgl. *Jarvenpaa, Tractinsky & Saarinen* 1999). Es ergibt sich ein Vertrauenskonstrukt mit emotionalen bzw. affektiven Komponenten, aber auch deutlichen kognitiven Bestandteilen. Im Folgenden gilt es, die dargestellten Anknüpfungspunkte zu ordnen und in ein im Hinblick auf die Thematik der Arbeit modifiziertes Vertrauenskonstrukt einfließen zu lassen.

3.2 Theoretische Grundlagen des Vertrauensbegriffs im Relationship Marketing

3.2.1 Begriffsdiskussion und Abgrenzung

Aufbauend auf den Erkenntnissen des vorab stehenden Kapitels B 3.1 soll nun der Vertrauensbegriff, genauer der Begriff des Kundenvertrauens[14], im Marketing für eine Definition und Abgrenzung herangezogen werden. Betrachtet man die Marketing-Literatur im Detail, haben sich diverse Autoren (vgl. z.B. *Crosby, Evans & Cowles* 1990; *Johnson & Grayson* 1999; *Moorman, Deshpandé & Zaltman* 1993; *Morgan & Hunt* 1994), insbesondere im Zusammenhang mit dem Konzept des Relationship Marketings, mit Vertrauen und verwandten Begriffen beschäftigt. Dabei stehen regelmäßig kalkulative und institutionelle Aspekte im Mittelpunkt (vgl. *Doney & Cannon* 1997, S. 37; *Rousseau et. al.* 1998, S. 393). Zwar weisen *Johnson & Grayson* (1999, S. 2-5) darauf hin, dass Vertrauen neben kalkulativen und somit eher kognitiv dominierten Elementen auch affektive Komponenten aufweist, welche je nach Art der Transaktion mehr oder weniger ausgeprägt sind und sich zudem gegenseitig beeinflussen. Diese wurden in der Marketing-Literatur bislang jedoch nur selten vertiefend thematisiert.

Ebenfalls ist anzumerken, dass sich Vertrauen in Geschäftsbeziehungen von Einzeltransaktionen zumindest in einigen Details unterscheidet. Stehen bei vielen Einzeltransaktionen eher kalkulative Elemente im Fokus, die sich auf den Ertrag, den Verlust und die Eintrittswahrscheinlichkeit im Zusammenhang mit Vertrauenshandlungen beziehen, rücken im Rahmen einer Beziehung zumindest in vielen Fällen abweichende Motive wie etwa soziale Beziehungsnutzen in den Mittelpunkt.[15] Es wird dabei detaillierter erwogen, in welchen Bereichen Vertrauen erbracht wird. Ökonomische Aspekte sind in vielen Beziehungen folglich nur ein zentraler Teilbereich des Vertrauens neben anderen (vgl. *Lewicki, McAllister & Bies* 1998, S. 438-446; *Rousseau et al.* 1998, S. 398).

---

[14] Im Folgenden sollen die Begriffe des Vertrauens und des Kundenvertrauens synonym verwendet werden. Sofern nicht explizit gekennzeichnet, wird folglich unter dem Begriff des Vertrauens das Vertrauen des Kunden in den Hersteller bzw. Händler verstanden.

[15] Kalkulative Elemente dominieren hier insbesondere bei „preisorientierten“ Käufen. Eine Ausnahme stellen in diesem Zusammenhang Affektkäufe dar, die an dieser Stelle jedoch vernachlässigt werden sollen.

Wie in Kapitel B 3.1 angeführt wurde, finden sich bereits in der sozialwissenschaftlichen Literatur explizite Hinweise auf die Bedeutung von Vertrauen in Geschäftsbeziehungen (vgl. exemplarisch *Rotter* 1980, S. 1; *Zand* 1972, S. 229). *Schurr & Ozanne* (1985, S. 940; vgl. auch bei *Krystek & Zumbrock* 1993, S. 13-20) greifen diese Ansätze auf und postulieren eine höhere Bereitschaft zur Informationsweitergabe, eine gesteigerte Problemlösungs- und Kooperationsbereitschaft sowie in der Folge eine effizientere Austauschbeziehung. Der langfristige Beziehungserfolg rückt für die beteiligten Parteien in den Fokus. Dies geht einher mit einer Erhöhung der Effizienz und einer Verringerung von Transaktionskosten, da beide Parteien zu langfristigen Investitionen in die Beziehung bereit sind und Kosten für die Aushandlung und Anpassung von Verträgen sowie deren Überwachung reduzieren (vgl. *Doney & Cannon* 1997, S. 35; siehe auch bei *Bendapudi & Berry* 1997, S. 20; *Ganesan* 1994, S. 3f.; *Williamson* 1975; 1981).

Verschiedene Studien weisen auf die Bedeutung von Vertrauen im Rahmen der Beziehungsbildung sowie die Wirkung auf relevante Konstrukte wie Commitment (vgl. *Dwyer, Schurr & Oh* 1987; *Morgan & Hunt* 1994), „long term orientation" (vgl. *Ganesan* 1994) und Kundenbindung (vgl. *Anderson & Weitz* 1989; *Doney & Cannon* 1997) hin. *Pieper* (2000, S. 115-218) verdeutlich in Bezug auf Wertschöpfungspartnerschaften, dass ein gezieltes Vertrauensmanagement dazu beitragen kann, den Nutzen und die Kosten in Wertschöpfungspartnerschaften zu optimieren. Allen Autoren ist gemein, dass sie die ökonomische Relevanz des Vertrauens betonen. Die Entwicklung des Kundenvertrauens stellt somit keinen Selbstzweck dar, sondern kann im Rahmen eines gezielten Vertrauensmanagements ökonomisch fundiert werden.

Prägend im Bereich der Relationship-Marketing-Literatur ist die bereits angeführte Arbeit von *Morgan & Hunt* (1994). Die Autoren erheben Vertrauen in Verbindung mit Commitment zu einem Schlüsselfaktor für Relevanz und Erfolg des Relationship Marketings. Für *Morgan & Hunt* (1994, S. 23; siehe auch die Ausführungen zur Commitment-Trust-Theorie in dieser Arbeit) ist Vertrauen gegeben, wenn „one party has confidence in an exchange partner's reliability and integrity." Die Autoren greifen dabei auf die Arbeit von *Rotter* (1967, S. 651) zurück, der Vertrauen versteht als „an expectancy held by an individual or a group that the word, promise, verbal or written statement of another individual or group can be relied upon." Merkmale, die in diesem Zusammenhang Vertrauenswürdigkeit signalisieren, sind Beständigkeit, Kompetenz, Aufrichtigkeit, Fairness, Verantwortungsbewusstsein und Wohlwollen (vgl. *Morgan & Hunt* 1994, S. 23f.; *Rotter* 1971, S. 443-445).

Von besonderer Relevanz in der Relationship-Marketing-Literatur ist zudem der Vertrauensbegriff von *Moorman, Zaltman & Deshpandé* (1992, S. 315), der auch im Rahmen dieser Arbeit zur Begriffsabgrenzung herangezogen werden soll. Dieser unterscheidet sich von der Sichtweise *Morgan & Hunts* (1994) durch eine verhaltensrelevante Komponente. Vertrauen wird dabei definiert als die „willingness to rely on an exchange partner in whom one has confidence" (*Moorman, Zaltman & Deshpandé* 1992, S. 315). Dieser Vertrauensbegriff greift zwei zentrale Strömungen in der Literatur auf.

Zum einen wird Vertrauen als „belief, confidence, or expectation" (*Moorman, Deshpandé & Zaltman* 1993, S. 82; siehe auch bei *Singh & Sirdesmukh* 2000, S. 150f.) bezüglich der Vertrauenswürdigkeit betrachtet. Eine *Einstellungskomponente*, ausgedrückt durch die Annahme, Zuversicht bzw. Erwartung hinsichtlich des zukünftigen Verhaltens des Anvertrauten steht im Fokus und basiert auf der Vertrauenswürdigkeit, der Fachkompetenz und den Absichten des Anvertrauten (vgl. *Moorman, Deshpandé & Zaltman* 1993, S. 82; *Morgan & Hunt* 1994, S. 23).

Zum anderen weist der Vertrauensbegriff eine *Verhaltenskomponente* auf, die sich in der „willingness to rely" (*Moorman, Zaltman & Deshpandé* 1992, S. 315; siehe auch bei *Lau & Lee* 1999, S. 343; *Worchel* 1979) ausdrückt. Vertrauen wird dabei als Verhalten oder Verhaltensbereitschaft betrachtet, welche sich durch die Verwundbarkeit und Unsicherheit gegenüber dem Anvertrauten ausdrückt. Folgt man dieser Sichtweise, ist Vertrauen nur in Verbindung mit Verwundbarkeit notwendig und bedingt somit die angeführte Verhaltenskomponente. Diese wird hier ausgedrückt durch die Vertrauensbereitschaft, deren Ausprägung maßgeblich vom Vertrauensurteil abhängig ist. In diesem Zusammenhang wird gleichermaßen die Beziehung von Vertrauen zu Unsicherheit deutlich, da erst der unsichere Ausgang des Ereignisses die Vertrauensnotwendigkeit bedingt (vgl. *Moorman, Deshpandé & Zaltman* 1993, S. 82; siehe auch bei *Deutsch* 1960, S. 124; 1962, S. 275-277).

Zudem drückt sich in beiden Komponenten der Zukunftsbezug des Vertrauenskonstruktes aus. Vertrauen richtet sich auf ein zukünftiges Ereignis, dessen Ausgang unsicher und zugleich vom Verhalten des Anvertrauten abhängig ist. Hieraus ergibt sich auch ein zentraler Ansatz zur Abgrenzung gegenüber dem Zufriedenheitskonstrukt, das primär vergangenheitsorientiert ist. Vielmehr vermag hier die Zufriedenheit, die in der Vergangenheit geschaffen wurde, dass Vertrauen in der Gegenwart und Zukunft begründen. Diese konzeptionelle Nähe drückt sich erwartungsgemäß im Bereich der Determinantenidentifikation im späteren Verlauf wieder aus. Zahlreiche Determinanten steigern im Rahmen der zugrunde gelegten Modellbetrachtung das Vertrauen, bei einer vergangenheitsorientierten Betrachtung jedoch gleichermaßen die Kundenzufriedenheit. Dennoch ergeben sich auch zentrale Abweichungen.

Abbildung 5 verdeutlicht die Komponenten des Vertrauenskonstrukts sowie ihre Beziehung. Basierend auf den beschriebenen Merkmalen soll im Rahmen dieser Arbeit analog zu *Singh & Sirdesmukh* (2000, S. 150f.) in erster Linie auf die Einstellungskomponente rekurriert werden. Eine Betrachtung der Verhaltenskomponente wird an entsprechender Stelle explizit herausgestellt.

Abbildung 5:
Komponenten des Vertrauensbegriffs

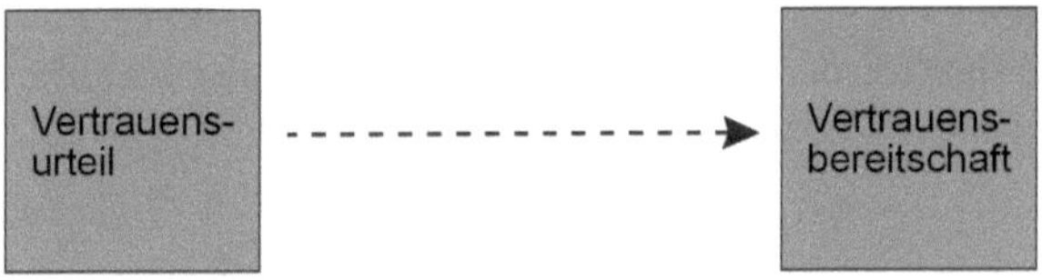

Quelle: Eigene Darstellung

3.2.2 Dimensionen von Vertrauen

Neben der Herausstellung der Verhaltenskomponente wird Vertrauen in der Marketing-Literatur regelmäßig als mehrdimensionales Konstrukt dargestellt (vgl. *Sirdeshmukh, Singh & Sabol* 2002, S. 17; ähnlich bei *Ganesan & Hess* 1997; *Shankar, Sultan & Urban* 2002, S. 8; *Singh & Sirdesmukh* 2000, S. 151). Eine globale, eindimensionale Sichtweise des Vertrauenskonstruktes wird der Bandbreite des Konstruktes nicht gerecht und steht einer differenzierten Diskussion und Näherung der Ursachen und Konsequenzen mitunter im Wege (vgl. *Singh & Sirdesmukh* 2000, S. 151).

Die Diskussion um besagte Dimensionen des Kundenvertrauens konzentriert sich in der Regel auf die grundlegenden Dimensionen „Credibility" bzw. „Competence" und „Benevolence".[16] Verschiedene Autoren bilden noch weitere

[16] *Sirdeshmukh, Singh & Sabol* 2002, S. 17, führen in Bezug auf die Multidimensionalität des Vertrauens an: „Invariably, a multidimensional conceptualization is suggested that includes notions of (1) competence and (2) benevolence".

Dimensionen ab bzw. teilen die obigen Dimensionen in weitere Ebenen auf. Im Kern fokussiert sich die marketingwissenschaftliche Diskussion jedoch auf die Dimensionen „Competence“ und „Benevolence“.

Die *Dimension Competence* umfasst dabei die Fragestellung, inwieweit der Anvertraute, also in unserem Fall der Händler bzw. Hersteller, in der Lage ist, das Vertrauen des Kunden zu bestätigen. Im Fokus steht folglich die *kundenseitige Wahrnehmung der Kompetenz des Anbieters*. Bei der *Dimension Benevolence* hingegen steht die Frage nach der *kundenseitigen Wahrnehmung des Wohlwollens des Anbieters* in seiner Rolle als Anvertrauter im Fokus. Die Bedeutung des Wohlwollens wird insbesondere bei *Gambetta* (1988, S. 219; siehe auch bei *McKnight, Cummings & Chervany* 2002, S. 11) deutlich: „trusting a person means believing that when offered the chance, he or she is not likely to behave in a way that is damaging to us". Dabei eröffnen sich eher ethisch-moralisch fundierte Fragestellungen wie z.B. nach den Werten und Normen des Anvertrauten.

Abbildung 6:
Dimensionen und Komponenten des Vertrauensbegriffs

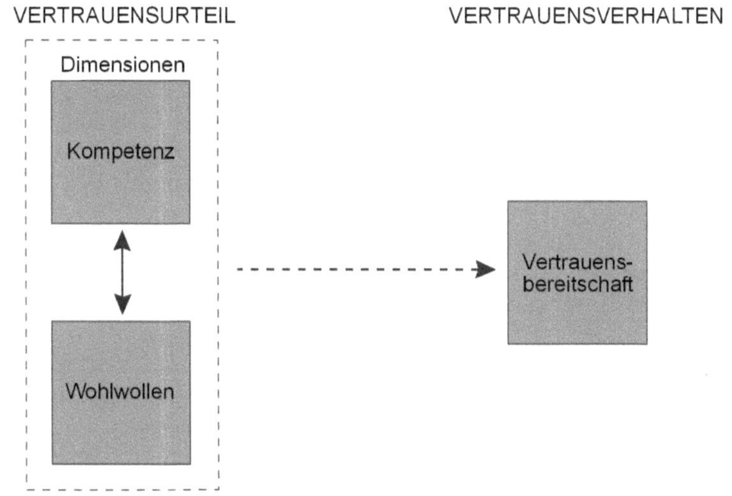

Quelle: Eigene Darstellung

Zusammengefasst bilden die Dimensionen der Kompetenz und des Wohlwollens die Grundlage des Vertrauensurteils des Vertrauenden. Im späteren Verlauf der Arbeit ist dabei interessant, welche Bedeutung diesen Dimensionen in Bezug auf die Determinanten von Vertrauen zukommt. Anzunehmen ist, dass verschiedene Determinanten sowohl nur auf eine Dimension wirken als auch beide Dimensionen direkt beeinflussen.

Erweitert man die oben angeführte Definition von *Moorman, Zaltman & Deshpandé* (1992, S. 315) nun um die genannten Dimensionen der Kompetenz und des Wohlwollens, ergibt sich eine erweiterte Vertrauensdefinition, die im Rahmen dieser Arbeit als Grundlage dienen soll und im weiteren Verlauf auf ihre Anwendbarkeit im Rahmen des Internets überprüft werden muss. Vertrauen ist demnach *die Bereitschaft einer Person, sich auf der Grundlage positiver Erwartungen bezüglich der Kompetenz und des Wohlwollens des Gegenübers auf diesen zu verlassen.* Abbildung 6 verortet die Dimensionen von Vertrauen sowie das Vertrauensurteil und das Vertrauensverhalten in Form der Vertrauensbereitschaft.

3.2.3 Der Risikobezug des Vertrauensbegriffes

Die obigen Ausführungen verdeutlichen den engen Risikobezug, der dem Vertrauen in der Marketingwissenschaft, aber auch in den weiteren, bereits dargestellten Wissenschaftsdisziplinen in der Regel zugewiesen wird (vgl. etwa *Morgan & Hunt* 1994; *Luhmann* 2000; *Rousseau et al.* 1998, S. 395). „Cultivation of the buyer's trust is particularly important where uncertainty and risk are inherent and contracts and warranties are often absent" (*Crosby, Evans & Cowles* 1990, S. 70; ähnlich bei *Schlenker, Helm & Tedeschi* 1973). Die genaue Beziehung bzw. Abgrenzung zum Risikokonstrukt, welche die verschiedenen Autoren in ihre Begriffsabgrenzung einbeziehen, fällt jedoch insgesamt recht divergierend aus, sofern sie überhaupt explizit vollzogen wird. Während einige Autoren (vgl. exemplarisch *Crosby, Evans & Cowles* 1990) Risiko als zwingende Voraussetzung für Vertrauen ansehen, stellt Risiko bei anderen Autoren (vgl. exemplarisch *Deutsch* 1958) eine Alternative zum Vertrauen in abweichenden Situationen dar. *Ganesan* (1994, S. 3) sieht den Zusammenhang von Vertrauen und Risiko wie folgt: Vertrauen „reduces the perception of risk associated with opportunistic behaviors by the vendor." Entsprechende Abgrenzungen sind mitunter nicht miteinander vereinbar, weshalb die Abgrenzung zum Risikobegriff im Rahmen dieser Arbeit explizit herausgestellt werden soll.

Das Ausmaß des Risikos bestimmt sich im Rahmen des Begriffsverständnisses dieser Arbeit aus der Höhe des Schadens bei einem Vertrauensmissbrauch und der Eintrittswahrscheinlichkeit eines solchen Missbrauchs. Vertrauen ist nur notwendig, wenn es mit einem entsprechenden Schaden im Missbrauchsfall und einer entsprechenden Eintrittswahrscheinlichkeit verbunden ist. Haftet für einen Schaden z.B. eine Versicherung, ist kein Vertrauen notwendig. Der Vertrauende ist in jedem Fall gleichgestellt, da der Schaden ersetzt würde. Etwaiger Zeitaufwand, der im Rahmen der Geltendmachung der Ansprüche bei der Versicherung entsteht, soll an dieser Stelle vernachlässigt werden. Daraus folgt der enge Risikobezug des Vertrauensbegriffs. Vertrauen und Risiko stehen in einem reziproken Verhältnis, da Risikosituationen die Notwendigkeit bzw. Möglichkeit für Vertrauenshandlungen eröffnen. Der geleistete Vertrauensvorschuss konkretisiert in diesem Fall das Risiko (vgl. in Anlehnung an *Rousseau et al.* 1998, S. 395). Obige Abgrenzung impliziert eine Abkehr vom Begriffsverständnis *Deutschs* (1958) bezüglich des Risikobegriffs, der den Begriff auf den Sachverhalt von Lotterien überträgt. Risiko wäre nach *Deutsch* in abweichenden Situationen notwendig und steht nur in einem indirekten Bezug zum Vertrauensbegriff.

Es stellt sich die Frage, ob und wie im Rahmen dieser Arbeit der Risikobezug des Vertrauensbegriffes konkretisiert werden kann. Dabei ist zu beachten, dass eine explizite Berücksichtigung im Rahmen der Definition sowie der empirischen Konzeptionalisierung und Operationalisierung die Komplexität des Konstruktes sowie eines Determinanten- und Konsequenzenmodells über Gebühr erhöhen würde. Der Erkenntniszuwachs wäre hingegen nur gering. Der Risikobezug wird folglich über die Betrachtung verschiedener Produkt- bzw. Leistungsgattungen sowie über die Aufnahme moderierender Merkmale hergestellt.[17] Grundsätzlich gilt, dass Risiko eine Voraussetzung für Vertrauen darstellt. Die Höhe des wahrgenommenen Risikos ergibt sich dabei direkt aus dem Schaden im Falle eines Vertrauensmissbrauchs der Eintrittswahrscheinlichkeit des Vertrauensmissbrauchs.

---

[17] Im Rahmen des empirischen Teils der Arbeit werden neben dem Bereich des Buch/CD/DVD-Handels auch Reisebüros betrachtet. Der Bereich des Buch/CD/DVD-Handels zeichnet sich dabei aufgrund der überwiegenden Sucheigenschaften, die etwa im Rahmen einer Internetrecherche, eines Besuches in einem traditionellen Geschäft, aber auch über die Informationspolitik des Internet-Anbieters mit vergleichsweise geringem Aufwand evaluiert werden können und des recht moderaten preislichen Umfangs eher durch ein geringes Risiko aus (vgl. in Anlehnung an *Grabner-Kraeuter* 2002, S. 45-47). Die Leistungen, die über Reisebüros bezogen werden, sind hingegen preislich zumindest in ihrer Tendenz in einem höheren Segment angesiedelt und infolge ihrer Charakteristika wie z.B. der Intangibilität für den Konsumenten in der Regel nur in begrenztem Ausmaß im Vorfeld zu evaluieren (vgl. für eine detaillierte Abgrenzung der Untersuchungsbereiche Kapitel E 3.2). Entsprechend soll angenommen werden, dass das wahrgenommene Risiko von Konsumentenseite gesteigert ausfällt.

3.2.4 Determinantensystem von Vertrauen

3.2.4.1 Überblick über die relevante traditionelle Marketing-Literatur

In den folgenden Kapiteln soll nun die vertrauensrelevante Literatur systematisch zur Identifikation von Determinanten genutzt werden. An den Anfang der Betrachtung der Determinanten des Vertrauens soll ein umfangreicher Überblick über die relevante Literatur gestellt werden. Dabei wird die Literatur, die im weiteren Sinne der Relationship-Marketing-Forschung[18] zuzuordnen ist, ergänzt um Arbeiten aus den Bereichen der Service-Quality-Forschung und des Electronic Commerce, die sich mit vertrauensrelevanten Fragestellungen beschäftigen. Die Auswahl konzentriert sich auf Arbeiten, die eine eindeutige Systematisierung bzw. Modellierung vornehmen und somit verschiedenen Größen explizit die Rolle von Determinanten zuweisen. Zwar existieren auch in anderen Bereichen der Marketingforschung Ansätze, die sich mit Vertrauen und verwandten Konstrukten beschäftigen. Diese Weisen jedoch nur selten die angeführte klare Systematisierung auf und erhöhen somit den Erkenntnisgewinn nur bedingt. Weiter ist die Übertragbarkeit infolge des abweichenden Bezugsobjektes des Vertrauens (wie z.B. innerorganisationale Aspekte oder Geschäftsbeziehungen im Bereich Business-to-Business) nur bedingt gegeben. Zudem wird im Rahmen der angeführten Arbeiten regelmäßig auf diese rekuriert, sodass deren Erkenntnisse bereits indirekt in die vorliegende Arbeit einfließen. Aus Gründen der Praktikabilität ist eine solche Einschränkung in diesem Bereich notwendig, die aber aus den genannten Gründen in Kauf genommen werden kann.

Die Relationship-Marketing-Forschung stellt den Mittelpunkt der Betrachtung dar. Der Bereich der Relationship-Marketing-Literatur verzeichnet dabei diverse Arbeiten, die sich zumindest am Rande mit Determinanten von Vertrauen beschäftigen (vgl. z.B. *Doney & Cannon* 1997; *Moorman, Deshpandé & Zaltman* 1993; *Morgan & Hunt* 1994). Vertrauen wird in diesen Arbeiten als Schlüsselgröße im Rahmen der Etablierung langfristiger Geschäftsbeziehungen und somit der Generierung von Kundenbindung betrachtet (vgl. zur Einordnung die Commitment-Trust-Theorie in Kapitel B 4). In der Folge konzentrierte sich die Relationship-Marketing-Forschung bislang eher auf die Folgen von Vertrauen und vernachlässigte entsprechend die Ursachen. Diese wurden zwar genannt, waren aber regelmäßig nicht Bestandteil der Konzeptionalisierung und empirischen Überprüfung. Sofern eine explizite Betrachtung von Determinanten durchgeführt wurde, soll diese hier einfließen.

[18] Eine genaue Zuordnung ist in vielen Fällen nicht möglich. Zwar gliedern verschiedene Autoren ihre Arbeiten explizit im Bereich der Relationship-Marketing-Forschung ein. Jedoch bewegen sich zahlreiche weitere vertrauensbezogene Arbeiten thematisch eindeutig im Feld der Relationship-Marketing-Forschung, werden von den Verfassern jedoch anderweitig im Bereich der allgemeinen Marketing-Forschung verortet.

Anzumerken ist weiterhin, dass es sich bei den Arbeiten im Bereich der Relationship-Marketing-Forschung zum überwiegenden Teil um englischsprachige bzw. angloamerikanische Quellen handelt. Zwar verzeichnet auch die deutschsprachige Vertrauens- und Relationship-Marketing-Forschung einige Arbeiten zu diesem Themenbereich. Diese beschränken sich jedoch in der Regel auf eine rein verbale und recht undetaillierte Schilderung der Zusammenhänge. Eine klare Konzeptionalisierung, Modellierung sowie insbesondere eine empirische Überprüfung auf qualitativem oder aber quantitativem Wege bleibt weitgehend aus. Entsprechend begrenzt ist der Erkenntnisgewinn, zumal die genannten Werke in der Regel zeitlich deutlich nach den angloamerikanischen Arbeiten verfasst wurden und diese inhaltlich eher vertiefen.

Forschungsarbeiten zu den Dimensionen von Service Quality werden regelmäßig im Rahmen der Identifikation der zentralen Determinanten des Kundenvertrauens herangezogen (vgl. *Hennig-Thurau & Klee* 1997; *Singh & Sirdeshmukh* 2000). Insbesondere die direkt auf den Handel bezogenen Arbeiten aus dem Bereich der Service-Quality-Forschung versprechen dabei aufgrund des inhaltlichen Bezugs zum Handel sowie der konzeptionellen Ähnlichkeiten zum Vertrauenskonstrukt zahlreiche Ansatzpunkte. Die identifizierten Dimensionen wurden bereits von zahlreichen Autoren als Determinanten des Vertrauens herangezogen (vgl. *Garbarino & Johnson* 1999; *Singh & Sirdeshmukh* 2000).

Zentral im Bereich der Service-Quality-Forschung ist der Ansatz von *Dabholkar, Thorpe & Rentz* (1996; vgl. auch *Dabholkar, Shepherd & Thorpe* 2000). Die Autoren entwickeln eine „retail quality scale", deren Bestandteile inhaltlich weitgehend direkt in den Kreis der Determinanten Aufnahme finden können. Sie identifizieren die Dimensionen Physical aspects, Reliability, Personal interaction und Problem solving (vgl. *Dabholkar, Thorpe & Rentz* 1996, S. 6-8; siehe auch bei *Metha, Lalwani & Han* 2000, S. 63f.; *Siu & Cheung* 2001, S. 89). Die konzeptionelle Nähe zur Vertrauensforschung wird exemplarisch deutlich, wenn man berücksichtigt, dass „Reliability" als Determinante identifiziert wird. Reliability steht der Vertrauensdimension Benevolence sehr nahe, die im Rahmen dieser Arbeit als Dimension des Vertrauenskonstruktes zugrunde gelegt (vgl. Kapitel B 3.2.2) und im Rahmen der Relationship-Marketing-Forschung, sofern identifiziert, in der Regel als Vertrauensdimension behandelt wird. Inzwischen wurde die Betrachtung von Service Quality bereits auf den Online-Bereich übertragen. *Zeithaml, Parasuraman & Malhotra* (2000) haben diesbezüglich den Ansatz e-SERVQUAL zur Messung von Service Quality im Internet entwickelt, der im späteren Verlauf wieder aufgegriffen werden soll.

Wie oben bereits beschrieben, stellen Forschungsarbeiten zu Vertrauen in Internethändler, die zum überwiegenden Teil von Wissenschaftlern aus dem

Bereich des Electronic Commerce, der Wirtschaftsinformatik oder entsprechender Schnittstellen beider Bereiche mit der Marketingwissenschaft wie etwa dem Internet Marketing verfasst worden sind, eine viel versprechende Quelle der Determinantenidentifikation dar. Diverse Autoren haben dabei Vertrauen aus verschiedenen theoretischen Perspektiven wie der Konsumentenverhaltensforschung aber auch der Informationsökonomik betrachtet (vgl. z.B. *Hoffman, Novak & Perelta* 1998; *McKnight & Chervany* 2002). Sind die Arbeiten aus den bislang beschriebenen Bereichen recht allgemein gehalten und berücksichtigten die Besonderheiten des Internets nicht, setzen die Arbeiten aus der Electronic-Commerce-Forschung genau hier an. Berücksichtigt man dabei die Problematik begrifflicher Abweichungen, mangelnder Integration der verschiedenen Fachrichtungen, einer primär induktiven Herleitung der Determinanten sowie weiterer Ungenauigkeiten, lassen sich einige recht spezifische Determinanten ableiten. Diese sollen im Rahmen der Identifikation internetspezifischer Determinanten im späteren Verlauf der Arbeit wieder aufgegriffen werden (vgl. Kapitel D 2.3).

Abbildung 7 gibt einen Überblick über die relevanten Forschungsarbeiten, die sich bislang konzeptionell und/oder empirisch mit dem Forschungsfeld des Vertrauens im traditionellen Handel bzw. im traditionellen Dienstleistungsbereich befasst haben. Die internetspezifischen Arbeiten, die etwa dem Electronic Commerce Bereich entstammen, werden im späteren Verlauf betrachtet (vgl. Kapitel D 2 sowie Abbildung 23).

Abbildung 7:
Überblick über die vertrauensrelevante Literatur im Offline-Bereich

Quelle	Forschungs feld*	Forschungs-schwerpunkt	Anbieterseitige Determinanten	Kundenseitige Determinanten	Weitere Determinanten	Ausrichtung **
Anderson & Narus (1990)	RM	Developing a model of distributor-manufacturer partnership	Communication, past relationship outcomes			E
Bendapudi & Berry (1997)	RM	Customer motivations for maintaining relationships	Partner's relationship specific investments, partner expertise, partner similarity, Interaction frequency, interaction satisfaction	Partner's relationship specific investments		C
Crosby, Evans & Cowles	RM	Relationship quality in service selling	Similarity (appearance, lifestyle, status), service domain expertise, relational selling behavior (interaction			E

Quelle	Forschungs feld*	Forschungsschwerpunkt	Anbieterseitige Determinanten	Kundenseitige Determinanten	Weitere Determinanten	Ausrichtung **
(1990)			intensity, disclosure, cooperative intentions)			
Doney & Cannon (1997)	RM	Nature of trust in buyer-seller relationships	Characteristics of the supplier firm (reputation, size), characteristics of the supplier firm relationship (willingness to customize, confidential information sharing), characteristics of the salesperson (expertise, power), characteristics of the salesperson relationship (likability, similarity, frequent business contact, frequent social contact, length of relationship)	Length of relationship		E
Ganesan (1994)	RM	Long-term orientation of buyer and seller	Satisfaction with previous outcomes, experience, specific investments			E
Garbarino & Johnson (1999)	RM	Satisfaction, trust and commitment in a theater	Overall satisfaction, actor satisfaction, actor similarity, play attitudes, theater attitudes			E
Hennig-Thurau & Klee (1997)	RM	Beziehungen als Moderator zwischen Kundenzufriedenheit und Kundenbindung	Kundenseitig wahrgenommene Produkt- und Servicequalität			C
Johnson & Grayson (1999)	RM	Cognitive and affective trust	Service provider expertise, product performance, firm reputation, satisfaction with previous interaction, communication frequency, service personalization			E
Johnson & Grayson (2000)	RM	Sources and dimensions in trust in service relationships	Process-based trust	Personality-based trust	Generalized trust system trust	C

Quelle	Forschungs feld*	Forschungs-schwerpunkt	Anbieterseitige Determinanten	Kundenseitige Determinanten	Weitere Determinanten	Ausrichtung **
Lau & Lee (1999)	RM	Trust in a brand and brand loyalty	Brand characteristics (brand reputation, brand predictability, brand competence), company characteristics (trust in company, company reputation, company perceived motives, company integrity), consumer-brand characteristics (similarity, brand liking, brand experience, brand satisfaction, peer support)			E
Moorman, Deshpandé & Zaltman (1993)	RM	Trust in market research relationships; trust in the researcher	Perceived researcher interpersonal characteristics, perceived interorganizational/ interdepartemental characteristics, perceived project characteristics	Perceived user organizational characteristics, individual user characteristics		E
Morgan & Hunt (1994)	RM	Commitment and Trust	Shared values, communication, opportunistic behavior			E
Ruyter, Moorman & Lemmink (2001)	RM	Antecedents of commitment and trust	Offer characteristics (product performance, product output, after sales service), relationship characteristics (account support, communication from supplier to customer, cooperation, harmonisation of conflict)		Market characteristics (replaceability, switching costs, switching risks)	E
Singh & Sirdesmukh (2000)	RM	Trust mechanisms in satisfaction and loyalty judgements	Satisfaction (post-purchase performance evaluations)			C
Sirdesmukh, Singh & Sabol	RM	Interrelationships among trustworhiness, trust, value and loyalty	Management policies and practices (problem solving orientation, operational competence, operational benevo-			E

Quelle	Forschungsfeld*	Forschungsschwerpunkt	Anbieterseitige Determinanten	Kundenseitige Determinanten	Weitere Determinanten	Ausrichtung **
(2002)			lence), front-line employees (problem solving orientation, operational competence, operational benevolence)			
Swan & Trawick (1987); Swan, Trawick & Silva (1985)	RM	Customer Trust in industrial Salesperson	Dependable/ reliable (set expectations and demonstrate dependability, proof sources), honest/ candid (businesslike/ professional, proof sources, give pros and cons, give merits, be honest), competence (use technical knowledge, demonstration of competence, proof sources, assert availability and ability to get job done, discover and satisfy customer, other statements), customer orientation (stress benefits/ availability/ ability, discuss pros/ cons or disadvantages of the product), likeable/ friendly (friendly behavior, businesslike/ efficient/ polite, common ground/ small talk			C/E
Dabholkar, Thorpe & Rentz (1996)	R-SQ	Development of a service-quality scale for retailing	retail quality dimensions: Physical aspects (appearance, convenience), reliability (promises, doing it right), personal interaction (inspiring confidence, courteousness/helpful), problem solving, policy			E
Metha, Lalwani & Han (2000)	R-SQ	Validation of the Dabholkar, Thorpe & Rentz (1996) scale for different	retail quality dimensions: service personnel, physical aspects, merchandise, confidence, parking			E

Quelle	Forschungsfeld*	Forschungsschwerpunkt	Anbieterseitige Determinanten	Kundenseitige Determinanten	Weitere Determinanten	Ausrichtung **
		contexts				
Siu & Cheung (2001)	R-SQ	Validation of the Dabholkar, Thorpe & Rentz (1996) scale	retail quality dimensions: personal interaction, policy, physical appearance, promises, problem solving, convenience			E

*RM: Relationship Marketing; R-SQ: Retail Service Quality; ** E: empirische Studie C: konzeptionelle Arbeit;

Quelle: Eigene Darstellung

3.2.4.2 Systematisierung der Determinanten

In Bezug auf die in Abbildung 7 skizzierten Determinanten ist anzumerken, dass diese eine weitreichende Basis für den Einstieg in die Thematik bieten, da sie zentrale Bereiche bereits abdecken. Jedoch muss einschränkend kritisiert werden, dass nur wenige Autoren ein umfangreiches Determinantensystem herausarbeiten, dass zudem die oben angeführte Abgrenzung von Dimensionen und Determinanten systematisch berücksichtigt und anschließend auch einer empirischen Überprüfung zuführt. Zudem ist zu kritisieren, dass die Arbeiten isoliert betrachtet noch recht unvollständig sind und gerade in Bezug auf die Abgrenzungen zu verwandten Konstrukten, aber auch innerhalb des Vertrauensbegriffs mitunter als ungenau bezeichnet werden müssen. Dimensionen und Determinanten werden ebenfalls regelmäßig nicht sauber getrennt.

Somit existieren gerade im Rahmen der Systematisierung noch diverse offene Fragestellungen, die es zu lösen gilt. Es soll bereits an dieser Stelle eine eigene Systematisierung skizziert und eingeführt werden, die auch im späteren Verlauf der Arbeit beibehalten, jedoch um internetspezifische Determinanten erweitert wird. Dabei soll in der Folge grundlegend die Unterteilung in die folgenden Bereiche vorgenommen werden, die sich aus sachlogischen Überlegungen recht deutlich abgrenzen:

- Anbieterseitige Determinanten,
- Kundenseitige Determinanten,
- Weitere Determinanten.

Zudem wird der Bereich der anbieterseitigen Determinanten weiter ausdifferenziert in die Kategorien *Prozesse und Politiken*, *Kommunikation*, *Mitarbeiter*, *Firmencharakteristika* sowie das *Produkt- und Leistungsangebot*, die ihrerseits wiederum Determinanten verorten. Dies geschieht in dem Bewusstsein und der Inkaufnahme, dass eine solche Unterteilung der firmenseitigen Determinanten nicht vollständig trennscharf ausfällt. Sie wird jedoch mit dem Ziel gewählt, Determinanten thematisch zusammenzufassen und auf diesem Wege den Erklärungsbeitrag des integrativen Modells zu erhöhen. Insbesondere der integrative Charakter der Website, aber auch anderer Bereiche erschweren dabei eine schlüssige Abgrenzung und Systematisierung. Somit stellt jede Systematisierung einen Kompromiss dar; etwaige Überschneidungen werden bewusst akzeptiert. Zudem sind alternative Methoden der Systematisierung wie etwa die traditionellen 4Ps aber auch die von *Wirtz* (2001, S. 124) eingeführte prozessual ausgerichtete Betrachtung, mit verschiedenen, weitreichenden Limitationen verbunden.

Abbildung 8:
Determinanten und Dimensionen von Vertrauen im traditionellen Handel

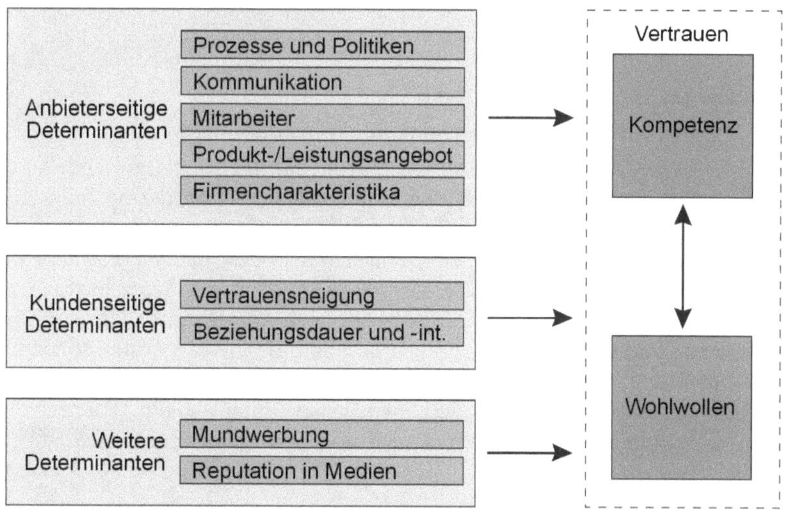

Quelle: Eigene Darstellung

Unter Prozessen und Politiken werden alle Determinanten zusammengefasst, die primär den grundlegenden Prozessen der Unternehmung sowie den übergeordneten Politiken zugeordnet werden können bzw. direkt aus diesen hervorgehen. Sie bilden somit den Kernbereich des anbieterseitigen Instrumentenspektrums.

Die besondere Bedeutung kommunikativer Aspekte im Internet, das primär einen Kommunikationskanal darstellt, ist ursächlich für die Ausgliederung des Bereiches Kommunikation, die bereits an dieser Stelle vollzogen werden soll. Gleiches gilt für die Mitarbeiter, die im traditionellen Handel eine exponierte Stellung in Bezug auf die Vertrauensgenerierung einnehmen und somit separat behandelt werden sollen. Firmencharakteristika hingegen sind, wie im weiteren Verlauf noch aufgezeigt wird, von der Unternehmung nicht direkt bzw. nur langfristig steuerbar und weisen somit nicht den eher instrumentellen Charakter des Bereichs Prozesse und Politiken auf. Zudem weist das Produkt- und Leistungsangebot ein hohes Maß an Eigenständigkeit auf und soll folglich isoliert betrachtet werden.

Abbildung 8 gibt einen Überblick über die Bereiche, in denen Determinanten identifiziert wurden sowie die gewählte Systematisierung für den traditionellen Handel. Die folgende Betrachtung der Determinanten greift obiges Ordnungsschema auf und ordnet entsprechend die identifizierten Determinanten den Kategorien zu.

3.2.4.3 Die Determinanten im Detail

3.2.4.3.1 Einleitung – Zum Stellenwert der Determinanten

Wie oben beschrieben, haben sich in Bezug auf traditionelle Handels- und Dienstleistungsbereiche primär in den Bereichen des Relationship Marketings (vgl. etwa *Morgan & Hunt* 1994; *Crosby, Evans & Cowles* 1990; *Bendapudi & Berry* 1997; *Doney & Cannon* 1997) und der Service-Quality-Forschung (vgl. *Dabholkar, Shepherd & Thorpe* 2000; *Dabholkar, Thorpe & Rentz* 1996; *Metha, Lalwani & Han* 2000; *Siu & Cheung* 2001) diverse Autoren mit Vertrauen sowie den Ursachen und Folgen von Vertrauen beschäftigt. Diese Arbeiten sollen nun, wie in Abbildung 7 skizziert, zur Identifizierung von relevanten Determinanten von Vertrauen herangezogen werden. Neben den firmenseitigen Determinanten werden dazu kundenseitige Determinanten und weitere Determinanten einbezogen.

Es stellt sich dabei die Frage des Stellenwertes bzw. der Funktion, welcher den in folgenden Kapiteln zu identifizierenden Determinanten im Rahmen dieser Arbeit zugewiesen werden soll. Grundsätzlich weisen diese hypothetischen Charakter auf, da ein Einfluss auf Vertrauen theoretisch abgeleitet bzw. begründet wird. In Anbetracht der großen Anzahl an Determinanten, die später noch um internetspezifische Größen erweitert wird, wäre eine explizite Formulierung von Hypothesen an dieser Stelle jedoch wenig sinnvoll und zudem methodisch zweifelhaft. Dies gilt umso mehr, da die Untersuchung der Determinanten zumindest im Rahmen der Vorstudie (vgl. zum Aufbau der Untersuchung Kapitel E 1.2) eher explorativen Charakter aufweist.

Ursächlich ist nicht zuletzt der zusammenführende Gedanke dieser Arbeit, der eine Übertragung und Prüfung der Erkenntnisse der traditionellen Vertrauensforschung auf den Bereich des Relationship Marketings im Internet vornimmt. Zwar kann für viele Größen der traditionellen Vertrauensforschung auch im Internet eine Relevanz vermutet und begründet werden. Inwieweit sich diese im Rahmen der empirischen Untersuchung bestätigt, ist jedoch fraglich. Folglich soll auf die explizite Formulierung von Hypothesen für die einzelnen Determinanten an dieser Stelle verzichtet werden. Alle identifizierten Größen weisen jedoch den Charakter von hypothetischen Größen auf, die einen direkten Einfluss auf das Kundenvertrauen im Rahmen des empirischen Teils versprechen.

3.2.4.3.2 Anbieterseitige Determinanten

3.2.4.3.2.1 Prozesse und Politiken

Prozesse und Politiken stellen den ersten Bereich dar, der im Rahmen der firmen- bzw. anbieterseitigen Determinanten betrachtet werden soll. Primär kommunikationsbezogene Instrumente sind ebenso wie die Mitarbeiter und das Produkt- und Leistungsangebot an dieser Stelle ausgeklammert und werden im späteren Verlauf im Detail behandelt (vgl. zur Systematik Kapitel 3.2.4.2 sowie Abbildung 8).

Von besonderer Bedeutung und somit an den Anfang der Betrachtung gestellt ist die *funktionelle Gestaltung des Geschäftes*, die im traditionellen Handel eine wichtige Vertrauensdeterminante verkörpert (vgl. *Bitner* 1992, S. 60; *Siu & Cheung* 2001, S. 89f.; *Dabholkar, Thorpe & Rentz* 1996, S. 6f.; *Metha, Lalwani & Han* 2000, S. 63; siehe auch bei *Baker & Cameron* 1996; *Baker, Grewal & Parasuraman* 1994). Unter dieser soll u.a. die technische Ausstattung und der Aufbau des Geschäfts verstanden werden. Eine angemessene funktionelle Gestaltung gewährleistet dabei die reibungslose Leistungserbringung und kann entscheidend für die Nutzenstiftung des Kunden sein. Ihr kommt somit auch aus einer potentialorientierten Perspektive eine vergleichsweise hohe Bedeutung zu. Die Funktionalität des Geschäftes beeinflusst folglich maßgeblich die kundenseitige Einschätzung des Anbieters, da sie von diesem direkt wahrgenommen wird. Sie ist somit vertrauensrelevant (vgl. *Siu & Cheung* 2001, S. 89f.). Dabei kann angenommen werden, dass der Einfluss auf die Vertrauensdimension der Kompetenz deutlicher ausfällt. Hohe Funktionalität signalisiert dem Kunden eine hohe Kompetenz des Anbieters sowie in geringerem Ausmaß das Wohlwollen desselben.

Weiter soll das *Problemlösungsverhalten* bzw. die Problemlösungsorientierung eines Anbieters, welche oben bereits bei den Dimensionen von Service Quality angesprochen wurde, in die Determinantenbetrachtung einbezogen werden. Diese betrifft neben den Mitarbeitern im weiteren Sinne auch das Management des Anbieters (vgl. *Sirdeshmukh, Singh & Sabol* 2002, S. 18f.; *Ruyter, Moorman & Lemmink* 2001, S. 274). Unter Problemlösungsorientierung eines Anbieters soll die Motivation und Fähigkeit von Management und Mitarbeitern verstanden werden, Kundenprobleme zu antizipieren, zu bearbeiten und zur Zufriedenheit des Kunden zu lösen (vgl. *Sirdeshmukh, Singh & Sabol* 2002, S. 18). Gerade im Zusammenhang mit auftretenden Problemen sind Kunden sensibilisiert und in hohem Maße abhängig vom Verhalten des Anbieters. Probleme eröffnen sich dabei gerade im Rahmen der Serviceerbringung (vgl. *Bitner, Booms & Tetreault* 1990, S. 75f.; *Sirdeshmukh, Singh & Sabol* 2002, S. 18) und der Nachkaufphase (vgl. *Hansen & Jeschke* 1992, S. 89f.; *Sirdesmukh, Singh & Sabol* 2002, S. 18). Hinzu kommen die Heterogenität sowie die Intangibilität, die Dienstleistungen innewohnen und regelmäßig zu Problemen führen (vgl. *Sirdesmukh, Singh & Sabol* 2002, S. 18). Ein entsprechender Einfluss auf das Vertrauen der Kunden wurde sowohl konzeptionell herausgearbeitet (vgl. etwa *Zeithaml & Bitner* 1996, S. 178-180) als auch empirisch bestätigt (vgl. *Tax, Brown & Chandrashekaran* 1998). Da die Handhabung auftretender Probleme in erster Linie vom Willen des Händlers abhängig ist, eine Lösung zu finden, wird ein stärkerer Einfluss auf die Wohlwollensdimension angenommen.

Gemeinsame Werte bzw. die *Ähnlichkeit* zwischen den Kunden und dem Anbieter werden regelmäßig als Vertrauensdeterminante herangezogen. Die Mitarbeiter des Anbieters nehmen auch hier häufig eine Schlüsselrolle ein (vgl. *Crosby, Evans & Cowles* 1990, S. 71f.; *Bendapudi & Berry* 1997, S. 23; *Doney & Cannon* 1997, S. 39f.; *Morgan & Hunt* 1994, S. 25f.). Gemeinsame Werte bezeichnen dabei „the extend to which partners have beliefs about what behaviors, goals, and policies are important or unimportant, appropriate or inappropriate, and right or wrong" (*Morgan & Hunt* 1994, S. 25). Werte stellen dabei einen Weg der Manifestation der Kultur einer Unternehmung dar. Verfügen Kunden und Anbieter über geteilte Werte bzw. ein entsprechend hohes Maß an Ähnlichkeit, wird gemeinhin in der Relationship Marketing Literatur postuliert, dass sich Commitment und Vertrauen in der Folge leichter einstellen (vgl. *Crosby, Evans & Cowles* 1990, S. 71f.; *Morgan & Hunt* 1994, S. 25). Die größere Nähe zur Dimension der kundenseitigen Wahrnehmung des Wohlwollens wird ersichtlich, die Vertrauensdimension der Kompetenz wird hingegen nur geringfügig berührt. Die Einordnung im Bereich der Prozesse und Politiken erfolg unter der Annahme, dass ein Anbieter über die Wahl seines gesamten Auftritts und die gezielte Ansprache seiner Zielgruppe bewusst Werte vermitteln kann. Die gezielte Vermittlung von Werten ist also Ausdruck und Konsequenz der Unternehmenspolitik.

Eng verbunden mit der Beziehung des Kunden zum Anbieter sowie der vorherrschenden Ähnlichkeit zwischen beiden Parteien stellt es sich mit der *Ähnlichkeit der Kunden* untereinander dar. Diesbezüglich kann angenommen werden, dass eine homogene Kundenschicht das Einkaufserlebnis positiv beeinflusst und sich dabei auch positiv auf die Beziehung zum Anbieter auswirkt. Das harmonische Einkaufsumfeld reduziert dabei das wahrgenommene Risiko und steigert auf diesem Wege das Vertrauen in den Anbieter (vgl. *Muniz & O'Guinn* 2001). Wieder kann bezüglich der Einordnung im Bereich Prozesse und Politiken auf bewusst getroffene, unternehmenspolitische Entscheidungen, etwa im Bereich der Wahl des Standortes und der gezielten Ansprache einer bestimmten Zielgruppe, hingewiesen werden. An dieser Stelle sei bereits auf die Diskussion der internetbasierten Determinanten verwiesen, wo die besagte Größe unter dem Begriff der *Community* diskutiert wird.

Die *Abwicklung* der Serviceerbringung bzw. die damit verbundenen Abwicklungsprozesse stellen eine zentrale Antezedens des Kundenvertrauens dar, die in der Relationship-Marketing-Literatur identifiziert und angeführt wird (vgl. *Doney & Cannon* 1997, S. 42; *Parasuraman, Zeithaml & Berry* 1985, S. 42). Es handelt sich dabei in Verbindung mit dem eigentlichen Produkt um den Kern des Aufgabenbereichs eines jeden Anbieters. Somit ist die Verbindung zum erwachsenden Nutzen für den Kunden klar ersichtlich. Entsprechend entwickelt sich aus einer positiven Einschätzung von Abwicklungsprozessen Kundenvertrauen. Fraglich ist allerdings, anhand welcher Merkmale bzw. Indikatoren sich ein positives Kompetenzurteil im Rahmen der Abwicklung im Vorfeld einer Beziehung herausbilden kann oder aber erst im Laufe einer Beziehung entwickelt wird.

Weiter kann *Individualisierung* als Vertrauensdeterminante in der Relationship-Marketing-Literatur identifiziert werden. Dabei investiert ein Anbieter in die Spezialisierung der Beziehung über eine individuelle Anpassung der Kommunikation, der Leistungsabwicklung, der Kernleistung oder anderer Bereiche. Diese Individualisierungsleistung symbolisiert eine spezifische Investition in die Beziehung und lässt opportunistische Verhaltensweisen und folglich einen Vertrauensbruch unwahrscheinlich erscheinen (vgl. *Johnson & Grayson* 1999, S. 12; *Doney & Cannon* 1997, S. 38f.). *Bendapudi & Berry* (1997, S. 22) fassen diesen Zusammenhang unter dem verwandten Begriff der „Relationship specific investments“ (RSI) zusammen und beschreiben analog die vertrauensbildende Wirkung von Individualisierungsmaßnahmen.

3.2.4.3.2.2 Kommunikation

Die Kommunikation mit den Kunden bzw. das Kommunikationsverhalten des Anbieters ist eine weitere entscheidende Größe, die in der Relationship-Marketing-Literatur herausgestellt wird (vgl. *Morgan & Hunt* 1994, S. 25; *Anderson & Narus* 1990, S. 44f.; *Ruyter, Moorman & Lemmink* 2001, S. 274; *Johnson & Grayson* 1999, S. 12; *Crosby, Evans & Cowles* 1990, S. 70-72) und ebenfalls zumindest im traditionellen Handel in Teilen im Wirkungs- und Einflussbereich der Mitarbeiter liegt.

Die Kommunikation umfasst dabei „the formal as well as informal sharing of [...] information" (*Anderson & Narus* 1990, S. 44). Diese weite Abgrenzung wird bewusst gewählt, um die vergleichsweise heterogenen Determinanten einordnen zu können. Qualität und Wirksamkeit der Informationen sind dabei von größerer Bedeutung als rein quantitative Aspekte. Die Bewertung basiert in der Regel auf der vergangenen Kommunikationserfahrung mit dem Anbieter bzw. dessen Mitarbeitern. Positive Kommunikationserfahrungen werden in der Literatur in der Regel als Quelle von Vertrauen herausgearbeitet, da sie dazu beitragen, Widersprüche effizient zu lösen und Erwartungen realistisch zu gestalten. Zudem lässt der iterative Charakter von Kommunikation erwarten, dass in folgenden Perioden das Kundenvertrauen auch die Qualität der wechselseitigen Kommunikation zu steigern vermag. Es handelt sich somit häufig um eine reziproke Beziehung (vgl. *Anderson & Narus* 1990, S. 44f.; *Morgan & Hunt* 1994, S. 25).

Betrachtet man die Unternehmenskommunikation im Detail, können verschiedene Instrumente und Bereiche identifiziert werden, die sich einer weiteren Betrachtung anbieten. *Werbung* stellt ein klassisches Instrument der Unternehmenskommunikation dar. Dabei weisen diverse Quellen darauf hin, dass sich der Werbeaufwand eines Anbieters positiv auf die Reputation desselben auswirkt und analog das Kundenvertrauen steigert (vgl. *Lau & Lee* 1999, S. 345f.). Allerdings ist eine gewisse Skepsis bezüglich der Generalisierbarkeit geboten, da angenommen werden muss, dass die tatsächliche Vertrauensrelevanz maßgeblich von der Ausgestaltung der einzelnen Werbebotschaften abhängt. Qualitative Aspekte der Werbung scheinen dabei insbesondere von Bedeutung.

Weiter werden *Referenzen* als Determinante des Kundenvertrauens angeführt (vgl. *Lau & Lee* 1999, S. 345f.). Unter Referenzen soll dabei die Verwendung von Markennamen und/oder Siegeln (z.B. Vertrauens-, Güte- oder Qualitätssiegel) von dritten Parteien verstanden werden, die den Anbieter in Verbindung mit vertrauensvollen Unternehmen oder Institutionen bringen. Ziel ist es, über einen Image- und Vertrauenstransfer auf den Anbieter Kundenvertrauen zu generieren oder zu stärken. In der Praxis ist etwa auf die Abbildung von Ergebnissen der

Stiftung Warentest zu verweisen, die zu diesem Zweck regelmäßig herangezogen werden. Gleiches gilt für Kooperationen mit renommierten Marktpartnern wie der Post und der Telekom. Diese stellen in jenen Teilbereichen Kooperations- bzw. Distributionspartner dar, in denen ihnen eine besondere Kompetenz zugeschrieben wird. Gleiches gilt für eine Zusammenarbeit mit bekannten Kreditinstituten oder Kreditkartenunternehmen im Rahmen der Zahlungsabwicklung, die explizit herausgestellt werden und einen Vertrauenstransfer im Sinne eines Signaling leisten.

Zudem soll die *Anmutung bzw. die Ästhetik des Geschäfts*, die eng mit der funktionellen Gestaltung desselben verbunden ist, im Rahmen der Kommunikation Berücksichtigung finden. Auch diese bestimmt den Eindruck, den der Kunde von der Kompetenz und insbesondere der Kultur des Anbieters erhält. Eine ansprechende Gestaltung vermittelt dem Kunden ein positives Gefühl und symbolisiert ein hohes Maß an Kundenorientierung (vgl. *Dabholkar, Thorpe & Rentz* 1996, S. 6f.; *Metha, Lalwani & Han* 2000, S. 63). Entsprechend soll angenommen werden, dass dieser Eindruck direkten Einfluss auf das Kundenvertrauen nimmt. Die abweichend zur Gestaltung vollzogene Einordnung der Anmutung im Bereich der Kommunikation wird gewählt, da in erster Linie die Kommunikation von Werten im Mittelpunkt steht und nicht funktionale Aspekte wie im Falle der funktionellen Gestaltung. Die Ästhetik des Geschäfts übernimmt hier also in erster Linie kommunikative Aufgaben.

In enger Beziehung zu eher im operationalen Bereich verorteten Kommunikationsinstrumenten steht die *Transparenz* des Anbieters, die langfristiger orientiert ist und somit der Ausdruck der Politik bzw. Philosophie des Anbieters ist (vgl. *Crosby, Evans & Cowles* 1990, S. 71; *Doney & Cannon* 1997, S. 39). Diese bezieht sich auf die Offenlegung sensibler Informationen wie Ansprechpartner, Adressen, allgemeine Geschäftsbedingungen (AGBs) und alternative Zahlungsinformationen, wobei gerade die wechselseitige Transparenz die Intensität der Beziehung und das Vertrauen auf beiden Seiten stärken kann. Die Offenlegung bewirkt, dass die Antizipationsmöglichkeiten zukünftiger Entscheidungen und Verhaltensweisen des Partners gesteigert werden und in der Konsequenz das zukünftige Verhalten besser prognostiziert werden kann. Entsprechend sinkt das Ausmaß an wahrgenommener Unsicherheit und Risiko; das Vertrauen wird gesteigert (vgl. *Crosby, Evans & Cowles* 1990, S. 71; *Doney & Cannon* 1997, S. 39).

Zudem ist die *Verfügbarkeit produktbezogener Informationen* von großer Bedeutung für Kunden, da Suchkosten und -zeit reduziert werden (vgl. *Swan & Trawick* 1987, S. 91-96). Dies gilt insbesondere dann, wenn auch Informationen aus unabhängigen Quellen wie etwa Testberichte der Stiftung Warentest offeriert werden, die der Kunde sonst unter Aufwendung von Zeit und Kosten beschaffen müsste.

In enger Beziehung zum Problemlösungsverhalten, allerdings im Bereich der Kommunikationsinstrumente verortet, steht die Verfügbarkeit des Unternehmens im Falle von Ansprachen und Beschwerden. Sie stellt einen weiteren wichtigen Aspekt dar, der im Rahmen der Generierung von Vertrauen regelmäßig angeführt wird (vgl. *Swan & Trawick* 1987, S. 95f.). Ein hohes Maß an *Ansprechbarkeit* vermittelt dem Kunden das Gefühl, im Falle einer Kontaktnotwendigkeit eine Anlaufstelle zu finden und mit dem Anliegen ernst genommen zu werden.

3.2.4.3.2.3 Mitarbeiter

Eine zentrale Quelle des Kundenvertrauens, die diverse Arbeiten aufgreifen, stellen die Mitarbeiter eines Anbieters dar (vgl. *Doney & Cannon* 1997; *Moorman, Deshpandé & Zaltman* 1993; *Bendapudi & Berry* 1997; *Crosby, Evans & Cowles* 1990).

Insbesondere der oben bereits angesprochenen fachlichen *Kompetenz der Mitarbeiter* kommt dabei eine hohe Bedeutung zu. Fähige Mitarbeiter sind maßgeblich für die Leistungsfähigkeit und somit das Leistungspotential eines Anbieters verantwortlich und folglich aus Kundensicht ein primärer Indikator, ob Vertrauen in die Leistungsfähigkeit des Anbieters begründet und aufgebaut werden kann (vgl. *Bendapudi & Berry* 1997, S. 23; *Dabholkar, Thorpe & Rentz* 1996, S. 7; *Doney & Cannon* 1997, S. 39f.; *Johnson & Grayson* 1999, S. 9; *Crosby, Evans & Cowles* 1990, S. 71f.; *Moorman, Deshpandé & Zaltman* 1993, S. 83).

Neben der *Fachkompetenz* werden in der Regel noch weitere Mitarbeitermerkmale diskutiert, die vertrauensrelevant sind. Als entscheidend im Rahmen der Diskussion vertrauensbildender Größen in der Relationship-Marketing-Literatur werden in diesem Zusammenhang zudem die *Empathie der Mitarbeiter* (vgl. *Brown & Peterson* 1994, S. 71; *Crosby, Evans & Cowles* 1990, S. 71f.; *Saxe & Weitz* 1982, S. 345-348; *Doney & Cannon* 1997, S. 40), deren *Motivation* (vgl. *Moorman, Deshpandé & Zaltman* 1993, S. 83) und *Empowerment* (vgl. *Doney & Cannon* 1997, S. 39f.) angesehen.

Empathie bezeichnet die Bereitschaft und Fähigkeit eines Mitarbeiters, „sich in die Einstellung anderer Menschen einzufühlen" (vgl. *o.V.* 1997, S 223). Empathie begründet sich als Determinante aus dem Vermögen der Mitarbeiter, die Bedürfnisse der Kunden zu erfassen und diese in entsprechendem Maße zu bedienen. Der Grad der Kundenorientierung wird dabei aus Kundensicht gesteigert, Dissonanzen, Misstrauen und mögliche Rollenkonflikte reduziert und folglich Vertrauen generiert (vgl. *Brown & Peterson* 1994, S. 71f.; *Saxe & Weitz* 1982, S. 345-348; *Doney & Cannon* 1997, S. 39f.).

Analog verhält es sich mit der *Motivation der Mitarbeiter*. Aus Sicht der Kunden suggeriert ein motivierter Mitarbeiter auch in Zukunft ein positives Verhalten bzw. eine positive Verhaltensabsicht (vgl. *Moorman, Deshpandé & Zaltman* 1993, S. 83; *Saxe & Weitz* 1982, S. 345-348). Er vermittelt dem Kunden den Eindruck, sich auch zukünftig für dessen Belange einzusetzen und stiftet somit Vertrauen.

Unter *Empowerment* wird die Ausstattung der Mitarbeiter mit Entscheidungsbefugnissen verstanden, die es ihm in relevanten Momenten ermöglicht, kundenorientiert und somit im Sinne des Kunden zu entscheiden. Ist ein Mitarbeiter nicht in ausreichendem Maße mit den notwendigen Befugnissen ausgestattet, ist er gerade auch in Problemsituationen u.U. nicht in der Lage, dem Kunden weiterzuhelfen. Nimmt ein Kunde dies war, wird sein Vertrauen geschwächt. Allerdings muss einschränkend angeführt werden, dass bislang empirisch nur eine geringe Bedeutung nachgewiesen werden konnte (vgl. *Doney & Cannon* 1997, S. 39f.).

3.2.4.3.2.4 Produkt- und Leistungsangebot

Zwar liegt die Beratungsleistung im Kernbereich der Leistungsabwicklung in vielen Handels- bzw. Dienstleistungsbereichen, die eigentlichen *Produkte* bzw. *Leistungen* nehmen jedoch gleichermaßen Einfluss auf das Urteil der Kunden, da diese schlussendlich den Kundennutzen stiften. Entsprechend können sie zu den Determinanten des Vertrauens hinzugezogen werden. Relevant ist neben der Zusammenstellung eines ansprechenden und sinnvollen Sortiments insbesondere die Produkt- bzw. Leistungsqualität. Dabei handelt es sich bei der Beurteilung der Produkt- bzw. Leistungsqualität um einen relativen Abgleich von Erwartungen und Erfahrungen sowie allgemeinen Referenzwerten (vgl. *Garbarino & Johnson* 1999, S. 74-77; *Johnson & Grayson* 1999, S. 10; *Ruyter, Moorman & Lemmink* 2001, S. 277f.). Vertrauen kann über vergleichsweise hochwertige Produkte und ein intelligent zusammengestelltes Sortiment gestiftet werden, das zum einen Kompetenz suggeriert und zum anderen auch Anhaltspunkte hinsichtlich des Wohlwollens und der Kundenorientierung des Anbieters zulässt.

3.2.4.3.2.5 Anbietercharakteristika

Die *Reputation* eines Anbieters wird im Rahmen der Relationship-Marketing-Literatur als weitere Determinante des Vertrauens genannt (vgl. *Doney & Can-*

non 1997, S. 37; *Johnson & Grayson* 1999, S. 10f.). Reputation verkörpert dabei „the extend to which firms and people [...] believe a supplier is honest and concerned about its customers" (*Doney & Cannon* 1997, S. 37). Dabei ziehen Kunden aus dem Verhalten des Anbieters gegenüber anderen Kunden und Anspruchsgruppen Rückschlüsse auf die Vertrauenswürdigkeit des Anbieters (vgl. *Doney & Cannon* 1997, S. 38; *Johnson & Grayson* 1999, S. 10f.). Allerdings ist zu bemerken, dass die Reputation inhaltlich sehr nahe am Vertrauenskonstrukt selbst steht und somit in Abhängigkeit der vorgenommenen Operationalisierung etwaige Überschneidungen zwischen Determinanten und Dimensionen gegeben sein könnten. Hinzu kommt, dass ein Anbieter nur langfristig und zudem nur indirekt auf seine Reputation einwirken kann. Deshalb soll die Reputation an dieser Stelle keine Berücksichtigung finden.

Abbildung 9:
Anbieterseitige Determinanten des Vertrauens auf traditionellen Märkten

Prozesse und Politiken	Kommunikation	Mitarbeiter	Produkt- / Leistungsangebot	Firmencharakteristika
• Funktionalität d. Geschäfts • Problemlösung • Werte / Ähnlichkeit • Community • Abwicklungsprozesse • Individualisierung	• Werbung • Referenzen • Anmutung des Geschäfts • Transparenz • Verfügbarkeit produktbezogener Informationen • Ansprechbarkeit • Aktualität	• Kompetenz • Empathie • Motivation • Empowerment	• Produkt- und Leistungsqualität / Sortiment	• Größe • (Langlebigkeit)

Quelle: Eigene Darstellung

In engem Zusammenhang zur Reputation steht die *Größe des Anbieters*, die als letzte Größe im Rahmen der Literaturübersicht identifiziert werden kann. *Doney & Cannon* (1997, S. 38) postulieren in diesem Zusammenhang, dass die Größe und der Marktanteil einer Unternehmung von Kundenseite als Beleg angesehen werden, dass auch andere Marktteilnehmer der Unternehmung vertrauen. Ein regelmäßiger Vertrauensbruch würde entsprechend zu einem Rückgang des Marktanteils und einer negativen Reputation führen. Allerdings ist anzumerken, dass der Marktanteil nur sehr begrenzt durch ein Unternehmen selbst steuerbar ist und sich eventuell gerade die wahrgenommene „Übermacht“ des Gegenübers als Vertrauenshemmnis darstellen kann. Abbildung 9 fasst die anbieterseitigen Determinanten zusammen.

3.2.4.3.3 Kundenseitige Determinanten

Neben den bislang betrachteten ausschließlich anbieterseitigen Determinanten hat auch der Kunde selbst mit seinen Persönlichkeitsmerkmalen und seinen bisherigen Erfahrungen einen bedeutenden Einfluss auf die tatsächliche Herausbildung des Kundenvertrauens. Je nach Betrachtungsperspektive können diese im Rahmen der Modellierung als Determinanten oder aber moderierende Merkmale eingeordnet werden. Eine vollständige Erschließung der Determinanten muss diese kundenseitigen Merkmale jedoch zwingend aufnehmen. Wie Abbildung 8 verdeutlicht, sollen die kundenseitigen Determinanten im Rahmen dieser Arbeit im Bereich der Determinanten berücksichtigt werden.

Gerade in der Psychologie spielen kundenseitige Determinanten wie Persönlichkeitsmerkmale eine zentrale Rolle. Dies verdeutlichen nicht zuletzt die Arbeiten von *Rotter* (1967; 1971; 1980; siehe auch Kapitel B 3.1.3). Dieser hat mit der Entwicklung der oben beschriebenen Interpersonal Trust Scale (ITS) eine Grundlage geschaffen, die auch im Bereich der Relationship-Marketing-Forschung wieder aufgegriffen wurde. *Johnson & Grayson* (2000, S. 361f.) betonen in diesem Zusammenhang, dass die *Vertrauensneigung* als Persönlichkeitsmerkmal Einfluss auf das Vertrauensurteil sowie das Vertrauensverhalten von Kunden in Geschäftsbeziehungen hat. Die *Vertrauensneigung der Kunden* wird somit in den Kreis der kundenseitigen Determinanten aufgenommen. Allerdings relativieren *Johnson & Grayson* die Bedeutung von Persönlichkeitsmerkmalen, denen sie insgesamt nur einen moderaten Einfluss auf das endgültige Vertrauensurteil zuweisen und diesen empirisch bestätigen. Die Höhe des Einflusses ist zudem von verschiedenen Umfeldmerkmalen abhängig (vgl. *Johnson & Grayson* 2000, S. 361f.; siehe auch bei *Schlenker, Helm & Tedeschi* 1973).

Moorman, Desphandé & Zaltman (1993, S. 82) beziehen ebenfalls Persönlichkeitsmerkmale in die Diskussion der Determinanten des Kundenvertrauens ein. Allerdings beschränken die Autoren ihre Betrachtung auf die *Erfahrung des Nutzer*. Zwar liegt der Fokus der Untersuchung von *Moorman, Desphandé & Zaltman* (1993) auf einer relativ spezifischen Geschäftsbeziehung; die Autoren betrachten Vertrauen in Marktforschungsbeziehungen. Jedoch verspricht die Erfahrung des Kunden auch im Rahmen traditioneller Einkaufsvorgänge eine gewisse Vertrauensrelevanz, da mit steigender Erfahrung das Ausmaß an Unsicherheit reduziert wird und der Kaufakt somit zur Normalität wird. Mit sinkender Unsicherheit wird dabei das Vertrauen gesteigert. Gerade in Bezug auf die im späteren Teil der Arbeit folgende Erweiterung auf den Bereich des Internets verspricht die Determinante *Erfahrung* zudem interessante Ansatzpunkte, da hier Kunden nur in geringem Maße über Erfahrungen verfügen und somit ein vergleichsweise hohes Maß an Unsicherheit empfinden.

Weiter soll vor dem Hintergrund der Identifikation kundenseitiger Determinanten auf *Doney & Cannon* (1997, S. 39) verwiesen werden, welche die „Length of relationship" anführen. Die *Länge der Geschäftsbeziehung* ist im Bereich der Beziehung zwischen dem Kunden und dem Anbieter angesiedelt ist und soll den kundenseitigen Größen zugeschrieben werden. Die Einordnung im Bereich der kundenseitigen Determinanten erfolgt unter der Annahme, dass der Kunde aktiv über den Verbleib in der Beziehung entscheidet und somit in Bezug auf die Länge der Geschäftsbeziehung die bestimmende Partei ist. Zentrales Argument für die Vertrauensrelevanz der Größe ist dabei, dass „trust develops and builds over time" (*Doney & Cannon* 1997, S. 39), da neben den mit der Dauer der Beziehung gesteigerten Investitionen von beiden Seiten auch die Erfahrung und somit die Vorhersagbarkeit der Handlungen des Partners zunimmt.

Abschließend muss zusammenfassend angeführt werden, dass sich die Identifikation der kundenseitigen Determinanten des Vertrauens im Rahmen dieser Arbeit auf die zentralen Größen beschränkt. Insbesondere die Interpersonal Trust Scale von *Rotter* bietet die Möglichkeit einer weiteren Ausdifferenzierung, die jedoch vor dem Hintergrund dieser Arbeit keinen Erkenntnisgewinn verspricht. Zudem erfolgt die Betrachtung mit dem Fokus auf die Vertrauensrelevanz im engeren Sinne. Zahlreiche Größen wie etwa das Involvement der Kunden weisen zwar in hohem Maße eine Verhaltensrelevanz auf. Eine direkte Wirkung auf Vertrauen kann jedoch nicht begründet werden und findet sich entsprechend nicht in der relevanten Literatur.

3.2.4.3.4 Weitere Determinanten aus dem Umfeld

Neben den bereits betrachteten firmen- und kundenseitigen Faktoren haben die Markt- und Umfeldfaktoren, unter deren Einfluss die Vertrauensbildung stattfindet, einen Einfluss auf die konkrete Herausbildung von Vertrauen. *Ruyter, Moorman & Lemmink* (2001, S. 274) führen dabei an, „that the nature of customer-supplier relationships [...] is considerably influenced by market characteristics." Dies gilt insbesondere für hochtechnisierte Märkte und Umfeldbereiche, wie sie auch der Betrachtung im Rahmen dieser Arbeit zugrunde liegen. Die Autoren identifizieren den Alleinstellungsgrad des Anbieters, die Wechselkosten eines Kunden im Markt sowie die Wechselrisiken aus Sicht des Kunden als relevante Mediatoren bzw. Determinanten von Vertrauen (vgl. *Ruyter,*

Moorman & Lemmink 2001, S. 275), die im Rahmen dieser Arbeit jedoch nicht aufgegriffen werden sollen. Eine Einordnung als Determinanten erscheint nicht sinnvoll, da die genannten Aspekte keine Vergrößerung des Vertrauens in den Anbieter bewirken, sondern vielmehr die Wahlmöglichkeiten des Kunden einschränken. Auf diese Weise erhöhen sie zwar die Wahrscheinlichkeit der Inanspruchnahme des Anbieters. Sie steigern jedoch nicht das Vertrauen im engeren Sinne und nehmen somit eher die Rolle eines Mediators ein. Ein Einbezug diese Merkmale findet hingegen auf aggregierter Ebene in Form der Berücksichtigung der Branchen des Buch/CD/DVD-Handels und der Reisebüros im Rahmen des empirischen Teils statt.

Johnson & Grayson (2000, S. 359f.) führen in diesem Zusammenhang die Quellen „Generalized Trust" und „System Trust" an. Generalized Trust beziehen die Autoren dabei auf soziale Normen und Verhaltensweisen, die sich auf das Konsumentenverhalten im Allgemeinen, aber auch auf Vertrauen auswirken. Hinzu kommt System Trust, das etwa den rechtlichen Rahmen im Umfeld, vertragliche Bindungen und Regularien sowie den Grad der Bürokratie verortet. Je nach Ausprägung ergeben sich Einflüsse auf das Vertrauen. Dies liegt insbesondere im Rahmen der rechtlichen Regelungen auf der Hand. Sind hier Sachverhalte rechtlich weitestgehend abgedeckt, ist der Vertrauensspielraum relativ begrenzt. Allerdings stellen die genannten Größen bei *Johnson & Grayson* (2000, S. 359f.) eher Dimensionen als Determinanten dar. Zudem konkretisieren die Autoren die Inhalte nicht weiter im Sinne einer Modellierung, welche die zugrunde gelegten Zusammenhänge herausstellt und zur Identifikation einzelner Determinanten genutzt werden könnte. Die Größen dienen folglich nur der Orientierung hinsichtlich der weiteren Betrachtung.

Weiter können in der Literatur *Mundwerbung* sowie die *allgemeine Berichterstattung in den Medien* identifiziert werden. Beide Größen stehen zusammengefasst der oben bereits beschriebenen Reputation sehr nahe. Diese bildet sich aus Informationen, die man im persönlichen Umfeld sowie über die Medien erhält und wird somit durch die beiden hier beschriebenen Bestandteile konkretisiert.

Mundwerbung oder Word-of-mouth bezeichnet die informelle Kommunikation von Konsumenten mit anderen Konsumenten über Produkte und Leistungen oder einen Anbieter im Allgemeinen (vgl. *Westbrook* 1987, S. 261). Mundwerbung hebt sich dabei von kommerziell motivierter Kommunikation, die von Unternehmensseite initiiert ist, ab, da sie von Kundenseite als unabhängig und nicht an Unternehmenszielen ausgerichtet wahrgenommen wird (vgl. *Gremler, Gwinner & Brown* 2001, S. 44) und entsprechend einen deutlicheren Einfluss auf das Kaufverhalten der Konsumenten hat (vgl. *Brown & Reingen* 1987, S. 350f.; *Gremler, Gwinner & Brown* 2001, S. 44f.; *Tax, Chandrashekaran &*

Christiansen 1993, S. 74f.). Neben den bereits beschriebenen firmenseitigen und kundenseitigen Faktoren soll Mundwerbung ebenfalls Eingang in den Kreis der Determinanten finden.

Die *allgemeine Berichterstattung in Medien* über einen Anbieter ist inhaltlich wie beschrieben neben Mundwerbung im Bereich der Reputation anzusiedeln. Hierbei kann es sich etwa um Produkt- oder Firmeninformationen handeln, die im Rahmen von Beiträgen in Zeitungen, Zeitschriften, Radio, TV oder dem Internet Berücksichtigung finden. Im Gegensatz zu Mundwerbung haben die Beiträge ihren Ursprung nicht im direkten Umfeld des Konsumenten, also bei anderen Konsumenten, sondern entspringen einer in der Regel unabhängigen professionellen journalistischen Berichterstattung. Entsprechend wird die Quelle der Informationen als ähnlich authentisch und unabhängig betrachtet. Hinzu kommt in vielen Fällen noch ein gesteigertes Maß an spezifischem Fachwissen (vgl. *Lau & Lee* 1999, S. 346). Analog zu Mundwerbung werden Empfehlungen in den Medien als vertrauensfördernd angesehen.

3.2.4.4 Zusammenfassung und Einordnung der identifizierten Determinanten

Die obigen Determinanten, die der Relationship-Marketing-Literatur sowie der Literatur zur Service Quality entnommen wurden, bieten einen umfangreichen und weitgehend vollständigen Überblick über mögliche Determinanten von Vertrauen im traditionellen, stationären Handel. An späterer Stelle werden Forschungsarbeiten mit dem Fokus auf den Bereich des Internets ergänzend bzw. erweiternd hinzugezogen. Dort werden zudem entsprechende Internetspezifika herausgearbeitet und die Literatur wird ggf. um weitere Determinanten ergänzt. Es kann an dieser Stelle festgehalten werden, dass zwar eine große Anzahl an Determinanten in der Literatur vorgefunden werden kann. Jedoch unterscheiden sich die Größen, die von den einzelnen Autoren herangezogenen werden, mitunter deutlich und nur wenige Autoren unternehmen den Versuch, die Größen in einem System von Determinanten zu ordnen.

Zudem muss noch einmal auf den hypothetischen Charakter der Determinanten hingewiesen werden, der bereits in Kapitel 3.2.4.3.1 zugewiesen wurde. Dieser soll auch nach Identifikation der Größen für den traditionellen Bereich aufrechterhalten werden. Infolge der mit insgesamt 22 Größen sehr umfangreichen Determinantenzahl ist zu erwarten, dass durch das mehrstufige Vorgehen im Rahmen der empirischen Untersuchung zahlreiche Größen ausselektiert werden. Eine explizite Formulierung von Determinanten wäre somit wenig sinnvoll und methodisch fragwürdig.

4 Konsequenzen des Vertrauens – Einordnung in die Commitment-Trust-Theorie als theoretischer Rahmen des Relationship Marketings

4.1 Begriffliche Grundlagen

Kundenbindung stellt die zentrale Zielgröße des Relationship Marketings dar; diesbezüglich herrscht in der Marketingliteratur weitgehende Einigkeit vor. Jedoch stellt sich regelmäßig die Frage nach den vorgelagerten Schlüsselgrößen im Rahmen der Herausbildung von Kundenbindung, die somit für das Konzept des Relationship Marketings die Funktion von Mediatoren und neben Kundenbindung selbst den Rang von Schlüsselgrößen einnehmen (vgl. *Hennig-Thurau, Klee & Langer* 1999, S. 112). Diese sind nicht nur für das weitere Verständnis des Relationship-Marketing-Ansatzes relevant, sondern ihre Kenntnis ist zudem dringend notwendig, will man der Unternehmenspraxis verwertbare Impulse geben.

Lange Zeit wurde obige Diskussion um besagte Schlüsselgrößen des Relationship Marketings vergleichsweise unsystematisch geführt und fokussierte sich meist auf einzelne Größen, die isoliert betrachtet wurden. Exemplarisch sei etwa auf Arbeiten zum Zusammenhang von Kundenzufriedenheit und Kundenbindung zu verweisen (vgl. *Homburg, Giering & Hentschel* 1999; vgl. die Kritik bei *Herrmann, Huber & Braunstein* 2000). Inzwischen haben sich jedoch mit der Commitment-Trust-Theorie von *Morgan & Hunt* (1994) sowie der Relationship-Quality-Forschung (vgl. *Crosby, Evans & Cowles* 1990; *Hennig-Thurau & Klee* 1997) eng verwandte Ansätze etabliert und wurden auch auf empirischem Wege bestätigt. Diese sollen in der Folge dargestellt werden. Dabei stellt sich die Frage, welcher Ansatz im Rahmen dieser Arbeit weiter verfolgt, im späteren Verlauf auf das Internet übertragen und der empirischen Überprüfung zugeführt werden soll.

An erster Stelle soll das Relationship-Quality-Konstrukt behandelt werden. Betrachtet man die Relationship-Marketing-Literatur, finden sich dort zahlreiche Hinweise bezüglich der zentralen Rolle, die Relationship Quality hinsichtlich der Dauer und Intensität der Geschäftsbeziehung zukommt (vgl. *Hennig-Thurau & Hansen* 2000, S. 131). Diverse Autoren betrachten Relationship Quality in Bezug auf das Konzept des Relationship Marketings folglich als zentrales Konstrukt (vgl. z.B. *Crosby, Evans & Cowles* 1990; *Klee* 2000, S. 93f.). Zusammenfassend wird unter Relationship Quality die Eignung einer Geschäftsbeziehung verstanden, die entsprechenden Bedürfnisse eines Kunden zu befriedigen (vgl. *Hennig-Thurau & Klee* 1997, S. 751). Hohe Ausprägungen von Relationship Quality werden angenommen, wenn es sich bei der Geschäftsbeziehung aus Kundensicht um „a good relationship“ (*Naudé & Buttle* 2000, S. 352) handelt. Allerdings bedarf die oben genannte zusammenfassende Begriffsfindung einer weiteren Konkretisierung und Operationalisierung, um sowohl eine theoretische

Näherung zu ermöglichen als auch konkrete Ansatzpunkte für eine gestaltende Einflussnahme abzuleiten (vgl. *Klee* 2000, S. 105).

Betrachtet man das Relationship-Quality-Konstrukt aus einer konzeptionellen Perspektive, stellt es sich als ein Meta-Konstrukt dar. Dieses setzt sich aus verschiedenen Dimensionen zusammen, die wesentliche Aspekte der Bedürfnisgerechtigkeit einer Geschäftsbeziehung widerspiegeln (vgl. *Smith* 1998, S. 5-9). Allerdings besteht in der Literatur bislang kein Konsens hinsichtlich der Subkonstrukte, die im Detail Bestandteile des Relationship-Quality-Konstruktes verkörpern.[19]

Vergleicht man die diversen Näherungsversuche, ist eine weitgehende Übereinstimmung bezüglich der Bestandteile des Konstrukts nur bedingt herzustellen. Es kann jedoch festgehalten werden, dass es sich bei (a) Kundenzufriedenheit mit den erbrachten Leistungen, (b) dem Vertrauen des Kunden in den Anbieter sowie (c) dem Beziehungs-Commitment des Kunden gegenüber dem Anbieter um Kernelemente des Relationship-Quality-Konstrukts handelt, die z.T. in abgewandelter Form in diversen zentralen Arbeiten zum benannten Konstrukt Berücksichtigung finden (vgl. *Baker, Simpson & Siguaw* 1999; *Crosby, Evans & Cowles* 1990; *Dorsch, Swanson & Kelley* 1998; *Smith* 1998). Eine entsprechende Näherung an das Konstrukt über diese drei Komponenten beinhaltet sowohl die wahrgenommene Leistungsqualität im Sinne des Kundenzufriedenheitsurteils als auch eher relationale Qualitätskomponenten im Sinne von Vertrauen und Commitment (vgl. *Klee* 2000, S. 108), wobei alle genannten Bestandteile bei genauerer Betrachtung sowohl kognitiv leistungsorientierte als auch affektiv relationale Komponenten aufweisen. Die genannten Elemente von Relationship Quality werden als interkorreliert aufgefasst. Dies wurde in empirischen Studien belegt. Folglich kann von einer ganzheitlichen Wahrnehmung der Relationship Quality, also der wahrgenommenen Qualität der Geschäftsbeziehung aus Kundensicht, ausgegangen werden (vgl. *Hennig-Thurau & Klee* 1997, S. 740-742; *Hennig-Thurau, Klee & Langer* 1999, S. 113f.).

Folgt man *Hennig-Thurau, Klee & Langer* (1999, S. 13-16), findet im Konstrukt infolge der wenig zeitstabilen Bewertung einer Transaktion allerdings nicht Kundenzufriedenheit selbst Aufnahme. Vielmehr fließt Kundenzufriedenheit in die längerfristig ausgerichtete Qualitätswahrnehmung des Kunden ein, die einen kognitiven, stabileren Charakter aufweist. Sie umfasst dabei bisherige Erfahrungen und Eindrücke, in die ebenfalls die kurzfristige Zufriedenheit eingeht (vgl. *Hennig-Thurau & Klee* 1997, S. 740-742; *Hennig-Thurau, Klee & Langer* 1999,

---

[19] Vgl. diesbezüglich die Literaturübersichten von *Klee* 2000, S. 106f.; *Naudé & Buttle* 2000, S. 351f.

S. 113f.). Abbildung 10 verdeutlicht die Beziehungen zwischen den einzelnen Bestandteilen von Relationship Quality.

Abbildung 10:
Das Relationship-Quality-Modell zur Erklärung von Kundenbindung

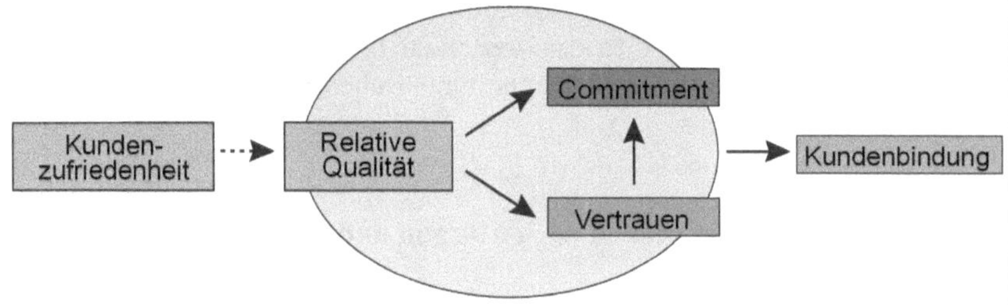

Quelle: in Anlehnung an Klee & Hennig 1996, S. 14

Die Commitment-Trust-Theorie des Relationship Marketings von *Morgan & Hunt* (1994) stellt die mit großem Abstand meistzitierte Arbeit bezüglich der theoretischen, aber auch empirischen Fundierung des Relationship Marketings sowie aus dem gesamten Bereich der Relationship-Marketing-Forschung überhaupt dar.[20] Die Autoren identifizieren im Rahmen ihrer Modellgenerierung die Konstrukte des Vertrauens und des Commitment als „key mediating variables". Der enge Bezug zur Relationship-Quality-Forschung wird in Anbetracht dieser Auswahl ersichtlich. Dabei sehen die Autoren nur bei der gleichzeitigen Herausbildung von Commitment und Vertrauen die Möglichkeit Kundenbindung zu generieren, wobei verschiedene Ursachen und Konsequenzen von Vertrauen und Commitment identifiziert werden. Beiden Größen wird dabei die Funktion von Mediatoren für den Bindungserfolg und somit für den Erfolg des Relationship Marketings zugewiesen.

Morgan & Hunt (1994, S. 25) nennen im Rahmen der Commitment-Trust-Theorie verschiedene Quellen von Vertrauen und Commitment. Als ursächlich für die Herausbildung von Commitment werden die Wechselkosten des Kunden sowie der Beziehungsnutzen desselben angesehen. Anbieter behandeln annah-

[20] Der diesbezüglich etablierte Social Sciences Citation Index weist die Arbeit von *Morgan & Hunt* 1994 unter dem Schlagwort Relationship Marketing mit über 400 Zitationen gegenüber 171 für den zweitplatzierten Artikel mit deutlichem Abstand als meistzitierte Arbeit im Bereich des Relationship Marketings aus; vgl. *ISI Web of Science* 2003.

megemäß Beziehungskunden priorisiert, da diese maßgeblich zum Unternehmenserfolg beitragen und erhöhen auf diesem Wege den Nutzen auf Kundenseite. Weiter nennen *Morgan & Hunt* (1994, S. 25) gemeinsame Werte mit den Kunden, die Dissonanzen reduzieren und dabei das Commitment steigern und sich gleichermaßen vertrauensfördernd auswirken. Hinzu kommt die Kommunikation zwischen dem Anbieter und dem Kunden. Tauschen beide Parteien sowohl auf formellem als auch auf informellem Wege in breitem Umfang Informationen aus, vermag dies das Vertrauen in den Gegenüber zu stärken. Zudem wird ein negativer Einfluss opportunistischen Verhaltens auf das Kundenvertrauen postuliert.

Abbildung 11:
Das Commitment-Trust-Modell nach Morgan und Hunt

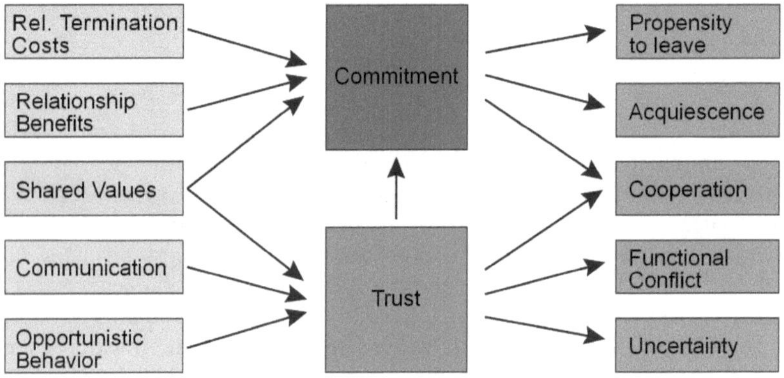

Quelle: Morgan & Hunt 1994, S. 22

Neben der Darstellung der Ursachen leiten die Autoren aus den Schlüsselgrößen Commitment und Vertrauen im Rahmen der Commitment-Trust-Theorie verschiedene Konsequenzen ab. Als Folge gesteigerten Commitment wird dabei insbesondere eine geringere Abwanderung von Kunden angeführt, welche gleichzusetzen ist mit einer gesteigerten Kundenbindung. Ein hohes Maß an Commitment ist zudem verbunden mit einer größeren Toleranz und Nachgiebigkeit auf Seiten des Kunden. Fehler werden eher nachgesehen, Konfliktpotential wird reduziert und die Kooperationsbereitschaft gesteigert. Abschließend führen *Morgan & Hunt* (1994, S. 25) noch eine Reduktion der Unsicherheit als Konsequenz aus dem gesteigerten Vertrauen an. Abbildung 11 zeigt das Commitment-Trust-Modell von *Morgan & Hunt* (1994, S. 22). Die zentrale Position der Konstrukte des Commitment und des Vertrauens für den Beziehungserfolg wird darin deutlich.

Es stellt sich die Frage, welches Konstrukt im Rahmen der vorliegenden Arbeit einbezogen werden soll. Dabei wird von einer expliziten Berücksichtigung des Konstruktes der Kundenzufriedenheit Abstand genommen. Aufgrund des wenig zeitstabilen Charakters der Kundenzufriedenheit und den bislang recht abweichenden empirischen Ergebnissen zum direkten Einfluss von Kundenzufriedenheit auf Kundenbindung erscheint es notwendig, Kundenzufriedenheit in ein vollständiges System von Determinanten von Commitment und Vertrauen zu integrieren, die in ein Gesamtmodell des Relationship Marketings einfließen. Dieser Ansatz wird jedoch im Rahmen der vorliegenden Arbeit nicht weiter verfolgt.

Auch wird von einer indirekten Berücksichtigung über die Größe der Qualitätswahrnehmung bzw. der Relativen Qualität Abstand genommen. Die Einführung letztgenannter Größe setzt an obiger Kritik an, da diese begrifflich nicht eindeutig gegenüber der Relationship Quality selbst abzugrenzen ist. Entsprechend findet die theoretische Fundierung und Modellierung sowie die anschließende Operationalisierung im Rahmen des empirischen Teils dieser Arbeit in Anlehnung an *Morgan & Hunt* (1994) statt. Neben den oben genannten Gründen trägt zu dieser Entscheidung nicht zuletzt die bereits angeführte weite Verbreitung und Akzeptanz des Ansatzes bei.

Die Besonderheiten der zugrunde liegenden Arbeit bedingen zudem eine Beschränkung des Modells auf die für den Sachverhalt relevanten Größen. Abweichend soll entsprechend auf die vollständige Erfassung der Determinanten des Commitment verzichtet werden. Eine Betrachtung der Determinanten des Vertrauenskonstrukts findet an anderer Stelle statt (vgl. Kapitel B 3.2.4). Eine Integration in das Commitment-Trust-Modell unterbleibt jedoch, da diese nur in Verbindung mit den Determinanten des Commitment sinnvoll wäre. Zudem beschränkt sich die Betrachtung der Konsequenzen auf Kundenbindung. Dieser Schritt kann insofern gerechtfertigt werden, da für Kundenbindung eine hohe Korrelation mit den weiteren Nutzengrößen des Relationship Marketings angenommen werden kann. Eine vollständige Erfassung dieser Größen wäre in Anbetracht der Fokussierung auf Vertrauen indes wenig Ziel führend.

4.2 Die Konstruktbestandteile und ihre Beziehungen

4.2.1 Vertrauen als Gesamtkonstrukt

Die Kenntnis der kausalen Wirkzusammenhänge innerhalb des Commitment-Trust-Modells ist von besonderer Bedeutung für das Verständnis der Relevanz und der Nutzenkategorien des Relationship Marketings. Vorab bedarf es jedoch einer detaillierten Betrachtung der Modellbestandteile.

Die Besonderheiten des Vertrauensbegriffes wurden bereits eingehend diskutiert. Folglich soll an dieser Stelle auf Kapitel B 3.2 verwiesen werden. Gleiches gilt für Kundenbindung als Zielgröße, die bereits behandelt und eingeordnet wurde (vgl. Kapitel B 2.1.2). Das Konstrukt des Beziehungs-Commitment[21] bedarf hingegen einer näheren Erläuterung, insbesondere da in der Literatur kein Konsens bezüglich der Inhalte und Folgen des Konstrukts besteht.

Übereinstimmung lässt sich bezüglich des Bezugsobjektes des Commitment feststellen. Commitment stellt im Rahmen der Commitment-Trust-Theorie die Verbundenheit im Sinne einer positiven Einstellung gegenüber dem Austauschpartner dar (vgl. *Garbarino & Johnson* 1999, S. 71f.; *Klee* 2000, S. 111; *Morgan & Hunt* 1994, S. 23). Dabei kann Commitment in zentrale Dimensionen aufgeteilt werden, die zusammengefasst das Konstrukt des Commitment abbilden. Hier werden das emotionale Commitment, das die „affektiv geprägte intrapsychische" Einstellung zum Austauschpartner und der Geschäftsbeziehung ausdrückt (*Klee* 2000, S. 111) und das kognitive Commitment, das auf rationalen Nutzenabwägungen bezüglich des Austauschpartners basiert, angeführt (*Klee* 2000, S. 111, *Garbarino & Johnson* 1999, S. 71). *Ruyter, Moorman & Lemmink* (2001, S. 272) beziehen ebenfalls das verhaltensbezogene Commitment in ihre Betrachtung, welches im Sinne konkreter Handlungen oder Artikulationen die positive Einstellung in Bezug auf den Austauschpartner und die Beziehung zu diesem ausdrückt. Das Begriffsverständnis dieser Arbeit legt den Schwerpunkt allerdings auf die affektive und kognitive Dimension. Im Gegensatz zu faktischer Kundenbindung drückt sich Commitment dabei primär durch die innere Einstellung gegenüber dem Austauschpartner und der Beziehung zu diesem aus, wohingegen Kundenbindung die konkrete Wiederkaufabsicht abbildet.[22]

Zudem bedarf es der Erläuterung der Wirkungszusammenhänge. Aus den als zentral angesehenen Größen des Commitment-Trust-Modells, dem Vertrauen, dem Commitment und der Kundenbindung, ergeben sich die folgenden Einflüsse, die kurz beschrieben und begründet werden sollen. Dies sind *Vertrauen*

---

[21] Die Begriffe des Commitment und des Beziehungs-Commitment sollen im Rahmen dieser Arbeit synonym verwendet werden.

[22] Vgl. für die Operationalisierung der Konstrukte den Anhang dieser Arbeit. Die Operationalisierung unterstreicht dabei die klare Abgrenzung der Konstrukte. Anzumerken ist, dass diese in der Relationship-Marketing-Literatur bislang nicht konsequent verfolgt wurde. Die Verwendung konativer Elemente führt dabei häufig zu einer deutlichen Überschneidung beider Konstrukte.

auf Commitment, *Vertrauen auf Kundenbindung* und *Commitment auf Kundenbindung*.

Ad 1) *Vertrauen auf Commitment*: Zwar kann in Bezug auf beide Konstrukte von einer wechselseitigen Beziehung ausgegangen werden. Es dominiert jedoch deutlich der Einfluss von Vertrauen auf Commitment. Grundlegend für den Eintritt in eine Geschäftsbeziehung ist bei beiden Parteien ein Mindestmaß an Vertrauen, da sich wechselseitige Abhängigkeiten im Laufe einer jeden Beziehung einstellen, die ein Mindestmaß an Vertrauen zur Abwicklung bedingen. Wie später noch vertiefend gezeigt wird, folgt aus Vertrauen eine Steigerung der Interaktions- und Beziehungseffizienz sowie die Tätigung von Investitionen in die Beziehung, die sich im Laufe der Zeit rentieren. Diese Aspekte führen in der Folge zur Herausbildung des Beziehungs-Commitment auf Seiten des Kunden (vgl. *Garbarino & Johnson* 1999, S. 73f.; *Morgan & Hunt* 1994, S. 25f.). Neben besagten eher kognitiv-kalkulativ geprägten Ursachen trägt die Entwicklung von Vertrauen auch zur Herausbildung der affektiven Commitment-Dimension bei, indem eine Vertrauensbeziehung zentrale soziale Bedürfnisse der beteiligten Personen bedient (vgl. *Klee* 2000, S. 119-121).

Ad 2) *Vertrauen auf Kundenbindung*: Zudem soll von einem direkten Einfluss des Vertrauens auf Kundenbindung ausgegangen werden. Zwar wird in diesem Zusammenhang vielfach die Einschaltung von Commitment als Mediator zwischen beiden Konstrukten angeführt. Es kann jedoch angenommen werden, dass auch ein direktes Einwirken stattfindet und auf empirischem Wege festgehalten werden kann. Vertrauen bedeutet für den Kunden primär eine Zunahme seiner Planungssicherheit, die opportunistisches Verhalten des Gegenübers weitgehend bzw. zunehmend ausschließt. Dabei ist offensichtlich, dass ein Anbieterwechsel die Unsicherheit des Kunden wieder erhöhen würde. Rational dominierte Nutzenüberlegungen können folglich herangezogen werden, um einen direkten Zusammenhang zwischen Vertrauen und Kundenbindung zu erklären. Allerdings ist anzunehmen, dass gerade im Bereich der emotionalen Komponenten des Vertrauensbegriffs die Wirkung über das konzeptionell nahe stehende Konstrukt des Commitment stattfindet, wie bisherige Untersuchungen aufzeigen (vgl. *Berry* 1993, S. 1; *Morgan & Hunt* 1994, S. 24; Singh & Sirdeshmukh 2000, S. 61).

Ad 3) *Commitment auf Kundenbindung*: Auf die moderierende Rolle, die Commitment zwischen Vertrauen und Kundenbindung einnimmt, wurde oben bereits hingewiesen. Insgesamt fällt Commitment im Rahmen der Herausbildung von Kundenbindung eine bedeutende Rolle zu. Dies wird insbesondere deutlich, wenn man die bereits genannte „good relationship" (*Naudé & Buttle* 2000, S. 352) und die damit verbundene Beziehungsgestaltung als Grundlage nimmt.

Empfindet der Kunde infolge der Beziehungsgestaltung ein hohes Maß an innerer Verbundenheit mit dem Händler und dessen Personal, wird dieser bereitwillig wieder bei dem entsprechenden Händler kaufen. Eine auf Commitment begründete Beziehung ist folglich mit hohen Kundenbindungsraten verbunden (vgl. *Morgan & Hunt* 1994, S. 25f.; *Ruyter, Moorman & Lemmink* 2001, S. 277f.).

Abbildung 12:
Modifiziertes Commitment-Trust-Modell

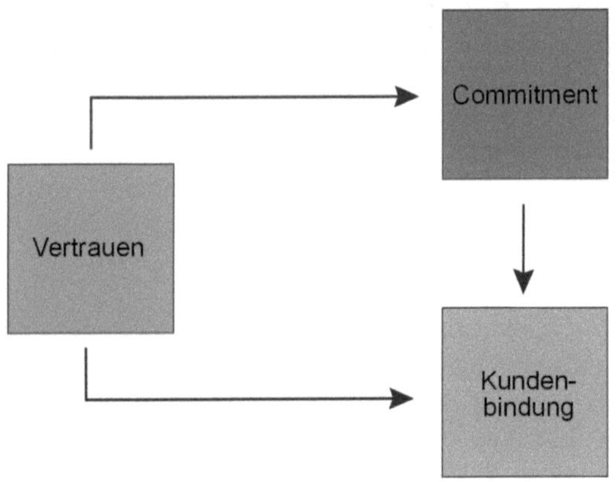

Quelle: Eigene Darstellung

Zusammenfassend kann konstatiert werden, dass im Rahmen der Commitment-Trust-Theorie des Relationship Marketings und des zugrunde gelegten Modells verschiedene Wirkungen und Wechselwirkungen identifiziert wurden. Diesbezüglich kann auf die Überprüfung der Zusammenhänge im Rahmen des empirischen Teils dieser Arbeit verwiesen werden. Dabei gilt es, einen Vergleich der Ausprägung der absoluten Größen als auch der Wechselwirkung zwischen diesen Größen für internetbasierte und traditionelle Händler durchzuführen. Den beschriebenen Beziehungen kann somit hypothetischer Charakter zugewiesen werden.[23] Anbei sei darauf hingewiesen, dass die Abgrenzung der einzelnen Konstruktvariablen nicht immer eindeutig verläuft. Insbesondere Commitment und Kundenbindung, die im Rahmen ihrer Operationalisierung regelmäßig mit dem Konstrukt der Kundenloyalität gleichgesetzt werden, aber auch Vertrauen

[23] Die Ausformulierung konkreter Hypothesen erfolgt in Kapitel D 3 dieser Arbeit.

und Commitment verzeichnen in der Marketing-Literatur mitunter weitreichende Überschneidungen bzw. werden nicht konsequent abgegrenzt. Dies gilt es im weiteren Verlauf zu beachten.

Abbildung 12 zeigt das modifizierte Commitment-Trust-Modell, das im weiteren Verlauf dieser Arbeit herangezogen und im folgenden Kapitel B 4.2.2 noch weiter in die Dimensionen des Vertrauens ausdifferenziert werden soll.

4.2.2 Erweiterung der Commitment-Trust-Theorie um die Dimensionen des Kundenvertrauens

Abweichend zu Kapitel B 4.2.1 erfolgt nun die Ausdifferenzierung des Commitment-Trust-Modells in die identifizierten Dimensionen von Vertrauen, die kundenseitige Wahrnehmung der Kompetenz und des Wohlwollens des Händlers. Dabei stellt sich die Frage, wie die Dimensionen des Vertrauens im Detail auf die weiteren Bestandteile des Modells wirken bzw. ob ein abweichender Einfluss der Dimensionen auf die Modellbestandteile begründet werden kann. Grundsätzlich soll angenommen werden, dass beide Dimensionen sowohl auf Commitment als auch auf Kundenbindung einen positiven Einfluss ausüben. Damit wird an der Wirkung des Gesamtvertrauens auf Commitment und Kundenbindung grundsätzlich festgehalten (vgl. Kapitel 4.2.1 sowie Abbildung 12). Allerdings sollen für die Stärke der Beziehungen Abweichungen angenommen und begründet werden.

Die Dimension der kundenseitigen Wahrnehmung der Kompetenz stellt eine kognitiv dominierte Größe dar. Ein positiver Einfluss auf die innere Verbundenheit des Kunden in Form des Commitment fällt dabei annahmegemäß nur gering aus. Commitment weist zwar ebenfalls kognitive Elemente auf, ist insgesamt jedoch eher affektiv geprägt ist und wird folglich von der Kompetenzwahrnehmung nur geringfügig positiv beeinflusst. Gegenteilig verhält es sich mit der Beziehung von Wohlwollen auf Kundenbindung. Bei Konstrukte sind in erster Linie kognitiv geprägt. Es kann folglich angenommen werden, dass die rationalen Beweggründe hinsichtlich der Wiederkaufneigung des Kunden maßgeblich von der Kompetenzwahrnehmung beeinflusst werden.

Gegenteilig stellt es sich mit der Dimension des Wohlwollens dar. Diese ist weniger kognitiv sondern vielmehr emotional geprägt und konzeptionell somit näher am Konstrukt des Commitment positioniert. Entsprechend soll angenommen werden, dass der Einfluss des Wohlwollens auf Commitment dominiert. Der Einfluss auf die kognitiv geprägte Größe der tatsächlichen Kundenbindung in Form von Wiederkäufen fällt hingegen nur vergleichsweise gering aus.

Abbildung 13:
Modifiziertes Commitment-Trust-Modell mit Dimensionen des Kundenvertrauens

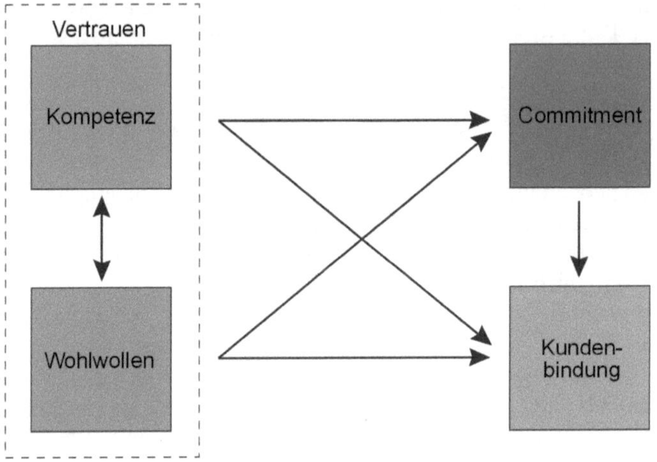

Quelle: Eigene Darstellung

Es kann also festgehalten werden, dass sich bei der Operationalisierung des Vertrauenskonstrukts über die Dimensionen des Vertrauens ein sehr viel differenzierteres Bild ergibt, in dem die Dimensionen des Konstrukts die weiteren Modellgrößen in abweichender Intensität beeinflussen. Abbildung 13 zeigt das modifizierte Commitment-Trust-Modell, das im weiteren Verlauf zugrunde gelegt werden soll. Entsprechend sollen im weiteren Verlauf der Arbeit Hypothesen formuliert werden, die es im empirischen Teil zu bestätigen gilt (vgl. für die Hypothesengenerierung Kapitel D 3).

C. Relationship Marketing im Internet

1 Internet Marketing als theoretisches Rahmenkonzept

1.1 Einführung

In den vergangenen Jahren hat sich ein technischer Wandel vollzogen, der sowohl in wirtschaftlicher als auch in gesellschaftlicher Perspektive grundlegende Auswirkungen hatte. Strukturelle Veränderungen in vielen Bereichen sowie nachhaltige Auswirkungen auf die Kommunikations- und Informationsvermittlung waren die Folge (vgl. *Hoffman & Novak* 1996a, S. 50; 1996b; *Wirtz* 2000, S. 1-4). Ein Wandel hin zu einer Gesellschaft, in der die Qualität und Quantität von Informationen einen bisher nicht gekannten Stellenwert einnehmen, ist evident (vgl. *Wirtz* 2000, S. 3).

Im Mittelpunkt dieser Entwicklung und im Zentrum des öffentlichen sowie des kommerziellen Interesses steht dabei insbesondere das Internet. Die zunehmende Ausbreitung und Nutzung desselben nimmt in gesteigertem Maße Einfluss auf traditionelle Märkte (vgl. *Bakos* 1998) und die Marketingdisziplin als Ganzes (vgl. für einen Überblick *Morgan* 1996). Bestehende und etablierte Strukturen werden immer regelmäßiger hinterfragt, Wirkungszusammenhänge vor dem Hintergrund neuer Regeln und Rahmenbedingungen auf ihre Gültigkeit überprüft. Zwar muss konstatiert werden, dass sich die Einflüsse auf Markt und Gesellschaft noch in einer frühen Phase befinden; in vielen Bereichen vollzieht sich die Adaption der neuen technischen Möglichkeiten durchaus verhalten bzw. sind die Möglichkeiten, die sich für die Zukunft eröffnen, noch gar nicht abzuschätzen (vgl. *Wirtz* 2000, S. 2-4). Dabei ist zum einen relevant, dass das Internet bzw. sog. Computer Mediated Environments (CMEs; vgl. *Hoffman & Novak* 1996a) eine dominante Rolle im Kommunikationskanal zahlreicher Unternehmen einnehmen. Zum anderen erfordern die besonderen Charakteristika des Internets im Sinne des integrativen Charakters des Mediums, die sich z.T. deutlich von denen bisheriger Marketing-Kanäle unterscheiden, einen angepassten theoretischen Rahmen sowie angemessene Strategien auf Seiten der Unternehmen (vgl. *Cowles & Kiecker* 2000, S. 43; *Hoffman & Novak* 1996a, S. 50; *Morgan* 1996, S. 757).

Medien haben von jeher einen bedeutenden Einfluss auf die Gesellschaft und das Leben der Menschen sowie die Wirtschaft und deren Entwicklung. Dieser Einfluss ist insbesondere für den Bereich des Marketings als Bestandteil unseres Gesellschafts- und Wirtschaftssystems zu verzeichnen. Auf der einen Seite ist die Ausweitung der Massenmedien eng mit entsprechenden Werbeeinnahmen, aufgebracht aus dem Bereich des Marketings, verbunden. Auf der anderen Seite war eine entsprechende Kommunikationsinfrastruktur Voraussetzung für die Herausbildung nationaler Märkte zu Beginn des 20. Jahrhunderts und somit

Antriebsfeder für Entwicklungen im Bereich der Marketingpraxis und infolge auch der Marketingtheorie. Unterstrichen wird die wirtschaftliche Bedeutung zudem durch die analoge Entwicklung gänzlich neuer Industriezweige, welche die Verbreitung der jeweils neuen Medien in die Haushalte ermöglichte (vgl. *Leiss, Kline & Jhally* 1990, S. 93). Hier sei etwa auf die Unterhaltungselektronik, aber auch auf die EDV-Branche verwiesen.

Der Einfluss von Medien auf Wirtschaft und Gesellschaft geht jedoch über die Erweiterung der Kommunikationsarten hinaus, indem die räumlichen und zeitlichen Veränderungen psychologische, soziale und kulturelle Veränderungen bedingen. Einige Autoren gehen sogar so weit, die Entwicklung moderner Massenmedien als Grundlage für die Herausbildung moderner Demokratien heranzuziehen. Dies unterstreicht die Bedeutung, die der Medienentwicklung für moderne Gesellschafts- und Wirtschaftssysteme zugewiesen werden. Für die Disziplin des Marketings ist daraus sowohl eine Reaktion auf gewandelte Marktsituationen und gewandeltes Markthandeln als auch eine Aktion bezüglich der Nutzung von Potentialen und Möglichkeiten neuer Technologien zu folgern (vgl. *Hansen & Bode* 1999, S. 350f.; ähnlich auch bei *Leiss, Kline & Jhally* 1990, S. 93).

Festzuhalten ist allerdings, dass sich trotz mitunter umfangreicher Einflüsse sowohl auf die Gesellschaft als auch auf Marketingwissenschaft und -praxis keine eigenständigen, mediengebundenen Marketingansätze herausgebildet haben. *Hansen & Bode* (1999, S. 352) weisen in diesem Zusammenhang darauf hin, dass etwa Forschungsansätze des *Telefonmarketings* oder *Radiomarketings* ausblieben, da entsprechende Technologien in den Rahmen der traditionellen Marketingtheorie eingebunden werden konnten. Erst infolge der Herausbildung neuer Informations- und Kommunikationstechnologien haben sich in der Mitte der neunziger Jahre neuartige Forschungsansätze entwickelt. Anzumerken ist allerdings, dass bislang weder bezüglich der Begriffsfindung noch der Inhalte eine Übereinstimmung festgestellt werden kann. Eine ganze Reihe alternativer Ansätze kann angeführt werden, die im Sinne einer „wissenschaftspragmatischen Vorgehensweise" in Zusammenhang gebracht werden können, da sie eine gewisse „Familienähnlichkeit" aufweisen (*Hansen & Bode* 1999, S. 352). Exemplarisch sollen etwa die Begriffe bzw. Ansätze des Electronic Marketings, des EDV-gestützten Marketings, des WWW Marketings, des Online Marketings und des Internet Marketings genannt werden, die zwar breite Gemeinsamkeiten, im Detail aber zumindest abweichende Schwerpunkte und Abgrenzungen aufweisen.

Die geschilderten Schwierigkeiten in der Begriffsfindung unterstreichen die breite der wissenschaftlichen Diskussion. Es ist offenkundig, dass die Herausbildung neuer Informations- und Kommunikationstechnologien, insbesondere des Internets, eine Entwicklung darstellt, deren Einfluss auf Marketing und Gesellschaft von vielen Seiten geradezu euphorisch geschildert wird (vgl. *Hansen & Bode* 1999, S. 350). Dies kann durch Aussagen wie die folgende verdeutlicht werden, die insbesondere den Stellenwert der Entwicklung für Marketingtheorie und -praxis unterstreicht: „Wie auch immer die Zukunft des Internets aussehen mag, sie wird auf jeden Fall das Marketing und die Beziehungen zu den Kunden und den Geschäftspartnern verändern. Elektronische Beziehungen besitzen ihre eigenen, spezifischen Merkmale und werden neue Märkte und Geschäftsmethoden ins Leben rufen“ (*Gummesson* 1997, S. 125).

Im Mittelpunkt der Entwicklung neuer Informations- und Kommunikationstechnologien steht insbesondere das Internet, dem immer wieder eine grundsätzliche Überlegenheit gegenüber traditionellen Marketingkanälen unterstellt wird. Allerdings postulieren nur wenige Autoren die Ablösung traditioneller Marketingkanäle durch das Internet (vgl. *Morgan* 1996, S. 758f.). Hier stehen sich recht divergente Meinungen gegenüber. Hinterfragt wird insbesondere, ob der besagte Einfluss auf Marketingtheorie und -praxis alle Bereiche des Marketings einbezieht (vgl. für eine abwägende Betrachtung *Peterson, Balasubramanian & Bronnenberg* 1997, S. 329-336) oder aber das Internet „first and foremost a communication medium“ (*Cowles & Kiecker* 2000, S.43) darstellt. Je nach Position ergeben sich abweichende Einschätzungen der Bedeutungen für die einzelnen Marketinginstrumentalbereiche (vgl. die Diskussion bei *Peterson, Balasubramanian & Bronnenberg* 1997, S. 329-336). Auch wird deutlich, dass in Folge der Heterogenität vieler Märkte die Rolle und Bedeutung des Internets unterschiedlich ist (vgl. *Peterson, Balasubramanian & Bronnenberg* 1997, S. 329-336).

Festzuhalten bleibt, dass die Herausbildung neuer Informations- und Kommunikationstechnologien und des Internets im Besonderen breite Auswirkungen auf die Marketingtheorie und -praxis hat und auch in Zukunft haben wird, die bis heute kaum abgeschätzt werden können. Nur wenige Autoren gehen allerdings so weit, ein neues Marketing-Paradigma[24] für Electronic Commerce und Internet zu fordern, wie es *Hoffman & Novak* (1996b) bereits früh getan haben.[25]

---

[24] Vgl. für eine Einordnung des Paradigmen-Begriffes *Kuhn* 1962.

[25] Vgl. zum möglichen Paradigmenwechsel auch *Morgan* 1996, *Rust & Oliver* 1994 sowie den Überblick in *Hansen & Bode* 1998, S. 350-373.

1.2 Überblick über die grundlegenden Merkmale des Internets

1.2.1 Technische Grundlagen

Es folgt ein Überblick über die technischen Grundlagen des Internets und anschließend über vorhandene Dienste sowie die weitere Entwicklung, sofern sie heute bereits absehbar sind. Ein solcher Überblick wird für das weitere Verständnis der Möglichkeiten und Anknüpfungspunkte von Relationship Marketing und Internet als notwendig angesehen und ist auch für die Ausführungen bezüglich des Vertrauens im Internet maßgeblich.

Grundlegend für den Aufbau des Internets ist insbesondere die *Offenheit* und *Dezentralität* des Netzes. Es handelt sich nicht um ein geplantes und fest strukturiertes Netzwerk, sondern ist ein im Rahmen eines evolutionären Prozesses gewachsenes und prinzipiell offenes Netzwerk voneinander unabhängiger Rechner bzw. Netzwerke. Folglich untersteht es keiner zentralen Verwaltung und ist in seinem vollständigen Umfang nicht erfasst bzw. zu erfassen und etwa im Rahmen von Suchmaschinen zu katalogisieren. Es steht lokalen Netzwerken und Dienstanbietern somit offen und ist in seiner kommerziellen Nutzung kaum zu begrenzen. Auch besteht aus diesen Gründen keine feste Bindung an spezifische Hard- bzw. Software bestimmter Anbieter (vgl. *Fritz* 1999, S. 28).

Der technische und logische Aufbau des Internets lehnt sich an eine traditionelle Client-Server-Architektur an, die etwa in konventionellen Firmennetzwerken sehr verbreitet ist. Hier stellt ein Server einen Dienst zur Verfügung, den ein Client nutzen kann. Solche Dienste werden als Internet-Services bezeichnet. Neben der Client-Server-Architektur ist zudem eine entsprechende Client-Server-Software erforderlich. Der Client ist eine Anwendung, welche die Verbindung zu einem Server aufbaut. Beispielhaft kann hier etwa der Internet-Dienst E-Mail genannt werden, der sich in einen Mail-Client und einen Mail-Server aufteilt. Während der Mail-Client die Erstellung, den Versand, den Empfang und die Ansicht ermöglicht, ist der Mail-Server für Speicherung von und Übertragung an andere Mail-Server verantwortlich. Die physikalische Verbindung der Client-Server-Systeme wird über ein internationales Datenverbindungsnetz ermöglicht, wobei permanente Datenleitungen mit hoher Übertragungsbreite den Kern bilden. Allerdings ist der Übertragungsweg der Daten nicht fest vorgeschrieben, sondern kann variieren und entsprechend auch über Satelliten- oder Telefonverbindungen erfolgen (vgl. *Alpar* 1998, S. 23f.).

Die Datenübertragung erfolgt im Sinne eines paketorientierten Transfers zwischen Client und Server. Hier wird die Nachricht in einzelne Pakete aufgeteilt, die getrennt und über abweichende Wege versandt und erst beim Empfänger wieder verbunden werden. Die Pakete werden mit den erforderlichen Adressinformationen wie Sende-, Empfangsadresse und Sequenznummer versehen und finden separat den Empfänger, der sie wieder in der korrekten Reihenfolge zusammensetzen kann. Die Methode macht somit keine direkte Verbindung von Sender und Empfänger notwendig und ist gegenüber äußeren Störeinflüssen sehr sicher (vgl. *Alpar* 1998, S. 24-26; *Fritz* 1999, S. 29). Ermöglicht wird dieser Transfer durch einen einheitlichen Protokollstandard. „Ein Protokoll wird als ein Satz von Vereinbarungen definiert, der festlegt, wie Daten von einem Programm zum anderen übertragen werden" (*Alpar* 1998, S. 25). Diesbezüglich hat sich das TCP/IP-Protokoll weitgehend durchgesetzt. Das TCP (Transmission Control Protocol) teilt die Daten in gekennzeichnete Pakete und sorgt auf Seiten des Empfängers für die Zusammenführung in entsprechender Reihenfolge. Das IP (Internet Protocol) ermöglicht die Übertragung der Datenpakete durch die verschiedenen Netzwerke, indem es die Pakete mit den entsprechenden Informationen versieht (Header). Die Herausbildung der TCP/IP-Protokolle erfolgte dabei gemäß der Prämissen 1) die Unabhängigkeit der Datenübertragung vom Übertragungsmedium, 2) eine Kommunikation auch von Netzwerken abweichender Hardwarespezifikationen sowie 3) eine gegen Störungen wenig anfällige Datenübertragung zu gewährleisten (vgl. *Alpar* 1998, S. 25-28; *Fritz* 1999, S. 29).

Die eindeutige Adressierung des Empfängers der Datenpakete erfolgt über die jedem im Internet verbundenen Rechner fest zugeordnete IP-Adresse. Der Aufbau dieser Adressen erfolgt vergleichbar dem Aufbau von Telefonnummern. Sie setzen sich aus vier Zahlenkombinationen zwischen 0 und 255 zusammen und teilen sich auf in die Kennung von über- und untergeordneten Netzen, jeweils geteilt durch einen Punkt. So stehen die ersten Teile der Nummern für die übergeordneten Netzwerke und die letzte Ziffernfolge schließlich für den konkreten Rechner in einem bestimmten Netzwerk (vgl. *Schauer* 1999, S. 15; *Fritz* 1999, S. 29).

Zur besseren Überschaubarkeit der bisher in Dezimalzahlen-Systematik dargestellten Adressen wurde 1986 zur Überführung des beschriebenen Systems der IP-Adressen das sog. Domain Name System entwickelt und eingeführt. Es ermöglicht die Umwandlung der Zahlenkombinationen in eine spezifische Buchstabenkombination. Der Nutzer ist somit in der Lage, anhand der Buchstabenkombinationen zu erkennen, welcher Institution der Rechner zugehörig ist. Auf die detaillierte Beschreibung der Umwandlung soll an dieser Stelle verzichtet werden. Im Resultat wird etwa aus der „IP-Adresse 130.75.142.33" der Domain Name „www.m1.uni-hannover.de", wobei „de" die Top-Level Domain, „uni-hannover" die Domain und „m1" schließlich eine Unter-Domain von „uni-hannover" darstellt (vgl. in Anlehnung an *Alpar* 1998, S. 27-32; *Fritz* 2001, S. 30). Die Vergabe der Länderkennungen ergab sich infolge der Ausbreitung des Internets über die Grenzen der USA. War anfangs, d.h. bis 1998, noch das Internet Network Information Center (InterNIC) in den USA für die Vergabe und Verwaltung von IP-Adressen zuständig, ist diese inzwischen an regionale Institutionen vergeben (vgl. *Alpar* 1998, S. 42; *Fritz* 1999, S. 31).

Von Bedeutung ist weiter die Anbindung der Nutzer an das Internet. Unter Internet-Anbindung wird der Zugang eines Rechners zu den Diensten des Internets verstanden. Hier sind sowohl technische als auch softwareseitige Aspekte entscheidend (vgl. *Alpar* 1998, S. 34). Endnutzer verschaffen sich in der Regel über einen sog. Provider Zugang zum Internet. Dieser stellt eine Verbindung des Computers des Endanwenders mit seinem Knotenrechner her, der wiederum mit dem Internet verbunden ist. Solche Provider können etwa reine Internet-Access-Provider, Internet-Service-Provider, aber auch Internet-by-Call-Dienste sein, die einen Zugang ohne vorherige Anmeldung über einfaches Einwählen ermöglichen. Weiter sind proprietäre Online-Dienste zu nennen, die ein internes Netz unterhalten und darüber hinaus Zugang zum Internet ermöglichen (vgl. *Fritz* 1999, S. 31-33).

1.2.2 Dienste

Unter dem Oberbegriff des Internets wird eine ganze Reihe von Diensten zusammengefasst. Somit ist das Internet nicht mit dem World Wide Web (WWW) gleichzusetzen, sondern geht weit über dieses hinaus. Neben dem WWW können etwa E-Mail, Chat oder Newsgroups dem Internet zugeordnet werden. Abbildung 14 gibt einen Überblick über die Dienste des Internets.

Exemplarisch sollen an dieser Stelle E-Mail, das World Wide Web, Chat und Usenet/News dargestellt werden. Dies bedingt zum einen ihre große Popularität; zum anderen liefern sie für Relationship-Marketing-Maßnahmen breite Nutzenpotentiale und können somit zur Vertrauensgenerierung im Internet von entscheidender Bedeutung sein.

Elektronische Post, auch E-Mail oder Electronic Mail genannt, ist der am weitesten verbreitete und frequentierte Internet-Dienst. E-Mail ermöglicht die zeitversetzte Informationsübermittlung zwischen Kommunikationspartnern und lehnt sich dabei an traditionellen Briefverkehr an. Der Absender der E-Mail versieht seine Textnachricht mit der Adresse des Empfängers und sendet sie an diesen. Die E-Mail wird nun an den angeschlossenen Mailserver und von diesem über das Internet an den Mailserver des Empfängers gesendet. Bei der Übersendung kommt eine Reihe von Protokollen zum Einsatz. Auf dem Mailserver des Empfängers verbleibt sie, bis der Empfänger sich einloggt und unter Verwendung der auf ihn konfigurierten E-Mail-Software die Nachricht von seinem angeschlossenen Mailserver abruft. Entscheidende Bestandteile einer E-Mail sind unter anderem der Header und der eigentliche Text der Mail. Der Header enthält Informationen wie die Empfängeradresse. Der Text ist die eigentliche Nachricht, entspricht also dem Inhalt eines konventionellen Briefes. Weiter können Dateien mit der E-Mail übersandt werden, sog. Attachements. Die Möglichkeit, beliebige Dateien an eine E-Mail anzuhängen, macht sie zu einem sehr flexiblen Kommunikationsmittel. Auch ist die hohe Geschwindigkeit der Übermittlung anzuführen. Bereits nach wenigen Sekunden befindet sich die E-Mail zum Abruf auf dem Mailserver des Empfängers (vgl. *Fritz* 1999, S. 35-36).[26]

Abbildung 14:
Die Dienste des Internets

Internet-Dienst	**Inhalt**
E-Mail	Elektronische Post
WWW (world wide web)	Multimediales Hypertextsystem
ftp	Datentransfer von und zu jedem beliebigen Internetrechner
Telnet	Terminalemulation und remote login zu fernen Internetrechnern
Usenet/ News	Ein System von Diskussionsgruppen zu allen erdenklichen Themen
IRC Internet Relay Chat	Teleconferencing für viele: Gruppenkommunikation via Tastatur
Talk	Teleconferencing für zwei Teilnehmer: Dialogkommunikation via Tastatur
Whois	Liefert Informationen über registrierte Internetteilnehmer
Finger	Liefert Informationen über Internet-Teilnehmer mit bekannter E-Mail-Adresse
Gopher, Veronica, Jughead	Informationsgewinnung aus Volltextdatenbanken
Archie	Findet vom User gesuchte Dateien im Internet
WAIS	Volltextdatenbank-Retrieval

Quelle: In Anlehnung an Illik 1999, S. 238

Im Sprachgebrauch häufig mit dem Internet gleichgesetzt, ist das World Wide Web (WWW) zusammen mit E-Mail der am häufigsten genutzte Dienst des Internets und somit von zentraler Bedeutung für Electronic Commerce und Relationship Marketing. Das WWW ist eine Kombination von Multimedia und Hypermedia (Hypertext) und verbindet Text, Graphik, Animation, Sprache und Musik zu Web-Seiten. Diese werden über Hypertext mit anderen Web-Seiten verbunden und vermitteln dem Nutzer somit das Gefühl des „Surfens“. Der Nutzer kann, abweichend von Medien wie etwa Fernsehen und Zeitungen, den Ablauf weitgehend selbst bestimmen. Die Benutzerfreundlichkeit des World

[26] Vgl. für einen detaillierten Überblick über die technischen Einzelheiten von E-Mails *Alpar* 1998, S. 57-64.

Wide Web findet ihren Ausdruck in der Integration diverser Dienste des Internets.

In seiner Funktionsweise gleicht das World Wide Web den anderen Internet-Diensten und ist nach dem Client-Server-Prinzip aufgebaut. Ein Web-Server hält ein Angebot bereit und sendet es auf Anfrage eines Web-Clients an diesen und beendet die Verbindung. Als Client-Software zum Abrufen von HTML-Dokumenten dienen sog. Web-Browser. Der Web-Browser interpretiert die vom Web-Server empfangenen HTML-Dokumente und bildet sie für den Nutzer ab. Er dient der Navigation durch das World Wide Web und steuert dabei die gesamten Abläufe. Das Hypertext Transfer Protokoll (http) regelt dabei die Kommunikation zwischen Web-Server und Web-Browser und stellt die Sprache der Kommunikation dar (vgl. *Fritz* 1999, S. 36-40).

IRC (Internet Relay Chat) oder einfach Chat, ursprünglich für einen Textdialog zwischen zwei Nutzern konzipiert, ist inzwischen zu einem Mehrbenutzersystem gereift. Zur Teilnahme an der Kommunikation loggen sich Nutzer mit Hilfe eines Clients in einen Chat-Server ein. Unter Nutzung eines Pseudonyms oder des richtigen Namens nimmt er dort an einem Gespräch zu einem bestimmten Thema teil oder eröffnet selbst eine Diskussion. Die Gespräche sind anhand ihrer Inhalte in sog. Channel geordnet. Chats folgen dabei bestimmten Regeln. So können etwa ungebetene Teilnehmer ausgeschlossen werden und Gespräche auch separat zwischen zwei Teilnehmern stattfinden. Weiter besteht die Möglichkeit Dateien auszutauschen (vgl. *Alpar* 1998, S. 89f.).

Usenet Newsgroup-Dienste stellen eine weitere Diskussionsplattform dar. Sie dienen dem Meinungsaustausch zu beliebigen Themen und gliedern sich nach dem entsprechenden Oberthema. Nutzer können hier Beiträge veröffentlichen und gleichzeitig die Beiträge anderer Nutzer lesen und kommentieren. Usenet-Newsgroup-Dienste sind somit mit Schwarzen Brettern zu vergleichen. Anzumerken ist allerdings, dass die Diskussion nicht in Echtzeit stattfindet und somit eher an E-Mail angelehnt ist (vgl. *Fritz* 1999, S. 41).

Neben den behandelten Diensten existieren noch diverse weitere, auf die hier nicht im Detail eingegangen werden soll. Dies sind z.B. Internet-Telefonie und die sich immer höherer Beliebtheit erfreuenden Peer-to-Peer-Systeme. Diese ermöglichen den Austausch von Dateien aller Art, insbesondere von Audio-,

Videodateien und Software und haben sich aufgrund ihrer hohen Frequentierung zu einer erstzunehmenden Bedrohung für verschiedene Branchen entwickelt.[27]

1.3 Der Ansatz des Internet Marketings als Folge der Herausbildung des Internets

1.3.1 Definition und Abgrenzung

Auf die Schwierigkeit einer Begriffsfindung wurde oben bereits hingewiesen. So existieren diverse alternative bzw. konkurrierende Ansätze, die mitunter nur in Details differieren. Die Begriffe des Electronic Marketings und des Internet Marketings werden entsprechend auch stellvertretend für verwandte Ansätze vorgestellt.[28]

Hansen & Bode (1999, S. 354) definieren Electronic Marketing in Anlehnung an *Herrmanns & Flegel* (1992, S. 3) wie folgt: „Das Electronic Marketing umfaßt als Sammelbegriff alle marketingrelevanten Bereiche, in denen elektronische Komponenten und Systeme der Informations- und Kommunikationstechnologien zur Gestaltung von Austauschbeziehungen eingesetzt werden.“ Die Begriffsfindung und Definition ermöglicht eine Offenheit für weitere technologische Entwicklungen und breite Anknüpfungspunkte zu verwandten Themengebieten und Begrifflichkeiten. So würde exemplarisch die Wahl des Begriffs WWW Marketing sowohl weite Bereiche des Internets als auch alle anderen Technologien ausblenden. Hingegen greifen Begrifflichkeiten wie EDV-Marketing zu weit, da selbst ein gewöhnlicher Brief in der Regel unter Zuhilfenahme moderner EDV in Form eines PC mit entsprechender Textverarbeitung verfasst wird (vgl. *Hansen & Bode* 1999, S. 353f.).

Fritz (1999; 2001) führt vor diesem Hintergrund den Begriff des Internet Marketings an. Unter diesem fasst der Autor „die systematische Nutzung der Internet-Dienste (z.B. E-Mail, WWW etc.) für die Zwecke des Marketings“ (*Fritz* 1999, S. 20) zusammen. Die Begriffswahl erscheint im Rahmen der vorliegenden Arbeit angemessen, da der Begriff alle relevanten technischen Bereiche in die Betrachtung einbezieht und soll folglich zugrunde gelegt werden. Zwar trifft auch hier die Kritik einer mangelnden Offenheit gegenüber sich eventuell herausbildenden Technologien zu, die *Hansen & Bode* (1999, S. 354)

---

[27] Vgl. hierzu *Fritz* 1999, S. 41f.; *Alpar* 1998, S. 91-98; symbolisch für die zunehmende Entwicklung ist etwa der Erfolg von Napster, aber auch alternativer Dienste wie des Gnutella-Netzwerks oder Morpheus; vgl. *Lechner & Schmid* 2000.

[28] Anzumerken ist, dass es sich bei dieser Auswahl nicht um eine abschließende Bewertung existierender Begrifflichkeiten handelt. Vielmehr sollen die Begriffe in Analogie zu *Hansen & Bode* 1999, S.353 und *Fritz* 1999, 2001 aus terminologischen Gründen gewählt werden.

anführen. Die Einschränkung erscheint jedoch vor dem Hintergrund der Thematik der Arbeit zu vernachlässigen, die sich auf das Internet konzentriert. Zudem kann aktuell kein Bruch in der weiteren technischen Entwicklung festgestellt werden, der mit bislang nicht absehbaren Diensten des Internets verbunden wäre. Hinzu kommt, dass im Rahmen des Internets diverse Techniken verschmelzen, somit also ein recht weiter Bereich abgedeckt ist. Zudem sollte immer berücksichtigt werden, dass unabhängig von der Begriffsfindung sowohl ein WWW Marketing als auch ein Internet und Electronic Marketing bei konsequenter Einführung tiefe Eingriffe in die Wertschöpfungskette nach sich ziehen. Die technischen Anpassungen erstrecken sich folglich sehr viel weitreichender, als der Name suggeriert, der sich primär auf den Distributions- bzw. Kommunikationsweg gegenüber Kunden bezieht. Ein WWW Marketing bedingt somit fast zwangsläufig die Nutzung von Diensten wie E-Mail, aber auch anderer elektronischer Techniken, da diese hochgradig mit dem World Wide Web verknüpft sind.

Abbildung 15:
Abgrenzung von Internet Marketing und Electronic Commerce

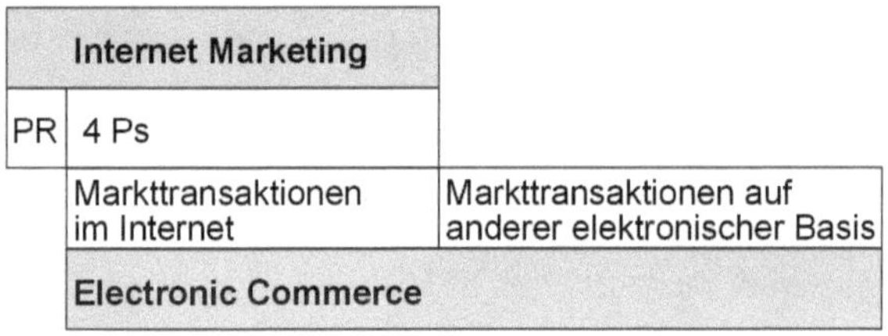

Quelle: Fritz 2000, S. 21

Zudem bedarf es einer Abgrenzung vom Begriff des Electronic Commerce, der im Zusammenhang mit internetbasiertem Handel regelmäßig insbesondere im Bereich der Praxis-Literatur angeführt wird. Nähert man sich dem Begriff des Electronic Commerce aus einer weiteren Perspektive, kann darunter „jede Art wirtschaftlicher Tätigkeit auf Basis elektronischer Verbindungen" (*Picot, Reichheld & Wigand* 1998, S. 317) zusammengefasst werden. Diese Sichtweise geht weit über das Internet als Basis hinaus und schließt jede Art von elektronischen Netzwerken und Märkten ein. Relevant ist einzig die digitale Abwicklung der Transaktionen (vgl. *Fritz* 1999, S. 20). Einer engere Perspektive beschränkt Electronic Commerce auf die „digitale Anbahnung, Aushandlung und/oder

Abwicklung von Transaktionen zwischen Wirtschaftssubjekten" (*Clement, Peters & Preiß* 1999, S. 49).

Vergleicht man die Begriffe des Internet Marketings und des Electronic Commerce, wird ersichtlich, dass Electronic Commerce sehr viel weiter reicht als das Internet Marketing, da es elektronische Netzwerke und Märkte sowie Hierarchien einschließt. Bei der elektronischen Plattform der Abwicklung muss es sich dabei nicht zwingend um das Internet handeln. Der Begriff des Electronic Commerce schließt hingegen den Bereich der Public Relation nicht ein, der im Rahmen des Internet Marketings einbezogen werden kann (vgl. *Fritz* 1999, S. 20f.). Abbildung 15 unternimmt den Versuch einer Abgrenzung und gibt auf diesem Wege einen Überblick über den Wirkungsbereich der Ansätze.

1.3.2 Grundlagen der Marketing-Kommunikation im Internet

Wie bereits angeführt handelt es sich beim Internet in erster Linie um ein Kommunikationsmedium. Seine Besonderheit resultiert dabei aus den neuartigen Kommunikationsbedingungen, die sich ergeben und insbesondere auch für die kommerzielle Nutzung im Rahmen des Marketings von Bedeutung sind.

In der Literatur finden sich bereits Ansätze, die zusammengefasst die Kommunikationsbedingungen neuer Informations- und Kommunikationstechnologien beschreiben (vgl. *Hansen & Bode* 1999, S. 354-360). Diese beziehen sich auf die 1) *Charakteristika neuer Informations- und Kommunikationstechnologien*[29] sowie die 2) *Umsetzung auf marktliche Prozesse.*

Ad 1) Bezüglich der *Charakteristika neuer Informations- und Kommunikationstechnologien*[30] lassen sich verschiedene Abweichungen gegenüber konventionellen Medien erkennen. Hier ist einleitend eine gewandelte Beziehung zwischen den Teilnehmern zu verzeichnen. Konventionelle Kommunikation findet in der Regel zwischen einem Sender und einem Empfänger (one-to-one) bzw. einem Sender und vielen Empfängern (one-to-many) statt. Im Rahmen der Kommunikation über neue Medien wie das Internet sind hingegen auch Konstellationen vorstellbar und üblich, bei denen viele Sender mit vielen Empfängern kommuni-

---

[29] Die Schilderung von *Hansen & Bode* 1999, S. 354-356 lehnt sich weitgehend an *Hoffman & Novak* 1996a, S. 52-57 an.

[30] *Hoffman & Novak* 1996a, S. 53 wählen in diesem Zusammenhang den Begriff des Computer-Mediated Environments (CMEs), den sie definieren als „a dynamic distributed network, potentially global in scope, together with associated hardware and software for accessing the network which enables consumers and firms to (1) provide and interactively access hypermedia content [...] and communicate through the medium". Dieser Begriff wurde auch von anderen Autoren übernommen und hat sich mit Einschränkungen etabliert.

zieren (many-to-many) (vgl. *Hoffman & Novak* 1996a, S. 52f.). Zudem ist eine solche Kommunikation durch Multimedialität gekennzeichnet. Sie kann folglich mehrere Sinne gleichzeitig ansprechen und ist nicht an ein einzelnes Medium gebunden (vgl. *Hoffman & Novak* 1996a, S. 54f.). Abbildung 16 verdeutlicht die abweichende Kommunikationsstruktur neuer Medien wie des Internets.

Zentraler Unterschied des Internets gegenüber konventioneller Massenkommunikation ist die Möglichkeit der Interaktivität. War Massenkommunikation bislang ausschließlich eindirektional ausgerichtet, bieten CMEs respektive neue Informations- und Kommunikationstechnologien die Möglichkeit der Interaktion. Nach *Hoffman & Novak* (1996a, S. 53) kann Interaktion über ein Medium, also zwischen zwei Personen unter Zwischenschaltung eines Mediums oder direkt zwischen Personen (person interactivity) erfolgen. Weiter führen *Hoffman & Novak* (1996a, S. 53) die Interaktion mit einem Medium an (machine interactivity). Kommunikation in CMEs zeichnet sich folglich durch ein hohes Maß an Interaktivität aus.

Abbildung 16:
Marketing-Kommunikation in Computer-Mediated Environments (CMEs)

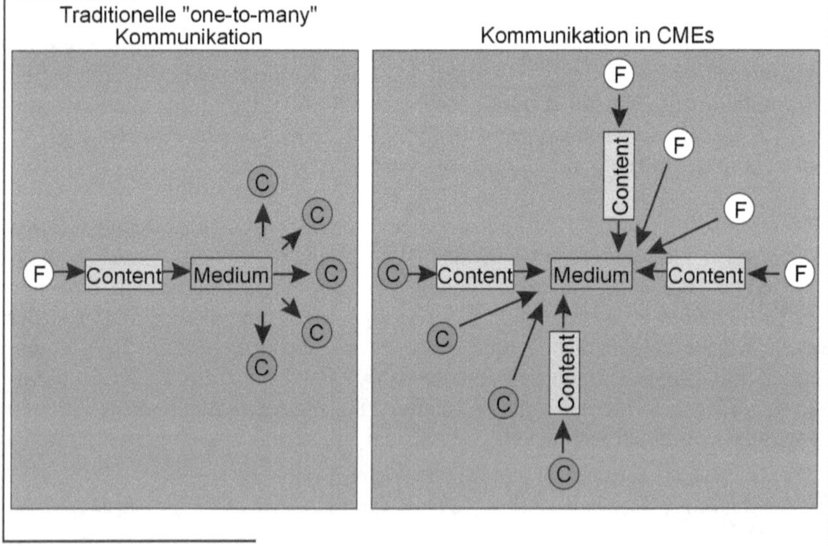

Quelle: Hoffman & Novak 1996, S.54

In enger Verbindung zur Interaktivität steht die zeitliche Synchronität der Kommunikation. CMEs ermöglichen hier, in Abhängigkeit der Wahl der Kommunikationsart, die Kommunikation in Echtzeit. Diese war bislang auf persönliche Kommunikation begrenzt (vgl. *Hoffman & Novak* 1996a, S. 54). Weiter führen *Hoffman & Novak* (1996a, S. 54) die inhaltliche Symmetrie der Kommunikation an. Interaktive Medien in CMEs zeichnen sich durch ein hohes Maß an Asymmetrie aus. Die Reaktion der Kommunikationspartner findet also über das gleiche Medium nicht zwingend in gleicher Form wie die ursprüngliche Botschaft statt.

Auf Grundlage der obigen Schilderungen entwickeln *Hoffman & Novak* (1996a, S. 56) sieben Kriterien bzw. Charakteristika, die der objektiven Identifikation neuer Medien dienen sollen und in Abbildung 17 wiedergegeben werden.[31]

Ad 2) Bislang galt die Regel, dass die Reichhaltigkeit von Informationen in einer inversen Beziehung zur deren Reichweite steht. Im Rahmen neuer Informations- und Kommunikationstechnologien ist diese Regel weitgehend aufgehoben. Die Kosten der Verteilung von Informationen sind dabei so gering, dass die Reichhaltigkeit einer kommunikativen Maßnahme immer weniger im Widerspruch zu deren Reichweite steht (vgl. *Evans & Wurster* 1997, S. 73f.).

Drei Thesen ergeben sich aus der Umsetzung auf marktliche *Prozesse*, die in der aktuellen Diskussion um die Legitimation eines Electronic-Marketing-Konzeptes häufig angeführt werden. Dies sind die *Interaktionsthese*, die *Konvergenzthese* und die *Machtthese*.[32]

Die *Interaktionsthese* geht von einer Re-Individualisierung bislang weitgehend anonymer Märkte aus. Insbesondere das Konzept des Relationship Marketings verfolgt diesbezüglich konforme Ziele, dem *Diller* (1997, S. 515) folglich einen maßgeblichen Einfluss auf die gesteigerte Diskussion neuer Medien in der Marketingforschung zubilligt, da es durch das Bemühen um Individualisierung und direkte Kommunikation geprägt ist. Gleichermaßen greifen Ansätze wie Mass-Customization und der Co-Produzenten-Ansatz den Internaktionsgedanken auf (vgl. *Hansen, Hennig-Thurau & Schrader* 2001, S. 51f.). Gerade in Massenmärkten im Bereich der Konsumgüter kann dies jedoch erst durch den Einsatz neuer Informations- und Kommunikationstechnologien verwirklicht werden (vgl. *Diller* 1997; *Hansen & Bode* 1999, S. 357).

[31] Diese wurden im deutschsprachigen Raum von *Bruhn* 1997, S. 29 aufgegriffen; siehe ebenfalls *Hansen & Bode* 1999, S. 355.

[32] Alternativ nennt *Diller* 1997, S. 518-533, für den Bereich des Marketing in Online-Medien sieben Thesen, die sich in ihren Inhalten z.T. mit den von *Hansen & Bode* 1999, S. 356-358, genannten und hier dargestellten Thesen decken bzw. überschneiden.

Abbildung 17:
Charakteristika von Kommunikationsmaßnahmen

	Kommunikationssystem		**Interaktivität**		**Rückkopplung/ Synchronität**		
	Teil-nehmer	**Modalität**	**perso-nell**	**maschi-nell**	**zeitlich**	**räumlich**	**inhaltlich**
Massenkommunikation							
Zeitungen, Zeitschriften	1:N	Text, Bild	nein	nein	-	-	ja
Fernsehen	1:N	Ton, bewegte Bilder, wenig Text	nein	nein	-	-	nein
Individual-Kommunikation							
Database-gestütztes Mailing	1:1	Text, Bild	ja	nein	nein	nein	nein
Telefonmarke-ting	1:1	Ton	ja	nein	ja	nein	ja
Persönliche Kommunika-tion	1:1	Ton, körperli-che Reize	ja	nein	ja	ja	ja
Offline Kommunikation							
Mobile Spei-chermedien	1:N	Text, Bild, Ton, bewegte Bilder	nein	ja	ja	ja	nein
Terminals	1:N	Text, Bild, Ton, bewegte Bilder	ja/nei n	ja	ja	ja	nein
Online-Kommunikation							
Usenet	N:N	Text	ja	ja	ja	nein	ja
World Wide Web	N:N	Text, Bild, Ton, bewegte Bilder	ja	Ja	ja	nein	nein
Interaktives Fernsehen	1:N	Text, Bild, Ton, bewegte Bilder	nein	ja	ja	ja	nein

Quelle: Bruhn 1997, S. 29; in Anlehnung an Hoffman & Novak 1996a, S. 56

Die *Konvergenzthese* besagt, dass neue Informations- und Kommunikationstechnologien wie das Internet weit mehr sind als Kommunikationskanäle. Sie ermöglichen die Durchführung von Maßnahmen in allen Instrumentalbereichen des Marketings bis hin zur Distribution digitaler Güter über elektronische Netzwerke; die Instrumentalbereiche verdichten sich im Extremfall also in einem einzigen Marketingkanal (vgl. *Hansen & Bode* 1999, S. 357). Die Grenzen der Konvergenz werden jedoch schnell deutlich, wenn man berücksichtigt, dass sich die physische Distribution auf digitale Güter beschränkt. Aber auch in anderen Bereichen kann nicht von einer generellen Vorteilhaftigkeit neuer Medien gesprochen werden (vgl. beispielhaft *Peterson, Balasubramanian & Bronnenberg* 1997, S. 329-336). Gerade im oben angeführten Relationship-Marketing-Konzept spricht auch in Zukunft viel für einen hohen Stellenwert persönlicher, nicht medial vermittelter Kommunikation (vgl. *Diller* 2001, S. 64f.).

Zudem wird im Rahmen der *Machtthese* von einer Neuverteilung der Machtverhältnisse im Rahmen der Wertschöpfungskette ausgegangen. Das Umfeld von Electronic Marketing und CMEs hat eine gesteigerte Marktmacht auf Seiten der Kunden zur Konsequenz und kommt somit dem Leitbild des aktiven Konsumenten näher als in traditionellen Märkten. Dies gründet sich auf einen deutlich erleichterten Zugang zu unternehmens- und produktspezifischen Informationen und somit einer gesteigerten Markttransparenz der Kunden. Die mit der Informationsbeschaffung verbundenen Kosten sinken dabei mitunter erheblich Einschränkend muss hier allerdings zwischen reiner Quantität und qualitativ aufgearbeiteten Informationen unterschieden werden, die von Kundenseite genutzt werden können (vgl. *Diller* 1997, S. 530-533).

Weiter muss darauf verwiesen werden, dass Konsumenten ihre Rolle tatsächlich aktiv wahrnehmen müssen, um ihr gesteigertes Machtpotential auszuschöpfen. Dieses weist bislang folglich primär Potentialcharakter auf. Ferner bleibt abzuwarten, ob die Unternehmen bereit sind, ihr aktuelles Machtpotential abzugeben oder gezielt versuchen werden, über entsprechende Gegenmaßnahmen den Status Quo zu sichern (vgl. *Diller* 1997, S. 533).

Die genannten Argumentationsschritte können insgesamt einen originären Marketing-Ansatz für neue Informations- und Kommunikationstechnologien wie das Internet erfolgreich begründen. Betrachtet man die obigen Thesen, soll abschließend noch einmal darauf hingewiesen werden, dass es sich bei dem Forschungsgegenstand nicht, wie mitunter der Eindruck erweckt wird, um „Zukunftsmusik" handelt. Vielmehr haben Neue Medien tatsächlich Einzug in diverse Branchen gehalten. Dies wird etwa deutlich, wenn man den überaus frequentierten Bereich des Homebanking betrachtet. Die zunehmende Nutzung des Internets im Rahmen der Informationssuche und Kundenkommunikation und die Beschäftigung mit diesen Entwicklungen auf Seiten der Marketingforschung sprechen ebenfalls für die Relevanz der Thematik.[33]

1.3.3 Gewandelte Marktwege im Rahmen des Internet Marketings

Die fortschreitende Herausbildung und Etablierung des Internet Marketings nimmt sowohl institutionell als auch auf funktionell tief greifenden Einfluss auf bestehende Handelsstrukturen. Als Konsequenz werden sich zwangsläufig Spezialisten herausbilden und bestimmte Handelsfunktionen entbündeln, die sie aufgrund von Kostenstrukturen und Lernkurveneffekten kostengünstiger ausfüllen können (vgl. *Albers & Peters* 1997, S. 71; *Scott* 2000). Nach *Herrmanns & Flegel* (1992, S. 10-15) ergeben sich dabei drei zentrale Veränderungsebenen im Rahmen einer Funktionsbetrachtung des Marketings, die zudem in institutioneller Hinsicht Auswirkungen nach sich ziehen. Dies sind die *Unterstützung konventioneller Marketingfunktionen*, die *Substitution konventioneller Marketingfunktionen* sowie die *Generierung innovativer Marketingfunktionen.*

Die Herausbildung elektronischer Märkte eröffnet die Frage, inwieweit sich die Wertschöpfungskette des Handels dabei ändert (vgl. *Albers & Peters* 1997, S. 69). „Bei einem elektronischen Markt handelt es sich um ein elektronisches Medium, das einen virtuellen Platz des Tausches schafft" (*Brandweiner & Greimel* 1998, S. 37). Nach *Brandweiner & Greimel* (1998, S. 38) zeichnet sich ein elektronischer Markt durch die Charakteristika der Ubiquität, der Transparenz, der Offenheit und verringerter Transaktionskosten[34] aus. Moderne Informations- und Kommunikationstechnologien ermöglichen die fortschreitende Entbündelung traditioneller Handelsfunktionen infolge verringerter Kostenstrukturen etwa im Rahmen der Informationssammlung und -verbreitung (vgl. *Albers & Peters* 1997, S. 69f.).

Elektronische Märkte unterscheiden sich maßgeblich von konventionellen Märkten. Dies gilt in Bezug auf die Teilnehmer; hier bilden sich z.B. Infra-

---

[33] Vgl. etwa die Entwicklung virtueller Meinungsplattformen bei *Hennig-Thurau & Hansen* 2001, S. 2f., sowie diverse Arbeiten zu Mundwerbung im Internet, z.B. unter dem Begriff „electronic „electronic word of mouth", vgl. *Bussiere* 2000, „Word of Mouse", vgl. *Krum* 2000 oder „global word-of-mouth", vgl. Stauss 1997; siehe auch in Kapitel C 2.2.2.

[34] Transaktionskosten umfassen Anbahnungs-, Aushandlungs- und Kontrollkosten. Sie fallen sowohl beim Hersteller als auch beim Konsumenten an und können durch die Einschaltung von Handelsinstitutionen in vielen Fällen reduziert bzw. im Idealfall minimiert werden. Der Handel passt sich im Rahmen der Minimierung von Transaktionskosten durch die Ausprägung differenzierter Handelsformen an die Heterogenität der Märkte bzw. der Hersteller, Produkte und Konsumenten an; vgl. *Picot* 1986, S. 3-10; *Picot* 1982; *Rindfleisch & Heide* 1997.

strukturanbieter wie Internetprovider sowie elektronische Händler heraus. Weiter erfolgt eine Anpassung der Wertschöpfungskette an die gewandelten Charakteristika. Abbildung 18 verdeutlicht verschiedene Komponenten elektronischer Märkte (vgl. *Hansen & Bode* 1999, S. 360; *Benjamin & Wigand* 1995. S. 65-69).

Elektronische Kanäle haben die Funktion, die auf einem elektronischen Markt agierenden Akteure zu verbinden. Insbesondere das World Wide Web ist ein solcher Kanal. Jedoch sind ebenfalls zahlreiche geschlossene Systeme zu verzeichnen, etwa im Rahmen von unternehmensübergreifenden Netzwerken, die sich über die gesamte Wertschöpfungskette erstrecken. Eine Konzentration auf einen einzigen Kanal wie etwa das World Wide Web ist nicht zu erwarten.

Abbildung 18:
Modellansatz für elektronische Märkte

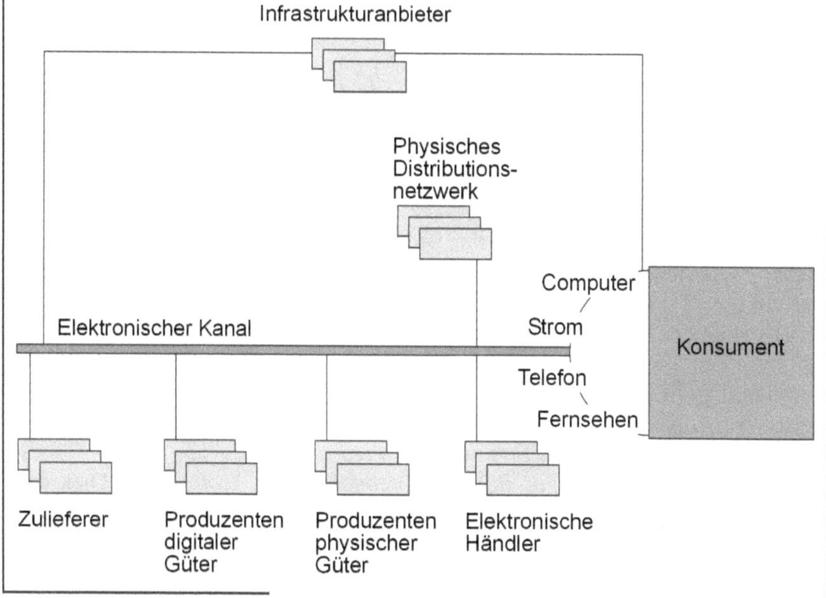

Quelle: Benjamin & Wigand 1995, S. 68

Infrastrukturanbieter leisten die Generierung und Aufrechterhaltung elektronischer Kanäle. Hierunter lassen sich die Hersteller von Computer- und Telekommunikationshardware, Netzbetreiber sowie Diensteanbieter, die den Zugang zu elektronischen Kanälen ermöglichen und somit eine Schnittstellenfunktion gegenüber den Kunden einnehmen, zusammenfassen.

Produzenten lassen sich grundsätzlich differenzieren in solche, die digitale Güter herstellen und solche, die konventionelle, physische Güter produzieren. Produzenten gleichen also weitgehend den in konventionellen Märkten agierenden. Einzig haben die Produzenten digitaler Güter in elektronischen Märkten die Möglichkeit, Transaktionen vollständig über den elektronischen Kanal abzuwickeln, während bei physischen Gütern nur einzelne Transaktionsbestandteile elektronisch abgewickelt werden können.

Zulieferer können über elektronische Kanäle direkt an Produzenten angebunden werden. Es entstehen geschlossene Netzwerke, die verbesserte Kommunikationsbedingungen zu extrem geringen Kosten für die beteiligten Parteien nach sich ziehen können. Auf gewandelte Abhängigkeits- und Machtstrukturen in bzw. durch die entstehenden Netzwerke sei am Rande hingewiesen.

Elektronische Händler sind in ihrer Tätigkeit begrenzt auf elektronische Märkte. Ihre Funktion besteht gemäß dem integrierten Modell in der Geschäftsanbahnung und -abwicklung; das hybride Modell bezieht hingegen für die Distribution physische Distributionswege ein.

Die Veränderungen, die sich aus der Unterstützung bzw. Substitution konventioneller Marketingfunktionen sowie der Generierung neuer, innovativer Marketingfunktionen ergeben, nehmen direkten Einfluss auf die Wertschöpfungskette der Distribution. Dabei ist die Minimierung der Transaktionskosten im Rahmen der gesamten Wertschöpfungskette ein wichtiger Aspekt. Eine grundsätzliche Vorteilhaftigkeit gegenüber traditionellen Marktwegen, die von einigen Autoren in der Vergangenheit postuliert wurde, kann nicht festgestellt werden (vgl. *Bailey & Bakos* 1997, S. 7; *Benjamin & Wigand* 1995, S. 63; *Brandweiner & Greimel* 1998, S. 39; *Sarkar, Butler & Steinfeld* 2001; *Scott* 2000). Dies wird offensichtlich, wenn im Bereich physischer Güter etwa die Aufgabe der Raumüberbrückung nur auf konventionellen Wegen vollbracht werden kann. Hier können neue Informations- und Kommunikationstechnologien bestenfalls zur Optimierung beitragen, nicht aber eine Substituierung bewirken.

Albers & Peters (1997, S. 72-78; vgl. ähnlich bei *Benjamin & Wigand* 1995) geben in diesem Zusammenhang einen detaillierten und abwägenden Überblick über die Einflüsse, die elektronischer Handel auf die Ausübung traditioneller Distributionsfunktionen haben kann. Einschränkend ist allerdings auf die ungebräuchliche funktionale Einteilung hinzuweisen, die die Autoren vornehmen:

Physische Distribution: Im Rahmen der physischen Distribution erfolgt unter dem Einfluss von elektronischen Märkten häufig eine Entbündelung. Der eigentliche physische Transport wird, sofern es sich nicht um ein digitales Gut handelt, von Speditionsunternehmen übernommen. Virtuelle Handelsunternehmen greifen in diesen Prozess lediglich koordinierend ein, indem sie über die notwendigen Informationen der aus dem Verkauf der Ware hervorgegangenen Transportströme verfügen und diese lenken. Elektronische Märkte forcieren den Entbündelungsprozess, sofern dieser mit einer Senkung der Transaktionskosten oder einer Erhöhung des Kundennutzens verbunden ist. Dies setzt jedoch voraus, dass von Herstellerseite notwendige Verfügbarkeitsinformationen zugänglich gemacht werden, der Hersteller also in den elektronischen Markt eingebunden ist (vgl. Abbildung 18).

Allerdings ist zu betonen, dass auch in traditionellen Distributionswegen bereits seit langem Prozesse ausgelagert werden. Die Einschaltung von Transportmittlern etwa stellt somit kein besonderes Phänomen elektronischer Märkte dar, sondern wird durch diese allenfalls forciert. Festzuhalten ist ferner, dass die Frage des Standortes vor dem Hintergrund elektronischer Märkte an Bedeutung verliert. Allerdings muss auch diese Aussage in Anbetracht unterschiedlicher Gütercharakteristika relativiert werden und stellt somit wieder nur eine Tendenz dar.

Sortimentsgestaltung: Die Sortimentsgestaltung dient dem Zwecke, im Rahmen der Auswahl geeigneter Produkte und dem Kauf komplementärer Produkte Transaktionskosten auf Seiten der Konsumenten zu senken. Der Handel vollzieht dabei eine Eignungsprüfung des Sortimentes bezüglich der Belange der Zielgruppe, die auch im Rahmen elektronischer Märkte von Bedeutung ist, wenn auch nicht mehr die Einsparung physischer Raumüberbrückungen, sondern vielmehr die Informationssammlung und -verarbeitung im Sinne der Konsumenten im Mittelpunkt steht.

Die Reduktion der Aufgaben des Handels im Rahmen der Sortimentsgestaltung auf ein Informationsverarbeitungsproblem unterstreicht die Möglichkeiten einer Entbündelung dieser Funktion. So ist es denkbar, dass sich Unternehmen auf die Informationssuche und -auswertung beschränken, andere hingegen werten die entsprechenden Daten herstellergerecht auf und unterstützen diese bei der Produktgestaltung.

Wieder ist jedoch darauf hinzuweisen, dass auch in traditionellen Märkten Entbündelungsprozesse zu verzeichnen sind. Etwa unterstützen Marktforschungsinstitute bereits seit langem die Hersteller in der Produktgestaltung und den Handel in der Sortimentsgestaltung. Der erhöhte Individualisierungsgrad neuer Informations- und Kommunikationstechnologien sowie der sehr viel höhere Aktualisierungsgrad der Informationen wird diesen Prozess jedoch weiter vorantreiben. Die gewandelten technischen Möglichkeiten der Datenerhebung und -auswertung ermöglichen ein „segment of one" im Sinne einer individuellen Sortimentsgestaltung für jeden einzelnen Konsumenten. Diese sind zudem nicht mehr an das Problem des Regelplatzes gebunden, der als limitierender Faktor wirkte und können folglich beliebig individuell und umfassend gestaltet werden.

Für den Handel erscheint es aussichtsreich, seinen Wissens- und Reputationsvorsprung zu nutzen und auf virtuelle Märkte zu übertragen. Auf diese Weise kann er Marktanteile auf virtuellen Märkten sichern bzw. zurückgewinnen. Die Gefahr liegt aber in den begrenzten Kenntnissen im EDV- und im Besonderen im Internetbereich. Dieser Schwachpunkt gibt Unternehmen mit größeren Softwarekenntnissen die Möglichkeit, sich Vorteile gegenüber traditionellen Händeln auf virtuellen Märkten zu verschaffen.

Informations- und Beratungsfunktion: Im Rahmen seiner Informations- und Beratungsfunktion stellt der Handel Informationen über Eigenschaften von Produkten zur Verfügung und berät den Kunden bei der Auswahl von Produkten gemäß individueller Kundenpräferenzen. Stellte diese Funktion ursprünglich eine der Hauptleistungen des Handels dar, ist sie in der Handelspraxis inzwischen eher auf den Facheinzelhandel beschränkt. Die weiter fortschreitende Vergrößerung der Betriebsformen in Gestalt von Selbstbedienungsläden geht in Folge einer Reduktion der Personalkosten seit langem mit einer Reduktion von Beratungsleistungen einher. Kunden nehmen zwar Beratung wahr, kaufen in der Regel aber beim günstigsten Anbieter. Entsprechende Beratungsleistungen lassen sich folglich nicht im Preis entgelten und werden fortschreitend reduziert.

In elektronischen Märkten stellt sich eine gänzlich gewandelte Situation dar. Informationen und in Grenzen auch individuelle Beratung können zu marginalen Kosten angeboten werden. Wie auch im traditionellen Handel deutlich wird, hängen Beratung und Kaufakt nicht zwingend zusammen. Eine Entbündelung hat bereits in konventionellen Märkten vielfach stattgefunden und ist in elektronischen Märkten ebenfalls zu verzeichnen. Dies hat in elektronischen Märkten den Nebeneffekt, Beratungsleistungen nicht mehr nur auf ein beschränktes Sortiment zu reduzieren.

In Bezug auf das Angebot von Informationen zeichnen sich im Internet verschiedene Entwicklungen ab, auf die an dieser Stelle nur am Rande verwiesen werden kann. Etwa haben sich Preisagenten herausgebildet, die den aus Konsumentensicht günstigsten Anbieter suchen. Weiter ist auf kommerziell orientierte, virtuelle Meinungsplattformen hinzuweisen, die ein Forum des Informationsaustausches zwischen Konsumenten bieten. Den Kunden entstehen bei der Inanspruchnahme dieser Leistungen einzig informationsbezogene Kosten; ihre Suchkosten insgesamt sinken in elektronischen Märkten folglich bedeutend.

Für die Zusammenstellung von Angebotssortimenten und einzelnen Angeboten erscheint es in einer solchen Umgebung elementar, über adäquate Kundeninformationen zu verfügen und somit eine hochgradig individuelle Beratungsleistung anbieten zu können. Auf diese Weise wird eine Abgrenzung von Konkurrenten möglich. Es darf allerdings bezweifelt werden, dass ein Großteil der traditionellen Handelsunternehmen hier über die entsprechenden Kenntnisse verfügt und somit einer Entbündelung entgegenwirken kann.

Finanzielle Transaktionen: Der Handel vereint verschiedene Transaktionsfunktionen in sich. Er ist für das Inkasso der Waren zuständig und finanziert im Falle einer Vorausbezahlung der Waren den Hersteller vor, dessen Transaktionsrisiko durch den Handel als Makler gesenkt wird. Die Einschaltung des Handels im Rahmen der finanziellen Transaktion hat für den Konsumenten den Vorteil, durch die zentrale Bezahlung der Waren des Sortimentes Transaktionskosten zu sparen und gleichfalls durch das Zug-um-Zug Geschäft sein Transaktionsrisiko zu reduzieren.

Das Umfeld elektronischer Märkte ermöglicht in diesem Zusammenhang wieder eine unproblematische Organisation und Abwicklung durch externe Institutionen und somit eine Herauslösung aus der Wertschöpfungskette im Sinne traditioneller Marktwege. Sowohl die tatsächliche Finanztransaktion als auch die Absicherung und somit Risikoreduktion der Transaktion werden dabei von branchenfremden Akteuren wahrgenommen. Hier bieten sich etwa Kreditkartenunternehmen an. An dieser Stelle muss allerdings angemerkt werden, dass eine entsprechende Herauslösung und Abwicklung noch immer zu den Haupthemmnissen des elektronischen Handels zählt. Gerade im Business-to-Consumer-Bereich bestehen diesbezüglich diverse Ängste und Vorbehalte. Diese begründen sich zum einen aus den Charakteristika des Mediums und entsprechenden Manipulationsmöglichkeiten, zum anderen auch aus mangelnder Kenntnis im Rahmen der Bedienung. Es liegt auf der Hand, diesen Sachverhalt vor dem Hintergrund des Vertrauenskonstruktes aufzugreifen.

Organisation von Verbunddienstleistungen: Zu den Aufgaben des Distributionskanals gehört zudem die Organisation von Verbunddienstleistungen, die in komplementärem Verhältnis zum Produkt bzw. Einkauf stehen, wie etwa Reparaturen, Einbau, Umtausch und Garantien, aber auch die Gestaltung des Einkaufserlebnisses. Hinzu kommen die Gestaltung sozialer Kontakte sowie das

Erleben von Sozialstatus, denen aus Konsumentensicht große Bedeutung zugewiesen wird.

Eine Entbündelung der beschriebenen Leistungen erscheint problemlos möglich und wurde bereits in Vergangenheit durchgeführt. Auch traditionelle Handelsunternehmen vergeben diese Leistungen z.T. im Rahmen von Store-in-Store- oder Subunternehmerkonzepten. Ebenfalls wird die Durchführung von Erlebnisveranstaltungen bereits an externe Unternehmen vergeben, die in diesem Zusammenhang etwa Events für Kunden organisieren. Die Ermöglichung sozialer Kontakte und das Erleben von Sozialstatus stehen jedoch eher in direktem Zusammenhang mit der Einkaufsstätte und widerstreben einer Entbündelung in konventionellen Märkten. Betrachtet man hingegen elektronische Märkte, ist eine Entbündelung nahezu aller Verbundleistungen möglich, zumal der Konsument nicht zwangsläufig über die Integration der Fremdleistungen informiert wird. Problematisch gestalten sich hingegen die Vermittlung eines Einkaufserlebnisses sowie die Gestaltung sozialer Kontakte und Sozialstatus. Hier etablieren sich zwar virtuelle Communities[35]; inwieweit diese konventionelle Einkaufserlebnisse ersetzen können, ist jedoch fraglich. Eher kann von einer Ergänzung durch neue Formen des Erlebniseinkaufs gesprochen werden. Somit kann vorerst nicht von einer Entbündelung auf breiter Ebene ausgegangen werden und traditionelle Marktwege vermögen diese Aufgabe zumindest mittelfristig vorteilhafter zu vermitteln.

Die vorab stehende Darstellung verdeutlicht die Rahmenbedingungen, mit denen sich Internethändler konfrontiert sehen. Es wird ersichtlich, dass nicht von einer generellen Entbündelung bzw. generellen Vorteilhaftigkeit elektronischer Marktwege aus Konsumentensicht ausgegangen werden kann. Insbesondere die angeführten Aspekte des Einkaufserlebnisses und mangelnder sozialer Kontakte sollten nicht unterschätzt werden. Ihre Bedeutung differiert deutlich in Abhängigkeit des jeweiligen Gutes. Dennoch erscheint eine Entbündelung für diverse Teilaktivitäten möglich und sinnvoll. Der Bedarf bezüglich einer koordinierenden Institution besteht zwar weiterhin, jedoch in elektronischen Märkten eher in gewandelter Form. Hier sind nicht Handelsunternehmen im traditionellen Sinne gefragt, sondern vielmehr Communities bzw. Internet-Portale. Zu hinterfragen ist nun, wie sich eine Funktionsbetrachtung vor dem Hintergrund des Relationship Marketings gestaltet.

---

35 Vgl. für den Begriff, Inhalte und Bedeutung von virtuellen Community *Granitz & Ward* 1996; *Glogoff* 2001; *Lechner, Stanoevska-Slabeva & Tan* 2002, S. 5; *Stanoevska-Slabeva* 2002, S. 71-81.

1.4 Konsumentenverhalten im Internet als Grundlage der Vertrauensbildung

1.4.1 Einleitung

Die technologische Entwicklung der vergangenen Jahre, allen voran ist hier das Internet zu nennen, hat tief greifende Änderungen zur Folge, die sich auf Märkte und Marktteilnehmer auswirken. Infolgedessen verändern Menschen die Art, in der sie arbeiten, kommunizieren und ihre Freizeit verbringen. Unternehmen müssen sich auf die veränderten Lebensgewohnheiten, Verhaltensweisen und Erwartungen ihrer Kunden einstellen, sofern sie weiterhin erfolgreich am Markt agieren wollen (vgl. *Sheth & Sisodia* 1997, S. 76). Für die Marketing-Wissenschaft bedeutet dies, eine informatorische Grundlage bezüglich des relevanten Konsumentenverhaltens in neuen Medien zu schaffen, um Handlungsempfehlungen für Unternehmen entwickeln zu können (vgl. *Hansen & Bode* 1999, S. 364).

Allerdings muss an dieser Stelle konstatiert werden, dass der originären Konsumentenverhaltensforschung[36] im engeren Sinne bislang nur wenige, zudem nicht sehr ausdifferenzierte Forschungsansätze entstammen, welche die besonderen Spezifika neuer Medien wie des Internets zudem noch weitgehend vernachlässigen, da sie sich weitgehend in alten Denkmustern bewegen (vgl. *Degeratu, Rangaswamy & Wu* 2000, S. 3; *Fritz* 1999, S. 81).[37] In Anlehnung an *Sheth & Sisodia* (1997, S. 79-85) können vor diesem Hintergrund spezielle Trends formuliert werden, die sich direkt auf die Entwicklung des Konsumentenverhaltens auswirken und daraufhin noch einer weiteren Spezifizierung auf den Bereich des Internets bedürfen. Diese sollen im Folgenden dargestellt werden.

Disintermediation und Reintermediation: Die zunehmende Veränderung der Marktwege hat bedeutende Auswirkungen hinsichtlich der Rahmenbedingungen für die Konsumenten. Die traditionellen Aufgaben des Handels im Rahmen der Lenkung der Wert-, Waren- und Kommunikationsströme (vgl. *Hansen* 1990, S.

---

[36] Im Rahmen dieses Kapitels soll eine engere Perspektive des Begriffs der Konsumentenverhaltensforschung eingenommen werden. Zwar befassen sich im weiteren Sinne auch die in Kapitel D 2 angeführten Arbeiten zum Vertrauen im Internet mit Fragestellungen des Konsumentenverhaltens im Internet. Diese entstammen jedoch nicht der originären Konsumentenverhaltensforschung und befassen sich nur mit einem spezifischen Teilbereich, nämlich vertrauensrelevanten Fragestellungen im Internet. Sie sollen folglich großteils der konsumentenbezogenen Relationship-Marketing-Forschung zugerechnet werden.

[37] Ein Beispiel für eine solche Theorie stellt der weit verbreitete Flow-Ansatz von *Hoffman & Novak* 1996a, 1996b dar, der im späteren Verlauf exemplarisch dargestellt werden soll. Zwar liefert die Theorie zahlreiche Anhaltspunkte bezüglich des Konsumentenverhaltens im Internet und ist von verschiedenen Seiten aufgegriffen worden, insgesamt ist die Aussagekraft jedoch limitiert; vgl. Kapitel 1.4.2.3.

13-26) unterliegen durch den Einfluss neuer Informations- und Kommunikationstechnologien, wie bereits oben beschrieben, deutlichen Veränderungen. Dies schafft ein gewandeltes Umfeld für die Konsumenten sowie ihr Informations- und Beschaffungsverhalten und die Kommunikation mit Unternehmen (vgl. auch Kapitel C 1.3.3).

Personalisierung: *Sheth & Sisodia* (1997, S. 79-85) beschreiben den Wandel von der Aggregation zur Disaggregation und Reaggretation. Mass Customization sowie die massenhafte individuelle Ansprache auf elektronischem Wege, die sich in Umfang und Personalisierungsgrad vergleichbar persönlicher Kommunikation darstellt, liefern den gewandelten Rahmen einer wiedergewonnenen Personalisierung mit entsprechenden Auswirkungen auf das Konsumentenverhalten. In gleichem Zusammenhang kann die Rolle des *Konsumenten als Co-Produzenten* angeführt werde. Im Rahmen einer aktiveren Rolle nehmen Konsumenten vermehrt Einfluss auf das Design und die Produktion und übernehmen Funktionen im Rahmen des Service und der Wartung von Produkten (vgl. auch Kapitel B 2.1.1 und C 1.3.2).

Shopping on Demand: Zukünftiges Konsumentenverhalten wird sich weniger an den Einschränkungen des Handels ausrichten als vielmehr direkt den Ansprüchen der Konsumenten folgen. Dies bedingt, dass zeitliche und räumliche Restriktionen obsolet werden. Zudem kann in diesem Zusammenhang ein *gesteigertes Wertbewusstsein der Konsumenten* festgestellt werden. In Zukunft eröffnen sich Möglichkeiten, den Konsumenten einen angemessenen Gegenwert für ihre zentralen Ressourcen Geld, Zeit, ihre Mühen und ihren begrenzten Raum zu offerieren, wobei sich der Spielraum für Unternehmen bezüglich des Umfangs und der Verteilung des Marketingbudgets verengt.

Verwischen von Consumer- und Business-Märkten: Die Grenzen zwischen Consumer- und Business-Märkten verschwimmen zunehmend. Dies wird unterstrichen durch den Einzug von persönlichen Tätigkeiten in den Arbeitsbereich sowie den Trend zur Heimarbeit. Technologien wie E-Mail und Internet beschleunigen diese Entwicklung.

Machtzuwachs der Konsumenten: Die Herausbildung moderner Informations- und Kommunikationstechnologien wie des Internets erhöhen den Wettbewerb und den Informationsstand der Konsumenten. Diese können eine aktivere Rolle einnehmen und den Markt gemäß ihrer Bedürfnisse gestalten. Ihre Machtgrundlage stellt sich dabei insgesamt gestärkt dar.

Automation des Konsums: Mangel an Zeit auf Konsumentenseite sowie die Möglichkeiten neuer Informations- und Kommunikationstechnologien führen zukünftig in vielen Bereichen zu einer Automation von Transaktionen, wie sie etwa in der Beschaffung im Business-to-Business Bereich bereits seit langem vorzufinden sind.

Obige Aufzählung kann sicherlich keinen Anspruch auf Vollständigkeit erheben, da prinzipiell alle in Kapitel C 1.3 dargestellten Punkte Relevanz für das Konsumentenverhalten besitzen. Sie gibt jedoch einen Überblick über die Problematik, der sich die Konsumentenverhaltensforschung in Bezug auf das Internet stellen muss. Zudem muss davon ausgegangen werden, dass sich Konsumenten im Internet ähnlich heterogen Verhalten, wie dies im traditionellen Handel der Fall ist. Dies wird deutlich, wenn *Sheth & Sisodia* (1997, S. 79-85) auf der einen Seite die wiedergewonnenen Personalisierung ansprechen, auf der anderen Seite jedoch von einer Automation infolge des Mangels an Zeit sprechen. Dies lässt eher auf eine weitere Atomisierung des Konsumentenverhaltens durch das Internet schließen.

1.4.2 Besonderheiten des Online-Konsumentenverhaltens

1.4.2.1 Soziodemografischer Hintergrund

Die Einleitung hat verdeutlicht, welche Herausforderungen neue Informationstechnologien und im Besonderen das Internet an die Konsumentenverhaltensforschung stellen. Es folgt nun ein kurzer Überblick über den Stand der Literatur. Im Mittelpunkt stehen häufig deskriptive Forschungsansätze, die sich auf die Demographie von Online-Nutzern sowie deren Verhalten und Motive konzentrieren.

In den frühen Tagen des Internets kennzeichnete sich dieses durch eine Nutzerstruktur, die männlich dominiert und vergleichsweise jung war, ein überdurchschnittliches Einkommen verzeichnete und eher in urbanen Bereichen ansässig war. Seitdem nähert sich die Demographie der Online-Nutzer allerdings mehr und mehr der Gesamtbevölkerung an (vgl. *Li, Kuo & Russell* 1999; *W3B* 2001).[38] Abbildung 19 verdeutlicht dies exemplarisch am Beispiel des Frauenanteils der „Internet-Population“.

Die Adaption des Mediums weist breite Gemeinsamkeiten mit der Entwicklung anderer Massenmedien wie etwa der Ausbreitung des Radios oder Fernsehens

[38] Für einen detaillierten Überblick über die Entwicklung der Internet-Nutzer in Deutschland vgl. die halbjährlich durchgeführte W3B-Umfrage, in Auszügen zum Download unter www.w3b.de, sowie den GfK Online Monitor, in Auszügen zum Download unter www.gfk.de. Für einen Überblick und Vergleich der internationalen Entwicklung vgl. *OECD* 2001.

im Verlaufe des vergangenen Jahrhunderts auf. Kritisch ist allerdings anzumerken, dass sich eine solche Angleichung fast ausschließlich auf die entwickelten Industrienationen beschränkt. Die Bevölkerung der zahlreichen Entwicklungs- und Schwellenländer ist hingegen infolge notwendiger infrastruktureller Investitionen, aber auch hoher Anschaffungskosten für die notwendige PC-Ausstattung im privaten Bereich weitgehend ausgeschlossen (vgl. *OECD* 2001, S. 8). Wie Abbildung 20 am Beispiel der Internet-Hosts innerhalb und außerhalb der OECD-Staaten verdeutlicht, ist ein Wandel dieser Entwicklung nicht zu erwarten. Verschärfend kommt noch hinzu, dass sich die wenigen Internet-Hosts außerhalb der OECD auf Staaten wie Israel, Singapur und Hongkong sowie einige industriell weit entwickelte südamerikanische Staaten konzentrieren (vgl. *OECD* 2001, S. 8).

Abbildung 19:
Anteil der Frauen an der Internet-Population

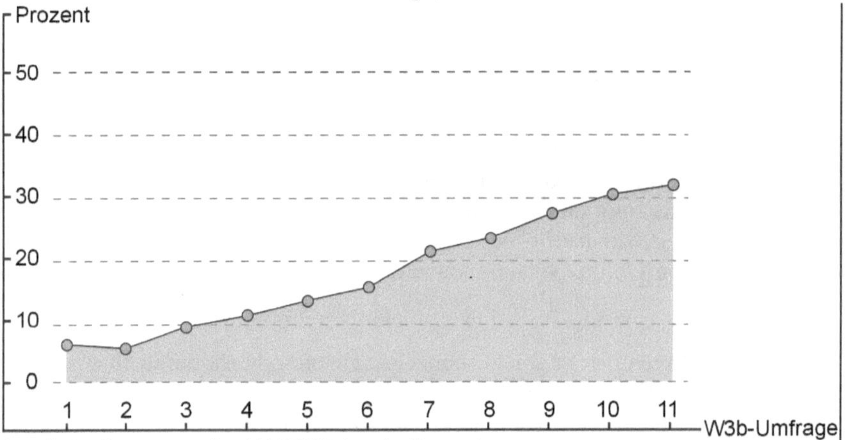

Anteil der Frauen an den WWW-Nutzer in Prozent,
W3b-Umfrage: 1. Umfrage im Herbst 1995, 11. Umfrage im Herbst 2001

Weiter sei auf einen Effekt hingewiesen, der sich vor dem Hintergrund der inzwischen recht heterogenen soziodemographischen Zusammensetzung der Nutzer des Internets ergibt. Studien weisen hier auf abweichende Kaufneigungen vor dem Hintergrund von Soziodemografika hin. Demnach tendieren männliche Internetnutzer eher zum Kauf im Internet. Gleiches gilt für Konsumenten, die einen höheren Bildungsstand bzw. ein höheres Einkommen aufweisen. Das Alter hat hingegen keinen signifikanten Einfluss auf die Kaufneigung. Zudem neigen Nutzer mit längerer bzw. intensiverer Interneterfahrung eher zu Online-Käufen (vgl. *Bain* 1999, S. 14; *Li, Kuo & Russell* 1999; *Teo* 2001, S.

126-128). Es eröffnen sich hier folglich Segmente in der Internet-Population mit unterschiedlicher Attraktivität für das Internet-Marketing. Es bedarf jedoch noch weiterer Absicherung und Spezifizierung dieser Ergebnisse. Für die Modellierung und empirische Überprüfung gilt es jedoch, die soziodemografischen Rahmendaten zu erfassen und kundenseitige Merkmale im Bereich der Determinanten zu berücksichtigen.

Abbildung 20:
Internet hosts je 1 000 Einwohner

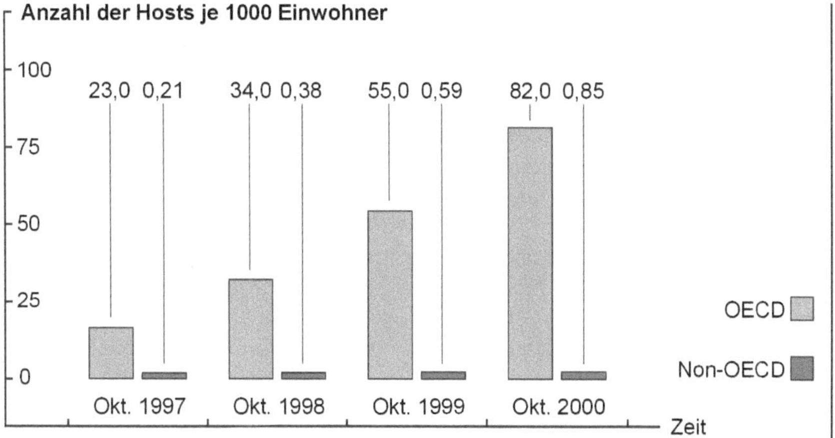

Quelle: OECD 2001, S. 8

1.4.2.2 Motive und Verhaltensweisen im Rahmen der Internet-Nutzung durch Konsumenten

Besteht bezüglich des soziodemografischen Hintergrunds der Internet-Population sowie deren weiterer Entwicklung weitgehend Einigkeit, sind die Motive der Internetnutzung bislang kaum im Detail erforscht und folglich weniger deutlich ersichtlich. An erster Stelle wird regelmäßig die geringere Preisbereitschaft im Internet angeführt, zumal Angebote mit vergleichsweise geringem Aufwand verglichen werden können. Allerdings zeigen Untersuchungen hier kontroverse Ergebnisse.[39] Offensichtlich trifft diese Annahme durchaus für ein gewisses Segment der Internet-Nutzer zu. Für einen großen Teil stehen jedoch Motive wie eine mögliche Zeitersparnis und gesteigerte Bequemlichkeit des Konsums im Vordergrund. Allgemeingültige Aussagen können entsprechend nicht abgeleitet werden (vgl. *Diller* 2001, S. 65-68; *Li, Kuo & Russell* 1999).

---

[39] McKinsey & Co. fanden etwa heraus, dass 80% der Kunden vor dem Kaufakt im Internet keinen Preisvergleich durchführten; vgl. *Diller* 2001, S. 65f.; *Li, Kuo & Russell* 1999.

Wider Erwarten werden Annehmlichkeit und Komfort sowie Zeitersparnis in der Regel sogar vor Kostenersparnissen im Rahmen der Motive für internetgestützten Konsum angeführt, wobei diese Aussagen vor dem Hintergrund der jeweiligen Produktcharakteristika zu betrachten sind. Der Mangel in der Übermittlung und die Aufnahme von Erfahrungseigenschaften, die in konventionellen Läden etwa durch das Sehen, Fühlen und Probieren evaluiert werden können, lassen Güter, bei denen Erfahrungseigenschaften im Mittelpunkt stehen, eher ungeeignet, sog. Convenience Goods hingegen prädestiniert erscheinen (vgl. *Grabner-Kraeuter* 2002, S. 45f.). Die Ausnahme bilden digitale Güter, die z.B. im Falle von Computersoftware über zeitlich begrenzte Fassungen sowie Leseproben oder Ausschnitte aus Musikstücken erfahren werden können. Zudem wird diesbezüglich versucht, Berichte über Erfahrungen anderer Konsumenten anzubieten und Erfahrungen zu transferieren; hier seien etwa Berichte über Weinproben genannt. Die Möglichkeiten erscheinen bislang allerdings begrenzt und werden dies wohl auch weiterhin bleiben (vgl. *Bain* 1999, S. 11; siehe auch bei *Li, Kuo & Russell* 1999; *Steinfeld & Whitten* 1999).

Viele Konsumenten nutzen das Internet primär für die Suche nach produktbezogenen Informationen (vgl. *Bain* 1999, S. 8; *Li, Kuo & Russell* 1999; *Ratchford, Talukdar & Lee* 2001, S. 7). Dies gilt gleichermaßen für Männer und Frauen (vgl. *Bain* 1999, S. 8). Sucheigenschaften[40] wie Preis, Größe und Produktvarianten lassen sich schnell und bequem über Suchmaschinen oder (Preis-) Agenten erfassen. Entsprechend stellen viele Online-Shops solche Sucheigenschaften in den Vordergrund (vgl. *Li, Kuo & Russell* 1999; *Steinfeld & Whitten* 1999). Auch richtet sich die Nachfrage der Internetnutzer primär an der Darstellbarkeit der Eigenschaften aus. So werden häufig Güter nachgefragt, die in Online-Umgebungen gut erklärt werden können und in erster Linie über Sucheigenschaften verfügen. Dies sind allerdings nicht, wie man vermuten könnte, Güter des täglichen Gebrauchs, die man regelmäßig wiederkauft (vgl. *Bain* 1999, S. 8; *Steinfeld & Whitten* 1999). Interessant ist nun, dass viele Konsumenten das Internet zwar zur Informationssuche und -weitergabe nutzen[41], die erhaltenen

[40] Die vorgenommene Einteilung in Such-, Erfahrungs- und Vertrauenseigenschaften geht auf die Arbeit von *Nelson* 1970 zurück. Sucheigenschaften charakterisieren Produkteigenschaften, die bereits vor der Nutzung beurteilt werden können; Erfahrungseigenschaften hingegen können erst nach dem Kauf im Rahmen der Produktnutzung evaluiert werden. *Darby & Karni* 1973, S. 68f. haben besagte Eigenschaften um den Begriff der Vertrauenseigenschaften erweitert, die im Rahmen der Nutzung in der Regel nicht beurteilt werden können; vgl. *Hansen & Bode* 1999, S. 251f.; *Kaas* 1995; *Weiber & Adler* 1995, S. 66f. *Grabner-Kraeuter* 2002, S. 45-47 wendet die Begriffe explizit auf den Bereich des Electronic Commerce an.

[41] Exemplarisch hierfür stellt sich etwa die Entwicklung und steigende Popularität virtueller Meinungsplattformen im Internet dar; vgl. *Hennig-Thrurau & Hansen* 2001.

Informationen jedoch die Grundlage eines Kaufakts im konventionellen Handel darstellen. An dieser Stelle kann folglich nicht von einer Bedrohung des Handels durch das Internet gesprochen werden (vgl. *Ward & Morganosky* 2000, S. 13).

Von besonderer Relevanz sind neben den oben erwähnten Motiven, die sich primär auf den Kauf eines Produktes beziehen, ebenfalls soziale Motive wie Selbstbestätigung, Anerkennung, Abwechslung vom Alltag und die Pflege sozialer Kontakte. Wurden bereits bei der Aufnahme von Erfahrungseigenschaften Grenzen deutlich, verfestigen sich diese vor dem Hintergrund sozialer Motive weiter. Zwar existieren hier Ansätze, etwa über Auktionen, Communities und andere Funktionen Alternativen zu bieten. Die Attraktionswirkung hinsichtlich der Befriedigung sozialer Motive bleibt jedoch beschränkt und kann nur bedingt mit dem Angebot bzw. der Erlebniswelt, die traditionelle Händler potentiell bieten können, konkurrieren (vgl. *Li, Kuo & Russell* 1999).

Auf das Suchverhalten der Konsumenten wurde oben bereits eingegangen. Während in traditionellen Konsumumgebungen Erwerbssituationen sowohl durch affektive als auch durch kognitive Komponenten gekennzeichnet sind, die situativ mehr oder weniger Einfluss ausüben, wird in der internetbezogenen Konsumumgebung davon ausgegangen, dass die meisten Erwerbssituationen im Internet primär kognitiv determiniert sind. Sie zeichnen sich durch Zielorientierung aus und werden durch die Absicht geprägt, Annehmlichkeiten zu steigern und auf Basis gesicherter Informationen eine Kaufentscheidung zu treffen (vgl. *Bain* 1999, S. 11; *Fassot & Eggert* 2002, S. 496-498; siehe auch *McGaughey & Mason* 1998). Emotionale bzw. affektive Kaufhandlungen ebenso wie habituelle, auf Gewohnheit basierende Kaufakte stehen somit nicht im Fokus, weder in der beobachtbaren Praxis noch in der aktuellen Verhaltensforschung (vgl. *Bain* 1999, S. 11). Es muss jedoch kritisch angemerkt werden, dass etwa im Rahmen von Online-Auktionen, aber auch in anderen Bereichen durchaus affektiv bestimmte Kaufhandlungen beobachtet werden können. Der Erklärungsgehalt bestehender Ansätze greift hier offenkundig zu kurz.[42] Hinzu kommt, dass vielfach konventionelle Kontakte durch den Einsatz des Internets nicht ersetzt sondern nur ergänzt werden. Emotionale und affektive Komponenten bleiben somit insgesamt durchaus von Bedeutung (vgl. *Fassot & Eggert* 2002, S. 496-498) und bedürfen in der Zukunft weiterer Berücksichtigung in der Marketingforschung.

Das von *Hoffman & Novak* (1996a; 1996b, siehe auch *Hoffman, Novak & Yung* 1999; 2000) auf den Bereich des Internets bzw. auf Computer Mediated Envi-

[42] Eine Ausnahme bildet in diesem Zusammenhang das Konsumentenverhaltensmodell von *Koufaris, Kambil & LaBarbera* 2001, S. 116f.

ronments (CMEs) übertragene konzeptuale Modell des sog. Flow[43] stellt eines der wenigen originären Modelle dar, die einen explikativen verhaltenswissenschaftlichen Beitrag hinsichtlich des Internets liefern. Die Autoren sehen im Flow-Zustand ein Hauptcharakteristikum des Konsumentenverhaltens im Internet (*Hoffman & Novak* 1996a, S. 57; *Rettie* 2001, S. 103). Das Navigationsmodell bildet dabei den Prozess des Agierens in CMEs ab (vgl. *Hansen & Bode* 1999, S. 365).

Hoffman & Novak (1996b, S. 6; siehe auch *Hoffman, Novak & Yung* 2000, S. 1f.) unterscheiden eingangs zwei generelle Kategorien des Konsumentenverhaltens in CMEs, zielgerichtetes Verhalten (goal-directed behavior) und erlebnis- bzw. erfahrungsorientiertes Verhalten (experiental behavior). Zielgerichtetes Verhalten beschreibt ein direktes Such- bzw. Navigationsverhalten, das durch extrinsische Motivation gekennzeichnet ist und sich auf die Suche nach Web-Sites oder spezifischen Informationen auf einer solchen bezieht. Erlebnis- bzw. erfahrungsorientiertes Verhalten hingegen ist eher intrinsisch motiviert und beschreibt ungezieltes, erforschendes Suchverhalten. *Hoffman & Novak* (1996a, S. 57) definieren Flow vor diesem Hintergrund als „the state occurring during network navigation, which is (1) characterized by a seamless sequence of responses facilitated by machine interactivity, (2) intrinsically enjoyable, (3) accompanied by a loss of self-consciousness, and (4) self-reinforcing." Die Autoren (2000, S. 22) verstehen Flow dabei als einen kognitiven Erfahrungszustand im Rahmen der Navigation in CMEs.

Die Bedeutung des Flow-Zustandes für den Bereich des Internet Marketings liegt in den klar ersichtlichen Ursachen und Folgen, die dargestellt werden. So muss ein Konsument zum Erleben des Flow-Zustandes seine Aufmerksamkeit auf den entsprechenden Bereich fokussieren und weist folglich hohes Involvement auf. Zudem müssen seine Fähigkeiten den Anforderungen des Umfeldes entsprechen. Dabei müssen sowohl Fähigkeiten als auch der Anspruch ein gewisses Niveau überschreiten, d.h. der Konsument muss in der Internet-Navigation, dem sog. Browsen, bereits geübt sein und die Web-Umgebung muss einen gewissen Anspruch an den Konsumenten stellen, damit er in den Flow-Zustand eintreten kann. Als Konsequenz des Zustandes kann eine verbesserte Lern- und Aufnahmefähigkeit abgeleitet werden. Der Konsument ist fokussiert

---

[43] Das Flow-Konzept wurde ursprünglich von *Csikszentmihalyi* 1975 eingeführt. *Csikszentmihalyi* 1975, S. 36, definiert Flow als „the holistic experience that people feel when they act with total involvement." Im Flow-Zustand sind Personen in die entsprechende Tätigkeit vertieft und ihre Wahrnehmung ist sehr fokussiert. Sie haben dabei das Gefühl, ihre Umwelt zu kontrollieren. Tätigkeiten, bei denen das Flow-Konzept zur Erklärung herangezogen werden kann sind etwa Schach, Klettern, Tanzen und Lesen; vgl. auch bei *Rettie* 2001, S. 103.

auf seine Tätigkeit und verzeichnet ein sehr hohes Involvement bezüglich der Website und ihrer Inhalte. Es ist leicht ersichtlich, dass die Folgen von Bedeutung für kommerzielle Web-Sites sind (vgl. *Hoffman & Novak* 1996a, S. 57f.). Abbildung 21 fasst die Konsequenzen des Flow-Zustandes zusammen.

Abbildung 21:
Auswirkungen des Flow-Zustandes

	Zielorientiertes Navigieren	Erfahrungsorientiertes Navigieren
stärkere Lernfähigkeit	informiertes Entscheidungsverhalten	bessere Erinnerungswerte, Mund-zu-Mund Werbung
erhöhte wahrgenommene Verhaltenskontrolle	steigendes Vertrauen in die Aufgabenerledigung	Förderung des Übergangs zu zielorientiertem Verhalten
exploratives Verhalten	erhöhtes Risikoverhalten	erweiterte Wahrnehmung von Inhalten
positives Erleben	erhöhte Akzeptanz, längere Verweildauer, Wiederholungsbesuche	erhöhte Akzeptanz, längere Verweildauer, Wiederholungsbesuche

Quelle: in Anlehnung an Hoffman & Novak 1996a, S. 64f.

Inzwischen wurde die Eignung des Flow-Konzepts zur Erklärung des Verhaltens von Konsumenten in CMEs auch auf empirischem Wege mehrfach bestätigt (vgl. *Hoffman, Novak & Yung* 2000; *Rettie* 2001). Einschränkend muss allerdings angeführt werden, dass nur etwa die Hälfte aller Konsumenten im Rahmen des Navigierens den Flow-Zustand wahrnehmen (vgl. *Rettie* 2001, S. 112).

Abbildung 22:
Hindernisse und Förderer von Flow

Hindernisse von Flow	Förderer von Flow
lange Download-Zeiten	geringe Download-Zeiten
Verzögerungen durch den Download von Plug-Ins	alternative Ansichten
langwierige Registrierungsvorgänge	automatische Vervollständigung von Formularen
begrenzte Stimulierung, eintönige Web-Sites	Interaktionsmöglichkeiten
langwierige Antwortzeiten	geringe Antwortzeiten
wenig intuitiv gestaltete Seiten	Wahlmöglichkeiten in der Navigation
inaktive Verlinkungen	vorhersagbares, intuitives Navigationsverhalten
Anforderungen übertreffen Fähigkeiten	Segmentierung der Nutzer gemäß ihrer Navigationserfahrung
irrelevante Werbung	Verwendung von Memory-Extension Concepts wie etwa Bookmarks u.ä.

Quelle: in Anlehnung an Rettie 2001, S. 111

Der Ansatz ist somit nicht geeignet, das gesamte Konsumentenverhalten in CMEs abzubilden und stellt folglich nur ein Partialmodell dar. Dies ist zum einen auf die oben bereits angeführten Anforderungen an den Konsumenten zurückzuführen, aus denen sich entsprechende Möglichkeiten bzw. Notwendigkeiten für eine Segmentierung der Konsumenten in CMEs herleiten (vgl. *Hansen & Bode* 1999, S. 366). Zum anderen lassen sich auf aktuellen Websites diverse Ursachen feststellen, die einem Flow-Erlebnis im Wege stehen. Aus diesen Limitationen lassen sich direkt Gestaltungsmöglichkeiten für CMEs im Allgemeinen bzw. Websites im Besonderen ableiten. Abbildung 22 gibt einen Überblick.

1.4.3 Fazit und Ausblick

Wie bereits deutlich wurde, steht die Konsumentenverhaltensforschung in Bezug auf die Nutzung neuer Informations- und Kommunikationstechnologien wie dem Internet noch am Anfang ihres Weges. Viele Bereiche sind kaum erschlossen und traditionelle Ansätze stoßen an ihre Grenzen. Die in Kapitel C 1.4 wiedergegebenen Erkenntnisse stellen somit erst den Anfang dar und können den Bereich folglich nicht annähernd abdecken. An dieser Stelle können entsprechend nur die eingangs aufgestellten Thesen von *Sheth & Sisodia* (1997, S. 79-85) unterstrichen werden. Zudem bedarf es der Vervollständigung und Kategorisierung der Motive und Verhaltensweisen, die jedoch im Rahmen dieser Arbeit nicht zu leisten ist und auf die an dieser Stelle nur hingewiesen werden kann. Hier sei etwa auf soziale Motive hingewiesen. Insbesondere der Einbezug affektiver bzw. emotionaler sowie habitualer Kaufhandlungen steht noch weitgehend aus. Erschwerend kommt hinzu, dass die Praxis nach wie vor von enormen Veränderungen gezeichnet ist, somit eine Aufnahme des aktuellen Standes nur von kurzer Halbwertszeit sein dürfte. Auch bedarf es zukünftig einer gezielten Integration der Erkenntnisse, die im Bereich des Internet Marketing, des Electronic Commerce sowie der internetbezogenen Relationship-Marketing-Forschung erzielt werden.

Vor dem Hintergrund der Arbeit kann jedoch festgehalten werden, dass es gilt, kundenseitige Merkmale zu erfassen und in Bezug auf ihre Relevanz für das Kundenvertrauen zu hinterfragen. Sowohl die soziodemografischen Daten, der Kenntnisstand in Bezug auf das Internet als auch die Motivlage der Konsumenten versprechen hier wichtige Ansatzpunkte zu liefern, die im Rahmen der Vertrauensdeterminanten Aufnahme finden.

2 Besonderheiten des Relationship Marketings im Internet

2.1 Die Notwendigkeit der Modifikation des konventionellen Relationship Marketings

Es folgt nun die Übertragung des Relationship-Marketing-Konzeptes auf das Internet. Diese erfolgt in Anlehnung an *Diller*, der neben anderen Autoren prägend im Bereich der deutschsprachigen Relationship-Marketing-Forschung ist (vgl. etwa *Diller* 1995a; 1995b; 1995c; 1996; 2000) und zudem bereits Schritte in Richtung einer Übertragung auf den Bereich des Internets unternommen hat (vgl. *Diller* 1997; 2001).

Grundsätzlich stellt sich eingangs die Frage, wie weit die Einbindung des Internets notwendig ist, damit begrifflich von *Relationship Marketing im Internet* gesprochen werden kann. In Bezug auf die Einbindungstiefe des Internet in die Geschäftsprozesse des Handels ergibt sich ein Kontinuum, dass vom ausschließlich über traditionelle Instrumente agierenden Handel bis hin zum reinen Internethändler reicht. Zwischen diesen Polen sind verschiedene Mischformen denkbar. Etwa kann ein traditioneller Händler ausschließlich im Rahmen seiner Kommunikation auf das Internet zurückgreifen. Weiter wären hybride Strategien denkbar, in denen ein traditioneller Händler bzw. Versandhändler sich über den Internetvertrieb ein weiteres Standbein schafft. Eng am reinen Internethandel angelehnt wäre ein Internetanbieter, der im Rahmen der Kommunikations- und Servicepolitik vereinzelt traditionelle Instrumente einbezieht, da diese von Kundenseite gewünscht ist. Im Mittelpunkt dieser Arbeit sollen Anbieter stehen, die über das Internet Waren vertreiben, die folglich tatsächlich internetbasierten Handel im engeren Sinne betreiben. Entsprechend soll sich das Begriffsverständnis des Relationship Marketing auf eben diese Händler beziehen. Etwaige Transfereffekte in Folge hybrider Strategien, wie etwa bei www.karstadt.de oder www.quelle.de oder im Rahmen des herstellerseitigen Direktvertriebs zu beobachten, sollen dabei insbesondere im Rahmen der Operationalisierung und empirischen Überprüfung ausgeblendet werden, da sie den Komplexitätsgrad deutlich steigern würden. Dies gilt es allerdings im Rahmen der Interpretation der Ergebnisse zu berücksichtigen.

Betrachtet man die Schnittstelle von Relationship Marketing und Internet, verspricht diese auf den ersten Blick diverse Gemeinsamkeiten und Ansatzpunkte für eine Zusammenführung. Es erscheint fast so, als seien das Internet und die ihm eigene Interaktivität, die gesteigerten Möglichkeiten einer individualisierten Kommunikation in Echtzeit, Ansätze des Mass Customization sowie eine ganze Reihe weiterer offensichtlicher Vorteile des Mediums geradezu prädestiniert für das Konzept des Relationship Marketings. Dieser Eindruck verstärkt sich noch, wenn man Aussagen aus dem Bereich der Unternehmensberatung zu CRM-Strategien (Customer Relationship Management) verfolgt. Hier eröffnet sich jedoch bereits die erste Einschränkung. CRM ist, wie bereits in Kapitel B 2.1.1 dargelegt, keineswegs gleichzusetzen mit dem Konzept des Relationship Marketings. Vielmehr bildet es im gängigen Sprachgebrauch in der Regel nur einen wichtigen Teilbereich des Relationship Marketings ab, indem es elektronische Hilfsmittel zur Analyse des Kaufverhaltens und zur Umsetzung der Erkenntnisse in Marketing-Aktivitäten bereitstellt. In der Praxis bedeutet dies meist nur, dass Kundendaten in Datenbanken erfasst werden, aus denen eine eingeschränkt individualisierte Kundenansprache realisiert wird. Dem konzeptionellen Gedankengut des Relationship Marketings wird hingegen meist nicht angemessen Rechnung getragen (vgl. *Diller* 2001, S. 63f.; *Eggert & Fassott* 2001, S. 7). Die Prinzipien des Relationship Marketings gehen jedoch sehr viel weiter und müssen folglich in ihrer Gesamtheit auf den Bereich Internet übertragen werden.

Betrachtet man die Schnittstelle genauer, eröffnen sich verschiedenartige Widersprüche und Schwierigkeiten, die einer Übertragung im Wege stehen. *Diller* identifiziert diesbezüglich fünf grundsätzliche Problembereiche der Anwendung des Relationship Marketing im Internet.[44] *Diller* (2001, S. 64-66) führt das *Schnäppchenjäger-Syndrom* an. Zahlreiche Internet-Nutzer zielen primär auf das Erlangen von Preisvorteilen sowie spezielle Preisgelegenheiten ab. Weiter muss für das Internet *fehlender persönlicher Kontakt* festgestellt werden. Die Anonymität des Mediums erschwert die Intensivierung der Beziehung sowie den Aufbau von Vertrauen. Zudem existieren nur *geringere Wechselbarrieren.* Die gesteigerte Mobilität der Konsumenten bedingt den Wegfall von Wechselbarrieren und somit eine Verringerung des Kundenbindungspotentials. Weiter muss bislang im Rahmen des internetbasierten Handels eine *geringe Bedeutung von Serviceorientierung* konstatiert werden. Infolge der Preisdominanz verlieren weiche Dimensionen der Qualität der Geschäftsbeziehung an Bedeutung. Der Spielraum für entsprechende Zusatzleistungen verengt sich. Weiter stellt *Diller* ein *gesteigertes Machtpotential der Konsumenten* fest. Die gesteigerten Informations- und Mitsprachemöglichkeiten der Konsumenten laufen dem Steuerungsanspruch des Relationship Marketings entgegen.

Die angeführten Problembereiche verdeutlichen exemplarisch, dass eine Übertragung verschiedenartige Schwierigkeiten aufwirft, die zu berücksichtigen sind. Dem stehen jedoch auch diverse Komplementaritäten gegenüber, die es systematisch auszunutzen gilt.

---

[44] Eine vertiefende Diskussion von sich ergebenden Problemen erfolgt in dieser Arbeit zudem im Rahmen der Übertragung der Prinzipien des Relationship Marketing, der Betrachtung der Instrumentalbereiche sowie der Darstellung des gewandelten Zielsystems vollzogen.

Diller (2001, S. 66f.) stellt den genannten Problembereichen eine Reihe von Übereinstimmungen gegenüber, die als Ansatzpunkt einer Übertragung dienen können. Er führt an, dass sich ein *spezifischer Kundennutzen durch das Internet* ergibt. Das Medium weist verschiedenartige Möglichkeiten auf, die Leistungsqualität und Kundenzufriedenheit zu steigern. Weiter stellt *Diller* fest, dass *Schnäppchenjäger nur ein Segment*, somit also nur einen kleinen Ausschnitt aus der Gruppe der Konsumenten darstellen. Vielmehr lassen sich sehr viel größere und ertragreiche Segmente identifizieren, deren zielgerichtete Bearbeitung Erfolg versprechender ist. Zudem sind *ergänzende Kontakte zur Personalisierung der Beziehung möglich*. Die mangelnde Personalisierung kann über Maßnahmen in alternativen Kommunikationswegen kompensiert werden (Events, Kundenbesuche etc.). Es kommt dabei folglich zu einer Kombination verschiedener Kontaktwege, in die das Internet eingebunden ist. Auch ist eine *unbegrenzte zeitliche Verfügbarkeit durch das Internet* gegeben, die für den Kunden einen deutlichen Komfort- und Autonomiegewinn darstellt. Die genannten Aspekte können Nachteile in anderen Bereichen durchaus (über-) kompensieren.

Es wurde gezeigt, dass neben zahlreichen Ansatzpunkten auch Limitationen einer Übertragung des Relationship-Marketing-Konzeptes im Wege stehen. Diese sollen im Rahmen der folgenden Übertragung der Prinzipien aber auch der Betrachtung des Zielsystems und der Instrumente des Relationship Marketings systematisch wieder aufgegriffen werden.

2.2 Ein theoretischer Rahmen für Relationship Marketing im Internet

2.2.1 Übertragung der Prinzipien des Relationship Marketings auf den Bereich des Internets

Wie in Kapitel B 2.1.1 dargestellt, zieht *Diller* (1995a, S. 443f.) zur näheren Charakterisierung des Relationship Marketings zentrale Prinzipien heran, deren Übertragung auf den Bereich des Internets sinnvoll erscheint. Es wurde dabei ersichtlich, dass verschiedene Eigenschaften des Internet für die Eignung des Mediums zur Anwendung des Relationship-Marketing-Ansatzes sprechen. Jedoch ergeben sich auch verschiedene Charakteristika, die eine Anwendung erschweren und die es zu berücksichtigen gilt.

Diller (2001, S. 67-75) selbst unternimmt den Versuch einer Übertragung, der an dieser Stelle aufgegriffen und ergänzt werden soll.

Individualisierung: Die individuelle Behandlung der Kunden stellt einen Grundgedanken des Relationship Marketings dar und verkörpert einen Schlüssel zur Kundenloyalität. Den Möglichkeiten einer Individualisierung des Marketing-

Mixes sind in traditionellen Bereichen allerdings durch ökonomische Restriktionen enge Grenzen gesetzt, die insbesondere in Massenmärkten offenkundig sind.

Die in Kapitel C 1 beschriebenen Charakteristika des Internets resultieren jedoch in deutlich gewandelten Rahmenbedingungen, die insbesondere die ökonomischen Restriktionen einer individualisierten Kommunikation deutlich reduzieren. Hier sei auf die Möglichkeiten der Interaktivität, die zeitliche Synchronität der Mensch-Maschine-Kommunikation sowie den Wegfall von Restriktion in Bezug auf Reichweite und Reichhaltigkeit von Informationen hingewiesen (vgl. Kapitel C 1.3.2). Typische Bereiche des Internets, die eine hohe Individualisierung ermöglichen, sind etwa Informationsdienstleistungen (vgl. *Diller* 2001, S. 68-70).

Grundsätzlich muss allerdings angemerkt werden, dass Relationship-Marketing-Maßnahmen im Internet nur in dem Maße erfolgreich sein können, in dem die Bedürfnisse und Erwartungen der Kunden erkannt und erfüllt werden. Die bloße Möglichkeit einer kostengünstigeren Individualisierung stellt somit bestenfalls ein Potential dar, das anschließend über intelligente Maßnahmen realisiert werden muss.

In Bezug auf die konkrete Umsetzung einer individualisierten Kommunikation versprechen Database-Marketing-Techniken hilfreiche Informationen zu generieren. Mit dem Gehalt der Kundeninformationen steigt die Effizienz des Relationship Marketings. Hier weist das Internet in Verbindung mit angeschlossenen Datenbanken beachtliche Möglichkeiten der Generierung entsprechender Informationen auf. Im Idealfall resultieren diese in der vollständigen Individualisierung in Form einer Segmentierung der Kunden bis hin zum Segment-of-One. Diese ermöglicht schließlich die Fokussierung auf die Bedürfnisse eines einzelnen Kunden (vgl. *Link & Tiedtke* 2000, S. 104-108). Zudem wird durch die Anbindung an Datenbanken und die datentechnische Verfolgung der Kundenkontakte bzw. der Spuren, die der Konsument bei seinen Kontakten hinterlässt, ein umfassendes Benutzerprofil generiert, das weitergehende Schlüsse auf das Konsumentenverhalten zulässt (vgl. *Diller* 2001, S. 68-70; *Link & Tiedtke* 2000, S. 104-108). Die intelligente Individualisierung von Art und Inhalt der Ansprache kann dabei noch während des aktuellen Kontaktes über sog. Profiling-Programme vollzogen werden, die eine Individualisierung mittels gesammelter Kundendaten ermöglichen.

Insgesamt erscheint das Internet somit geeignet, Individualisierungstendenzen nachzukommen bzw. Kundenwünschen nach einer individuelleren Behandlung gerecht zu werden. Dabei unterstützt der Kunde selbst durch seine aktive Rolle in der Navigation die Individualisierung, sofern ein intelligenter Internetauftritt dies ermöglicht. Sicherlich sind die so generierten Individualisierungspotentiale beachtlich. Sie eröffnen die Möglichkeit einer weitgehend individualisierten Kundenkommunikation bis hin zur individuellen Erbringung von vollständig automatisierten Serviceleistungen. Trotz aller ersichtlichen Vorteile, insbesondere auf der Kostenseite, bedürfen die Aussagen jedoch einer Relativierung. Vergleicht man die Möglichkeiten der Interaktion zwischen Mensch und Maschine mit dem Individualisierungsgrad eines persönlichen Verkaufsgesprächs, wird deutlich, dass sie ein solches nicht vollständig erreichen bzw. ersetzen können. Inwieweit dies von Kundenseite jedoch als Nachteil erachtet wird, entscheidet sich immer auch aus den Präferenzen des einzelnen Kunden sowie dem situativen Informationsbedarf desselben (vgl. *Diller* 2001, S. 68-70).

Selektion und Priorisierung von Kunden: Die Selektion und Priorisierung von Kunden bezieht sich auf die investitionspolitische Perspektive, die eine Investition einzig in langfristig aussichtsreiche Kundenbeziehungen fordert. Die gesteigerte Verfügbarkeit von kundenbezogenen Informationen (z.B. infolge der angeführten Kundendatenbanken und Profiling-Programme) im Rahmen des Internet Marketings besitzt das Potential, die Entscheidungsgrundlage im Vergleich zu traditionellen Märkten mitunter deutlich zu verbessern. In der Folge können wertvollere Kunden dann gezielt angesprochen und zur intensiveren Zusammenarbeit motiviert werden. Anfangs noch auf den Business-to-Business Bereich begrenzt, reicht diese Priorisierung bis zur Einrichtung von speziellen Websites mit individuellen Informationsangeboten etwa über Vertragsdaten oder Serviceleistungen sowie über Produktions- und Lagerdaten, die auch für Endkunden immer häufiger vorzufinden ist. Allerdings kann auch hier der persönliche Kundenkontakt nicht substituiert, sondern nur ergänzt werden. Eine weitere Möglichkeit der Priorisierung stellen zudem Bonussysteme dar, die über das Internet effizient und individuell umgesetzt werden können (vgl. *Diller* 2001, S. 70f.; *Fassot & Eggert* 2002, S. 500-502).

Die Entscheidende Fragestellung bei der Selektion und Priorisierung von Kunden stellt der Rückfluss kundenspezifischer Investitionen dar, dies sowohl im Internet als auch in traditionellen Märkten. Trotz der in Teilen verbesserten Informationssituation bringt das Internet hier Risiken mit sich, die sich etwa aus der gesteigerten Wettbewerbssituation im Internet und dem noch ungewissen tatsächlichen Nutzen der Selektions- und Priorisierungsmaßnahmen im Internet aus Kundensicht ergeben. In Anbetracht der enormen Investitionen in die Neukundengewinnung bedarf es jedoch trotz der genannten Restriktionen einer gezielten Kundenbindung, nicht zuletzt um die Neukundengewinnung ertragreich gestalten zu können (vgl. *Diller* 2001, S. 70f.; *Fassot & Eggert* 2002, S. 500-502). Somit weist die Ausgangssituation in Bezug auf die Selektion und Priorisierung im Internet zahlreiche Parallelen mit traditionellen Märkten auf.

Interaktion: Die einseitige Beeinflussung des Kunden wird im Relationship Marketing abgelöst von einer interaktionsorientierten, prozessualen Grundhaltung, welche die Herstellung intensiver und direkter Kundenkontakte ermöglicht (vgl. Diller 2001, S. 70f.). Der Einsatz von Database-Marketing-Techniken sichert den interaktiven Kundenkontakt ab, da er eine Präzisierung und Optimierung der Kontakte zum Kunden vor dem Hintergrund der beiderseitigen Beziehungsziele erlaubt. Das Internet bindet diese Techniken ein und liefert Daten über bisherige Kontakte und Kontaktversuche (vgl. *Diller* 2001, S. 70f.; *Link & Tiedtke* 2000, S. 104-108; *Wang, Head & Archer* 2000, S. 377).

Weiter eröffnet das Internet in Bezug auf die Interaktion eine ganze Reihe von Vorteilen. Die unmittelbare Vernetzung von Kunde und Anbieter ermöglicht ein aktives Steuern der Kundenbeziehung auf vergleichsweise geringem Kostenniveau. Hinzu treten Möglichkeiten der Aktivierung des Kunden durch multimediale Anwendungen. Hier sei etwa auf unterhaltende Werbeelemente verwiesen, die größere Abwechslung sowie gesteigerte Auseinandersetzung mit der Werbung versprechen (vgl. *Diller* 2001, S. 72).

Allerdings muss an dieser Stelle deutlich unterschieden werden zwischen dem Interaktionspotential des Internets in Bezug auf die Gestaltung der Geschäftsbeziehung und der bisherigen Nutzung des Potentials in der Praxis, die in der Regel weit hinter diesem zurück bleibt. Die besonderen Interaktionsmöglichkeiten werden bestenfalls in Ansätzen genutzt und es erweckt den Eindruck, alte Praktiken und Verhaltensmuster könnten hier nur langfristig abgelegt werden (vgl. *Link & Tiedtke* 2000, S. 105).

Hinzu kommen verschiedene medienspezifische Limitationen. Die Grenzen des Kundendialoges werden durch das anonyme, wenig vertrauliche Umfeld aufgezeigt. Zwar weist das Internet die Möglichkeiten eines hohen Internaktionsgrades im Bereich der Mensch-Maschine-Interaktion auf. Den Interaktionsgrad eines persönlichen Käuferkontakts, sofern von Kundenseite gewünscht, erreicht dieser jedoch nicht. Das persönliche Verkaufs- bzw. Beratungsgespräch weist in vielen Situationen immer noch größere Interaktionspotentiale auf. Entsprechend kann langfristig in vielen Bereichen nicht von einer gänzlichen Substitution durch das Internet ausgegangen werden. Dies wird, zumindest momentan noch häufig, durch schwerfälligen Seitenaufbau und Ladezeiten forciert, deren Ursachen in Form zu enger Kommunikationskanäle jedoch zunehmend ausgeräumt werden sollten (vgl. *Diller* 2001, S. 72). Jedoch muss auch langfristig davon ausgegangen werden, dass zumindest im Falle eines konkreten Problems oder Kundenwunsches der persönliche Kontakt jederzeit als alternativer Kommunikationsweg gewährleistet werden muss, da ansonsten die Gefahr besteht, auf Kundenanfragen nicht adäquat reagieren zu können. Entsprechend finden sich auf vielen Websites führender Internet-Anbieter Möglichkeiten, zumindest telefonisch mit diesen in Kontakt zu treten. Einige weisen zudem bereits Servicestellen oder Ladenlokale im traditionellen Sinne auf.

Ein weiterer interessanter Aspekt im Zusammenhang der Interaktion ist der Community-Aspekt (vgl. *Diller* 2001, S. 72; *Duncan* 2000, S. 72; *Lechner & Hummel* 2002, S. 41; *Wang, Head & Archer* 2000, S. 378). Virtuelle Communities können definiert werden als „Gruppen von Personen, die via Kommunikationstechnologien im Kontext gemeinsamer Gebrauchsweisen miteinander verbunden und [...] von relativer Beständigkeit sind. [...] Virtuell sind solche Gruppen in dem Sinne, weil Mitglieder am Kommunikationsgeschehen partizipieren, ohne physisch präsent zu sein" (*Bauer et al.* 2001, S. 328). *Diller* (2001, S. 72) spricht in diesem Zusammenhang von einem Wandel der Kommunikation „von der klassischen Einwegkommunikation über ein multilaterales Dialogmodell hin zu einem Community-Modell", das neben der Kommunikation mit dem Handel oder Hersteller zudem die intensive Interaktion zwischen Kunden ermöglicht. Entwicklungen wie virtuelle Meinungsplattformen (vgl. *Datz* 2002; *Hennig-Thurau & Hansen* 2001; *Schindler & Bickart* 2002) und sog. Fan- oder Hate-Sites (vgl. *Stauss* 2000) unterstützen diese Annahme. Entsprechend bezieht sich Relationship Marketing zukünftig nicht nur auf die Förderung von Kundenbeziehungen, sondern auf die aktive Gestaltung von Beziehungsnetzwerken zwischen den Kunden (vgl. *Diller* 2001, S. 73; siehe ähnlich auch bei *Wang, Head & Archer* 2000, S. 377-379).

Integration: Die Einbringung des Kunden in die Leistungsprozesse sowie die Übernahme von Kundenfunktionen durch den Anbieter kennzeichnet den Übergang von der Interaktion zur Integration. Zwar beinhaltet jede Transaktion eine zumindest minimale Form der Integration. Gerade in Branchen aus dem Bereich der Konsumgüter sind dieser Integration jedoch enge Grenzen gesetzt. Das Internet ermöglicht dagegen, den Informationsfluss vom Kunden zum Unternehmen zu erhöhen und versetzt den Anbieter in die Lage, problemlos Funktionen zu übernehmen, die bislang von Kundenseiten wahrgenommen wurden. Hier sind etwa Wartung und Bedarfsplanungsleistungen zu nennen bis hin zur automatisierten Bestandsaufnahme und Nachorder von Produkten (vgl. *Diller* 2001, S. 73f.; *Fritz* 1999, S. 86). War eine derartige Integration bislang eher auf den Investitionsgüterbereich bzw. Geschäftsbeziehungen im Bereich Business-to-Business im allgemeinen beschränkt, ermöglichen I&K-Techniken wie das Internet eine Integration auch im Bereich Business-to-Consumer. Hier sei etwa die automatische Softwareaktualisierung von PCs aber auch Modelle zur Bedarfsplanung im Haushalt verwiesen.

Jedoch sind der Integration des Kunden nach wie vor enge Grenzen gesetzt, die nicht zuletzt aus dem mangelnden Involvement der Kunden resultieren. Elektronische Märkte bieten hier zwar die beschriebenen Vorteile, eine massenhafte Kundenintegration etwa im Bereich klassischer Konsumgüter ist jedoch kaum denkbar (vgl. *Diller* 2001, S. 73f.).

Abschließend nennt *Diller* (2001, S. 74f.) die übergreifende Idee des Relationship Marketings, die zur Profilierung des Internet-Auftritts im Wettbewerb dient. Dieser Aspekt ist mit dem Gedanken einer Unique Selling Proposition im traditionellen Marketing gleichzusetzen und hilft, die weniger leicht fassbaren Eigenschaften wie z.B. Individualität und Vertrauenswürdigkeit mittels einer greifbaren Identität zu vermitteln. Der multimediale Rahmen des Mediums Internet eröffnet dabei die Möglichkeit einer gesteigerten Wiedererkennbarkeit, welche bis hin zu Animationen gestaltet werden kann. Entsprechend ermöglicht die übergreifende Idee des Relationship Marketings im Internet die Überwindung der Anonymität des Mediums. Konkret bedeutet dies, eine einzigartige und hochgradig wieder erkennbare Website zu schaffen. Diese Website vermittelt dann ein Gefühl der Vertrautheit und Einzigartigkeit und spricht über die Individualisierung und Integration den Kunden direkt an.

Obige Ausführungen verdeutlichen die Eignung des Internets für Relationship-Marketing-Maßnahmen in vielen Gebieten. Gerade im Konsumgüterbereich gilt es, zuweilen den Kontakt zu Millionen von Kunden möglichst individuell zu gestalten. Dabei ist der Einsatz moderner Technologien und Medien wie des Internets unabdingbar geworden. Daran knüpft die folgende Betrachtung der Instrumente eines Relationship Marketings im Internet an.

2.2.2 Das Ziel- und Wirkungssystem des Relationship Marketings im Internet

Bereits in Kapitel B 2.1.2 dieser Arbeit wurde das Zielsystem des Relationship Marketings ausführlich dargestellt. An dieser Stelle gilt es, dieses Zielsystem für den Bereich des Internets zu spezifizieren. Besonderheiten werden herausgestellt und die gewandelte Bedeutung einzelner Wirkgrößen unterstrichen, ohne dabei alle Größen wieder im Detail zu erläutern. Wie bereits in Kapitel B soll die Darstellung des Zielsystems mit der Identifizierung von Kundenbindung als primäre Zielgröße beginnen. Im weiteren Verlauf werden internetspezifische Zielgrößen eingebracht sowie die Anwendung der bereits dargestellten Erfolgsgrößen des Relationship Marketings auf den Bereich des Internets vollzogen. Eine abschließende Beurteilung der tatsächlichen Bedeutung der einzelnen Größen kann allerdings nur von Fall zu Fall sowie vor dem Hintergrund der oben getroffenen Abgrenzung des Relationship-Marketing-Verständnisses erfolgen, da ihre Bedeutung situativ mitunter stark variieren kann.

Zentrales Ziel aller Relationship-Marketing-Maßnahmen ist die *langfristige Bindung von Kunden*; dies gilt im Internet in gleicher Weise wie für den traditionellen Bereich. Allerdings ergeben sich im Internet verschiedene Schwierigkeiten und Restriktionen, die es zu beachten gilt. Die später im Detail zu behandelnde Vertrauensproblematik ist dabei nur ein Aspekt, welcher der langfristigen Bindung von Kunden im Internet entgegenstehen kann. In engem Zusammenhang steht die Anonymität des Mediums, die sich negativ auf die Beziehungsintensität auswirkt. Der mangelnde persönliche Kontakt verhindert weitgehend, soziale Bindungen als intensivste Ausprägung einer Geschäftsbeziehung zu entwickeln. Entsprechend wird die langfristige Bindung von Kunden erschwert. Es gilt folglich, über Personalisierungsmaßnahmen und den Rückgriff auf traditionelle, persönliche Kommunikation diese Engpässe kundenindividuell zu reduzieren. Dies spricht keinesfalls gegen eine weitgehende Automatisierung und Abwicklung über das Internet. Es sollte dem Kunden dabei jedoch signalisiert werden, dass insbesondere bei Problemen ein Rückgriff auf konventionelle Kommunikationswege möglich und gewünscht ist. Hinzu kommen sinkende Wechselbarrieren, die sich aus der gesteigerten Anzahl von Anbietern, dem gesteigerten Informationsangebot des Kunden sowie der Aufhebung räumlicher und zeitlicher Restriktionen im Rahmen der Abgrenzung von Märkten ergeben.

Theoretische Grundlage zur Erklärung von Kundenbindung und somit der Determinanten von Kundenbindung im Rahmen des Relationship Marketings ist die Commitment-Trust-Theorie. Eine Modifikation der Commitment-Trust-Theorie wird im späteren Verlauf der Arbeit vollzogen. Es bleibt abzuwarten, inwieweit sich Kundenbindung im Rahmen empirischer Untersuchungen als zentrale Zielgröße auch für den Bereich des Internets behaupten kann und abweichende Ausprägungen im Vergleich zum traditionellen Handel festgestellt werden. Gerade der vergleichende Charakter der zugrunde liegenden Studie sollte hier Aufschluss geben.

Weitere erfolgsrelevante Größen des Relationship Marketings stellen die *gesteigerte Preisbereitschaft*, ein *gesteigertes Transaktionsvolumen* sowie *Cross-Selling-Potentiale* dar (vgl. Kapitel B 2.1.2.2), die es nun vor dem Hintergrund des Internets zu diskutieren gilt. Ist die Relationship-Marketing-Literatur bezüglich der tatsächlichen Durchsetzbarkeit von Premiumpreisen in traditionellen Märkten bereits geteilter Ansicht, wird sich dies im Hinblick auf den Internethandel noch weiter verstärken. Auf die Schwierigkeiten der Preispolitik und insbesondere der Durchsetzung von Preisen im Internet wurde bereits hingewiesen. Ein gesteigertes Transaktionsvolumen ergibt sich z.B. durch einen Wechsel auf höherwertige Produkte eines Anbieters im Laufe einer Beziehung. Ebenso wie beim Cross Selling eröffnet das Internet für das Relationship Marketing erweiterte Möglichkeiten. Diese basieren auf den neuen Kommunikationsinstrumenten, die das Medium offeriert sowie den verbesserten Möglichkeiten eines Database Marketings in Bezug auf die Datensammlung als auch -verwertung. Diese bedingen eine einfache Adressierung individueller Kommunikationsmaßnahmen, die somit effizienter gestaltet werden können.

In der Folge können zielgerichtet und systematisch Angebote für Cross Selling und höherwertige Leistungen offeriert werden. Es bleibt allerdings abzuwarten, ob sich durch diese Maßnahmen tatsächlich ein Umsatzanstieg erreichen lässt oder nicht viel mehr die Persönlichkeit des Verkaufspersonals sich in der Relationship-Marketing-Praxis für derartige Zuwächse verantwortlich zeichnet.

Mundwerbung stellt sowohl für den traditionellen Bereich als auch für den internetbasierten Handel, der im Fokus dieser Arbeit steht, eine wichtige Ziel- und Wirkungsgröße des Relationship Marketings dar. Beschränkt sich Mundwerbung im traditionellen Sinne weitgehend auf persönliche Kommunikation im direkten Umfeld des Kunden, z.B. unter Freunden, sind die Möglichkeiten der Kommunikation zwischen Kunden im Internet, die man im weiteren Sinne unter dem Begriff der Mundwerbung zusammenfassen kann, recht vielfältig und die Auswirkungen sogar noch von gesteigerter Bedeutung (vgl. *Stauss* 1997, S. 28). Dies begründet sich zum einen in den Kommunikationsbedingungen, die im Internet vorherrschen. Wie bereits dargestellt (vgl. Kapitel C 1.3.2), handelt es sich potentiell um eine many-to-many Kommunikation, die inhaltlich und qualitativ an keine Beschränkungen gebunden ist. Hinzu kommt, dass die Vermittlung von Inhalten nicht auf das Gespräch beschränkt ist, sondern auch nachträglich für theoretisch unbegrenzte Zeit weiter zum Abruf auf der Website verweilt. Sie steht somit sowohl zeitlich als auch in Bezug auf die Kontaktzahl sehr viel mehr Konsumenten zur Verfügung. Zum anderen stellt Mundwerbung im Internet in Folge der gesteigerten Unsicherheit und mangelnden Erfahrung vieler Konsumenten einen überaus wichtigen Faktor im Rahmen der Kundenakquisition dar.

Die besondere Bedeutung von Mundwerbung im Internet wird somit leicht ersichtlich. Anzumerken ist allerdings, dass sie sich gleichermaßen auf den Offline-Bereich erstreckt, da traditionelle Märkte zunehmend Gegenstand von Mundwerbung im Internet sind. Die Einstellungs- und Verhaltensänderungen der Kunden als Ergebnis der Rezeption von Mundwerbung beziehen sich somit sowohl auf traditionelle als auch auf internetbasierte Märkte sowie entsprechende Anbieter und Produkte. Wie im Folgenden beschrieben wird, tritt ein sehr viel höherer Organisationsgrad von Mundwerbung im Internet hinzu (vgl. *Stauss* 2000, S. 234-241).

Die Formen von Mundwerbung im Internet gestalten sich recht heterogen, wobei zunächst verschiedene herstellerseitig kontrollierte Formen zu nennen sind (z.B. Gästebücher, Kundenchats, eigene Diskussionsforen; vgl. Hennig-Thurau et al. 2002, S. 463). Hinzu treten diverse Formen der kundenseitig-kontrollierten Mundwerbung, etwa auf Boykott-Sites und Fan-Sites (vgl. *Hennig-Thurau et al.* 2002, S. 463; *Stauss* 2000, S. 242-246). Eine weitere interessante Entwicklung geht von virtuellen Meinungsplattformen oder Meinungsforen aus, die eine hohe Attraktivitätswirkung auf zahlreiche Internetnutzer ausüben. Im Fall von virtuellen Meinungsplattformen übernimmt in Form des Plattformbetreibers eine dritte (neutrale) Instanz die Sammlung, Überarbeitung und Bereitstellung der Kundenmeinungen und organisiert die notwendige Infrastruktur. Virtuelle Meinungsplattformen bieten dabei die Möglichkeit, Meinungen und Erfahrungen zu einer Vielzahl unterschiedlicher Konsumbereiche zu lesen und zu veröffentlichen. Die Popularität besagter Plattformen begründet sich auf den Umstand, dass keine internetbezogenen Fachkenntnisse für die Nutzung erforderlich sind und Informationen zu einem sehr breiten Themen- bzw. Produktspektrum bereitgestellt werden (vgl. *Hennig-Thurau et al.* 2002, S. 463).[45]

Zudem ergeben sich auch für das Relationship Marketing im Internet *Einflüsse auf die Kostensituation.* Im traditionellen Bereich konnten verschiedene Ansatzpunkte für eine Senkung der Personal- und Servicekosten sowie der Akquisitionskosten identifiziert werden. Auf die Auswirkungen von Mundwerbung im Internet und die folgende Senkung der Akquisitionskosten wurde bereits hingewiesen. Eine weitere Senkung der Personal- und Servicekosten speziell in Folge von spezifischen Relationship-Marketing-Maßnahmen im Internet ist indes nicht zu erwarten. Die Einsparungspotentiale sind zwar enorm, begründen sich aber zum einen auf die Spezifika des Internets, die bereits dargestellt wurden. Sie werden folglich auch realisiert, wenn eine eher transaktionsorientierte Marketingstrategie gewählt wird. Zum anderen folgen in Analogie zu den Erfolgspotentialen des traditionellen Relationship Marketings Einsparungspotentiale, die entsprechend auch im Offline-Bereich auftreten. Für eine Relationship-Marketing-Strategie im Internet ergibt sich somit eher eine Addition der beschriebenen Wirkungen der Teilstrategien. Eine Optimierung kann nur unternehmensindivi-

[45] Die meistbesuchte deutsche Seite der Meinungsplattform ciao.com etwa verzeichnete im Dezember 2000 alleine rund 23 Mio. Page Impressions bei ca. 1,23 Mio. Page Views und verzeichnet über 310.000 Mitglieder; vgl. *IVW* 2001.

duell vor dem Hintergrund der jeweiligen Spezifika der Unternehmung und Situation erfolgen.

Fasst man die gewonnen Erkenntnisse in Bezug auf das Ziel- und Wirkungssystem des Relationship Marketing zusammen, ergibt ein ähnliches Bild wie für das Relationship Marketing in traditionellen Märkten. Von einer generellen Vorteilhaftigkeit hinsichtlich der Zielerfüllung kann indes nicht gesprochen werden. Vielmehr stehen die Charakteristika des Internet z.T. in einer komplementären Beziehung zu den Zielen des Relationship Marketing und fördern deren Verwirklichung, z.T. ergeben sich jedoch auch Problembereiche bzw. Restriktionen, die es zu beachten gilt.

2.2.3 Modifizierte Instrumentalbereiche des Relationship Marketings im Internet

Die Modifikation der Instrumentalbereiche des traditionellen Marketings im Sinne der 4Ps, die für das Konzept des Relationship Marketings in Kapitel B 2.1.3 vollzogen wurde, soll nun vor dem Hintergrund der Besonderheiten des Internets weitergeführt werden. Dabei muss jedoch betont werden, dass der isolierte Einsatz von internetspezifischen Instrumenten in der Praxis nicht immer Erfolg versprechend ist. Eine intelligente Zusammenführung und Abstimmung internetspezifischer und traditioneller Instrumente in einem integrierten Marketing-Mix wird diesbezüglich als sinnvolle Alternative erachtet (vgl. in Anlehnung an *Bliemel & Fassot* 2000, S. 23; *Wirtz* 2000, S. 177). In welchem Ausmaß diese Erfolg hat, hängt dabei maßgeblich von den situativen Gegebenheiten der jeweiligen Unternehmung ab.

Zu beachten sind im Rahmen der Modifikation der Instrumentalbereiche die Spezifika des Mediums und das entsprechend gewandelte Konsumentenverhalten, auf das bereits eingegangen wurde. Ein einseitiges Einwirken auf den vermeintlich passiven Konsumenten, wie dies in traditionellen Medien im Rahmen der Massenkommunikation häufig die Regel war, scheidet dabei weitgehend aus. Der aktive Kunde übernimmt im Internet vielmehr zwangsläufig die Initiative, indem er gezielt die Unternehmenswebsite besucht. Entsprechend selektiert er Informationen individuell und entscheidet selbstständig über den Eintritt in einen Dialog (vgl. *Fassot & Eggert* 2002, S. 496; *Fritz* 1999, S. 85). Auf die verschiedenen Einbindungstiefen des Internets in die Instrumentalbereiche wurde bereits in Kapitel C 2.1 hingewiesen. Beschränkt sich nun die Einbindung des Internets in die Instrumentalbereiche eines Unternehmens auf die alleinige Darstellung von Produkt- und Unternehmensinformationen auf der Website, stellt dies eine nur bedingt Erfolg versprechende Grundlage für die langfristige Bindung von Kunden dar. Vielmehr gilt es, über die adäquate Kombination von internetbasierten und traditionellen Instrumenten einen tatsächlichen Mehrwert für die Konsumenten zu schaffen. Dieser kann z.B. auf eine bessere Versorgung der Kunden mit produkt- und anbieterbezogenen Informationen, gesteigerte Bequemlichkeit sowie zeitliche und räumliche Unabhängigkeit zurückgeführt werden. Eine solche Kombination ist indes auch für reine Internetanbieter durchaus denkbar, indem etwa eine telefonische Kontaktaufnahme jederzeit möglich ist oder im Fall von Rückfragen oder Reklamationen Servicestellen oder Servicepartner auf traditionellem Wege kontaktiert werden können.

Wieder stellt sich die Frage der Systematisierung der Marketing-Instrumentalbereiche für die Internetanwendung. Auch wenn einige Autoren (vgl. etwa *Wirtz* 2001, S. 124) spätestens bei der Darstellung der internetspezifischen Instrumente des Relationship Marketings von der traditionellen Einteilung in die sog. 4Ps abweichen, soll diese weiterhin den Ausgangspunkt der Betrachtung darstellen, zumal auf diesem Weg eine Vergleichbarkeit mit den traditionellen Instrumentalbereichen (vgl. Kapitel B 2.1.3) gewährleistet ist.

Kommunikationspolitik: Im Mittelpunkt der Betrachtung der sog. 4Ps steht im Allgemeinen der Instrumentalbereich der Produktpolitik. An dieser Stelle soll jedoch davon abgewichen werden, da „the greatest attribute of the internet to relationship marketing is its value as a communications tool“ (*Duncan* 2000, S. 77). Im Allgemeinen finden im Internet alle gängigen Instrumente der Kommunikationspolitik in internetgerechter Form Anwendung. Hier sind etwa Werbung (z.B. sog. Bannerwerbung), Public Relations, Verkaufsförderung, Messebeteiligung (bei virtuellen Messen), Sponsoring, Placement (insbesondere Information Placement), Kundenclubs, (Internet-) Events und Product Publicity zu nennen (vgl. *Herrmanns* 1999, S. 95).

Die bereits dargestellten Charakteristika des Mediums Internet wie etwa die Interaktivität und die besonderen Kommunikationsbedingungen im Sinne einer many-to-many Kommunikation in Echtzeit schaffen eine erweiterte Basis für die Kommunikationsinstrumente, die bei einem systematischen und adäquaten Einsatz eine effizientere und kostengünstigere Kommunikation bei gesteigerter Produktivität zur Folge haben können (vgl. *Diller* 2001, S. 65-75). Im Zentrum stehen die Interaktion mit dem Kunden sowie die Individualisierung der Kommunikation auch in Massenmärkten. Dabei sind allerdings der gewünschte Interaktivitätsgrad von Kundenseite sowie die aktivere Rolle des Kunden, welche gegen eine aggressive Pushwerbung spricht, zu beachten (vgl. *Fassot & Eggert* 2002, S. 496). Der Kunde bestimmt selbst über den Abruf der Informationen und das Ausmaß der Kommunikation, indem er den Zeitpunkt des Abrufs und den Detaillierungsgrad festlegt (vgl. *Fassot & Eggert* 2002, S. 496). Die dargestellten Database-Management-Technologien ermöglichen in Verbindung mit Call-Centern bzw. personalisierten Mailings die zielgerichtete Ansprache der Kunden unter Berücksichtigung der individuellen Umstände der Geschäftsbeziehung. Neue Kommunikationsinstrumente wie E-Mail und Chat erweitern bzw. substituieren dabei die traditionellen Kommunikationsinstrumente (vgl. *Duncan* 2000, S. 74; *Link & Tiedtke* 2000, S. 104-109). Allerdings nimmt der Kunde im Rahmen der Internet-Kommunikation insgesamt eine aktivere Rolle ein. Seiner Kommunikationsbedürfnisse sind somit maßgeblich in Bezug auf die Wahl der Kommunikationsinstrumente (vgl. *Fassot & Eggert* 2002, S. 496f.).

Gerade die Prinzipien der Individualisierung und Interaktion profitieren von den kommunikativen Möglichkeiten des Internet. Der besondere Vorteil im Rahmen des Relationship Marketings im Internet liegt nun in der kostengünstigen und gleichzeitig individuellen Kundenkommunikation, wobei der bislang geltende Widerspruch zwischen beiden Zielen weitgehend ausgeräumt wird. Hinzu tritt die zeitlich unbegrenzte Verfügbarkeit des Anbieters, die auf konventionellem Wege nur schwer zu leisten ist. Somit ermöglicht das Internet letztendlich erst die tatsächliche Umsetzung der Relationship-Marketing-Idee auch auf Massenmärkten (vgl. *Diller* 2001, S. 65-75).

Produktpolitik: In der Produktpolitik im Internet sowie insbesondere als Bestandteil des Relationship Marketings im Internet wird in der Regel von einer „Intensivierung der marktorientierten Gestaltungsmöglichkeiten" ausgegangen, die sich begründet in den „Möglichkeiten der elektronischen Vernetzung räumlich verteilter Teams im F&E-Bereich und den multimedialen Möglichkeiten der Visualisierung und Komplexitätsreduktion" (*Hansen & Bode* 1999, S. 369). Im Rahmen der langfristigen Bindung von Kunden ermöglicht das Internet die elektronische Kundenintegration mit dem Ziel der Einbindung in die Wertschöpfungskette. Gerade die Umsetzung des Prinzips der Integration kann folglich im Internet umfangreicher realisiert werde aber auch die Individualisierung und Interaktion sind gleichermaßen betroffen. Dabei eröffnen sich verschiedenartige Möglichkeiten. Neben dem sog. Virtual Prototyping ist hier etwa das Angebot von kundenindividuellen Massenprodukten im Sinne des Mass Customization[46] zu nennen, bei dem kundenindividuelle Angaben in die Produktion einfließen (vgl. z.B. *Hansen, Hennig-Thurau & Schrader* 2001, S. 51f.). Hinzu kommt die vergleichsweise kostengünstige Maß- bzw. Einzelanfertigung. Weiter ist die Einbeziehung des Kunden in die Leistungserstellung sowie Leistungsabwicklung anzuführen, etwa bei der Sendungsverfolgung durch

---

46 Für ein Anwendungsbeispiel des Mass-Customization-Begriffes vgl. *Reichwald, Piller & Meier* 2002; *Hansen, Hennig-Thurau & Schrader* 2001, S. 51f.

Transportunternehmen (vgl. *Duncan* 2000, S. 74-77; *Herrmanns* 1999, S. 92; *Reichwald, Piller & Meier* 2002, S. 231).

Hinzu treten elektronisch unterstützte Leistungsangebote für Service-Zwecke (vgl. *Duncan* 2000, S. 75; *Rust & Lemon* 2001).[47] Zu unterscheiden sind dabei etwa die Bereiche der Kundenberatung (Mail-Hotline, FaQ-Listen), der Beziehungsgestaltung (z.B. Zeitschriften und Kundenclubs), des elektronischen Beschwerdemanagements sowie Wartungs- und Reparaturdienste (vgl. *Hansen & Bode* 1999, S. 370; *Mann* 1996, S. 159-165). Vor dem Hintergrund des Relationship Marketings gilt es, die Instrumente in Richtung Kundenzufriedenheit und Kundenbindung einzusetzen. Die Individualisierung der Dienstleistungserstellung wird dabei auf elektronischem Wege vollzogen. Das Angebot ergibt sich als Resultat der über das Database Marketing generierten Informationen. Hinzu kommt, dass der Kunde selbst in die Serviceerstellung und -entwicklung einwirken kann bzw. ein lernendes System entsprechende Anpassungsschritte auf Basis des Kundenverhaltens selbsttätig vornimmt. Der Anbieter definiert dabei lediglich den Leistungsrahmen sowie die Personalisierungsmethode und entscheidet, nach welchen Kriterien den Kunden die Leistungen angeboten werden (vgl. *Wegmann* 2002, S. 249). Die dargestellten Prinzipien des Relationship Marketings können diesbezüglich Anhaltspunkte für die kundenorientierte Ausgestaltung liefern. Dem über Database-Systeme gespeicherten Wissen über den Kunden kommt vor diesem Hintergrund die Funktion einer Wechselbarriere zu, wenn es zielgerichtet zur Steigerung der Bequemlichkeit und Effizienz der Leistungserbringung aus Kundensicht genutzt werden kann. Ein Anbieterwechsel wäre entsprechend mit zeitlichem Aufwand und hoher Unsicherheit über den Leistungsstand und die Leistungserbringung des neuen Anbieters verbunden. Der Detaillierungsgrad dieser Informationen ist im Internet über entsprechende Techniken der Informationssammlung und Auswertung dabei deutlich gesteigert (vgl. *Reichwald, Piller & Meier* 2002, S. 230).

Preispolitik: Die Preispolitik im Internet wird ganz allgemein von vier zentralen Faktoren beeinflusst. (1) Diesbezüglich ist die im späteren Verlauf der Arbeit noch aufzugreifende Abrechnungsproblematik (Zahlungssicherheit) zu nennen. Gerade hier sind, wie später darzustellen ist, vertrauensbildende Beziehungs- und Abwicklungsmaßnahmen zur Überwindung erforderlich. (2) Weiter ist in Folge der verbesserten Informationslage und erhöhten Markttransparenz der Konsumenten eine gesteigerte Preistransparenz zu konstatieren. (3) Es folgt für Unternehmen, dass die Möglichkeit der Durchsetzung von Preisen im Internet deutlichen Einschränkungen unterliegt. (4) Zudem ergeben sich für den Kunden

[47] Vgl. für einen Überblick über Dienstleistungen im Internet *Fassot & Eggert* 2002; Rust & Lemon 2001; *Wirtz & Olderog* 2002.

in der Regel Zusatzkosten für den Internetzugang sowie den Verbindungsaufbau, die ebenfalls im Rahmen der Preispolitik Berücksichtigung finden sollen, da sie aus Kundensicht unweigerlich Kosten verursachen. Diese sind in den vergangenen Jahren jedoch deutlich rückläufig und bewegen sich inzwischen weit unter dem Niveau gewöhnlicher Telefonkosten. Die weitere Herausbildung von sog. Flat-Rates wird den Trend noch verstärken. Alle genannten Faktoren gelten insbesondere für eine beziehungsorientierte Preispolitik im Internet. Jedoch verspricht gerade ein beziehungsorientierter Ansatz, die genannten Problemfelder überwinden bzw. abschwächen zu können (vgl. *Wegmann* 2002, S. 249).

In Bezug auf die Punkte (2) und (3) bieten sich Ansätze der Preisdifferenzierung an. Verschiedene Studien weisen zwar auf ein geringeres Preisniveau im Internet hin (vgl. *Klein* 2001, S. 5), dem stehen jedoch Untersuchungen gegenüber, die nur ein vergleichsweise kleines Segment von Konsumenten im Internet als in erster Linie preisorientiert ausweisen (vgl. *Diller* 2001, S. 66). Von zentralem Vorteil auf Unternehmensseite sind im Internet dabei die verbesserten Möglichkeiten der Marktsegmentierung bis hin zu einem Segment of One sowie die Umsetzung effizienter Koordinations- und Verhandlungsmechanismen. Leistungsbezogene Preisdifferenzierung beinhaltet dabei das Angebot von Produktvarianten und -bündel entsprechend der Wünsche und Bedürfnisse sowie der Preisbereitschaft der Kunden. Ebenso ist sich eine kundenorientierte Preisdifferenzierung realisierbar, die sich entsprechend einer Selektion und Priorisierung von Kunden im Sinne des Customer Lifetime Value an privilegierten Kunden orientiert und diesen attraktive Angebote unterbreitet. Eine weitere Methode der Preisdifferenzierung, die im Rahmen der Preispolitik des Relationship Marketings im Internet umgesetzt werden kann, basiert auf dem vom Kunden wahrgenommenen Nutzen. Ziel ist dabei die Generierung von Kundenzufriedenheit und Kundenbindung über die Integration von Kundenprozessen in Folge transparenter Kostenstrukturen. Festzuhalten bleibt allerdings, dass es sich bei den geschilderten Differenzierungsansätzen nicht um echte Innovationen handelt, sondern vielmehr um eine Modifikation bestehender Verfahren. Für Anbieter besteht die Herausforderung in der Kombination aus Preisdifferenzierung, Preisbildung und Leistungsspezifikation (vgl. *Duncan* 2000, S. 75; *Klein* 2001, S. 8).[48]

Distributionspolitik: Grundlage einer Betrachtung der Distributionspolitik im Rahmen des Relationship Marketings ist die in Kapitel C 1.3.3 durchgeführte funktionale und institutionelle Betrachtung der gewandelten Marktwege im

---

[48] Eine weitere zentrale Entwicklung im Internet mit hoher preispolitischer Relevanz stellen Internetauktionen dar. Diese weisen jedoch nur einen begrenzten Bezug zur Relationship Marketing im Internet auf und sollen aus diesem Grund hier ausgeklammert werden; vgl. für einen Überblick *Möllenberg* 2003.

Internet, die bereits weite Einblicke in das gewandelte Instrumentarium gegeben hat. Auf diese kann hier in weiten Teilen verwiesen werden. Da sich das Internet lediglich für die Distribution digitaler Güter eignet, alle anderen Güter folglich weiterhin auf konventionellem Wege distribuiert werden müssen, handelt es sich um eine Ergänzung und Erweiterung traditioneller Distributionskanäle.

In Bezug auf die Ausgestaltung des Distributionskanals ergeben sich insbesondere für Hersteller neue Möglichkeiten der flexiblen Gestaltung. Vielfach ermöglicht das Internet den direkten Kontakt zwischen Herstellern und Kunden, denen bislang Intermediäre zwischengeschaltet waren. Der Hersteller hat somit gesteigerte Möglichkeiten, im Rahmen seiner Relationship-Marketing-Maßnahmen direkt mit dem Kunden in Kontakt zu treten, die direkte Distribution verstärkt umzusetzen und auf diesem Weg Kundenzufriedenheit und Kundenbindung herzustellen (vgl. in Anlehnung an *Duncan* 2000, S. 77).

2.3 Zusammenfassung und Ausblick

Es konnte aufgezeigt werden, dass das Internet viel versprechende Potentiale für die Durchsetzung von Relationship-Marketing-Strategien eröffnet. Dies gilt insbesondere für den Konsumgüterbereich, in dem die massenhafte, jedoch gleichzeitig individuelle Ansprache, die bislang eine deutliche Restriktion im Rahmen der Umsetzung von Relationship-Marketing-Strategien darstellte, ermöglicht wird. Zudem ergeben sich hinsichtlich der Instrumentalbereiche diverse Ergänzungen und Erweiterungen der traditionellen Instrumente.

Jedoch eröffnen sich auch in zentralen Bereichen des Relationship-Marketing-Konzeptes Probleme und Restriktionen, die es im Rahmen der Umsetzung zu beachten gilt. Hier wurden neben der Vertrauensproblematik, die im Zentrum dieser Arbeit steht, Aspekte wie Anonymität und mangelnder persönlicher Kontakt genannt. Hinzu kommt, dass noch bei weitem nicht alle Kunden über einen Zugang zum Internet verfügen, sodass je nach Zielgruppe und Art des Unternehmens, d.h. rein internetbasiert oder in Ergänzung traditioneller Vertriebswege, weitere Restriktionen auftreten können. Es macht dabei wenig Sinn, entgegen den Erwartungen und Präferenzen der Zielgruppe zu handeln. Wie auch im traditionellen Bereich zeigt sich, dass es sich bei Relationship Marketing nicht um ein immer angemessenes Konzept handelt, der Ansatz vielmehr situativ auf seine Vorteilhaftigkeit überprüft werden sollte. Dies gilt entsprechend für die Wahl des Internets als Kommunikations- und Vertriebskanal und den Grad der Einbindung in die Relationship-Marketing-Strategie.

Es bleibt abzuwarten, inwieweit sich Faktoren wie die Bedienerfreundlichkeit im Rahmen der Internetnutzung, die weitere Entwicklung und Ausgestaltung der

Instrumentalbereiche im Internet, adäquate Übertragungsraten sowie Faktoren wie Sicherheitsstandards und gesetzliche Regelungen herausbilden werden. Nicht zuletzt ist die demographische Entwicklung der Nutzer von großer Bedeutung für die zukünftige Relevanz des Mediums gerade auch in Massenmärkten. Hier ist mittelfristig mit einer weitgehenden Angleichung an die Grundgesamtheit der Bevölkerung sowie einer sehr viel größeren Verbreitung des Mediums zu rechnen. Bestes Beispiel ist etwa, dass in der Altersgruppe der 14 bis 21 Jährigen nach jahrelanger Männerdominanz erstmals Frauen überrepräsentiert sind (vgl. *W3B* 2002).

D. Vertrauen als Schlüsselvariable des Relationship Marketings im Internet

1 Internetspezifische Definition und Abgrenzung

In Kapitel B dieser Arbeit wurde der Vertrauensbegriff ausführlich diskutiert und insbesondere für den traditionellen Handel definiert und abgegrenzt. Vertrauen stellt demnach ein Konstrukt dar, das sowohl kognitive als auch affektive Bestandteile aufweist. Vertrauen wird definiert als die Bereitschaft einer Person, sich auf der Grundlage positiver Erwartungen bezüglich der Kompetenz und des Wohlwollens des Gegenübers auf diesen zu verlassen. Diese Sichtweise greift die zwei Hauptkomponenten der Diskussion um Vertrauen auf, eine Einstellungskomponente, ausgedrückt durch die Annahme, Zuversicht bzw. Erwartung hinsichtlich des zukünftigen Verhaltens des Anvertrauten sowie eine Verhaltenskomponente (vgl. *Moorman, Deshpandé & Zaltman* 1993, S. 82; *Morgan & Hunt* 1994, S. 23; *Lau & Lee* 1999, S. 343). Zudem berücksichtigt sie die Multidimensionalität des Vertrauensbegriffs, die sich im Begriffsverständnis dieser Arbeit in den Dimensionen der kundenseitigen Wahrnehmung der Kompetenz und des Wohlwollens des Anbieters konkretisieren soll.

Es stellt sich nun die Frage, inwieweit obige Definition und Abgrenzung für den Bereich des Internets einer Anpassung bedarf. Diesbezüglich muss festgestellt werden, dass das Internet keine grundsätzlich gewandelte Situation aufwirft, welche bewährte Begrifflichkeiten obsolet werden lässt. Dies wäre der Fall, wenn der Paradigmenwechsel im Marketing befürwortet werden würde. Bislang kann jedoch nicht von einer grundlegend gewandelten Situation ausgegangen werden, die eine Neudefinition des Vertrauensbegriffes begründen würde. Zieht man zum Vergleich branchenbedingte Besonderheiten heran, die bislang etwa zwischen dem Versandhandel und dem traditionellen Handel oder aber dem Dienstleistungsbereich und dem klassischen Konsumgüterbereich existieren, eröffnen die jeweiligen Spezifika Unterschiede in einem vergleichbaren Ausmaß, wie nun für das Internet konstatiert werden muss. Eine grundsätzliche Neuformulierung zugrunde gelegter Begrifflichkeiten erscheint somit nicht notwendig.

Vielmehr stellt sich die Frage, an welcher Stelle die beschriebenen Spezifika des Mediums im Detail Berücksichtigung finden. Diese wirken sich primär im Bereich der Determinanten aus, die sich zum einen aus der Distribution über das Internet oder einen externen Logistikanbieter ergeben. Zum anderen bedingt die zentrale Stellung der Website, welche diverse Funktionen in sich vereint, die bislang u.a. von den Mitarbeitern vollzogen bzw. über die Geschäftsaustattung vermittelt wurden, eine Modifikation im Bereich der Determinanten. Diese sollen bei der anschließenden Modifikation und Erweiterung der Determinanten berücksichtigt werden. Die grundlegenden Begrifflichkeiten bedürfen hingegen keiner Novellierung.

2 Determinanten von Vertrauen im Internet

2.1 Überblick über die grundlegende Literatur

Die Betrachtung der relevanten Literatur, die bereits für die Bereiche der Relationship-Marketing- und der Service-Quality-Literatur begonnen wurde, soll nun um internetspezifische Determinanten erweitert werden. Abbildung 23 fasst einleitend die zentralen Determinanten, die in der Electronic-Commerce- und internetspezifischen Marketing-Literatur genannt werden, zusammen. Anschließend werden unter Verwendung der in Kapitel B 3.2.4 dieser Arbeit eingeführten Kategorisierung die bereits für den traditionellen Bereich identifizierten Determinanten an den Internetkontext angepasst und um internetspezifische Determinanten erweitert. Es erfolgt zudem eine ausführliche Begründung der Vertrauensrelevanz der Determinanten.[49]

Abbildung 23:
Überblick über die vertrauensrelevante Internet-Literatur

Quelle	Forschungsfeld*	Forschungsschwerpunkt	Anbieterseitige Det.	Kundenseitige Det.	Weitere Det.	Ausrichtung**
Borchers (2001)	EC	Trust in internet shopping	Perceived security control, perceived privacy control, perceived integrity, perceived competence, third party recognition	Propensity to trust	Legal framework	E
Castelfranchi & Tan (2002)	EC	Trust and deception in virtual societies	Risk, potential gain, party trust, control trust	Risk propensity		C
Cheung & Lee (2000)	EC	Trust in internet shopping	Perceived security control, perceived privacy control, perceived integrity, perceived competence, third party recognition, legal framework	Propensity to trust		E
Friedman, Kahn &	EC	Exploring the nature of trust	Reliability and security of tech-			C

49 Vgl. zur Begründung der Auswahl der zugrunde gelegten Literaturbereiche Kapitel B 3.2.4.1.

Quelle	For-schungs feld*	Forschungs-schwerpunkt	Anbieterseitige Det.	Kunden-seitige Det.	Weitere Det.	Aus-rich-tung**
Howe (2000)		and trust development online	nology, knowing what people online tend to do, no misleading lan-guage and images, agreement about what counts as harm, informed consent, anonym-ity, accountability, saliency of cues in the online envi-ronment, insur-ance, performance history and reputa-tion			
Gefen (2002)	EC	Determinants of customer loyalty in e-commerce	Service quality			E
Grabner-Kraeuter (2002)	EC	Consumer trust in online-shopping	Information policies, content of web-page, naviga-tion guidance, design of web-page, well-known brand, simple fulfilment, guar-antee policies, rusted shops certificate, reputa-tion			C
Hoffman, Novak & Perelta (1998)	EC	Trust building and informa-tion privacy	Information privacy	Internet skills, perceived lack of control		E
Jarven-paa, Tractin-sky & Saarinen (1999)	EC	Trust in an internet store – a cross cultural validation	Perceived reputa-tion, perceived size			E
Kim & Prabha-kar (2000)	EC	Trust and adoption of internet banking	Institutional characteristics	Trust propensity	Perceived Risk, word-of-mouth referrals	C
Lee &	EC	Trust in	Trustworthiness of	Individual	Trustwor-	E

Quelle	For-schungs feld*	Forschungs-schwerpunkt	Anbieterseitige Det.	Kunden-seitige Det.	Weitere Det.	Aus-rich-tung**
Turban (2001)		internet shopping	internet merchant (ability, integrity, benevolence)	trust propensity	thiness of internet shopping medium (technical compe-tence, reliability, medium under-standing), contextual factors (third party certifica-tion, effective-ness of security infrastruc-ture),	
Mc-Knight & Chervany (2002)	EC	Trust in electronic commerce customer relationships	Institution-based trust, web vendor intervention (privacy policy, third party seals, interacting with customers, reputa-tion building, links to other sites, guarantees)	Disposition to trust		C, E
Morisson & Firm-stone (2000)	EC	Social func-tions of trust and implica-tions for e-commerce	Brands as trust, reputation, famili-arity/ closeness, performance, accountability	Habit as trust		C
Rat-nasing-ham & Kumar (2000)	EC	Trading partner trust in e-commerce	Trading partner competence, security based mechanisms in e-commerce			C
Shankar, Sultan & Urban (2002)	EC	Online trust and e-business strategy	Website character-istics (navigation and user friendli-ness, advice, error-freeness, fulfill-ment, community, privacy, security, trust seals and	Internet savvy, Internet shopping behavior, entertain-ment experience,	Place of Web usage	C

Quelle	Forschungsfeld*	Forschungsschwerpunkt	Anbieterseitige Det.	Kundenseitige Det.	Weitere Det.	Ausrichtung**
			refund policies, brand, presentation, site longevity, selection of items, timeliness of information, links to other relevant sites), other characteristics (online medium, trustworthiness of firm, perceived size of firm, perceived reputation of firm, dependence on the firm, human service, communication, personalization)	long-term orientation, predisposition to technology, feeling of control		
Sultan et al. (2002)	EC	Determinants and consequences of online trust	Navigation, advice, no errors, fulfilment, community, privacy-security, rust seals, brand, presentation	Self-confidence / Internet savvy, past behavior, Internet shopping experience, entertainment experience		E
Tan & Thoen (2000)	EC	Generic model of trust for electronic commerce	Personal experience, communality, (goal) understanding, social indicators (brand logo)			C
Urban, Sultan & Qualls (2000a; 2000b)	EC	Trust based advisor on the internet; Trust and internet strategy	Unbiased and complete information, easy to use navigation, guarantees, faultless fulfilment, competitive products, keeping of promises, ensuring consumer privacy,			E, C

Quelle	Forschungsfeld*	Forschungsschwerpunkt	Anbieterseitige Det.	Kundenseitige Det.	Weitere Det.	Ausrichtung**
			transparency, third party seals, building and transferring brand equity, community building			
Zott, Amit & Donlevy (2000)	EC	Value creation in electronic commerce	Encryption/ payment security, misuse of personal information, well-known partner, brand			C
Zeithaml, Parasuraman & Malhotra (2002)	e-SQ	Development of a service-quality scale for e-services	e-service quality dimensions: Efficiency, reliability, fulfilment, privacy, responsiveness, compensation, contact			E
Lociacono, Watson, & Goodhue (2000)	e-SQ	Development of a service-quality scale for e-services	e-service quality dimensions: Informational fit to task, interaction, trust, response time, design, intuitiveness, visual appeal, innovativeness, flow (emotional appeal), integrated communication, business processes, substitutiability			E
Wolfinbarger & Gilly (2002)	e-SQ	Development of a service-quality scale for e-services	e-service quality dimensions: website design, reliability, privacy/security, customer service			E
Zhang & von Dran (2001)	e-SQ	Understanding users' expectations towards	e-service quality dimensions: Security of data,			E

Quelle	Forschungsfeld*	Forschungsschwerpunkt	Anbieterseitige Det.	Kundenseitige Det.	Weitere Det.	Ausrichtung**
		and assessment of websites	easy to navigate, appropriate explanatory text, search tool, product and service price concern			

*RM: Relationship Marketing; R-SQ: Retail Service Quality; ** E: empirische Studie C: konzeptionelle Arbeit;

Quelle: Eigene Darstellung

2.2 Ein Determinanten-Modell von Vertrauen im Internet

Es gilt nun, das in Kapitel B 3.2 dieser Arbeit entwickelte Modell an die Besonderheiten des Internets anzupassen und um internetspezifische Determinanten zu erweitern. Abbildung 24 zeigt ein modifiziertes Determinanten-Modell, dessen Bestandteile im folgenden Kapitel im Detail dargestellt werden sollen. Es baut auf dem für den traditionellen Handel zugrunde gelegten Determinantenmodell auf (vgl. Abbildung 8). Wie bereits angeführt, bleibt die Struktur unverändert. Die Modifizierung findet vielmehr auf der Ebene einzelner Determinanten statt. Wieder soll an der *Abgrenzung* in *anbieterseitige*, *kundenseitige* und *weitere Determinanten* festgehalten werden. Gleiches gilt für die weitere *Ausdifferenzierung der anbieterseitigen Determinanten* in *Prozesse und Politiken*, *Kommunikation*, *Mitarbeiter*, *Produkt- und Leistungsangebot* sowie *Firmencharakteristika*, die gleichermaßen bereits für den traditionellen Handel durchgeführt wurde.

Wie bereits im traditionellen Handel stellt sich die Frage nach dem Stellenwert bzw. der Funktion der Determinanten. Diesen soll analog zu den im traditionellen Handel identifizierten Größen in Kapitel B 3.2 hypothetischer Charakter zugewiesen werden. Die Ausformulierung vollständiger Hypothesen wäre an dieser Stelle wenig zielführend, da im Rahmen des empirischen Teils dieser Arbeit ein schrittweises Vorgehen zur Determinantenidentifikation und -elimination gewählt wird. Ein bedeutender Teil der Hypothesen müsste folglich bereits frühzeitig verneint werden, was die Ausformulierung wenig sinnvoll und in Bezug auf das wissenschaftliche Vorgehen fragwürdig erscheinen lässt.

Abbildung 24:
Determinantensystem von Vertrauen im Internet

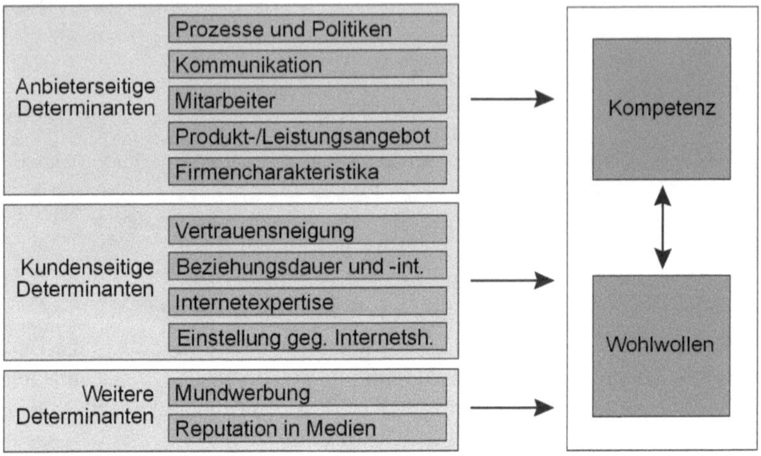

Quelle: Eigene Darstellung

2.3 Identifikation hypothetischer Determinanten von Vertrauen im Internet

2.3.1 Anbieterseitige Determinanten

2.3.1.1 Prozesse und Politiken

Bereits im traditionellen Relationship Marketing und im Bereich der Service-Quality-Literatur stellte die *Funktionalität* des Geschäftes bzw. die Funktionalität des Umfelds der Serviceerbringung eine wichtige Determinante des Vertrauens dar (vgl. *Bitner* 1992, S. 60; *Siu & Cheung* 2001, S. 89f.; *Dabholkar, Thorpe & Rentz* 1996, S. 6f.; *Metha, Lalwani & Han* 2000, S. 63). Dies kann analog für den Bereich des Internets festgestellt werden. In Abweichung zu traditionellen Bereichen vereint die Website im Internet alle zentralen Funktionen im Umfeld der Leistungserbringung in sich. Sie weist somit einen integrativen Charakter auf. Insbesondere die Möglichkeiten der Navigation auf der Website sind vor dem Hintergrund hoher Funktionalität dabei von besonderer Relevanz. Eine zielgerichtete und systematische Navigation kann den Zeit- und Bedienaufwand des Kunden deutlich verringern. Hinzu kommt, dass dem Kunden ein Gefühl der Kontrolle über die relevanten Bedienprozesse vermittelt und auf diesem Wege Kundenzufriedenheit und Vertrauen generiert wird (vgl. *Friedmann, Kahn &*

Howe 2000, S. 37f.; *Grabner-Kraeuter* 2002, S. 47). Dabei soll postuliert werden, dass die Websitefunktionalität im Online-Bereich noch von gesteigerter Bedeutung gegenüber dem traditionellen Offline-Bereich ist, da der Kunde bei Problemen in der Bedienung oder mangelnder Konsumkompetenz (vgl. *Hennig-Thurau* 1998) seinerseits nicht ohne weiteres auf Mitarbeiter zurückgreifen kann, sondern in der Lösung auftretender Probleme weitgehend auf sich selbst gestellt ist (vgl. *Karayanni & Baltas* 107f.; *Shankar, Sultan & Urban* 2002, S. 11f.; *Sultan et al.* 2002). Wie im traditionellen Bereich ist zu erwarten, dass die Wirkung auf die wahrgenommene Kompetenz deutlicher ausfällt. Eine hohe Funktionalität der Website signalisiert dem Kunden eine hohe Kompetenz des Anbieters, jedoch nur in geringerem Ausmaß auch ein hohes Wohlwollen desselben.

Auch das *Problemlösungsverhalten* des Anbieters wurde bereits für den traditionellen Bereich diskutiert; die Aussagen gelten für das Internet analog (vgl. *Grabner-Kraeuter* 2002, S. 47f.; *McKnight & Chervany* 2002, S. 52). Unter Problemlösungsorientierung eines Anbieters soll auch im Online-Bereich die Motivation und Fähigkeit des Anbieters verstanden werden, Kundenprobleme zu antizipieren, zu bearbeiten und zur Zufriedenheit des Kunden zu lösen, da Kunden auch im Internet im Zusammenhang mit auftretenden Problemen sensibilisiert und in hohem Maße abhängig vom Verhalten des Anbieters sind. Eine adäquate Lösung auftretender Probleme steigert somit das Vertrauen in den Internetanbieter. Da der Umgang mit auftretenden Problemen dabei primär von dem Willen des Händlers, eine Lösung zu finden, abhängig ist, wird in größerem Umfang die Wohlwollensdimension positiv beeinflusst. Jedoch soll davon ausgegangen werden, dass dem Problemlösungsverhalten im traditionellen Umfeld von Kundenseite mehr Vertrauensrelevanz beigemessen wird, da es hier mit persönlichem Kontakt verbunden ist. Dieser kann von Händlerseite dazu genutzt werden, das Kundenproblem individualisiert abzuwickeln und Beziehungsqualität zu generieren. Im Online-Bereich hingegen werden Probleme weitgehend automatisiert über E-Mail- und Softwarelösungen abgewickelt und können somit nicht im selben Ausmaß dazu beitragen, Vertrauen zu generieren. Problemrelevante Fragestellungen werden zudem im Vorfeld über die Versand- und Zahlungsbedingungen sowie gewährte Garantien evaluiert.

Gemeinsame Werte bzw. die *Ähnlichkeit* des Händlers mit seinen Kunden besitzt im traditionellen Handel Vertrauensrelevanz, da Kunden in traditionellen Geschäftsbeziehungen Partner präferieren, die eine ähnliche Wertebasis verkörpern. Dies reduziert die wahrgenommene Unsicherheit auf Kundenseite. Auch für den Internet-Bereich soll angenommen werden, dass Kunden segmentiert werden können, die eine gemeinsame Wertebasis aufweisen. Allerdings ist zu erwarten, dass die weitgehend maschinelle oder maschinell vermittelte Kommunikation die Vermittlung einer gemeinsamen Wertebasis erschwert. Entsprechend wird im Internet von einer geringeren Bedeutung gemeinsamer Werte für das Kundenvertrauen ausgegangen (*Morisson & Firmstone* 2000, S. 615-617). Grundsätzlich erscheint es aber über die Gestaltung der Website, die Wahl der Sprache u.a. durchaus möglich, auch ohne direkten persönlichen Kontakt Werte zu vermitteln und den Kunden somit ein Gefühl der Nähe bzw. Ähnlichkeit zu vermitteln. Dabei kann zudem angenommen werden, dass sich die Vermittlung einer gemeinsamen Wertebasis primär auf die Dimension des Wohlwollens auswirkt und nur in geringem Ausmaß auf die Kompetenz wirkt.

Individualisierung ist eine weitere Größe, die bereits für Vertrauen in traditionelle Händler diskutiert und auch im Internet wieder aufgegriffen werden soll (vgl. *Shankar, Sultan & Urban* 2002, S. 28; *Zott, Amit & Donlevy* 2000, S. 471). Wird Individualisierung im traditionellen Bereich meist über die Mitarbeiter realisiert, findet sie im Internet weitgehend automatisiert statt. Dies bedeutet im Idealfall eine vollständig individualisierte Website, die in Bezug auf die Gestaltung, die Kommunikation sowie das Produkt- und Serviceangebot individuell auf einen einzelnen Kunden zugeschnitten ist (vgl. im Detail Kapitel C 2.2). Wieder stellt sich die Frage der Bedeutung im Vergleich der betrachteten Bereiche. Zwar geht die Individualisierung im Online-Bereich infolge der relativ einfachen technischen Umsetzung häufig weiter als im traditionellen Bereich. Jedoch ist wieder einschränkend anzumerken, dass der mangelnde persönliche Kontakt die Vertrauenswirkung, insbesondere auf die identifizierte Dimension des Wohlwollens, geringer ausfallen lässt als im traditionellen Händlerumfeld. Zudem soll angenommen werden, dass sich die Individualisierung eher auf die Dimension des Wohlwollens auswirkt. Die Umsetzung der Individualisierung berührt zwar auch technische Aspekte, maßgeblich ist jedoch eher die Bereitschaft des Anbieters. Somit ist ein Einfluss auf die Dimension des Wohlwollens nahe liegender.

Die *Abwicklung der Leistungserbringung* und die damit verbundenen Abwicklungsprozesse wurden traditionell als zentrale Antezedens des Kundenvertrauens identifiziert (vgl. *Doney & Cannon* 1997, S. 42). Im Bereich des Internethandels bezieht sich die Leistungserbringung in der Regel auf den Versand der Ware und entsprechende Begleithandlungen. Dabei sind Aspekte wie zügige Abwicklung und Pünktlichkeit von Bedeutung. Eine positive Bewertung der Abwicklung spiegelt die Kompetenz des Anbieters wider und trägt zur Entwicklung von Kundenvertrauen bei (vgl. *Grabner-Kraeuter* 2002, S. 47; *Shankar, Sultan & Urban* 2002, S. 11; *Urban, Sultan & Qualls* 2000, S. 42; *Zeithaml, Parasuraman & Malhotra* 2002). Zudem wird neben der Kompetenz auch die Wahrnehmung hinsichtlich des Wohlwollens gesteigert, wenn auch in geringerem Umfang. Es wird hier jedoch deutlich, dass der Händler in Ergänzung seiner eigenen

Fähigkeiten hier maßgeblich von der Kompetenz Dritter abhängt, da für die Abwicklung in der Regel Vertragspartner (etwa im Transportgewerbe) herangezogen werden müssen. Die sorgfältige Auswahl und die notwendige Abstimmung dieser Partner sind somit für das Ergebnis ebenso wichtig wie die originären Maßnahmen des Händlers.

Neben die oben diskutierten Determinanten, die sowohl für den traditionellen Dienstleistungsbereich als auch für das Internet identifiziert werden können, treten in der internetbezogenen Literatur aus den Bereichen des Internet Marketings und des Electronic Commerce diverse Determinanten, die sich insbesondere aus den Spezifika des Internets ergeben und somit ausschließlich im Internet von Relevanz sind.

Eingangs soll hier eine mögliche virtuelle *Community* des Anbieters zur Steigerung des Vertrauens in denselben angeführt werden (vgl. *McKnight & Chervany* 2002, S. 51; *Shankar, Sultan & Urban* 2002, S. 11f.; *Zott, Amit & Donlevy* 2000, S. 472; vgl. für den Begriff der Community Kapitel C 2.2). Zwar sind Communities prinzipiell nicht auf den Online-Bereich begrenzt, hier jedoch als Instrument sehr beliebt. Im traditionellen Bereich wurde analog die Ähnlichkeit mit anderen Kunden angeführt, die sich jedoch im Detail von der internetbasierten Community unterscheidet. Auch wenn der Erfolg einer Community nicht ausschließlich im Einflussbereich des Anbieters liegt, sondern maßgeblich von der aktiven Nutzung der Kunden determiniert wird, stellt sie ein Instrument dar, das die Risikowahrnehmung des Kunden reduzieren und Vertrauen in den Anbieter generieren kann. Die Möglichkeit des Kunden, mit anderen Kunden in Kontakt zu treten, sich über Probleme aber auch positive Aspekte auszutauschen, vermittelt dabei in erster Linie ein hohes Maß an Offenheit und Wohlwollen seitens des Anbieters (vgl. *McKnight & Chervany* 2002, S. 51; *Shankar, Sultan & Urban* 2002, S. 11f.; *Urban, Sultan & Qualls* 1999, S. 12; siehe auch bei *McAlexander, Schouten & Koenig* 2002). Zudem soll in geringem Maße auch ein Einfluss auf die Dimension der Kompetenz vermittelt werden.

Neben der Abwicklung der Serviceerbringung bzw. dem Versand des Gutes weist die *Behandlung persönlicher und sensibler Informationen*, der Bereich der sog. *Privacy* Vertrauensrelevanz auf. Der Umgang mit persönlichen Kundendaten wie E-Mail-Adressen und ganzen Kundenprofilen samt Informationen über vergangene Einkaufsvorgänge stellt ein gerade im Internet viel diskutiertes Thema dar. In Form der Weitergabe entsprechender Informationen an dritte Parteien zu Werbezwecken aber auch die Nutzung für eigene unaufgeforderte Werbemaßnahmen (z.B. sog. Spam) wurde in der Vergangenheit offenkundig in großem Umfang Missbrauch mit Kundendaten betrieben. Verschiedene Studien (vgl. z.B. *Hoffman, Novak & Perelta* 1998; *Zeithaml, Parasuraman & Malhotra*

2002) wiesen diesbezüglich bereits auf die Vertrauensrelevanz der Thematik sowie die sensible Wahrnehmung von Kundenseite hin. Entsprechend hat die Einschätzung des Kunden bezüglich des anbieterseitigen Umgangs mit diesen Daten eine Auswirkung auf das Kundenvertrauen in einen Anbieter (vgl. *Cheung & Lee 2000*, S. 3; *Friedmann, Kahn & Howe* 2000, S. 37; *Hoffman, Novak & Perelta* 1998; *Ratnasingham & Kumar* 2000, S. 547; *Shankar, Sultan & Urban* 2002, S. 11; *Zeithaml, Parasuraman & Malhotra* 2002). Es ist offenkundig, dass der Umgang mit persönlichen Informationen dabei maßgeblich vom Wohlwollen des Anbieters abhängig ist. Jedoch sind zumindest am Rande auch technische Fragestellungen betroffen, sodass in abgeschwächter Form auch ein Einfluss auf die Dimension der Kompetenz begründet werden kann.

Neben dem Schutz der Privatsphäre, der in Literatur und Praxis in der Regel eigenständig diskutiert wird, ergibt sich im Internet eine *allgemeine Missbrauchs-Problematik*, die sich in erster Linie auf die Zahlungsabwicklung und deren Verknüpfung mit dem Versand der Ware bezieht (vgl. *Cheung & Lee* 2000, S. 3; *Borchers* 2001, S. 1; *Hoffman, Novak & Perelta* 1998, S. 3; *Shankar, Sultan & Urban* 2002, S. 10f.). Dabei soll im Rahmen dieser Arbeit zwischen einem möglichen *Missbrauch durch den Händler selbst* und einem *Missbrauch von dritten Parteien* unterschieden werden (vgl. z.B. bei *Shankar, Sultan & Urban* 2002, S. 10f.). Von Bedeutung ist also zum einen der eher technisch ausgerichtete Schutz vor Eingriffen von außen. Dieser kann z.B. über den Einsatz aktueller und angemessener Verschlüsselungs- und Sicherheitstechniken erfolgen. Zum anderen ist das Angebot entsprechender Zahlungsmodalitäten relevant, die einen Missbrauch durch den Händler selber verhindern. Dieser kann etwa über das Angebot von Alternativen zur Zahlung ausschließlich per Vorkasse erfolgen. Der Schutz vor Dritten bezieht sich gleichermaßen auf beide Vertrauensdimensionen. Der Ausschluss von Missbrauch durch den Händler selbst ist eher im Bereich der kundenseitigen Wahrnehmung des Wohlwollens von Bedeutung und hat nur geringen Einfluss auf die Wahrnehmung der Kompetenz.

Ergänzt werden diese Sicherheitsaspekte um die *Verfügbarkeit der Homepage* (vgl. *Lee & Turban* 2001, S. 81; *Shankar, Sultan & Urban* 2002, S. 11). Häufige Ausfälle und technische Probleme symbolisieren mangelnde technische Kompetenz und wirken sich in erster Linie negativ auf die Wahrnehmung der Kompetenz aus. In gewissem Umfang spiegeln sie zudem die Sorgfalt des Anbieters wider und wirken somit ebenfalls, wenn auch nur in geringerem Maße auf die Dimension des Wohlwollens.

2.3.1.2 Kommunikation

Der gesamte Bereich der Kommunikation stellt eine zentrale Schnittstelle zum Kunden dar und ist sowohl im traditionellen Handel als auch im Internet von großer Bedeutung für das Kundenvertrauen. Die für den Bereich der Kommunikation bereits identifizierten Determinanten finden auch im Internet Berücksichtigung. Es stellt sich allerdings wieder die Frage nach der Notwendigkeit einer Modifizierung und Erweiterung auf die Spezifika des Internets.

Deutlich abzugrenzen von der Funktionalität der Website, die im Bereich der Prozesse und Politiken Berücksichtigung fand, ist die *Anmutung* bzw. *Ästhetik* derselben, die als Internet-Äquivalent für die Gestaltung des Geschäftes betrachtet werden kann. Die Anmutung der Website vermag dazu beitragen, Dissonanzen des Kunden beim Besuch der Website abzubauen und Vertrauen zu steigern (vgl. *Grabner-Kraeuter* 2002, S. 47; *Metha, Lalwani & Han* 2000, S. 63; *Shankar, Sultan & Urban* 2002, S. 11). Insbesondere Affektionen und Gefühle des Kunden können auf diesem Weg angesprochen werden und somit Vertrauen generiert werden. Die Ästhetik spricht somit besonders die Dimension des Wohlwollens an. Zudem wirkt ein ansprechendes Design als Anzeichen für hohe Kompetenz und eine ausgeprägte Kundenorientierung des Anbieters. Folglich hat diese ebenfalls einen Einfluss auf die Dimension der Kompetenz. Analog zur Funktionalität der Website stellt sich die Frage nach der Bedeutung im Vergleich zum traditionellen Handel, die ebenfalls für den Internetbereich als höher angesehen werden soll. Dies wird zum einen ebenfalls mit dem Wegfall persönlicher Kontakte begründet, zum anderen wirken im Internet keine haptischen und olfaktorischen Reize auf den Kunden ein. Seine Wahrnehmung ist folglich auf die Website fokussiert, deren Bedeutung somit gesteigert ist.

Weiter soll die klassische *Werbung* in den Kreis der Determinanten einbezogen werden. Diese findet grundsätzlich in beiden betrachteten Kontexten Anwendung. Sie gestaltet sich im Internet in leicht abgewandelt Form z.B. über sog. Bannerwerbung. Sowohl im traditionellen als auch im internetbasierten Handel soll davon ausgegangen werden, dass gezielte Werbemaßnahmen, welche die Vertrauenswürdigkeit des Händlers herausstellen, das Kundenvertrauen steigern (vgl. *Lau & Lee* 1999, S. 345f.; *Shankar, Sultan & Urban* 2002, S. 11). Dabei ist es durchaus möglich und in der Vergangenheit bereits regelmäßig zu beobachten gewesen, dass internetbasierte Händler auf traditionelle Werbeträger im Bereich der Printmedien zurückgegriffen haben, um Kunden mit ihren Botschaften zu erreichen. Je nach inhaltlichem Schwerpunkt der Werbebotschaft ergibt sich eine stärkere Vertrauenswirkung auf die Dimension der Kompetenz oder des Wohlwollens. Bezüglich der Bedeutung im Vergleich zum traditionellen Bereich kann im Vorfeld keine Abweichung begründet werden.

Weiter wurde die gezielte Nutzung von *Referenzen* für einen Vertrauenstransfer, etwa in Form von Gütesiegeln und Markierungen Dritter angeführt. Diese sollen auch im Internet als vertrauensrelevant betrachtet werden, da ihre Relevanz im internetbasierten Handel gleichermaßen festgestellt werden kann (vgl. *Shankar, Sultan & Urban* 2002, S. 12; *Urban, Sultan & Qualls* 1999, S. 41). Ziel ist wie im traditionellen Handel, über einen Vertrauenstransfer auf den Anbieter Kundenvertrauen zu generieren (vgl. *Lau & Lee* 1999, S. 345f.). Eine häufig im Internet verwendete Art von Gütesiegeln stellen etwa die in Abbildung 1 dargestellten Vertrauenslabel dar, die in der Regel von dritten Parteien vergeben werden. Sie binden den Händler an eine Art Selbstverpflichtung in Bezug auf die mit dem Label verbunden Regeln zur Geschäftsführung und -abwicklung. Markierungen Dritter beziehen sich im Internet häufig auf konkrete Funktionen, etwa im Rahmen des Zahlungsverkehrs oder der Leistungsabwicklung. Etwa kann hier über eine Partnerschaft mit einem Kreditinstitut und die folgende Markierungen auf der Seite des Anbieters Kompetenz und Wohlwollen in Bezug auf die Zahlungsabwicklung vermittelt werden. Die Verwendung von Markierung von Logistikunternehmen wie der Deutschen Post hingegen kann als Referenz in Bezug auf die Abwicklung der Leistung verwendet werden. Insgesamt kann festgehalten werden, dass die gezielte Nutzung von Referenzen im Internet sogar noch von höherem Gewicht ist, da Kunden in diesem Umfeld weitgehend auf bewährte Vertrauensindikatoren verzichten müssen. Entsprechend gewinnen vermeintlich unabhängige Informationen über den Händler an Bedeutung. Je nach Aussage des Gütesiegels bzw. Wahl der Markierung ergibt sich ein Einfluss auf die Dimension der Kompetenz oder des Wohlwollens. Bei der Wahl der für den Vertrauenstransfer herangezogenen Gütesiegel und Institutionen ist allerdings eine gewisse Sorgfalt angeraten, da in Bezug auf das tatsächliche Regelwerk von Siegeln große Unterschiede existieren (vgl. *Friedman, Kahn & Howe* 2000, S. 37).[50]

Ähnlich verhält es sich mit *Transparenz*, die sowohl im Online- als auch im Offline-Kontext Vertrauensrelevanz besitzt (vgl. *Crosby, Evans & Cowles* 1990, S. 71; *Urban, Sultan & Qualls* 1999, S. 39f.), allerdings für den Online-Bereich als wichtiger erachtet wird. Die höhere Komplexität der Einkaufsvorgänge und die folglich gesteigerte Unsicherheit seitens der Kunden bedingt eine Nachfrage nach sensiblen Informationen. Diese sind nur bei einem ausreichenden Maß an Transparenz seitens des Händlers gewährleistet. Dabei handelt es sich bei der

[50] Aus Kundensicht ist die Verwendung von Vertrauenslabeln in der Praxis in verschiedenen konkreten Fällen problematisch (z.B. TrustE), da einige Label zwar suggerieren, für besonders vertrauensvolle Geschäftspraktiken zu stehen. Eine genauere Betrachtung der mit dem Label verbundenen Vorschriften offenbart jedoch vielfach nur einen geringen Beitrag zum Schutz des Kunden. Offenbar werden diese in einigen Fällen als einfaches Werbeinstrument missbraucht, ohne den Kunden tatsächlich zu schützen.

Transparenz primär um eine gewollte und freiwillig kommunizierte Maßnahme des Händlers, die dessen Offenheit und Fairness zum Ausdruck bringt. Sie wirkt somit in erster Linie positiv auf die die Wahrnehmung des Wohlwollens wirkt.

Die *Verfügbarkeit produktbezogener Informationen* (vgl. *Swan & Trawick* 1987, S. 91-96) stellt eine weitere Determinante dar, deren Relevanz für das Kundenvertrauen auf den Bereich des Internets übertragen werden kann (vgl. *Urban, Sultan & Qualls* 1999, S. 41f.). Die Vermittlung produktbezogener Informationen gehört auch im Internet zu den zentralen Aufgaben des Händlers. Die Erfüllung dieser Funktion wirkt somit gleichermaßen auf die Wahrnehmung der Kompetenz sowie des Wohlwollens desselben. Im Gegensatz zum traditionellen Handel erfolgt die Vermittlung produktbezogener Informationen im Internet allerdings nicht über das Verkaufspersonal, sondern fällt primär der Website zu. Dabei muss unter Rückgriff auf entsprechende Datenbanken, die es aufzubauen und zu pflegen gilt, ein kundengerechter Zugriff auf die Daten gewährleistet werden. Da der Kunde die Daten in einem interaktiven Prozess abfragt, sind neben der bloßen Existenz derselben insbesondere die Zugriffs- und Suchmöglichkeiten ausschlaggebend und somit vertrauensrelevant (vgl. *Urban, Sultan & Qualls* 1999, S. 41f.). Einschränkend muss jedoch angeführt werden, dass Konsumenten im Internet ohne großen Aufwand neben dem Händler noch auf verschiedene weitere produktbezogene Informationsquellen in der Regel kostenfrei zugreifen können. Hier sind neben den originären Herstellerinformationen, die meist frei zugänglich sind, etwa Testberichte von zahlreichen Zeitschriften, insbesondere aber auch Erfahrungsberichte auf virtuellen Meinungsplattformen zu nennen. Die Abhängigkeit von produktbezogenen Informationsleistungen des Händler ist somit insgesamt eher reduziert (vgl. *Datz* 2002).

Zudem soll die *Aktualität von Informationen* angeführt werden, die sich sowohl auf allgemeine Angaben als auch auf produktspezifische Informationen bezieht. Da internetbasierte Händler verschiedenartige Informationen vermitteln, deren Aktualität für Kunden sowohl in der Vor- als auch in der Nachkaufphase entscheidend sein kann, soll die Aktualität von Informationen als vertrauensrelevant aufgefasst werden (vgl. *Urban, Sultan & Qualls* 1999, S. 41; *Shankar, Sultan & Urban* 2002, S. 10-12). Gerade im Online-Bereich können Kunden allgemeine Informationen und Angaben zur Verfügbarkeit von Produkten nicht im Vorfeld evaluieren und sind somit auf die Aktualität derselben angewiesen. Eine simple Überprüfung vor Ort, die sich im lokalen Geschäft anbietet, ist hier offenkundig nicht möglich. Daraus erwächst eine hohe Bedeutung für den internetbasierten Handel, deren Vertrauensrelevanz sich sowohl auf die Wahrnehmung der Kompetenz als auch des Wohlwollens bezieht.

Weiter erhielt im traditionellen Handel die *Verfügbarkeit des Unternehmens* im Falle von Ansprachen bzw. Ansprechbarkeit Aufnahme in den Kreis der Determinanten (vgl. *Swan & Trawick* 1987, S. 95f.). Gerade im Internet erscheint diese Größe überaus plausibel, da Kunden hier regelmäßig keinen Kontakt zum Anbieter herstellen können. In der Praxis wird häufig die Möglichkeit des telefonischen Kontakts verwehrt und E-Mails bleiben über lange Zeiträume unbeantwortet. Entsprechend soll die *Verfügbarkeit des Unternehmens* im Falle von Ansprachen auch im internetbasierten Handel in den Kreis der Determinanten im Bereich Kommunikation Aufnahme finden.

2.3.1.3 Mitarbeiter

Die Mitarbeiter wurden als wichtige Quelle des Kundenvertrauens in traditionellen Märkten identifiziert (vgl. *Bendapudi & Berry* 1997, S. 23; *Doney & Cannon* 1997, S. 39f.; *Moorman, Deshpandé & Zaltman* 1993, S. 83). Da diese auch im Internet maßgeblich die Leistungsfähigkeit und Zuverlässigkeit eines Anbieters bestimmen, sollen sie auch für den Online-Bereich in die Betrachtung einbezogen werden. Folglich fließen die Größen der *(Fach-)Kompetenz* (vgl. *Dabholkar, Thorpe & Rentz* 1996, S. 7; *Doney & Cannon* 1997, S. 39f.) der *Empathie* (vgl. *Doney & Cannon* 1997, S. 40), der *Motivation* (vgl. *Moorman, Deshpandé & Zaltman* 1993, S. 83) und des *Empowerments* (vgl. *Doney & Cannon* 1997, S. 39f.) der Mitarbeiter in die Betrachtung der Determinanten des Kundenvertrauens im Internet ein. *Shankar, Sultan & Urban* (2002) weisen in Bezug auf das Internet explizit auf die Bedeutung der Mitarbeiter hin.

Analog zur Argumentation im traditionellen Handel soll grundsätzlich davon ausgegangen werden, dass die Kompetenz, Empathie, Motivation und das Empowerment der Mitarbeiter auch im Rahmen des Internet von Kundenseite erfahren und folglich beurteilt werden können. Allerdings unterliegt diese Annahme im Umfeld des Internet einigen Einschränkungen. Vielfach kommt es in keiner Phase einer Transaktion zu einem persönlichen Kontakt und selbst individuelle Mails werden soweit möglich maschinell bearbeitet. Auch in längerfristig ausgerichteten Geschäftsbeziehungen wird sich daran bestenfalls geringfügig etwas ändern. Es muss jedoch angemerkt werden, dass dieser Zustand durchaus bewusst herbeigeführt wird, da nur über eine konsequente Automatisierung und die sich ergebenden Einsparungen von Humanressourcen die Potentiale zur Kosteneinsparung des Internets realisiert werden können. Aus der Vertrauensperspektive erscheint dies insofern kritisch, da bislang gerade die Mitarbeiter einen bedeutenden Teil des Kundenvertrauens generiert haben. Es bleibt die empirische Untersuchung abzuwarten, welche die Bedeutung der Mitarbeiter im Internet aufgreifen wird. Vorab soll allerdings eine geringere Vertrauensrelevanz für den Bereich des Internets postuliert werden.

2.3.1.4 Produkt- und Leistungsangebot

Das *Produkt- und Leistungsangebot* des Händlers in Form der relativen Produkt-Leistungsqualität sowie der Zusammenstellung eines sinnvollen Sortiments wurde im Offline-Bereich als Determinante von Vertrauen identifiziert (vgl. *Garbarino & Johnson* 1999, S. 74-77; *Johnson & Grayson* 1999, S. 10; *Ruyter, Moorman & Lemmink* 2001, S. 277f.). Dies gilt analog für Händler im Internet, da hier ebenso die Produkte und Leistungen die eigentliche Transaktion erst konkretisieren (vgl. *Shankar, Sultan & Urban* 2002, S. 15-17). Sie geben Konsumenten einen Anhaltspunkt bezüglich der Kompetenz des Händlers. Zudem symbolisiert die intelligente und kundenorientierte Zusammenstellung des Leistungsangebotes in gewissem Umfang die Seriosität des Anbieters, der sich auf die Wahrnehmung des Wohlwollens auswirkt. Es stellt sich wieder die Frage, in welcher Umgebung das Produkt- und Leistungsangebot von größerer Bedeutung bezüglich des Kundenvertrauens ist. Als entscheidend soll hier angenommen werden, dass im traditionellen Handel haptische und olfaktorische Reize auf den Kunden wirken können. Im Internet ist die Abbildung des Produkt- und Leistungsangebots hingegen auf die graphische Darstellung begrenzt und kann nur eingeschränkt auf die Wahrnehmung der Konsumenten wirken.

2.3.1.5 Anbietercharakteristika

Abgeschlossen wird die Betrachtung der anbieterseitigen Determinanten mit den Anbietercharakteristika. Für den traditionellen Bereich wurde hier die *Größe des Händlers* (vgl. *Doney & Cannon* 1997, S. 38f.) als Determinante des Kundenvertrauens identifiziert, da sie aus Kundensicht ein Indiz für vertrauenswürdiges Verhalten gegenüber anderen Kunden darstellt. Analog verhält es sich mit der Determinante der *Langlebigkeit* (vgl. *Friedmann, Kahn & Howe* 2000, S. 39). Hat ein Anbieter sich über längere Zeit im Markt etabliert, wird dies regelmäßig als Indiz für die Vertrauenswürdigkeit desselben betrachtet. Dabei wird analog von der Akzeptanz anderer Kunden auf das vertrauenswürdige Verhalten des Anbieters geschlossen. Folglich findet die Langlebigkeit bzw. das Alter des Anbieters Aufnahme in den Kreis der anbieterseitigen Determinanten.

Allerdings ist ebenso einschränkend anzuführen, dass die Determinante der Langlebigkeit kaum von Seiten des Anbieters steuerbar ist. Dieser kann bestenfalls die Wahrnehmung der Konsumenten über angepasste Kommunikationsmaßnahmen beeinflussen. Denkbar wäre z.B. in Werbebotschaften auf die langjährige Erfahrung des Anbieters zu verweisen und auf diesem Wege die Langlebigkeit zu betonen.

Beide Größen sollen, wenn auch von Anbieterseite nur bedingt zu beeinflussen, für den Online-Bereich herangezogen werden (vgl. *Friedmann, Kahn & Howe*

2000, S. 39; *Jarvenpaa, Tractinsky & Saarinen* 1999; *Shankar, Sultan & Urban* 2002, S. 12). Da ein Kunde im Internet kaum auf bewährte Qualitätsindikatoren zurückgreifen kann, soll im internetbasierten Handel von einem größeren Einfluss auf die Vertrauensbildung im Onlinebereich ausgegangen werden, der sich gleichermaßen auf beide Dimensionen des Vertrauens auswirkt.

Abbildung 25 gibt einen Überblick über die identifizierten anbieterseitigen Determinanten für Vertrauen im Internet.

Abbildung 25:
Anbieterseitige Determinanten von Vertrauen im Internet

Prozesse und Politiken	Kommunikation	Mitarbeiter	Produkt- / Leistungs-angebot	Firmen-charakteristika
•Funktionalität der Website •Problemlösung •Werte / Ähnlichkeit •Individualisierung •Abwicklungs-prozesse •Community •Privacy •Missbrauch durch Dritte •Missbrauch d. den Händler •Verfügbarkeit	• Anmutung der Website • Werbung • Referenzen • Transparenz • Verfügbarkeit produkt-bezogener Informationen • Aktualität • Ansprechbar-keit	•Kompetenz •Motivation •Empathie •Empowerment	•Produkt- und Leistungsqua-lität / Sortiment	•Größe •Langlebigkeit

Quelle: Eigene Darstellung

2.3.2 Kundenseitige Determinanten

In der Folge sollen die kundenseitigen Determinanten in Bezug auf den Bereich des Internets modifiziert und um internetspezifische Determinanten ergänzt werden. Hier wurde einleitend die *Vertrauensneigung eines Konsumenten* als wichtig für das tatsächliche Vertrauen in einen Händler angesehen und auf die

Interpersonal Trust Scale von Rotter verwiesen (vgl. *Rotter* 1967; *Rotter* 1971; *Wheeless* 1978). Grundsätzlich sind die Aussagen zu Persönlichkeitsmerkmalen, die eine individuelle Vertrauensneigung bedingen, in traditionellen Umfeldern ebenso gültig wie im Internet (vgl. *Cheung & Lee* 2000, S. 3; *Kim & Prabhakar* 2000, S. 539).

Weiter wurde bereits im traditionellen Bereich die *Beziehungsdauer bzw. Beziehungsintensität* als Determinante identifiziert. Eine andauernde positive und intensive Beziehung zum Anbieter reduziert die Unsicherheit auf beiden Seiten und steigert die Vertrautheit (vgl. *Doney & Cannon* 1997, S. 39). Annahmegemäß ist diese Wirkung im Online-Bereich ebenso anzuführen.

Zu den ebenfalls im traditionellen Bereich identifizierten Determinanten treten noch weitere, internetspezifische Größen, die in die Betrachtung einbezogen werden sollen. Diesbezüglich sind die kundenseitigen *Erfahrungen und Kenntnisse mit dem Internet* zu nennen (vgl. *Moorman, Desphandé & Zaltman* 1993, S. 82). Versierte Internetnutzer verfügen über einen grundlegend anderen Erfahrungsschatz und vermögen Situationen sehr viel fundierter zu beurteilen als weitgehend unerfahrene Nutzer. Entsprechend ist ihr Grad an Unsicherheit geringer und das Vertrauen gesteigert. Dies gilt gleichermaßen für beide Dimensionen des Kundenvertrauens.

Weiter ist die *Einstellung zum Thema Internetshopping* bzw. *zum Internet allgemein* anzuführen. Es stellt sich dabei die Frage, ob ein Konsument, der Einkaufen im Internet als grundsätzlich risikobehaftet beurteilt bzw. dem Internet eher ablehnend gegenübersteht, einem Händler das gleiche Maß an Vertrauen entgegenbringt wie ein positiv eingestellter Konsument. Die Maßnahmen des Händlers treffen hier also auf Prädispositionen und können folglich nur einen gewissen Teil des Kundenvertrauens direkt erklären. Zwar dürften solche spezifischen Einstellungen auch im traditionellen Handel vorzufinden sein. Dieser stellt jedoch einen etablierten und somit habitualisierten Bestandteil des gesellschaftlichen Lebens dar und vermag nicht in dem Maße zu polarisieren wie das Internet als neuer Distributions- und Kommunikationskanal (vgl. *Shankar, Sultan & Urban* 2002, S. 9-11). Folglich soll angenommen werden, dass sich aus einer positiven Einstellung zum Thema Internetshopping sowie zum Internet im Allgemeinen eine steigernde Wirkung auf das Kundenvertrauen ergibt, die auf beide Dimensionen gleichermaßen wirkt.

2.3.3 Weitere Determinanten

Abschließend soll die Betrachtung der Determinanten für den Online-Bereich noch um weitere Determinanten ergänzt und abgerundet werden. Dabei wurde bereits auf die große Bedeutung von *Mundwerbung* hingewiesen, da sie nicht von Anbieterseite initiiert ist und aufgrund ihres Ursprungs als glaubwürdig wahrgenommen wird (vgl. *Brown & Reingen* 1987, S. 350f.; *Gremler, Gwinner & Brown* 2001, S. 44f.; *Tax, Chandrashekaran & Christiansen* 1993, S. 74f.). Mundwerbung kann sich grundsätzlich auf den traditionellen und auf den internetbasierten Handel beziehen und ist somit in beiden betrachteten Bereichen gleichermaßen von Bedeutung. Sie kann sich zudem je nach konkretem Inhalt der Botschaft auf beide Dimensionen des Vertrauens beziehen. Im Rahmen des Internet entwickeln sich ganz neue Formen der Mundwerbung etwa über Meinungsplattformen, Newsgroups oder Chats, in denen sich Kunden über verschiedenste Themen, zu denen auch Händler und Hersteller gehören, austauschen (vgl. Kapitel C 2.2.1). Im Unterschied zu traditioneller Mundwerbung zeichnen sich diese neuartigen Formen durch ihre sehr viel höhere Reichweite und den großen Kreis an Empfängern aus. Zudem sind die Inhalte nicht zeitlich dispers, sondern je nach Art der Artikulation mitunter unbegrenzt einzusehen (vgl. *Kim & Prabhakar* 2000, S. 540; für einen detaillierten Überblick vgl. *Datz* 2002).

Ähnlich verhält es sich mit der allgemeinen *Reputation in Medien*, also nicht selbst initiierten Medienberichten über den Anbieter. Auch diese können sich sowohl auf traditionelle als auch auf internetbasierte Händler beziehen und werden somit in beiden Bereichen als Determinanten berücksichtigt (vgl. *Grabner-Kraeuter* 2002, S. 48). Positive Berichte und Empfehlungen sind dabei ebenso wie positive Mundwerbung geeignet, Vertrauen zu generieren. In Abhängigkeit der Inhalte der Berichterstattung ergibt sich eine Wirkung auf die Dimension der Kompetenz oder des Wohlwollens.

Zudem soll zumindest am Rande darauf hingewiesen werden, dass das gesamte Internet einem permanenten Wandel unterzogen ist. Technische Standards entwickeln sich ständig weiter und beeinflussen damit die Infrastruktur, derer sich Händler im Internet bedienen. Dies hat insbesondere auf die Sicherheitsmaßnahmen der Händler einen bedeutenden Einfluss. Gleiches gilt für logistische Möglichkeiten, die eine immer weitergehende Ausrichtung des Angebots an den Kundenbedürfnissen ermöglichen. Hier sei exemplarisch auf Tracking-Maßnahmen hingewiesen. Es kann also festgehalten werden, dass gerade das Umfeld des Internets einem ständigen Wandel unterliegt, welcher sich auch auf vertrauensrelevante Fragestellungen auswirkt. Einer systematischen Berücksichtigung in einem Determinantenmodell erscheinen diese Merkmale allerdings nicht zugänglich.

Es kann festgehalten werden, dass gerade im Bereich der Prozesse und Politiken sowie der kundenseitigen Merkmale einige internetspezifische Determinanten die bereits identifizierten Größen des traditionellen Handels ergänzen. Zudem kann zumindest zum derzeitigen Stand der Entwicklung des Internets festgestellt werden, dass alle für den traditionellen Bereich identifizierten Determinanten auch im Internet von Bedeutung sind. Es bleibt abzuwarten, inwieweit sich dies im Rahmen der empirischen Untersuchung bestätigen wird.

2.4 Zusammenfassung und Prüfung auf Vollständigkeit

Im Rahmen der Literaturstudie wurden insgesamt 22 Determinanten für den traditionellen, stationären Handel und 30 Determinanten für den Bereich des Internethandels identifiziert. Diese basierten primär auf der systematischen Auswertung der relevanten Literatur der Bereiche des Relationship Marketings, der Service-Quality-Forschung und des Electronic Commerce. Im Rahmen der Literaturrecherche wurden argumentativ Determinanten identifiziert und ihre Eignung für den Sachverhalt dieser Arbeit geprüft.

Dieses Vorgehen bedarf allerdings noch einer Erweiterung, um Vollständigkeit zu gewährleisten und auch aktuellen Entwicklungen gerecht werden zu können. Dabei soll sich die Identifikation relevanter Determinanten nicht ausschließlich auf die Literaturrecherche beziehen, sondern im Folgenden noch um Plausibilitätsüberlegungen sowie eine qualitative Vorstudie erweitert werden. Dies betrifft sowohl die in Kapitel D 2.3 angeführten Größen als auch die bereits in Kapitel B 3.2.4 identifizierten Determinanten des stationären Handels.

Zur Ergänzung und Validierung der identifizierten Determinanten von Vertrauen wurden im Rahmen der explorativ ausgelegten Vorstudie 95 Studenten an zwei deutschen Universitäten mit der Aufgabe betraut, Quellen von Vertrauen sowie analog von Misstrauen in Internet-Händler und traditionelle, stationäre Händler zu nennen.[51] Gruppen zu je fünf Personen wurden aufgefordert, Determinanten von Vertrauen in Online-Reisebüros oder Online-Buch/CD/DVD-Händler im Rahmen von Gruppendiskussionen zu identifizieren. Anschließend stellten die Gruppen ihre Ergebnisse vor und begründeten diese im Detail. Insgesamt wurden über die beschriebene Vorgehensweise 22 Determinanten von Vertrauen in traditionelle Anbieter und 30 Determinanten von Vertrauen in Internet-Anbieter identifiziert, welche im Kern den zuvor genannten Determinanten entsprachen. Einzige Ausnahme, die von Seiten der Studenten ergänzend genannt wurde, war der Begriff der Kundenorientierung. Dieser stellt jedoch ein Konglomerat verschiedener Variablen (z.B. Problemlösung, Websitegestaltung) dar, die im Detail bereits Aufnahme in die Liste der Determinanten fanden, sofern sie von Relevanz für den spezifischen Sachverhalt der vorliegenden Arbeit waren. Die

[51] Die besagte qualitative Studie fand im Rahmen zweier Marktforschungspraktika der Universitäten Hannover und Münster statt; für weitere Details vgl. Kapitel E 1.

explorative Studie erforderte folglich keine Erweiterung der Determinanten. Vielmehr bestätigte sie die bisher identifizierten Größen in vollem Umfang.

Weiter stellt sich im Einzelfall die Frage nach der Notwendigkeit, Determinanten, die nur für den Online-Bereich genannt wurden, auf den Offline-Bereich zu übertragen. Diesbezüglich wurde im Bereich der Anbietercharakteristika im Internetbereich neben der Größe des Anbieters dessen Langlebigkeit angeführt (vgl. *Friedmann, Kahn & Howe* 2000, S. 39). Dabei kann festgestellt werden, dass die vorgebrachte Argumentation im Rahmen der Begründung der Relevanz gleichermaßen für den traditionellen Handel geltend gemacht werden kann. Entsprechend soll die Determinante *Langlebigkeit* auch im traditionellen Handel auf ihre Relevanz überprüft werden.

Analog stellt es sich für die im Online-Bereich angeführte Determinanten der *Aktualität von Informationen* dar (vgl. *Urban, Sultan & Qualls* 1999, S. 41; *Shankar, Sultan & Urban* 2002, S. 10-12), die in den Kreis der Vertrauensdeterminanten des traditionellen Handels eingeführt werden soll. Diese bezieht sich sowohl auf allgemeine Angaben als auch auf produktspezifische Informationen. Der Grad der Aktualität von Informationen ist für Kunden dabei sowohl in der Vor- als auch in der Nachkaufphase relevant. Dies gilt gleichermaßen für den internetbasierten als auch für den traditionellen Handel. Zwar hat der Kunde im traditionellen Handel grundsätzlich die Möglichkeit, einen Mitarbeiter zu kontaktieren. Dies ist jedoch im Einzelfall mit Wartezeiten verbunden oder gar nicht möglich. Somit ist der Kunde also auch hier grundsätzlich auf die Aktualität von Angaben angewiesen. Folglich soll die Aktualität von Informationen auch im traditionellen Handel als vertrauensrelevant im Bereich der Kommunikation angesehen werden (vgl. *Urban, Sultan & Qualls* 1999, S. 41; *Shankar, Sultan & Urban* 2002, S. 10-12).

Abschließend kann somit festgehalten werden, dass insgesamt 24 Determinanten für den traditionellen, stationären Handel und 30 Determinanten für den Bereich des Internethandels identifiziert wurden und in die empirische Untersuchung in Kapitel E eingehen werden. Abbildung 26 fasst die Determinanten für den traditionellen und den Internetbasierten Handel zusammen.

Abbildung 26:
Determinanten von Vertrauen im traditionellen und im internetb. Handel

DETERMINANTEN VON VERTRAUEN IM TRADITIONELLEN HANDEL

Anbieterseitige Determinanten

Prozesse und Politiken
- Funktionalität des Geschäfts
- Problemlösung
- Werte / Ähnlichkeit
- Community
- Abwicklungsprozesse
- Individualisierung

Kommunikation
- Werbung
- Referenzen
- Anmutung des Geschäfts
- Transparenz
- Verfügbarkeit produktbezogener Informationen
- Ansprechbarkeit
- Aktualität

Mitarbeiter
- Kompetenz
- Empathie
- Motivation
- Empowerment

Produkt-/Leistungsangebot
- Produkt- und Leistungsqualität / Sortiment

Firmencharakteristika
- Größe
- (Langlebigkeit)

Kundenseitige Determinanten
- Vertrauensneigung
- Beziehungsdauer und -intensität

Weitere Determinanten
- Mundwerbung
- Reputation in Medien

DETERMINANTEN VON VERTRAUEN IM INTERNET

Anbieterseitige Determinanten

Prozesse und Politiken
- Funktionalität des Geschäfts
- Problemlösung
- Werte / Ähnlichkeit
- Individualisierung
- Abwicklungsprozesse
- Community
- Privacy
- Missbrauch durch Dritte
- Missbrauch d. d. Händler
- Verfügbarkeit

Kommunikation
- Anmutung der Website
- Werbung
- Referenzen
- Transparenz
- Verfügbarkeit produktbezogener Informationen
- Aktualität

Mitarbeiter
- Kompetenz
- Motivation
- Empathie
- Empowerment

Produkt-/Leistungsangebot
- Produkt- und Leistungsangebot / Sortiment

Firmencharakteristika
- Größe
- Langlebigkeit

Kundenseitige Determinanten
- Vertrauensneigung
- Beziehungsdauer und -intensität
- Internetexpertise
- Einstellung gegen Internetshops

Weitere Determinanten
- Mundwerbung
- Reputation in Medien

Quelle: Eigene Darstellung

3 Konsequenzen von Vertrauen im Internet – Modell und Hypothesengenerierung

Die einzelnen Komponenten des Commitment-Trust-Ansatzes sowie ihre Beziehungen untereinander wurden bereits in Kapitel B ausführlich diskutiert. Daran anknüpfend stellt sich die Frage, ob sich im Internetumfeld Abweichungen hinsichtlich der Beziehungen zwischen den Modellbestandteilen ergeben. Dies gilt insbesondere für die Bedeutung der Dimensionen des Kundenvertrauens, deren Berücksichtigung sich in Bezug auf die Betrachtung der Konsequenzen von Vertrauen anbietet (vgl. für das zugrunde gelegte Modell Abbildung 13). Wie bereits angeführt unterscheidet sich das verwendete Commitment-Trust-Modell insbesondere dadurch von *Morgan & Hunt* (1994), dass es sich in seinen Konsequenzen auf Kundenbindung beschränkt.

Auf Basis der bisherigen Erkenntnisse werden in der Folge Hypothesen formuliert, die neben den Beziehungen im Modell insbesondere die Abweichungen zwischen traditionellem Handel und internetbasiertem Handel zum Gegenstand haben. Im Gegensatz zur Identifikation der Determinanten bietet sich in Bezug auf das Commitment-Trust-Modell eine explizite Hypothesengenerierung an, da die Anzahl der Hypothesen einen überschaubaren Umfang aufweist und zudem von einer Bestätigung der überwiegenden Mehrzahl der Hypothesen im Vorfeld ausgegangen werden kann. Beide Aspekte sind im Bereich der Determinanten aufgrund des im empirischen Teil folgenden Selektionsprozesses nicht gegeben.

Begonnen werden soll die Hypothesengenerierung mit dem Einfluss von Vertrauen auf Commitment. Wie in Kapitel B 3.2 dieser Arbeit bereits diskutiert, bedient Vertrauen zentrale soziale Bedürfnisse der beteiligten Personen und bewirkt folglich die Herausbildung von Commitment (vgl. *Klee* 2000, S. 119f.). Analog kann angenommen werden, dass sich auch die Dimensionen des Vertrauenskonstruktes positiv auf die Herausbildung von Commitment auswirken. Hinsichtlich der Wirkung der Dimensionen im Allgemeinen sowie insbesondere vor dem Hintergrund der Besonderheiten des internetbasierten Handels ergeben sich bestimmte Spezifika, die einer weiteren Diskussion zugeführt werden müssen.

Für die Dimension der Kompetenz soll ein direkter Einfluss auf Commitment postuliert werden, der sich wie folgt begründet. Ebenso wie die primär kognitiv dominierte Kompetenzbeurteilung weist auch das Commitment-Konstrukt kognitive Bestandteile auf, die über eine rational begründete Vertrauenssteigerung beeinflusst werden können. Vertraut ein Kunde also aus rationalen Beweggründen einem Händler, steigert dies zumindest sein kognitives Commitment im Sinne einer positiven Einstellung gegenüber diesem Händler. Es folgt daraus zumindest eine geringe Einwirkung der Dimension der Kompetenz auf das Commitment (vgl. *Klee* 2000, S. 119f.).

Dabei stellt sich die Frage nach der Bedeutung der Spezifika des Internets. Insbesondere der immanente Mangel an persönlichem Kontakt wirkt in diesem Zusammenhang einer Herausbildung von Commitment entgegen. Folglich kann bezüglich des Einflusses von Kompetenz auf Commitment angenommen werden, dass dieser im traditionellen Handel deutlicher ausfällt als im internetbasierten Handel. Es ergeben sich folgende Hypothesen:

H_{1a}: Die kundenseitige Wahrnehmung der Kompetenz hat einen positiven Einfluss auf das Commitment.

H_{1b}: Der Einfluss der kundenseitigen Wahrnehmung der Kompetenz auf Commitment fällt im traditionellen Handel stärker aus als im internetbasierten Handel.

Weiter soll ein Einfluss der Dimension der kundenseitigen Wahrnehmung des Wohlwollens auf das Commitment angenommen werden. Beide Größen sind, wie in Kapitel B dieser Arbeit im Detail dargestellt, primär emotional geprägt. Empfindet ein Kunde einen Händler als vertrauenswürdig, stellt sich in der Folge leichter das Gefühl einer positiven Einstellung bzw. inneren Verbundenheit zum Anbieter im Sinne des Commitment ein. Vor dem Hintergrund der Spezifika des Internets muss allerdings wieder auf den immanenten Mangel an persönlichem Kontakt hingewiesen werden, der sowohl der Herausbildung der kundenseitigen Wahrnehmung des Wohlwollens als auch des Commitment entgegenwirkt. Folglich ergeben sich die Hypothesen:

H_{2a}: Die kundenseitige Wahrnehmung des Wohlwollens verzeichnet einen positiven Einfluss auf das Commitment.

H_{2b}: Der Einfluss der kundenseitigen Wahrnehmung des Wohlwollens auf das Commitment ist im traditionellen Handel stärker ausgeprägt als im internetbasierten Handel.

Zudem stellt sich die Frage nach der Gewichtung der beschriebenen Einflüsse. In Folge der aufgezeigten konzeptionellen Nähe, die sich im Überwiegen der emotionalen Bestandteile bei beiden Konstrukten ausdrückt, kann hier von einem insgesamt stärkeren Einfluss der Dimension des Wohlwollens auf das Commitment ausgegangen werden. Dies gilt annahmegemäß für beide betrachteten Bereiche. Es folgt die Hypothese:

H_3: Der Einfluss der kundenseitigen Wahrnehmung des Wohlwollens auf das Commitment übersteigt den Einfluss der kundenseitigen Wahrnehmung der Kompetenz auf das Commitment im traditionellen Handel und im internetbasierten Handel.

Zudem beinhaltet das zugrunde gelegte Modell einen Einfluss von Vertrauen auf Kundenbindung. Diesbezüglich postulieren einige Autoren lediglich einen indirekten Einfluss, der sich aus der moderierenden Wirkung der Größe des Commitment ergibt (vgl. z.B. *Moorman, Zaltman & Deshpandé* 1992, S. 22-25; siehe auch *Grayson & Ambler* 1999; *Hennig-Thurau, Klee & Langer* 1999). Andere Autoren hingegen führen einen direkten Einfluss an, der auf empirischem Wege bestätigt werden konnte (vgl. *Garbarino & Johnson* 1999, S. 80; *Ruyter, Moorman & Lemmink* 2001, S. 281). *Doney & Cannon* (1997, S. 37f.) verbinden beide Sichtweisen. Sie unterscheiden zwischen einem direkten Einfluss, der aus dem Vertrauen in den Anbieter im Allgemeinen erwächst und einem indirekten Einwirken, der über die moderierende Größe des Personals des Anbieters verursacht wird.

Weiter ist anzunehmen, dass sich die kognitiv dominierte Kompetenzwahrnehmung primär direkt auf Kundenbindung auswirkt und, wie oben bereits beschrieben, nur einen geringen indirekten Einfluss auf Kundenbindung über Commitment aufweist. Wohlwollen wirkt hingegen eher direkt auf Commitment und somit primär indirekt über Commitment auf Kundenbindung. Es stellt sich nun die Frage nach der Bedeutung der spezifischen Auswirkungen des Internets auf die beschriebenen Modellzusammenhänge. Auf die zentrale Rolle, welche das Verkaufspersonal für den Vertrauensaufbau im Allgemeinen und insbesondere für die Wahrnehmung der Dimension des Wohlwollens einnimmt, wurde bereits hingewiesen. Dabei bedeutet der weitgehende Wechsel der Mensch-Mensch-Interaktion hin zur Mensch-Maschine-Interaktion im Rahmen des Internethandels in der Konsequenz, dass zur Vertrauensvermittlung der primäre Kanal Personal nur noch in sehr begrenztem Umfang zur Verfügung steht und eine Vertrauensvermittlung über sekundäre Kanäle erfolgen muss. Begrenzt bedeutet diesbezüglich, dass es in der Regel nur bei expliziten Nachfragen oder Beschwerden zum meist telefonischen oder E-Mail-basierten Kontakt kommt (vgl. Kapitel C 2.3.1.3).

Jedoch kann nicht insgesamt von einer zwingenden Notwendigkeit persönlichen Kontakts zur Vertrauensgenerierung ausgegangen werden. Dies würde im Resultat bedeuten, dass ohne persönlichen Kontakt überhaupt kein Vertrauen mehr vorzufinden wäre. Insbesondere in Bezug auf die Kompetenzwahrnehmung als Vertrauensdimension erscheint eine Substitution des Mitarbeiterkontakts jedoch weitgehend möglich. Die häufig diskutierte Sicherheitsproblematik, der Datenschutz sowie zahlreiche weitere vertrauensrelevante Fragestellungen (vgl. für die Determinanten von Vertrauen Kapitel D 2.3) verlangen von internetbasierten Händlern ein gezieltes Vertrauensmanagement, dass Kompetenzen des Anbieters auch ohne direkten persönlichen Kontakt in den Vordergrund zu stellen vermag. Die interaktiven Möglichkeiten des Mediums versprechen dabei, eine intensive Betreuung des Kunden zu gewährleisten und Vertrauen in die Kompetenz des Anbieters zu generieren.

Somit soll festgehalten werden, dass sich annahmegemäß kein Einfluss aus der Kundenwahrnehmung des Wohlwollens auf die Kundenbindung ergibt. Die Dimension der Kompetenz hingegen erfährt im internetbasierten Handel eine Aufwertung. Daraus können folgende Hypothesen formuliert werden:

H_{4a}: Die kundenseitige Wahrnehmung der Dimension der Kompetenz verzeichnet einen positiven Einfluss auf die Kundenbindung.

H_{4b}: Der Einfluss der kundenseitigen Wahrnehmung der Kompetenz auf die Kundenbindung fällt im internetbasierten Handel stärker aus als im traditionellen Handel.

H_5: Die kundenseitige Wahrnehmung der Dimension des Wohlwollens verzeichnet keinen direkten Einfluss auf die Kundenbindung.

Zudem stellt sich die Frage nach dem Einfluss des Commitment auf die Kundenbindung. Auch für Commitment wurde ein positiver Einfluss auf die Kundenbindung postuliert. Dieser gründet auf der Annahme, dass ein Kunde im Falle einer positiven Einstellung gegenüber einem Anbieter und einem Gefühl der Verbundenheit mit demselben im Allgemeinen eher wieder bei diesem kaufen wird. Allerdings erscheint es aus denselben Gründen, die bereits für Wohlwollen angeführt wurden, schwierig, in einem anonymen Umfeld wie dem Internet besagte Verbundenheitsbeziehung aufzubauen. Dabei muss angenommen werden, dass sich Kundenbindung zumindest eingangs eher als Ergebnis rationaler Nutzenkalküle und Sicherheitsüberlegungen und weniger infolge emotionaler Verbundenheit herausbildet. Zudem ist die langfristige Bindung durch das angesprochene Wettbewerbsumfeld im Internet und den sprichwörtlichen Mausklick, den die Wettbewerber des Internethändlers nur entfernt sind, erschwert. Entsprechend können folgende Hypothesen formuliert werden:

H_{6a}: Commitment verzeichnet einen positiven Einfluss auf die Kundenbindung.

H_{6b}: Der Einfluss des Commitment auf Kundenbindung ist im traditionellen Handel stärker ausgeprägt als im internetbasierten Handel.

H_7: Der Anteil an Kundenbindung, der über die weiteren Modellbestandteile erklärt werden kann, fällt für den stationären Handel größer aus, als für den internetbasierten Handel.

Obige Hypothesen fassen die Beziehungen im Rahmen der als Konsequenzenmodell zugrunde gelegten Commitment-Trust-Theorie zusammen und greifen Abweichungen zwischen den Bereichen des stationären und des internetbasierten Handels auf. Es gilt nun, sie im Rahmen der empirischen Untersuchung auf ihre Richtigkeit hin zu überprüfen.

E. Empirischer Teil

1 Zielsetzung und Aufbau der Untersuchung

1.1 Ziele der Untersuchung

Im folgenden Kapitel E dieser Arbeit steht die empirische Überprüfung der bislang gewonnenen theoretischen Erkenntnisse im Mittelpunkt. Neben der Unterscheidung der Komponenten des Vertrauenskonstruktes lag der Schwerpunkt im theoretischen Teil der Arbeit insbesondere auf dem identifizierten System von Vertrauensdeterminanten. Dieses gilt es nun auf Gültigkeit zu überprüfen, und zwar sowohl in Bezug auf die einzelnen Determinanten als auch auf die gewählte Systematisierung. Dabei wurde unterschieden zwischen traditionellen Vertrauensdeterminanten und solchen, die sich auf den Bereich des Internethandels beziehen. Diese Unterscheidung soll in Form einer vergleichenden Studie beibehalten werden. Die Vorgehensweise wird mit der Absicht verfolgt, die Aussagekraft der Ergebnisse über einen erzielten Vergleichswert zu erhöhen und somit zu relativieren. Hinzu kommt die Betrachtung und Prüfung der Konsequenzen von Vertrauen, die in Anlehnung an die Commitment-Trust-Theorie von *Morgan & Hunt* (1994; vgl. Kapitel B 4) konzeptualisiert wurde und ebenfalls im Rahmen der beschriebenen vergleichenden Untersuchung überprüft wird. Dabei konkretisieren sich die Konsequenzen des Kundenvertrauens im Commitment und der Bindung der Kunden.

Die Notwendigkeit der empirischen Fundierung der bisherigen Erkenntnisse ist dabei evident. Zwar konnten infolge der intensiven Literaturstudie zahlreiche Determinanten identifiziert werden. Aussagen bezüglich der tatsächlichen Bedeutung dieser Größen und ihrer Wechselwirkung sind jedoch auf diesem Wege kaum möglich. Auch lässt sich nur vermuten, in welcher Weise die Dimensionen von Vertrauen von einzelnen Determinanten beeinflusst werden und schließlich auf die Konsequenzen von Vertrauen wirken. Zielt etwa ein Internetanbieter auf eine Verbesserung seines Vertrauensmanagements ab, sind somit weitere Schritte erforderlich. Hierzu ist es neben einer theoretischen Identifikation notwendig, die tatsächliche Bedeutung der relevanten Größen aus Kundensicht empirisch zu erfassen. Zwar ist diesbezüglich eine einzelne empirische Studie in ihrer Aussagekraft deutlich limitiert, da die Übertragbarkeit der Ergebnisse nur begrenzt gegeben ist. Sie stellt jedoch einen Schritt in Richtung der Ableitung fundierter Implikationen dar, weil sie dazu beiträgt, das Verständnis der Materie weiter zu erhöhen. Es muss folglich festgestellt werden, dass die bisherige theoretische Näherung und Aufarbeitung des Vertrauenskonstruktes im Rahmen dieser Arbeit wichtige Erkenntnisse erbracht hat. Jedoch sind weitere Schritte notwendig, um tatsächlich Implikationen für Theorie und insbesondere Praxis ableiten zu können, die mit der folgenden empirischen Studie unternommen werden sollen.

1.2 Vorgehensweise

Das folgende Kapitel bezieht sich auf eine Internet-Erhebung, die gemeinschaftlich an den Universitäten Hannover und Münster im Dezember 2002 und Januar 2003 durchgeführt wurde und sich in eine Vorstudie und eine Hauptstudie aufteilte. Über insgesamt eine und drei Wochen füllten 273 bzw. 2108 Internetnutzerinnen und -nutzer die Online-Fragebögen mit vertrauensrelevanten Fragestellungen in Bezug auf Reisebüros und Buch/CD/DVD-Händler im traditionellen und internetbasierten Handel vollständig aus. Dabei ermöglichte die Aufteilung in eine Vor- und Hauptstudie ein zweistufiges Vorgehen.

Im Rahmen der Vorstudie wurden Determinanten mit signifikantem Einfluss identifiziert. Ziel war es, die große Determinantenzahl auf ein für die Befragungspersonen besser zu bewältigendes Maß zu reduzieren. Zudem ermöglichte die Einschaltung der Vorstudie eine Optimierung der Skalenreliabilität durch eine Reformulierung verschiedener Items. Dabei wurden insgesamt 410 Studierende zweier deutscher Universitäten zu ihrem Vertrauen in traditionelle und internetbasierte Händler befragt. Mit dem Ziel, die Validität der Befragung zu erhöhen, bezogen sich die Angaben immer auf jenen traditionellen bzw. internetbasierten Händler, den die Befragten zuletzt aufgesucht hatten. Um einer Positiv-Selektion vorzubeugen, wurde nicht der vom Kunden favorisierte, sondern der zuletzt besuchte Händler abgefragt. Auf diese Weise konnten insgesamt 273 vollständig ausgefüllte Fragebögen in die Auswertung einbezogen werden, von denen sich 133 auf den Bereich der Online-Anbieter (87 Buch/CD/DVD-Handel; 46 Online-Reisebüros) und 140 auf den Bereich traditioneller, stationärer Händler (74 Buch/CD/DVD-Handel; 66 Reisebüros) bezogen. Die Skalen-Generierung basierte, sofern vorhanden, auf in früheren Studien validierten Skalen. In allen anderen Fällen wurden neue Skalen entwickelt.

Die anschließende Hauptstudie baute auf dem Fragebogendesign der Vorstudie auf, wobei insgesamt elf Items für die Hauptstudie modifiziert bzw. ausgeschlossen wurden. Bei diesen handelte es sich primär um negativ formulierte Skalen. Weiterhin wurden Determinanten für die Hauptstudie ausgeschlossen, die entweder keinen signifikanten Einfluss auf Vertrauen hatten oder weniger als 10 Prozent der Varianz des Kundenvertrauens erklärten.[52] Die Verteilung der

[52] Die Wahl einer Varianzerklärung von mindestens 10 Prozent wurde dabei infolge von Plausibilitätsüberlegungen getroffen. Als Verfahren zur Selektion von Determinanten wurde auf eine isolierte Regression zurückgegriffen. Diese vernachlässigt die Interkorrelation zwischen den verschiedenen Determinanten und führt somit zu einer Überinterpretation des tatsächlichen Zusammenhangs zwischen den betrachteten Größen. Es kann folglich angenommen werden, dass die eliminierten Größen in der folgenden multiplen Regression sowie der Kausalanalyse einen weiter reduzierten Pfadkoeffizienten aufweisen würden und somit zu vernachlässigen sind.

Internet-Fragebögen wurde in der Hauptstudie über 104 Studierende an zwei deutschen Universitäten vollzogen. Die Teilnehmer wurden mit der Aufgabe betraut, mindestens 20 vollständig ausgefüllte Internetfragebögen über persönliche Internet-Links zu vermitteln, wobei Quotenvorgaben bezüglich soziodemografischer Basisdaten (Alter, Geschlecht) vorgegeben wurden, um die Gültigkeit der Ergebnisse zu erhöhen. Die Quotenvorgaben orientierten sich an der Alters- und Geschlechterverteilung deutscher Internetnutzer (vgl. *G&J Electronic Media Service 2001*, S. 23f.). Die vollständige Stichprobe im Rahmen der Hauptstudie umfasste 2108 vollständig ausgefüllte Fragebögen. Infolge fehlender und inkonsistenter Antworten wurden 81 Fragebögen ausselektiert. Es verblieben für endgültige Auswertung 2027 Fragebögen, von denen sich 1038 auf den Bereich des Internetbasierten Handels (579 Buch/CD/DVD-Handel; 459 Online-Reisebüros) und 989 auf den Bereich traditioneller, stationärer Händler (581 Buch/CD/DVD-Handel; 408 Reisebüros) bezogen.

Die Überprüfung des Commitment-Trust-Ansatzes, der die Konsequenzen von Vertrauen abbildet, erfolgte im Rahmen der gleichen Interneterhebungen, die zur Identifikation der Determinanten des Kundenvertrauens herangezogen wurde. Allerdings dienten die zwei aufeinander folgenden empirischen Untersuchungen hier nicht der Auswahl und Selektion. Die Vorstudie beschränkte sich auf die Optimierung der Skalenreliabilität durch die Reformulierung einzelner Items. Entsprechend wurden analog zum Bereich der Determinanten Items bezüglich des Commitment-Trust-Modells für die Hauptstudie modifiziert bzw. ausgeschlossen, bei denen es sich primär um negativ formulierte Skalen handelte. Analog zur Untersuchung der Determinanten wurden auf diesem Wege 2108 vollständig ausgefüllte Fragebögen erzielt, von denen ebenfalls 2027 im Rahmen der Modellrechnung Berücksichtigung fanden.

Im Folgenden soll die Vorgehensweise im Detail anhand von *Erhebungsmethode*, *Fragebogenaufbau*, *Messung der Konstrukte*, *Probandenauswahl* und *Datenauswahl* beschrieben werden (vgl. *Böhler* 1992, S. 23f.; *Hennig-Thurau* 1998, S. 227-230; Hüttner 1992, S. 723f.).

Erhebungsmethode: Bei der Befragung handelte es sich wie beschrieben um eine Interneterhebung[53]. Dabei wurden standardisierte Fragebögen, die ausschließlich geschlossene Fragen beinhalteten, verwendet. Die durchschnittliche Beantwortungsdauer betrug ca. 14 Minuten. Die Untersuchung wurde im Rahmen eines Gemeinschaftsprojektes der Universitäten Hannover und Münster durchgeführt. Dabei war sie unter anderem Teil zweier Lehrveranstaltungen an besagten

[53] Für einen Überblick über die Besonderheiten von Interneterhebungen siehe Hennig-*Thurau & Dallwitz-Wegner* 2002 und *Theobald* 2000 sowie das folgende Kapitel E 2.

Universitäten. Die technische Realisierung wurde über die Universität Hannover vollzogen. Die Aufgabe der Studierenden in den Lehrveranstaltungen, bei denen es sich um Marktforschungspraktika handelte, lag neben der Diskussion der identifizierten Determinanten und der Identifikation und Prüfung der Skalen in der Verteilung der Fragebögen. Die Studierenden wurden damit beauftragt, die Internet-Links der verschiedenen Fragebögen nach festgelegten Quotenvorgaben zu verteilen (vgl. im Detail unter *Probandenauswahl*). Die Anzahl der vollständig ausgefüllten Fragebögen wurde dabei exakt den Studierenden zugeordnet und war Bestandteil des Praktikumszeugnisses. Maßgabe waren 20 vollständig ausgefüllte Fragebögen für jeden Teilnehmer der jeweiligen Veranstaltung.

Fragebogenaufbau: Insgesamt wurden vier abweichende Fragebögen verwendet, die sich auf die bereits angeführten Bereiche Reisebüros und Buch/CD/DVD-Handel im traditionellen stationären Handel und im Internet bezogen.[54] Die Branchenauswahl und -abgrenzung basierte auf aktuellen Umsatzangaben des Internets, welche die verwendeten Branchen als die umsatzstärksten auswiesen (vgl. *G&J Electronic Media Service* 2001). Auf diese Weise konnten gleichermaßen spezifische Fragen gestellt und zudem ein sehr hoher Rücklauf an Fragebögen erzielt werden. Bei der Entwicklung der Fragebögen wurde gezielt versucht, die Abweichungen zwischen den verschiedenen Bögen auf ein Mindestmaß zu reduzieren, um auf diesem Weg die Vergleichbarkeit der Studien für die abweichenden Bereiche zu gewährleisten.

Messung der Konstrukte: Die Operationalisierung der einzelnen Konstrukte wurde weitgehend über die Verwendung von Multi-Item-Skalen (vgl. *Malhotra* 1999, S. 278-282) vollzogen. Diese stellen in der Marketingforschung und insbesondere im Rahmen der Konsumentenverhaltensforschung im Rahmen der Messung komplexer Konstrukte, denen das Vertrauenskonstrukt im Allgemeinen zugeordnet wird, den Standard dar und sind diesbezüglich insbesondere der Messung über Single-Items deutlich überlegen, da sie zentrale Schwächen dieser Methode ausräumen (vgl. *Churchill* 1979, S. 66; *Hennig-Thurau* 1998, S. 228; ähnlich bei *Backhaus* et al. 2000, S. 492; *Homburg* 1992, S. 501). Die Verwendung mehrerer Indikatorvariablen dient dabei der Reduzierung von Verzerrungen einzelner Indikatoren (vgl. *Homburg* 1992, S. 501). Dabei fanden im Rahmen der zugrunde liegenden Untersuchung bis auf einige, weniger komplexe Konstrukte bzw. Fragestellungen bezüglich der soziodemographischen Basisdaten mindestens drei Items Verwendung. Das Vertrauenskonstrukt selbst wurde über insgesamt 14 Items gemessen, die zudem die Dimensionen des Vertrauenskonstruktes erfassten (vgl. die Fragebögen im Anhang dieser Arbeit). Die

[54] Die Fragebögen finden sich vollständig im Anhang dieser Arbeit.

Skalierung erfolgte im Rahmen der Multi-Item-Messung in Form einer 7-stufigen Likert Rating-Skala (vgl. *Böhler* 1992, S. 111).

Probandenauswahl: Wie bereits oben angeführt erfolgte die Verteilung der Fragebogenlinks über die Teilnehmer der Marktforschungspraktika. Diese erhielten jeweils einen persönlichen Fragebogenlink (vgl. *Böhler* 1992, S. 131-133). Zudem wurden jedem Studenten Quotenvorgaben vermittelt, die sich auf das Alter und das Geschlecht der Probanden bezogen.[55][56] Dabei muss allerdings deutlich hervorgehoben werden, dass diese Auswahlkriterien nicht der Erzielung einer repräsentativen Stichprobe dienen sollten, und zwar weder in Bezug auf die deutsche Gesamtbevölkerung noch auf die Internetpopulation. Vielmehr sollte auf diesem Wege verhindert werden, eine durch Studenten dominierte Stichprobe zu erhalten. Diese Notwendigkeit ergab sich aus der Absicht, die Überprüfung sämtlicher Hypothesen zu gewährleisten und statistische Artefakte über die Erzielung eines Convenience Samples zu minimieren (vgl. *Hennig-Thurau* 1998, S. 229).

Abbildung 27 zeigt die Zusammensetzung der Stichprobe. Zwar sind hier Studenten in der Altersklasse von 20 bis 29 überrepräsentiert; jedoch finden sich alle relevanten Gruppen der deutschen Internetpopulation in ausreichender Anzahl in der Stichprobe wieder. Entsprechend ist auch die Zusammenstellung sog. Subsamples durchführbar.

Datenauswertung: Im Rahmen der Auswertung der Daten wurde auf zwei Softwarelösungen zurückgegriffen. Die Auswertung der univariaten und bivariaten Analysen erfolgte unter Verwendung des Programmpakets SPSS in der Version 11.5. Zudem wurde zwecks kausalanalytischer Datenauswertung das Programm LISREL in der Version 8.52 verwendet (vgl. *Jöreskög & Sörbom* 1996, S. 226f.). Als Schätzverfahren wurde dabei auf die Maximum-Likelihood-Methode zurückgegriffen, welche bei ausreichend großen Stichproben die präzisesten Schätzergebnisse liefert. Diese stellt zudem das in der Praxis am häufigsten angewandte Verfahren zur Schätzung theoretischer Modellstrukturen dar (vgl. *Backhaus et al.* 2000, S. 451; siehe im Detail bei *Bollen* 1989, S. 107-110). Die Maximum-Likelihood-Methode basiert auf der Maximierung der Wahrscheinlichkeit, dass die „modelltheoretische Korrelationsmatrix die

[55] Die Grundlage der Quotenvorgaben stellte die deutsche Internetpopulation dar; vgl. *G&J Electronic Media Service* 2001.

[56] Die Verwendung einer Quota-Auswahl ermöglicht eine weitgehende Annäherung an die Grundgesamtheit. Aktuell stellt eine Stichprobenziehung auf dieser Grundlage die aussichtsreichste Methodik dar, im Internet aussagekräftige Stichproben zu erzielen; vgl. *Kreuels* 2001, S. 5; *Malhotra* 1999.

betreffende empirische Korrelationsmatrix erzeugt hat" (*Backhaus et al.* 2000, S. 451).

Abbildung 27:
Soziodemografische Basisdaten der Vorstudie und Hauptstudie*

Variable	Kategorien	Gesamtes Sample in %	Online Händler Sample in %	Offline Händler Sample in %	Deutsche Internet User in %**
		(N = 273 / 2,027)	(N = 133 / 1,038)	(N = 140 / 989)	
Alter	< 20	0,7 / 3,7	0,8 / 1,8	,7 / 5,6	14,6
	20-29	96,7 / 49,3	96,2 / 50,5	97,2 / 48,0	21
	30-39	2,6 / 23,3	3,8 / 26,5	2,1 / 20,0	25,2
	40-49	- / 9,5	- / 7,5	- / 11,6	20,8
	> 50	- / 14,2	- / 13,6	- / 14,8	18,4
Geschlecht	männlich	46,5 / 59,3	47,0 / 60,3	46,0 / 59,0	58
	weiblich	53,5 / 40,1	53,0 / 39,7	54,0 / 41,0	42
Bildungsstand	kein Abschluss	- / 0,8	- / 0,5	- / 1,2	-
	Hauptschule/Volksschule	- / 4,8	- / 3,7	- / 6,0	29,6
	Realschule	- / 12,9	- / 10,7	- / 15,1	38,8
	Abitur	92,6 / 47,1	93,2 / 47,3	92,1 / 46,8	14,6
	Universitätsabschluss	7,4 / 34,4	6,8 / 37,8	7,9 / 30,9	16,9

* Der erste Wert bezeichnet Studie 1; der zweite Wert bezeichnet Studie 2;

** Quelle: G&J Electronic Media Service 2001

2 Besonderheiten von Online-Befragungen als Methode der Marktforschung im Internet

2.1 Begriff und Einordnung der Online-Befragung

Da eine Internet-Befragung[57] mit verschiedenen Spezifika verbunden ist, bedarf sie im Vorfeld einer genaueren Erläuterung, die vorab gestellt werden soll. Mit der Herausbildung und fortschreitenden Verbreitung des Internets erschließt sich dieses Medium zunehmend der Marktforschung (vgl. *Bandilla & Hauptmanns* 2001, S. 239). Eine detaillierte Beschreibung aller Methoden der Marktforschung im Internet ist im Rahmen dieser Arbeit nicht zu leisten.[58] Aus diesem Grund konzentrieren sich die Ausführungen auf die verwendete Methodik der Internet-Befragung.

[57] Die Begriffe der Internet-Befragung und der Online-Befragung sollen im Rahmen dieser Arbeit synonym verwendet werden.

[58] Einen umfangreichen Überblick über die Methoden der Marktforschung im Internet findet sich bei *Hüttner & Schwarting* 2002. Einen Überblick über die gängigen Methoden der Primär- und Sekundärforschung zeigt Abbildung 28.

Die Internet-Befragung stellt neben der schriftlichen, der telefonischen und der persönlich-mündlichen eine neue Art der Befragung dar (vgl. *Hennig-Thurau & Dallwitz-Wegner* 2002, S. 309; *Hüttner & Schwarting* 2002, S. 80). Der Begriff der Online-Befragung umfasst verwandte Formen der Erhebung, „bei denen die Teilnehmer den [...] auf einem Server abgelegten Fragebogen im Internet online ausfüllen, Fragebogen von einem Server herunterladen und per E-Mail zurücksenden, Fragebogen per E-Mail zugeschickt bekommen und zurücksenden" (*ADM et al.* 2001). Von den angeführten Methoden der Online-Befragung verzeichnet das Ausfüllen von Fragebögen über das World Wide Web die aktuell größte Bedeutung.

Abbildung 28:
Möglichkeiten der Marktforschung im Internet

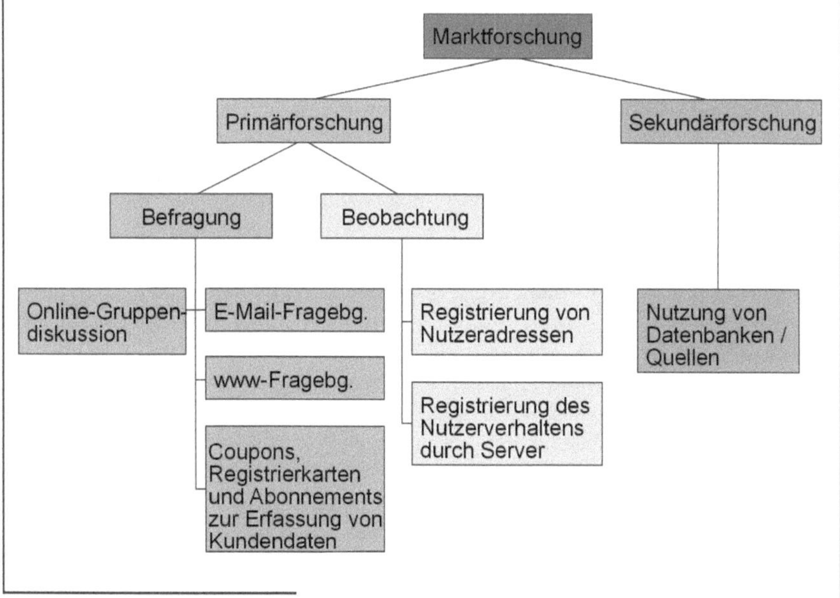

Quelle: Hüttner & Schwarting 2002, S. 208

Dabei muss angemerkt werden, dass die genannten Befragungsmethoden sich neben offensichtlichen Gemeinsamkeiten im Detail in Bezug auf Ansprache und Auswahl der Befragten sowie die Darstellungsmöglichkeiten mitunter deutlich unterscheiden (vgl. Kapitel E 2.2). Abbildung 28 gibt einen Überblick über die Möglichkeiten der Marktforschung im Internet und ordnet die Online-Befragung in die Methoden der Primär- und Sekundärforschung ein. Diesbezüglich ist anzumerken, dass die weitere technische Entwicklung gerade im Detail noch deutliche Auswirkungen auf die Marktforschungspraxis haben wird. Ein Ende der Entwicklung ist somit nicht abzusehen und es kann erwartet werden, dass sich mit der weiteren technischen Ausdifferenzierung des Internets auch für den Bereich der internetbasierten Marktforschung zahlreiche Möglichkeiten herausbilden.

2.2 Methodische Grundlagen der Online-Befragung

Die Methode der Online-Befragung unterscheidet in Bezug auf (1) die Art der Probandenansprache, (2) die Auswahl der Probanden sowie (3) die Möglichkeiten der Gestaltung. Diese sollen im Folgenden genauer betrachtet werden sollen, da sie ursächlich für die Umsetzung der Befragung im Rahmen dieser Arbeit sind und sich zudem Konsequenzen für die Aussagekraft der Ergebnisse ergeben.

Ad (1) Art der Probandenansprache: E-Mail Befragungen stellen faktisch das elektronische Pendant zur postalischen Befragung dar (vgl. *Bandilla & Hauptmanns* 2001, S. 242; *Hennig-Thurau & Dallwitz-Wegner* 2002, S. 310). Allerdings unterscheiden sich E-Mail-Befragungen durch die Art der Beantwortung und die Rücksendung des Fragebogens. Dabei kann entweder der komplette Fragebogen per E-Mail versandt und entsprechend auch wieder ausgefüllt per E-Mail zurückgeschickt werden (vgl. *Bandilla & Hauptmanns* 2001, S. 242). Alternativ wird mit der E-Mail eine Web-Adresse (URL) verschickt, auf der sich der Fragebogen befindet. Dieser wird dann, wie im Falle der Befragung im Rahmen dieser Arbeit, online ausgefüllt und über die Anbindung einer Datenbank gespeichert. Entscheidend für den Erfolg stellt sich bei der E-Mail Befragung neben der Beschaffung der notwendigen E-Mail-Adressen insbesondere die Rücklaufquote dar. Die Bereitschaft der Empfänger, an der Befragung teilzunehmen, hängt dabei maßgeblich von der Bekanntheit des Absenders und der Ansprache ab, da die E-Mail sonst schnell als sog. Spam wahrgenommen und aussortiert wird (vgl. *Bandilla & Hauptmanns* 2001, S. 242; *Hennig-Thurau & Dallwitz-Wegner* 2002, S. 310; *Sheehan* 2001, S. 1).

Zudem stellen reine World-Wide-Web-Befragungen eine Form der Internetbefragung dar. Die technischen Möglichkeiten sind diesbezüglich bereits relativ weit vorangeschritten. Sie ermöglichen die Formular-Gestaltung mit selektierbaren Antwortalternativen, Java- und Javascript-Programme, unterstützende Bild- und Tonsequenzen sowie zahlreiche Möglichkeiten der Filterung und Selektion, welche eine leichtere Handhabung des Fragebogens sowohl für den Probanden als auch für den Marktforscher ermöglichen. Somit erklärt sich die zunehmende

Beliebtheit des Befragungsinstrumentes (vgl. *Bandilla & Hauptmanns* 2001, S. 243). Bezüglich der Probandenansprache kann im Rahmen der Web-basierten Online-Befragung zwischen Single Links und Pop-Ups differenziert werden. Single Links stellen direkte Verweise im Internet dar, die für gewöhnlich über Banner- oder Text-Links realisiert werden und potentielle Probanden zur Teilnahme einladen. Durch das Klicken auf den Link erfolgt die Weiterleitung zur eigentlichen Befragung. Erfahrungsgemäß wählt allerdings nur ein sehr geringer Teil der Besucher einer Seite den Weg zum Fragebogen. Dabei liegt die Quote vergleichsweise gering und ist zudem von der Gestaltung, der Positionierung und nicht zuletzt vom Inhalt des Banner- oder Text-Links abhängig (vgl. *Manfreda, Bategelj & Vehovar* 2002; *Yun & Trumbo* 2000). Der selbstselektive Charakter reiner World-Wide-Web-Befragungen wird dabei deutlich und stellte einen maßgeblichen Grund dar, im Rahmen der zugrunde liegenden Befragung von dieser Art der Probandenansprache Abstand zu nehmen. Die Erzielung eines Quota-Samples ist auf diesem Wege nicht möglich.

Pop-Ups stellen Browser-Fenster dar, die sich bei dem Besuch einer Internetseite selbständig öffnen. Durch Anklicken erfolgt wie bei den Banner- und Text-Links die Weiterleitung zum Fragebogen. Durch das separat geöffnete Fenster ist dabei die Aufmerksamkeit bei den potentiellen Befragten deutlich gesteigert, was sich direkt in deutlich höheren Klickraten widerspiegelt. Das Öffnen eines weiteren Fensters kann jedoch als störend empfunden werden, da dieses in jedem Fall vom Nutzer wieder geschlossen werden muss und somit eventuell mit Reaktanzen verbunden ist; die Verwendung sollte folglich im Vorfeld gut überdacht werden (vgl. *Hennig-Thurau & Dallwitz-Wegner* 2002, S. 310).

Bei allen Formen der Online-Befragung ist zudem zu beachten, dass die Teilnahme für den Probanden neben der aufgebrachten Zeit häufig mit zusätzlichen Kosten verbunden ist, die sich aus den Gebühren des Internetzugangs ergeben. Entsprechend muss die zeitliche Belastung besondere Beachtung finden.

Neben der Ansprache der Probanden stellt sich in diesem Zusammenhang zudem die Frage nach der Auslobung von Teilnahmeanreizen. Die zunehmende Anzahl an Befragungen (vgl. *Theobald* 2000, S. 14) sowie die besondere Situation im Internet, in der die Probanden neben ihrer aufgebrachten Zeit noch besagte Kosten der Internetverbindung aufbringen, erfordert häufig die Schaffung von Anreizen, die zur Teilnahme motivieren sollen. Dabei kann grundsätzlich zwischen der Incentivierung mittels intrinsischer Motivation (z.B. Spaß, inhaltliches Interesse, Ergebnisübermittlung) und der Incentivierung mittels monetärer oder sachpreislicher Mittel (z.B. Geldbetrag oder Teilnahme an einer Auslosung) unterschieden werden. Zwar ist die Auswirkung von Incentivierungen auf das Befragungsergebnis bislang wenig erforscht. Bisherige Untersuchungen und sachlogische Überlegungen legen jedoch nahe, dass gerade sehr hohe Incentivierungen einen Einfluss auf das Ergebnis haben können. Wählt man folglich monetäre oder sachpreisliche Anreize, sollte ihre Höhe sorgfältig bedacht werden (vgl. *Hennig-Thurau & Dallwitz-Wegner* 2002, S. 311; *Theobald* 2000, S. 59-65).

Aus Gründen einer möglichen Verzerrung durch hohe monetäre Incentives basierte die Incentivierung im Rahmen der zugrunde liegenden Untersuchung auf der persönlichen Ansprache über die zur Verteilung der Fragebogenlinks genutzten Studierenden.

Ad (2) Probandenauswahl bei Online-Befragungen: Gerade die Auswahl der Probanden ist ein zentraler Erfolgsfaktor, will man aussagekräftige Befragungsergebnisse erzielen. Im Rahmen der Stichprobenziehung, welche die Auswahl und Ansprache der Probanden beinhaltet, ergibt sich für Online-Befragungen das Problem, dass eine umfassende Darstellung der Grundgesamtheit nicht existiert und somit die gezielte Ansprache der Probanden erschwert ist (vgl. *Bandilla & Hauptmanns* 2001, S. 245; *Hauptmanns & Lander* 2001, S. 30). Die Ziehung einer echten Zufallsstichprobe als Grundlage einer repräsentativen Erhebung ist somit im engeren Sinne nicht möglich. Diesbezüglich muss weiter eingeschränkt werden, dass sich die Repräsentativität zudem nicht auf die (deutsche) Gesamtbevölkerung, sondern bestenfalls auf die, wie oben beschrieben, schwer zu fassende (deutsche) Internetpopulation beziehen kann. Grundvoraussetzung für die Repräsentativität einer Zufallsstichprobe ist, dass jedes Mitglied der Grundgesamtheit eine theoretische Chance hat, im Rahmen der Erhebung berücksichtigt zu werden. Im Falle einer Internetbefragung trifft dies recht offenkundig für alle Personen ohne Internetzugang nicht zu (vgl. *Bandilla & Hauptmanns* 2001, S. 244-246; *Hennig-Thurau & Dallwitz-Wegner* 2002, S. 311).

Die Problematik wird durch die im Internet vorherrschende Selbstselektivität der Stichprobe noch weiter forciert. Über verschiedene Hilfskonstruktionen wie den Abgleich mit telefongestützten Befragungen und anderen Daten versucht man regelmäßig, die beschriebene Problematik zumindest zu verringern, indem Verzerrungen systematisch aufgedeckt und reduziert werden (vgl. *Bandilla & Hauptmanns* 2001, S. 244-246; Hüttner & Schwarting 2002, S. 81). Somit ist die Zufallsauswahl in Bezug auf ihre Grundgesamtheit limitiert. Auf dieser Basis können dann jedoch alle gängigen einfachen und komplexeren Auswahlverfahren wie Klumpenauswahl und geschichtete Zufallsauswahl realisiert werden. Tatsächlich durchgeführt werden diese Verfahren dann in der Regel über E-Mail-Benachrichtigung (vgl. *Hennig-Thurau & Dallwitz-Wegner* 2002, S. 309f.).

Neben der Zufallsauswahl finden noch Quota-Verfahren sowie die Auswahl aufs Geratewohl Anwendung. Die Auswahl aufs Geratewohl konzentriert sich auf Probanden, die am einfachsten erreicht werden können. Dabei finden allerdings keine weiteren systematischen oder zufallsbezogenen Kriterien Anwendung. Entsprechend eingeschränkt ist die Aussagefähigkeit der Daten (vgl. *Hammann & Erichson* 1994, S. 113). In Anbetracht der Problematik der Grundgesamtheit und der einfachen Realisierbarkeit gerade im Internet findet besagte Auswahl aufs Geratewohl in der Praxis die häufigste Anwendung. Diese lässt sich zudem sowohl über E-Mail-Ansprache als auch über Links und Pop-Ups anwenden. Allerdings wird gerade bei Links- und Pop-Ups durch die besagte Selbstselektivität die Verzerrung der Stichprobe noch zusätzlich erhöht (vgl. *Hennig-Thurau & Dallwitz-Wegner* 2002, S. 310; *Theobald* 2000, S. 25-31).

Quota-Verfahren treffen nach Kriterien wie Alter, Geschlecht oder Haushaltseinkommen eine Auswahl möglicher Teilnehmer (vgl. *Hammann & Erichson* 1994, S. 113). Wieder wird im Online-Bereich die Ansprache in der Regel in Form von E-Mails realisiert, wobei die Limitationen, die bereits für die Aussagekraft der Zufallsauswahl geltend gemacht wurden, wieder angeführt werden müssen. Grundlage der Mailings können etwa die Daten von Online-Providern, Adress-Brokern oder Panel-Datenbanken mit Freiwilligen darstellen (vgl. *Hennig-Thurau & Dallwitz-Wegner* 2002, S. 310). Über die Auswahl der Quota-Kriterien kann dabei eine weitgehende Annäherung an die Grundgesamtheit erfolgen. Aktuell stellt eine Stichprobenziehung auf Basis eines Quota-Samples somit die aussichtsreichste Methodik dar, im Internet aussagekräftige Stichproben zu erzielen (vgl. *Kreuels* 2001, S. 5). *Malhotra* (1999) führt diesbezüglich an, dass „quota sampling obtains results close to those for conventional probability sampling".

Infolge der mangelnden Realisierungsmöglichkeiten einer echten Zufallsstichprobe und den offenkundigen Nachteilen der Auswahl aufs Geratewohl greift die zugrunde liegende Studie auf ein Quota-Sample zurück.

Ad (3) Gestaltungsmöglichkeiten: Online-Befragungen ermöglichen neben der Verwendung von Text die Einbindung von Bild-, Musik- und Filmelementen. Dabei können weitgehend alle Gestaltungsmöglichkeiten des Internets genutzt werden. Gerade die Einbindung von Bildelementen ermöglicht die einfache Darstellung des Designs von Produkten, Verpackungen und Anzeigen. Insbesondere Verfahren wie die Conjoint-Analyse können von dieser Erweiterung der Möglichkeiten profitieren. Diese Darstellungsmöglichkeiten können durch die Einbindung von Video-Elementen, 3-Dimensionalen Objekten und Ton-Sequenzen noch erweitert werden. Gerade die anspruchsvolle Gestaltung des Fragebogens unter Nutzung der weitläufigen technischen Möglichkeiten verspricht dabei, die Teilnahme- und Antwortbereitschaft der Probanden zu erhöhen und diese intrinsisch zu motivieren (vgl. *Manfreda, Bategelj & Vehovar* 2002; *Theobald* 2000, S. 76-80).

Detaillierte Aussagen bzw. Untersuchungen über die Wirkung von Gestaltungselementen sowie mögliche Verzerrungen in Bezug auf das Antwortverhalten liegen allerdings bislang nicht vor. Aus diesem Grund und wegen der fehlenden Notwendigkeit zur Verwendung entsprechender Elemente für die Thematik der zugrunde liegenden Befragung wurde auf solche weitgehend verzichtet. Hinzu kommt, dass eine entsprechende Fragebogengestaltung ein mitunter hohes Fachwissen in Bezug auf die Programmierung des Fragebogens sowie die Gestaltung erfordert.

Ein bedeutender Vorteil von Online-Befragungen liegt zudem in den Möglichkeiten einer interaktiven Fragebogengestaltung, die ein hohes Interaktionspotential eröffnen. Vergleichbar mit computergestützten Telefoninterviews ist die Eingabe flexibel gestaltbar und bestimmt das weitere Procedere der Befragung. Auf diesem Wege lassen sich Kriterien für Abbrüche definieren, Filter setzen und vorangegangene Fragen wieder einbezogen werden. Dies wird zudem vollständig automatisiert vollzogen. Über die beliebige Rotation von Fragen können Reihenfolgeeffekte ausgeschlossen werden (vgl. *Hennig-Thurau & Dallwitz-Wegner* 2002, S. 312f.). Zudem profitieren gerade Verfahren wie die adaptive Conjoint-Analyse von diesen Möglichkeiten, da sie vergleichsweise flexibel eingesetzt und umgesetzt werden können. Im Rahmen der dargestellten Untersuchung wurden insbesondere verschiedene Formen der Filterung angewendet sowie Kriterien für Abbrüche definiert.

Abschließend sei noch auf die verschiedenen Antworttypen hingewiesen, die in der Regel im Rahmen von Online-Befragungen Verwendung finden. Grundsätzlich sind hier kaum Begrenzungen gesetzt. Es können offene wie geschlossene Skalen mit beliebigen Punktzahlen verwendet sowie Einfach- und Mehrfachantworten zur Wahl gestellt werden. Allerdings sollte auf die möglicherweise verzerrende Wirkung allzu aufwendig gestalteter Skalen Rücksicht genommen werden (vgl. *Theobald* 2000, S. 81f.). Abbildung 29 gibt einen Überblick über gängige Skalenarten, die dem Fragebogen der Online-Befragung der vorliegenden Arbeit entnommen wurden.

Zusammenfassend kann festgehalten werden, dass Online-Befragungen einen Bereich darstellen, der sich in jüngerer Vergangenheit in der Marktforschungspraxis zunehmender Beliebtheit erfreut hat. Umso verständlicher ist es, dass sich auch die Marketing-Theorie intensiv mit diesem Bereich auseinandergesetzt hat. Dabei fällt insbesondere die recht kontrovers geführte Diskussion um die Vor-

und Nachteile von Online-Befragungen im Vergleich zu traditionellen Erhebungen auf. Diese soll abschließend kurz zusammengefasst werden.

Abbildung 29:
Skalenarten bei Online-Befragungen

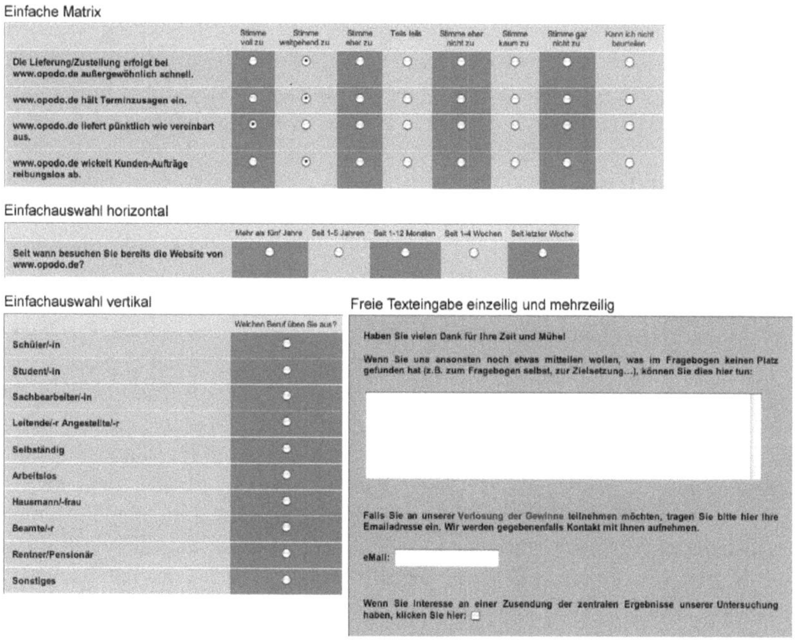

Quelle: Eigene Darstellung

Zunächst ist festzuhalten, dass die Relevanz der Vor- und Nachteile in hohem Maße von dem jeweiligen Untersuchungszweck und den situativen Gegebenheiten der Untersuchung abhängt (vgl. *Forrest* 1999; *Malhotra* 1999, S. 207; *Sheehan* 2002). Von Vorteil ist insbesondere die Schnelligkeit der Datenverfügbarkeit, da die Probanden mit relativ geringem Aufwand kurzfristig erreicht werden können. Bereits nach wenigen Sekunden ist ein Fragebogen oder Fragebogenlink weltweit an eine nahezu beliebige Probandenzahl versandt. Durchschnittliche Antwortzeiten liegen regelmäßig im Bereich von 1-2 Tagen. Zudem kann infolge der digitalen Speicherung der Antwortdaten zu jedem Zeitpunkt der Erhebung der aktuelle Ergebnisstand abgefragt und eine vorzeitige Auswertung oder Überprüfung vorgenommen werden. Weiter entfallen durch die direkte Datenerfassung in digitaler Form Erfassungsfehler. Falscheingaben können sofort identifiziert werden, Daten wie die Ausfülldauer geben zugleich Anhaltspunkte in Bezug auf die Seriosität der Antworten. Gleichermaßen entfallen ungewünschte Einflüsse seitens der Interviewer, welche sich negativ auf die Objektivität der Daten auswirken können, wobei die Flexibilität durch die Interaktivität des Mediums gewahrt bleibt. Dies gilt nicht nur in Bezug auf mögliche Filterführung, sondern insbesondere auf die Einbindung von Bild-, Ton- und Filmdaten, die oben bereits angeführt wurde. Hinzu kommt, dass der Proband selber entscheiden kann, wann er an der Befragung teilnimmt. Bei Bedarf ist zudem die Anonymität des Befragten gewährleistet. Insgesamt ist also die Flexibilität je nach Anforderung deutlich gesteigert (vgl. *Malhotra* 1999, S. 207; *Sheehan* 2002).

Zudem eröffnet der internationale Charakter des Internets gerade im Rahmen von Marktforschungsstudien Potentiale. Waren Länder übergreifende Studien bislang mit beträchtlichem Aufwand verbunden, können nun europaweite und sogar globale Untersuchungen zeitgleich und zudem vergleichsweise kostengünstig durchgeführt werden. Eine zentrale Koordination ist dabei möglich (vgl. *Hennig-Thurau & Dallwitz-Wegner* 2002, S. 313). Insgesamt ist die Kosteneffektivität, die sich aus der Nutzung des Mediums Internet ergibt, positiv hervorzuheben. Es fallen in diesem Rahmen weder Kosten für Interviewer noch für Material und den Versand der Fragebögen an. Hinzu kommt, dass sich die Kosten der Erstellung von Fragebögen durch die zunehmende Verbreitung standardisierter Software zunehmend reduzieren, da eine individuelle Programmierung über Fachleute nur noch begrenzt notwendig ist. Zudem sinken die Kosten für Server- und Service-Provider-Leistungen zunehmend. Es kann also in Bezug auf die Kosten von Online-Befragungen festgehalten werden, dass sie gerade im Falle umfangreicher Stichproben deutlich unter denen vergleichbarer traditioneller Befragungen liegen (vgl. *Malhotra* 1999, S. 207; *Sheehan* 2002; *Theobald* 2000, S. 21-24).

Allerdings ergeben sich neben besagten Vorteilen auch einige recht offenkundige Nachteile von Interneterhebungen. Auf die Problematik bezüglich der mangelnden Repräsentativität wurde bereits hingewiesen. Hinzu tritt eine Identitätsproblematik. Wie generell im Rahmen schriftlicher Befragungen ist nicht ersichtlich, ob die Zielperson höchstpersönlich oder aber sogar mehrfach an der Befragung teilgenommen hat. Hier kann nur in begrenztem Umfang mit Hilfe von Plausibilitätskontrollen entgegen gewirkt werden (vgl. *Malhotra* 1999, S. 207; *Sheehan* 2002).

Weiter sollen die Kosten, die für die Befragten in Addition zur aufgewendeten Zeit entstehen, noch einmal Erwähnung finden. Diese ergeben sich aus den regelmäßig zeitgebundenen abgerechneten Verbindungsentgelten des Internetzugangs. In der Praxis versucht man, diese Kosten über mögliche Incentivierung auszugleichen, wobei wie angeführt Verzerrungen zu berücksichtigen sind (vgl. *Hennig-Thurau & Dallwitz-Wegner* 2002, S. 313). Betrachtet man allerdings die abnehmende Teilnahmebereitschaft und somit steigende Notwendigkeit auch monetärer Incentivierung, ist die Vorteilhaftigkeit unter Kostengesichtspunkten zu relativieren (vgl. *Sheehan* 2002).

Hinzu kommt bei Online-Befragungen, dass analog zu schriftlichen Befragungen die Möglichkeiten, unklaren und offenen Antworten direkt nachzugehen, noch relativ begrenzt sind. Zwar ermöglicht der interaktive Charakter des Mediums hier verschiedene Ansätze, die aber den Möglichkeiten eines persönlichen Gesprächs bislang nicht gleichgesetzt werden können. Abschließend sei noch auf Einschränkungen hinsichtlich der Fragebogenlänge hingewiesen. Vor dem Hintergrund des Nutzerverhaltens im Internet als sehr dynamisches und zeitnahes Medium sind Verweildauern von mehr als 15-20 Minuten eher unüblich. Entsprechend kann angenommen werden, dass vergleichsweise lange Fragebögen nur wenig Zuspruch bzw. Bereitschaft zur Teilnahme verzeichnen werden (vgl. *Hennig-Thurau & Dallwitz-Wegner* 2002, S. 313f.).

Zusammenfassend kann festgehalten werden, dass sich aus der Nutzung des Internets für Marktforschungszwecke und im Speziellen für Online-Befragungen neben zahlreichen, recht offenkundigen Vorteilen auch diverse Limitationen ergeben. Diese gilt es sowohl bei der Planung und Durchführung einer Studie als insbesondere auch im Rahmen der Auswertung und Interpretation der Ergebnisse zu berücksichtigen, da die Güte der Ergebnisse sonst deutlich reduziert sein könnte.

3 Empirische Konzeptionalisierung und Operationalisierung des Vertrauenskonstruktes im Rahmen einer Vergleichsstudie

3.1 Grundlegungen

Der Prozess der *Konzeptionalisierung* theoretischer Konstrukte beschreibt „die Identifizierung und Darstellung der grundlegenden inhaltlichen Elemente des Konstruktes“ (*Hennig-Thurau* 1998, S. 231). Für das Konstrukt des Vertrauens im stationären und internetbasierten Handel beziehen sich die grundlegenden inhaltlichen Elemente auf folgende Aspekte:

- die Determinanten des Vertrauens, und zwar sowohl in Bezug auf den traditionellen Handel als auch vor dem Hintergrund der Spezifika des Internets,
- die Dimensionen des Kundenvertrauens sowie seine Komponenten,
- die Konsequenzen von Vertrauen.

Dabei dient die Konzeptualisierung als Grundlage der sich anschließenden *Operationalisierung* sowie die einhergehende Umsetzung in Form der Messung des Konstruktes. Anzumerken ist jedoch, dass regelmäßig eine gewisse Distanz zwischen der abstrakten theoretischen Konzeption und der Operationalisierung in Form konkreter Fragestellungen und Indikatoren festgestellt werden muss.

In der Folge wird aus diesem Grund auf einen iterativen Ansatz zurückgegriffen. Dabei erfolgt eine Überprüfung des Konstrukts auf Basis der empirischen Daten und ggf. eine Modifikation des konzeptionellen Ansatzes. Ziel ist es, Empirie und Konzept in Einklang zu bringen. Abbildung 30 zeigt den idealtypischen Ablauf, an den sich die Konzeptualisierung und Operationalisierung in dieser Arbeit anlehnt.

Abbildung 30:
Konzeptionalisierung und Operationalisierung von Konstrukten

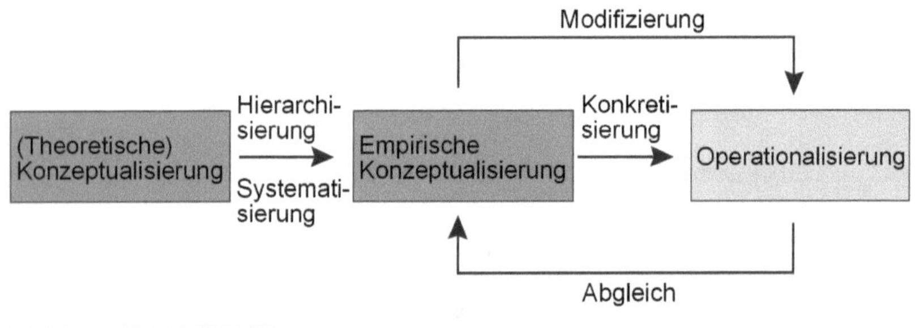

Quelle: Hennig-Thurau 1998, S. 232

Es stellt sich die Frage nach der Vorgehensweise hinsichtlich der zugrunde zu legenden empirischen Konstruktkonzeptualisierung und Operationalisierung. Dabei lässt sich jede Marktforschungsstudie „als einen Prozeß der Problemlösung kennzeichnen, der aus einer idealtypischen Abfolge von Phasen besteht" (*Herrmann & Homburg* 1999, S. 17). Im Rahmen dieser Arbeit sollen insgesamt vier Phasenabschnitte unterschieden werden: die Indikatorenentwicklung, Pretest und Modifikation der Indikatoren, die Datenerhebungsphase sowie die quantitative Datenanalyse. Dabei findet der oben beschriebene Abgleich mit folgender Modifizierung sowohl infolge der Ergebnisse der Vorstudie als auch in Form des stufenweisen Selektionsprozesses der Determinanten statt.

Abbildung 31:
Phasenablauf im Rahmen der empirischen Konzeptualisierung und Operationalisierung

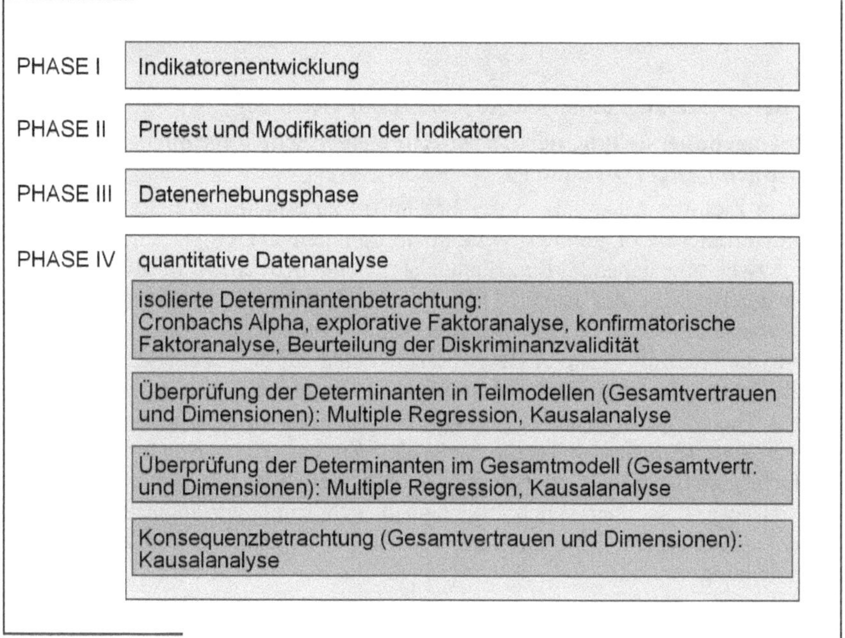

Quelle: Eigene Darstellung

Die Phase der quantitativen Datenanalyse wird zudem weiter unterschieden in die isolierte Determinantenbetrachtung, die Überprüfung der Determinanten in Teilmodellen, die Zusammenführung und Überprüfung der Determinanten in einem Determinanten-Gesamtmodell sowie die Betrachtung der Konsequenzen von Vertrauen in Form des Commitment-Trust-Modells. Jeder Schritt beinhaltet dabei sowohl die Berücksichtigung von Vertrauen als Gesamtkonstrukt als auch in der ausdifferenzierten Form der Dimensionen sowie zudem eine isolierte Betrachtung der einzelnen Bereiche des Buch/CD/DVD-Handels und Reisebüros. Dabei dient bereits der Pretest einer ersten Selektion von Determinanten ohne entsprechenden Einfluss auf das Kundenvertrauen. Dieser Selektionsprozess wird im Rahmen der Überprüfung der Determinanten in den Teilmodellen fortgeführt. Dabei wird die Vertrauensrelevanz der Determinanten in den Teilbereichen analysiert und auf dieser Grundlage werden Schlüsselvariablen für die Überführung in das Determinanten-Gesamtmodell identifiziert.

Abbildung 31 verdeutlicht den im Rahmen dieser Arbeit zugrunde gelegten Phasenablauf und gibt die in den jeweiligen Phasen angewandten Methodiken wider.[59] Dabei ergeben sich insbesondere zwischen den Phasen 1 und 2 sowie innerhalb von Phase 4 Rückkopplungen im Sinne eines Abgleichs.

3.2 Der Arbeit zugrunde gelegte Konzeptionalisierung

3.2.1 Gegenüberstellung der Dienstleistungsbereiche Reisebüros und Buch/CD/DVD-Handel

Mit dem Ziel, die Aussagekraft der Ergebnisse zu erhöhen und Branchenspezifika identifizieren zu können, wurden im Rahmen der empirischen Untersuchung zwei abweichende Einzelhandelsbereiche betrachtet. In dieser Arbeit sollen die Bereiche des Buch/CD/DVD-Handels sowie Reisebüros jeweils im internetbasierten und im traditionellen Sinne unterschieden werden. Dabei basierte die Auswahl besagter Bereiche zum einen auf der Tatsache, dass es sich bei diesen um die momentan umsatzstärksten Bereiche des Internethandels im Bereich Business-to-Consumer handelt. Sie deckten im vergangenen Jahr zusammen über 75 % des Internetkonsums ab.[60] Zudem zeichnen sich die Bereiche durch vergleichsweise unterschiedliche Charakteristika aus, die in der Folge kurz dargestellt werden sollen. Sie eignen sich somit zur Identifikation von branchenspezifischen Einflussfaktoren auf die Ergebnisse der empirischen Untersuchung.

Der zentrale Unterschied zwischen den betrachteten Bereichen, dem Buch/CD/DVD-Handel und Reisebüros, besteht in der Intangibililtät der vermittelten Leistung eines Reisebüros. Dieses verkauft in erster Linie ein Recht an den Kunden, eine Leistung in der Folge in Anspruch zu nehmen, wohingegen der Buch/CD/DVD-Handel ein materielles Gut vertreibt (vgl. in Anlehnung an *Hansen* 1990, S. 156f.; *Hudson et al.* 2001). Entsprechend unterscheiden sich

[59] Eine Beschreibung der zugrunde gelegten Verfahren findet sich im Rahmen ihrer ersten Anwendung in Kapitel 3.3.

[60] Die Angaben beziehen sich auf die Frage nach E-Commerce-Angeboten, „die innerhalb der letzten 12 Monate online bestellt bzw. kostenpflichtig genutzt wurden“. Die Rubriken Bücher, Musik-CDs, Software-CDs, Computer-/Videospiele, Anwendungssoftware wurden zur Kategorie Buch/CD/DVD-Handel zusammengefasst; die Rubriken Bahntickets, Flugtickets, Buchung von Hotels, Buchung von Reisen, Flugtickets, Eintrittskarten wurden zur Rubrik Reisebüros zusammengefasst; vgl. *GfK* 2001; *G&J Electronic Media Service* 2001, S. 69.

auch die Umstände der Leistungsevaluation. Der Buch/CD/DVD-Handel zeichnet sich von individuellen Präferenzen abgesehen durch einen hohen Anteil an Sucheigenschaften, etwa in Form von Interpret bzw. Autor und Titel aus. Zudem kann sowohl im traditionellen als auch im internetbasierten Handel über Hör- bzw. Leseproben ein gewisser Anteil an Erfahrungseigenschaften vor dem Kauf evaluiert werden. Reisen und verwandte Leistungen weisen hingegen eher Erfahrungscharakter auf, der das Ausmaß an vorherrschender Unsicherheit während des Kaufakts erhöht (vgl. in Anlehnung *Grabner-Kraeuter* 2002, S. 46).

Entsprechend unterscheidet sich die Beratungsleistung des Handels in beiden Bereichen deutlich. Während sich im Buch/CD/DVD-Handel die Durchführung der Beratung als auf das Internet übertragbar darstellt, da hier weite Teile der Beratung durch internetbasierte Rezensionen und Empfehlungen ersetzt werden können, stellt sich dies hinsichtlich der Beratungsleistung von Reisebüros mitunter sehr viel komplexer dar. Zwar sind hier ebenfalls recht übersichtliche und einfache Vorgänge wie z.B. die Buchung eines innerdeutschen Linienfluges oder Bahntickets denkbar, die keiner weiteren Erläuterung bedürfen und somit primär Sucheigenschaften aufweisen. Jedoch sind auch sehr viel komplexere Buchungen an der Tagesordnung, die aufwendigere Beratung und mitunter weitreichendes Fachwissen und Erfahrung seitens des Handels bedingen. Zudem ergibt sich aus diversen begleitenden Umständen wie Fragen bezüglich Zoll, Visa, Ausweispflicht und politischen Gegebenheiten im Reiseland mitunter sensible Problemstellungen, die eine seriöse und umfangreiche Beratungsleistung erforderlich machen können. Hinzu kommt der Umstand, dass Reisen in der Regel in einem deutlich höheren Preissegment verortet sind als Bücher, CDs und DVDs. Der gesteigerte finanzielle Einsatz resultiert in einer erhöhten Risikowahrnehmung der Kunden (vgl. in Anlehnung *Grabner-Kraeuter* 2002, S. 46f.).

Die betrachteten Branchen eröffnen folglich eine vergleichsweise große Spannweite. Einschränkend muss jedoch festgehalten werden, dass die Berücksichtigung zweier Bereiche sicherlich keine vollständige Verallgemeinerung der Ergebnisse ermöglicht. Sie vermag jedoch wertvolle Anhaltspunkte für die Identifikation von branchenspezifischen Einflüssen zu liefern und steigert somit die Aussagekraft und Übertragbarkeit der Ergebnisse. Zudem gewährleistet die Konzentration auf zwei bzw. vier Bereiche, dass auch die entsprechenden Subsamples im Rahmen der empirischen Auswertung eine ausreichende Größe zur Anwendung multivariater Analysemethoden aufweisen.

3.2.2 Besonderheiten des vergleichenden Charakters zwischen stationärem Handel und internetbasiertem Handel

Die theoretische Ableitung in Kapitel B, C und D hat gezeigt, dass zwischen traditionellem, stationär ausgerichtetem Handel und dem internetbasierten Handel 2000, S. 437) sowohl Gemeinsamkeiten als auch Unterschiede bestehen. Dies kann nicht überraschen, da es sich beim internetbasierten Handel um „the sale of products and services to the consumer market, over the Internet" (*Kolesar & Galbraith* 2000, S. 437) und somit nur um eine Modifikation des traditionellen Handels. Die konzeptionelle Nähe drückt sich ebenfalls in den zahlreichen Determinanten des Kundenvertrauens aus, die gemeinsamen für beide Bereiche identifiziert wurden.[61]

Eine vergleichende Studie eröffnet die Möglichkeit des direkten Vergleichs dieser gemeinsamen Determinanten in den verschiedenen Kontexten. Zudem lassen sich aus den Ergebnissen einer vergleichenden Betrachtung Implikationen für die Anpassung des Vertrauensmanagements an die Besonderheiten des Internets gezielter ableiten, da die bisherigen Erfahrungen über die vorhandenen Referenzwerte besser einfließen können. Die vergleichende Untersuchung integriert hier den notwendigen Vergleichsmaßstab in einem Schritt. Hinzu kommt, dass für beide betrachteten Bereiche gleiche bzw. sehr ähnliche Skalen verwendet werden können. Müssen hingegen externe Studien zur Einordnung und Interpretation der Ergebnisse herangezogen werden, wäre infolge abweichender Skalen die Vergleichbarkeit weiter reduziert.

Allerdings konnten in Kapitel D auch diverse Unterschiede aufgezeigt werden, die sich aus den Charakteristika des Internets ergeben und in kontextspezifischen Determinanten resultieren. Persönlicher Kontakt findet während des gesamten Verkaufs in der Regel nicht statt. Prägend ist die abweichende Distribution der Produkte und Leistungen. Findet diese im traditionellen Handel in Gestalt der sofortigen Übergabe in der Regel im Ladenlokal statt (eine Ausnahme bildet der Versandhandel), distribuieren internetbasierte Anbieter bzw. Händler ihre Produkte und Leistungen im Falle von digitalen Gütern in der Regel direkt über das Internet oder im Falle von materiellen Gütern über Einschaltung von Transportmittlern. Die Website ersetzt dabei ganz oder teilweise das Ladenlokal. Aus diesen Besonderheiten konnten eine Reihe kontextspezifischer Determinanten abgeleitet werden, die im Folgenden empirisch überprüft werden sollen.

---

[61] Die Identifikation der Determinanten des Kundenvertrauens im traditionellen Handel erfolgte in Kapitel B 3.2.4; die Übertragung und Erweiterung der Determinanten auf den Bereich des Internetbasierten Handels ist in Kapitel D 2 verortet.

Insgesamt stellt sich die gesamte Infrastruktur in Bezug auf das Internet abweichend dar. Wie im Rahmen des Modellansatzes für elektronische Märkte in Abbildung 17 bereits gezeigt wurde, ist der internetbasierte Handel von Infrastrukturanbietern abhängig, welche Kunden und Händler auf dem elektronischen Markt zusammenbringen (vgl. *Benjamin & Wiegand* 1995, S. 66f.; siehe auch bei *Hansen & Bode* 1999, S. 360). Die Beteiligung dritter Parteien im Rahmen der Transaktion bringt weitere Risiken für den Kunden und den Handel, die in kontextspezifischen Determinanten resultieren und somit auf die Vertrauensbildung des Kunden einwirken. Der vergleichende Charakter der Studie vermag hier erwartungsgemäß zu offenbaren, wie groß der Erklärungsbeitrag der jeweiligen Spezifika ausfällt und wodurch diese im jeweils anderen Bereich kompensiert werden können.

3.3 Durchführung der quantitativen Erhebung

3.3.1 Untersuchung der Determinanten von Vertrauen im Internet

3.3.1.1 Ergebnisse der Vorstudie

3.3.1.1.1 Isolierte Betrachtung der Determinanten

Wie bereits angemerkt, diente die Vorstudie der Überprüfung und Anpassung der lokalen Gütemaße. Diesbezüglich wurde die Skalenreliabilität für die verschiedenen Determinanten von Vertrauen, seine Dimensionen sowie das Vertrauenskonstrukt selbst unter Verwendung des Cronbachs Alpha überprüft. Die gemessenen Werte für den Cronbachs Alpha lagen durchgängig im Bereich von 0,70 und höher und verdeutlichen für alle Konstrukte eine hohe Skalenreliabilität.[62] Zudem konnte über eine konfirmatorische Faktoranalyse die hohe Skalenreliabilität für alle Größen gleichermaßen bestätigen werden.

Zur Bestimmung der Diskriminanzvalidität wurde das Fornell/Larcker-Kriterium (vgl. *Fornell & Larcker* 1981) herangezogen. Dieses vergleichsweise restriktive Verfahren setzt für jedes Paar von Faktoren eines Messmodells voraus, „dass die durchschnittlich erfassten Varianzen (DEV) der Faktoren jeweils größer sind als die quadrierte Korrelation zwischen den beiden Faktoren“ (*Homburg & Pflesser* 1999, S. 429). Auf diesem Wege konnte die Diskriminanzvalidität für sämtliche Konstruktpaare bestätigt werden. Die einzige Ausnahme stellten die Motivation und die Empathie der Mitarbeiter mit einer Korrelation von 0,95 dar.[63] Für den traditionellen Handel wurden beide Kon-

---

[62] Diesbezüglich ist anzumerken, dass die beiden Determinanten Größe und Langlebigkeit des Anbieters aufgrund ihres geringen Komplexitätsgrades nur über jeweils ein Item gemessen wurden.

[63] Zudem wiesen die Dimensionen des Kundenvertrauens eine vergleichsweise hohe Korrelation aus. Durch Eliminierung jeweils eines Indikators konnte jedoch auch für die Dimensi-

strukte in der Folge zusammengefasst, was auch aus theoretischer Perspektive eine sinnvolle Zusammenführung darstellt. Für den internetbasierten Handel finden beide Konstrukte in der Hauptstudie aufgrund ihrer mangelnden Bedeutung in Bezug auf das Vertrauensurteil für Online-Dienstleistungsunternehmen keine Berücksichtigung mehr. Eine Zusammenfassung entfällt hier folglich wegen Streichung.

Zur Bestimmung der Wichtigkeit der Determinanten für das Vertrauensurteil der Konsumenten wurden sowohl für den internetbasierten als auch für den traditionellen Handel jeweils Strukturmodelle für jede Determinante unter Verwendung von LISREL 8.5 und Einsatz des Maximum-Likelihood-Algorithmus[64] gerechnet. Diese beinhalteten als latente endogene Variable jeweils die isoliert betrachtete Determinante und als latente exogene Variable das Gesamtvertrauen. Abbildung 32 zeigt die Ergebnisse.

Abbildung 32:
Wichtigkeit der anbieterseitigen Determinanten im Rahmen der Vorstudie

		Online		Offline	
Bereich	Determinante	Standard. Pfadkoeff.	Wichtigkeits-rangfolge	Standard. Pfadkoeff.	Wichtigkeits-rangfolge
Prozesse und Politiken	Bedienung der Website/ Funktionalität des Geschäfts	0,41	10	0,39	12
	Individualisierung	0,32	14	0,45	10
	Gemeinsame Werte und Ähnlichkeit	0,42	9	0,45	8
	Community/Gemeinsamkeiten mit anderen Kunden	*0,16**	21	0,17	15
	Garantien/Problemlösungsverhalten	0,50	4	0,57	4
	Abwicklungsprozesse	0,63	2	-	-
	Schutz vor Anbietermissbrauch	0,46	5	-	-
	Schutz vor Missbrauch durch dritte Parteien	0,45	7	-	-
	Schutz der Privatsphäre	0,35	12	-	-
	Verfügbarkeit/ Stabilität der Website	*0,23**	15	-	-
Mitarbeiter	Fachwissen der Mitarbeiter	*0,18**	20	0,51	6
	Empathie der Mitarbeiter	*0,21**	17	0,61	3
	Motivation der Mitar-	*0,23**	16	0,55	5

onen Diskriminanzvalidität hergestellt werden. Da beide Größen Dimensionen desselben Konstruktes darstellen und sich somit in Bezug auf ihre theoretische Fundierung sehr nahe stehen, soll dieser Sachverhalt hier vernachlässigt werden.

[64] Vgl. für einen Überblick Kapitel 1.2 sowie *Backhaus et al.* 2000, S. 451.

	beiter Entscheidungsbefugnisse der Mitarbeiter	*0,12**	24	0,41	11
Kommunikation	Werbung	*0,14**	22	*-0,05**	19
	Verfügbarkeit produktbezogener Informationen	0,44	8	0,38	13
	Transparenz	0,53	3	0,31	14
	Ansprechbarkeit	0,40	11	0,48	7
	Referenzen	*0,13**	23	*0,17**	16
	Design der Website/Anmutung des Geschäfts	0,33	13	0,45	9
	Aktualität der Informationen	0,46	6	0,70	1
Produkt- und Leistungsangebot	Produkt- und Leistungsangebot	0,69	1	0,67	2
Charakteristika des Anbieters	Größe des Händlers	*0,19**	18	*-0,01**	18
	Langlebigkeit	*0,22**	19	*0,06**	17

* symbolisiert den Ausschluss der Variablen nach Studie 1

3.3.1.1.2 Ausschluss nicht relevanter Größen

Mit dem Ziel, die Anzahl der Determinanten zu reduzieren und somit den Umfang der Befragung auf ein bewältigbares Maß zu verkürzen, wurde neben der Signifikanz der Determinanten ein Kriterium zur Determinantenselektion gesucht. Dabei wurde vorausgesetzt, dass jede Determinante zur weiteren Berücksichtigung bei isolierter Regression jeweils mindestens 10 Prozent der Varianzerklärung des Kundenvertrauens leisten muss. Dabei ist zu berücksichtigen, dass eine solche isolierte Betrachtung gleichbedeutend mit einer Inflationierung der Ergebnisse ist, da Wechselwirkungen zwischen den Determinanten ausgeblendet und gemeinsam erklärte Varianzanteile vollständig einzelnen Determinanten zugerechnet werden. Entsprechend hätten Determinanten mit geringerem Anteil an Varianzerklärung in einem vollständigen Modell nur noch einen sehr viel geringeren Erklärungsbeitrag.[65]

Auf Grundlage dieses Kriteriums wurde nun eine Reihe von Determinanten für den traditionellen bzw. für den internetbasierten Handel ausgeschlossen. Im traditionellen Handel wiesen die Determinanten Gemeinsamkeit mit anderen Kunden (im Online-Bereich als Community bezeichnet), Werbung, Referenzen sowie die firmenbezogenen Determinanten Größe und Langlebigkeit des An-

[65] Vgl. zur Vorgehensweise und zum Selektionskriterium Kapitel E 1.2.

bieters nicht den notwendigen Anteil an Varianzerklärung auf und wurden infolgedessen im Rahmen der Hauptstudie nicht weiter berücksichtigt.

Für den internetbasierten Handel stellte sich die Situation z.T. sehr ähnlich dar, es konnten jedoch auch einige abweichende Determinanten zum Ausschluss identifiziert werden. Dabei handelte es sich im Bereich der anbieterseitigen Determinanten um alle vier Mitarbeiter-Determinanten sowie die Ansprechbarkeit des Anbieters. Zudem wiesen wie bereits für den traditionellen Handel die Größen Community, Werbung, Referenzen sowie die Firmencharakteristika der Größe und der Langlebigkeit des Anbieters jeweils einen Varianzerklärungsanteil von weniger als 10 Prozent in Bezug auf das Kundenvertrauen auf und wurden in der Hauptstudie ebenfalls nicht wieder berücksichtigt. Zur Absicherung der Ergebnisse wurde die Berechnung für Determinanten, die zumindest bedingt auf persönlichem Kontakt im Vorfeld beruhen, wiederholt. Allerdings vermochte auch die Selektion der Fälle, bei denen es bereits zu Kontakten mit dem Personal des Anbieters gekommen war, die Bedeutung der Determinanten im Rahmen der Varianzerklärung nicht zu erhöhen. Hier sei etwa auf alle Mitarbeiter-Determinanten verwiesen.

Insgesamt verbleiben somit 14 anbieterseitige Größen in der Untersuchung der Determinanten des Vertrauens im traditionellen Handel sowie ebenfalls 14 anbieterseitige Determinanten in der internetbezogenen Untersuchung. Es stellt sich die Frage, warum besagte Vorgehensweise auf die anbieterseitigen Determinanten beschränkt wurde, die kunden- und umfeldbezogenen Variablen hingegen sämtlich übernommen wurden. Dies resultiert aus der vergleichsweise homogenen Zusammensetzung der Stichprobe der Vorstudie in Bezug auf soziodemographische Kriterien. Diese lässt insbesondere auf kundenseitige Determinanten wie die Vertrauensneigung keine Rückschlüsse zu, da zu erwarten ist, dass sich nur geringfügige Abweichungen zwischen den Probanden ergeben. Der Ausschluss von Variablen in diesem Bereich wäre folglich nicht sinnvoll. Analog wurde mit den weiteren Größen verfahren, die nur geringe Abweichungen aufwiesen. Auch hier kann vermutet werden, dass etwa die empfangene Mundwerbung sowie das für die erfahrene Berichterstattung in den Medien ursächliche Mediennutzungsverhalten maßgeblich von der Stichprobe beeinflusst wird. Aussagen auf Basis der überaus limitierten Stichprobe der Vorstudie sind hier wenig zielführend.

3.3.1.2 Ergebnisse der Hauptstudie

3.3.1.2.1 Isolierte Betrachtung der identifizierten Determinanten

Wie bereits beschrieben baute die Hauptstudie auf der Vorstudie auf und nutzte das gleiche Fragebogendesign wie diese. Insbesondere diente sie dazu, die

Skalen für die Hauptstudie zu überprüfen und anschließend zu verbessern. Infolge der Ergebnisse der Vorstudie wurden somit verschiedene Skalen überarbeitet bzw. angepasst. In der Hauptstudie übertragen die Cronbachs-Alpha-Werte für alle anbieterseitigen Konstrukte 0,80, was als sehr gut bezeichnet werden kann.[66] Zudem konnte die anschließend durchgeführte konfirmatorische Faktoranalyse die sehr guten Skalenreliabilitäten bestätigen. Über das Fornell-Larcker-Kriterium wurde die Diskriminanzvalidität für alle Konstrukt-Paare bejaht. Somit konnten mithilfe der Ergebnisse der Vorstudie die lokalen Gütemaße für die Hauptstudie weiter verbessert werden. Das stufenweise Vorgehen im Sinne einer Vor- und Hauptstudie hat sich in Bezug auf die Gütemaße folglich bewährt.

Im nächsten Schritt wurde die Wichtigkeit der Determinanten bezüglich des Vertrauenskonstruktes ermittelt. Dabei wurden, wie im Rahmen der Vorstudie, zunächst wiederum bivariate Strukturmodelle berechnet, welche die isolierte Regression der einzelnen Determinanten auf das Vertrauenskonstrukt beinhalten. Zudem wurden diesmal die kundenseitigen und weiteren Determinanten in die Betrachtung mit einbezogen (vgl. Abbildung 33).

Vergleicht man die Ergebnisse der Vorstudie und der Hauptstudie miteinander, kann insgesamt bei Betrachtung der isolierten Korrelationen der Determinanten mit dem Kundenvertrauen von einer Bestätigung der Ergebnisse der Vorstudie gesprochen werden (vgl. Abbildung 32 und 33). Zwar ergeben sich im Detail Abweichungen in Bezug auf die absoluten Werte. Die Reihenfolge wird hingegen weitgehend bestätigt.

Abbildung 33:
Wichtigkeit der Determinanten im Rahmen der Hauptstudie

		Online		Offline	
Bereich	Determinante	Standard. Pfadkoeff.	Wichtigkeits-rangfolge	Standard. Pfadkoeff.	Wichtigkeits-rangfolge
Prozesse und Politiken	Bedienung der Website/ Funktionalität des Geschäfts	0,47	11	0,54	12
	Individualisierung	0,45	12	0,65	6
	Gemeinsame Werte und Ähnlichkeit	0,59	4	0,64	7
	Community/Gemeinsam-keiten mit anderen Kunden	-	-	-	-
	Garantien/Problemlösungs-verhalten	0,60	3	0,77	1
	Abwicklungsprozesse	0,54	7	-	-

[66] Vgl. für eine Übersicht über die deskriptive Statistik, die Skalenhomogenität sowie die Korrelation zwischen den einzelnen Konstrukten der Untersuchen den Anhang dieser Arbeit.

	Schutz vor Anbietermissbrauch	0,58	5	-	-
	Schutz vor Missbrauch durch dritte Parteien	0,54	6	-	-
	Schutz der Privatsphäre	0,61	2	-	-
	Verfügbarkeit und Stabilität der Website	0,40	13	-	
Mitarbeiter	Fachwissen der Mitarbeiter	-	-	0,65	5
	Empathie der Mitarbeiter	-	-	0,73	3
	Motivation der Mitarbeiter	-	-	0,76	2
	Entscheidungsbefugnisse der Mitarbeiter	-	-	0,62	10
Kommunikation	Werbung	-	-	-	-
	Verfügbarkeit produktbezogener Informationen	0,51	9	0,64	8
	Transparenz	0,56	5	0,37	14
	Ansprechbarkeit	-	-	0,62	9
	Referenzen	-	-	-	-
	Design der Website/Anmutung des Geschäfts	0,48	10	0,43	13
	Aktualität der Informationen	0,53	8	0,55	11
Produkt- und Leistungsangebot	Produkt- und Leistungsangebot	0,67	1	0,68	4
Charakteristika des Anbieters	Größe des Händlers	-	-	-	-
	Langlebigkeit	-	-	-	-
Kundenseitige Determinanten	Vertrauensneigung	*-0,00**	-**	*0,05**	-**
	Beziehungsdauer und -intensität	0,32	-**	0,09	-**
	Einstellung zum Thema Internetshopping/ Shopping	0,37	-**	-	-
	Internetexpertise/Shopping-expertise	0,22	-**	-	-
Weitere Determinanten	Mundwerbung	0,27	-**	0,47	-**
	Berichterstattung in Medien	0,29	-**	0,08	-**

* symbolisiert keinen signifikanten Einfluss (p<0,1) der Variablen

** analog zu Abbildung 34 bezieht die Wichtigkeitsrangfolge nur die anbieterseitigen Determinanten ein

Wie Abbildung 33 verdeutlicht, weist die überwiegende Mehrzahl der Determinanten, insbesondere im Bereich der anbieterseitigen Größen, einen signifikant positiven Einfluss auf das Kundenvertrauen auf. Die einzige Ausnahme stellt für den internetbasierten als auch den traditionellen Handel die Determinante der Vertrauensneigung der Kunden dar, die keinen signifikanten Einfluss auf das

Kundenvertrauen auszuüben vermag. Alle weiteren Konstrukte weisen im Rahmen dieser isolierten Regressionsanalyse einen signifikanten Einfluss auf Vertrauen auf. Die Determinantenselektion aus der Vorstudie konnte somit insgesamt bestätigt werden.

3.3.1.2.2 Überprüfung der Determinanten in Teilmodellen

Die Aussagekraft der angeführten Regressionen ermöglicht einen hilfreichen Einstieg in die Materie. Eine isolierte Betrachtung der Zusammenhänge im Rahmen einer einfachen Regressionsanalyse ist allerdings immer mit einer Inflationierung der Koeffizienten verbunden, da die Interkorrelationen zwischen den verschiedenen Determinanten keine Berücksichtigung finden sowie die gemeinsam erklärte Varianz vollständig einer einzigen Determinante zugerechnet wird. Aus diesem Grunde wurden zur Identifikation von Schlüsselvariablen multiple Regressionsanalysen, wiederum unter Verwendung von LISREL 8.5 und des Maximum-Likelihood-Algorithmus, durchgeführt, die entsprechende Effekte zwischen den Determinanten berücksichtigen. Dabei wurden im Rahmen eines mehrstufigen Prozesses zunächst die verschiedenen Determinantenbereiche[67] isoliert betrachtet und die wichtigsten Determinanten für jeden Bereich anhand des Anteils an Varianzerklärung ausgewählt. Die auf diese Weise selektierten Determinanten erhielten dann Einzug in ein Gesamtmodell, welches die Bedeutung der einzelnen Bereiche für Vertrauen im Gesamtzusammenhang wiedergibt. Im Detail bedeutet dies, dass Teilmodelle für die Bereiche Prozesse und Politiken, Kommunikation, Produkte und Leistungen (alle anbieterseitig) sowie für die kundenseitigen Determinanten und die weiteren Determinanten berechnet wurden. Für den traditionellen Handel wurde zudem ein Teilmodell für die mitarbeiterbezogenen Determinanten berechnet.

Allerdings ist ebenso einschränkend anzuführen, dass die Determinante der Langlebigkeit kaum von Seiten des Anbieters steuerbar ist. Dieser kann bestenfalls die Wahrnehmung der Konsumenten über angepasste Kommunikationsmaßnahmen beeinflussen. Denkbar wäre z.B. in Werbebotschaften auf die langjährige Erfahrung des Anbieters zu verweisen und auf diesem Wege die Langlebigkeit zu betonen.

[67] Analog zur Systematisierung in Kapitel B 3.2.4 und D 2.2 Es wurde in die Bereiche Anbieterseitige Determinanten, Kundenseitige Determinanten und Weitere Determinanten unterschieden. Zudem wurde der Bereich der Anbieterseitigen Determinanten weiter ausdifferenziert in die Kategorien Prozesse und Politiken, Kommunikation, Mitarbeiter, Firmencharakteristika sowie Produkt- und Leistungsangebot; vgl. Abbildung 28 und 29.

Beide Größen sollen, wenn auch von Anbieterseite nur bedingt zu beeinflussen, für den Online-Bereich herangezogen werden (vgl. *Friedmann, Kahn & Howe* 2000, S. 39; *Jarvenpaa, Tractinsky & Saarinen* 1999; *Shankar, Sultan & Urban* 2002, S. 12). Da ein Kunde im Internet kaum auf bewährte Qualitätsindikatoren zurückgreifen kann, soll im internetbasierten Handel von einem größeren Einfluss auf die Vertrauensbildung im Onlinebereich ausgegangen werden, der sich gleichermaßen auf beide Dimensionen des Vertrauens auswirkt.

Abbildung 34:
Ergebnisse der Teil- und Gesamtmodelle für den internetbasierten Handel

		Gesamtvertrauen*/**		Vertrauensdimensionen */** Gesamtmodell	
		Teilmodell	**Gesamtmodell**	**Kompetenz**	**Wohlwollen**
			RMSEA = 0,07 (Reise: 0,09/ B/CD/DVD: 0,07), NFI = 0,96 (0,93/0,95), NNFI = 0,96 (0,93/0,96), CFI = 0,97 (0,94/0,96), RMR = 0,06 (0,06/0,05), R^2 (Gesamtvertrauen) = 0,690 (0,653/0,719)	RMSEA = 0,07 (Reise: 0,08/ B/CD/DVD: 0,07), NFI = 0,97 (0,94/0,96), NNFI = 0,97 (0,94/0,96), CFI = 0,97 (0,95/0,97), RMR = 0,05 (0,06/0,05), R^2 (Können/ Wollen) = 0,735/0,707 (0,733/0,618; 0,762/0,752)	
Prozesse und Politiken (Anbieterseitig)	Bedienung der Website	0,09 (Reise: 0,12/ B/CD/DVD: *0,07*)	-	-	-
	Garantien und Problemlösungsverhalten	0,13 (0,11/0,13)	-	-	-
	Gemeinsame Werte/Ähnlichkeit	0,25 (0,24/0,27)	0,22 (0,23/0,19)	0,19 (0,18/0,18)	0,29 (0,23/0,30)
	Individualisierung	*-0,01 (0,04/-0,02)*	-	-	-
	Schutz vor Missbrauch durch Dritte	0,10 (0,16/*0,07*)	-	-	-
	Schutz vor Anbietermissbrauch	0,12 (*0,07*/0,14)	-	-	-
	Schutz der Privatsphäre	0,22 (0,20/0,20)	0,25 (0,19/0,26)	0,05 (-*0,03*/*0,05*)	0,18 (0,12/0,19)
	Erreichbarkeit	0,08 (*0,02*/0,13)	-	-	-
	Abwicklungsprozesse	0,20 (0,23/0,20)	0,23 (0,25/0,23)	0,20 (0,29/0,20)	0,14 (0,09/0,18)
	Teil-Modell Fit: RMSEA = 0,08 (0,07/0,07), NFI = 0,95 (0,95/0,96), NNFI = 0,95 (0,95/0,96), CFI = 0,96 (0,96/0,97), RMR = 0,05 (0,05/0,06), R^2 (Gesamtvertrauen) = 0,667 (0,648/0,690)				
Kommunikation (anbieterseitig)	Anmutung der Website	0,21 (0,14/0,20)	0,07 (-/*0,05*)	0,08 (-/*0,05*)	0,11 (-/*0,04*)
	Verfügbarkeit produktbezogener Informationen	0,17 (0,26/0,15)	- (*0,09*/-)	- (-*0,03*/-)	- (0,17/-)
	Transparenz	0,32 (0,27/0,37)	0,10 (0,07/0,16)	0,06 (*0,03*/0,11)	0,12 (0,14/0,12)

	Aktualität der Informationen	0,20 (0,19/0,19)	0,06 (-/-)	0,10 (-/-)	0,07 (-/-)
	Teil-Modell Fit: RMSEA = 0,08 (0,09/0,08), NFI = 0,97 (0,95/0,97), NNFI = 0,97 (0,96/0,97), CFI = 0,97 (0,96/0,98), RMR = 0,06 (0,08/0,04), R^2 (Gesamtvertrauen) = 0,479 (0,451/0,515)				
Produkte und Leistungen (anbieterseitig)	Produkt- und Leistungsangebot	0,67 (0,64/0,68)	0,17 (0,19/0,19)	0,39 (0,47/0,46)	0,23 (0,25/0,25)
	Teil-Modell Fit: RMSEA = 0,13 (0,15/0,13), NFI = 0,97 (0,95/0,97), NNFI = 0,96 (0,94/0,96), CFI = 0,97 (0,96/0,97), RMR = 0,03 (0,04/0,03), R^2 (Gesamtvertrauen) = 0,443 (0,415/0,465)				
Kundenseitige Determinanten	Vertrauensneigung	*0,01 (-0,02/0,01)*	-	-	-
	Beziehungsdauer und –intensität	0,22 (0,27/0,20)	0,10 (0,13/0,09)	0,08 (0,17/0,11)	*0,02* (*0,07/0,04*)
	Einstellung zum Internetshopping	0,30 (0,22/0,35)	*0,04 (0,04/0,05)*	0,06 (0,13/-*0,01*)	*0,05* (*0,04/0,04*)
	Internetkenntnisse	*-0,01 (0,04/-0,06)*	-	-	-
	Teil-Modell Fit: RMSEA = 0,09 (0,10/0,09), NFI = 0,93 (0,91/0,92), NNFI = 0,93 (0,91/0,92), CFI = 0,94 (0,92/0,93), RMR = 0,07 (0,07/0,08), R^2 (Gesamtvertrauen) = 0,178 (0,167/0,201)				
Weitere Determinanten	Mundwerbung	0,17 (0,18/0,16)	-	-	-
	Berichterstattung in Medien	0,19 (0,13/0,22)	- (-/*0,05*)	- (-/0,06)	- (-/0,08)
	Teil-Modell Fit: RMSEA = 0,11 (0,12/0,10), NFI = 0,95 (0,94/0,95), NNFI = 0,94 (0,93/0,95), CFI = 0,96 (0,95/0,96), RMR = 0,05 (0,05/0,05), R^2 (Gesamtvertrauen) = 0,101 (0,078/0,118)				

* kursive Schreibweise signalisiert, dass die Variable keinen signifikanten Einfluss ($p<0,1$) aufweist

** Der vordere Wert in den Klammern steht für Reisebüros (Reise), der hintere Wert in den Klammern steht für den Bereich des Buch/CD/DVD-Handels (B/CD/DVD)

Abbildung 35:
Ergebnisse der Teil- und Gesamtmodelle für den traditionellen Handel

		Gesamtvertrauen*/**		Vertrauensdimensionen */** Gesamtmodell	
		Teilmodell	**Gesamtmodell**	**Kompetenz**	**Wohlwollen**
			RMSEA = 0,08 (Reise: 0,09/ B/CD/DVD: 0,09), NFI = 0,97 (0,95/0,96), NNFI = 0,97 (0,96/0,96), CFI = 0,98 (0,96/0,96), RMR = 0,05 (0,05/0,06), R^2 (Gesamtvertrauen) = 0,722 (0,764/0,713)	RMSEA = 0,08 (Reise: 0,09/ B/CD/DVD: 0,09), NFI = 0,97 (0,95/0,96), NNFI = 0,97 (0,96/0,96), CFI = 0,98 (0,96/0,97), RMR = 0,05 (0,05/0,06), R^2 (Kompetenz/ Wohlwollen) = 0,833/0,868 (0,822/0,845; 0,834/0,870)	
Prozesse und Politiken (anbieterseitig)	Funktionalität des Geschäfts	0,09 (Reise: 0,12/ B/CD/DVD: *0,07*)	- (-/-)	-	-
	Garantien und Problemlösungsverhalten	0,55 (0,48/0,65)	0,29 (0,13/0,33)	0,07 (0,12/*0,09*)	0,13 (*0,09/*0,13)
	Gemeinsame Werte/Ähnlichkeit	0,27 (0,26/0,28)	0,15 (0,10/0,17)	0,08 (*0,01/*0,11)	0,14 (0,08/0,19)
	Individualisierung	*0,03 (0,07/-0,10)*	- (-/-)	-	-
	Teilmodell Fit: RMSEA = 0,09 (0,11/0,11), NFI = 0,96 (0,95/0,95), NNFI = 0,96 (0,95/0,94), CFI = 0,97 (0,96/0,95), RMR = 0,05 (0,06/0,06), R^2 (Gesamtvertrauen) = 0,660 (0,644/0,668)				
Kommunikation (anbieterseitig)	Anmutung des Geschäfts	0,12 (*0,07/*0,12)	- (-/-)	-	-
	Verfügbarkeit produktbezogener Informationen	0,29 (0,37/0,26)	*-0,00 (0,00/-0,05)*	0,07 (*0,05/0,07*)	*0,01 (0,03/0,01)*
	Transparenz	0,07 (0,22/-0,00)	- (0,10/-)	- (*-0,02/-*)	- (*0,02/-*)
	Ansprechbarkeit	0,33 (0,21/0,38)	*0,04 (0,03/0,07)*	*0,03 (0,05/0,02)*	0,05 (*0,02/*0,11)
	Aktualität	0,15 (*0,09/*0,17)	- (-/-)	-	-

	Teilmodell Fit: RMSEA = 0,08 (0,09/0,09), NFI = 0,97 (0,96/0,95), NNFI = 0,97 (0,96/0,95), CFI = 0,97 (0,97/0,96), RMR = 0,06 (0,07/0,06), R^2 (Gesamtvertrauen) = 0,448 (0,591/0,539)				
Mitarbeiter (anbieterseitig)	Fachwissen der Mitarbeiter	0,08 (*0,04/0,08*)	- (-/-)	-	-
	Empathie/Motivation der Mitarbeiter	0,60 (0,63/0,57)	0,30 (0,29/0,22)	0,31 (0,30/0,28)	0,56 (0,67/0,46)
	Entscheidungsbefugnisse der Mitarbeiter	0,16 (0,20/0,18)	- (0,13/-)	- (*-0,02/-*)	- (*-0,01/-*)
	Teilmodell Fit: RMSEA = 0,10 (0,11/0,12), NFI = 0,98 (0,97/0,97), NNFI = 0,98 (0,97/0,97), CFI = 0,98 (0,98/0,97), RMR = 0,03 (0,03/0,03), R^2 (Gesamtvertrauen) = 0,612 (0,657/0,591)				
Produkte und Leistungen (anbieterseitig)	Produkt- und Leistungsangebot	0,68 (0,78/0,65)	0,19 (0,26/0,16)	0,49 (0,48/0,49)	0,13 (0,13/0,14)
	Teilmodell Fit: RMSEA = 0,12 (0,14/0,16), NFI = 0,97 (0,97/0,95), NNFI = 0,97 (0,96/0,94), CFI = 0,97 (0,97/0,96), RMR = 0,03 (0,03/0,05), R^2 (Gesamtvertrauen) = 0,463 (0,606/0,419)				
Kundenseitige Determinanten	Vertrauensneigung	*0,05 (0,06/0,02)*	- (-/-)	-	-
	Beziehungsdauer und –intensität	0,09 (0,35/0,12)	- (0,12/-)	- (*0,01/-*)	- (*0,01/-*)
	Teilmodell Fit: RMSEA = 0,09 (0,10/0,11), NFI = 0,96 (0,94/0,93), NNFI = 0,95 (0,94/0,93), CFI = 0,96 (0,95/0,94), RMR = 0,05 (0,05/0,04), R^2 (Gesamtvertrauen) = 0,011 (0,129/0,014)				
Weitere Determinanten	Mundwerbung	0,56 (0,49/0,61)	0,07 (*0,07*/0,14)	*0,01 (0,03/-0,01)*	0,06 (*0,01*/0,10)
	Berichterstattung in den Medien	-0,20 (-0,13/-0,22)	-0,08 (-/-0,07)	*-0,02 (-/-0,01)*	-0,05 (-/-0,07)
	Teilmodell Fit: RMSEA = 0,11 (0,12/0,13), NFI = 0,96 (0,94/0,94), NNFI = 0,95 (0,93/0,93), CFI = 0,96 (0,95/0,94), RMR = 0,05 (0,05/0,05), R^2 (Gesamtvertrauen) = 0,239 (0,196/0,284)				

* kursive Schreibweise signalisiert, dass die Variable keinen signifikanten Einfluss ($p<0,1$) aufweist

** Der vordere Wert in den Klammern steht für Reisebüros (Reise), der hintere Wert in den Klammern steht für den Bereich des Buch/CD/DVD-Handels (B/CD/DVD)

Die Werte spiegeln die Ergebnisse der isolierten Regressionsanalysen weitgehend wider. Für den internetbasierten Handel erklärt das Teilmodell der Prozesse und Politiken insgesamt den höchsten Anteil der Varianz des Kundenvertrauens (R^2=0,67), gefolgt von Kommunikation (R^2=0,48) und dem Produkt- und Leistungsangebot (R^2=0,44), womit deutlich die händlerseitigen Determinantenbereiche dominieren. Kundenseitige (R^2=0,18) und weitere Determinanten (R^2=0,10) erklären hingegen einen weitaus geringeren Varianzanteil. Betrachtet man die Teilmodelle dabei im Detail, weist die überwiegende Mehrzahl der Determinanten einen signifikanten Einfluss ($p<0,05$) auf Vertrauen auf. Ausnahmen stellen die Individualisierungsmaßnahmen sowie die Vertrauensneigung und die Interneterfahrung der Konsumenten dar.

Für den traditionellen Handel ergibt sich ein etwas gewandeltes Bild. Auch hier dominiert eingangs der Bereich der Prozesse und Politiken (R^2=0,66). Dahinter etabliert sich allerdings das Teilmodell der Mitarbeiter-Determinanten (R^2=0,61), das im internetbasierten Handel keine Bedeutung hatte und bereits im Rahmen der Vorstudie eliminiert wurde. Die Teilmodelle für Kommunikation (R^2=0,46) sowie für das Produkt- und Leistungsangebot (R^2=0,45) vermochten einen dem Bereich des Internetbasierten Handels vergleichbaren Anteil an Varianz zu erklären. Die weiteren Determinanten erklärten 24 % der Varianz des Vertrauens und wurden dominiert von der Größe der Mundwerbung, welche einen Pfadkoeffizienten von 0,56 aufwies, wohingegen die Berichterstattung in den Medien einen signifikant negativen Einfluss verzeichnete, den es im Rahmen der Diskussion wieder aufzugreifen gilt. Der geringe Einfluss der kundenseitigen Determinanten, der sich bereits im Rahmen der isolierten Betrachtung abzeichnete, bestätigte sich auch in der zusammenfassenden Berücksichtigung im Teilmodell (R^2=0,01). Abbildung 36 gibt einen Überblick über die insgesamt über die Teilmodelle erklärten Varianzen des Kundenvertrauens.

Es folgte die Betrachtung der Bedeutung der einzelnen Determinanten im Detail. Dabei wurden eingangs wie beschrieben alle Determinanten, die keinen signifikanten Einfluss auf Vertrauen verzeichnen, eliminiert. Hierbei handelte es sich für den internetbasierten Handel um die Größen der Personalisierung, der Vertrauensneigung des Konsumenten und dessen Internetexpertise sowie für den traditionellen Handel ebenfalls um die Personalisierung und die Vertrauensneigung des Konsumenten. Über oben angeführtes 20%-Kriterium wurden zudem die Größen der Bedienbarkeit der Website, Garantien/ Problemlösungsverhalten, des Schutzes vor Missbrauch durch dritte Parteien und des Schutzes vor Missbrauch durch den Händler selbst, der Erreichbarkeit des Händlers, der Verfügbarkeit produktbezogener Informationen sowie der Mundwerbung und Medienberichterstattung für den internetbasierten Handel eliminiert. Für den traditionellen Handel wurden die Größen der Funktionalität des Geschäfts, der Anmutung des Geschäfts, der Transparenz, der Aktualität von Informationen, des Fachwissens der Mitarbeiter sowie der Ausstattung der Mitarbeiter mit Entscheidungsbefugnissen eliminiert. Es verblieben somit gemeinsame Werte, der Schutz der Privatsphäre, Abwicklungsprozesse, die Anmutung der Website, Transparenz, Aktualität, Produkt- und Leistungsangebot sowie auf Kundenseite die Beziehungsdauer und Intensität sowie die Einstellung gegenüber dem Internetshopping im Gesamtmodell für den Internethandel. Für den traditionellen Handel verblieben die Größen Garantien/ Problemlösungsverhalten, gemeinsame Werte, Verfügbarkeit produktbezogener Informationen, Ansprechbarkeit, Empathie und Motivation der Mitarbeiter, Produkt- und Leistungsangebot sowie Mundwerbung und Medienberichterstattung im Gesamtmodell (vgl. für einen Überblick der verbliebenen Determinanten Abbildung 37).

Abbildung 36:
Erklärte Varianzen des Gesamtvertrauens in den Teilmodellen

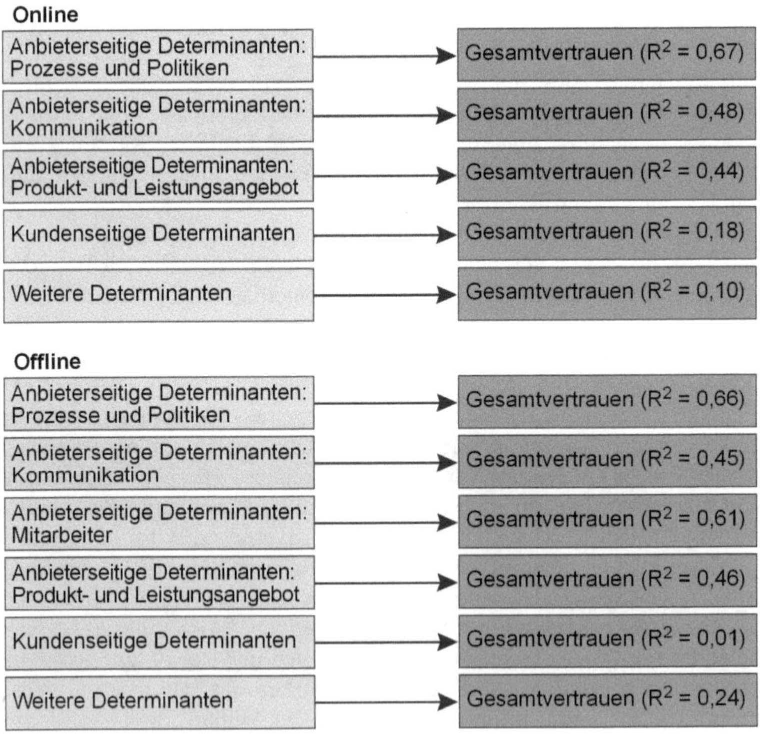

Quelle: Eigene Darstellung

Abschließend ist anzumerken, dass die Selektion für die einzelnen Teilbereiche, den Buch/CD/DVD-Handel und Reisebüros, sowohl in Bezug auf das Internet als auch den stationären Handel, lediglich einige Unterschiede im Detail ergaben. Diese sollen im Rahmen der Diskussion der Gesamtmodelle im folgenden Kapitel wieder aufgegriffen werden. Eine umfassende Darstellung aller betrachteten Bereiche kann den Abbildungen 38 und 39 entnommen werden.

Abschließend konnten die Gütekriterien bezüglich der Teilmodelle auf lokaler und globaler Ebene positiv bewertet werden (vgl. Abbildungen 34 und 35). Einzig der RMSEA-Wert lag in einigen der oben beschriebenen Partialmodelle geringfügig über dem in der Literatur regelmäßig angeführten Grenzwert. Allerdings ist diesbezüglich zu beachten, dass es bei der Modellbeurteilung nicht ausschließlich darum geht, alle Kriterien gleichermaßen zu erfüllen, sondern vielmehr auf Basis der verfügbaren Informationen ein positives Gesamturteil abzuleiten (vgl. *Homburg & Werner* 1999, S. 922; *Homburg & Pflesser* 1999, S. 655). Ein solches positives Urteil ist in Bezug auf die beschriebenen Modelle zu bejahen. Hinzu kommt, dass sich besagte Werte ausschließlich im Bereich der Partialmodelle finden, die bewusst nicht vollständig formuliert wurden. Von größerer Bedeutung ist die Entwicklung relevanter Gütemaße bei der nun folgenden Überführung in das Gesamtmodell.

3.3.1.2.3 Zusammenführung zu einem Determinanten-Gesamtmodell

3.3.1.2.3.1 Gesamtvertrauen

Aus der oben beschriebenen Selektion der Determinanten ergeben sich Gesamtmodelle, die nun im Detail betrachtet werden sollen. Eingangs kann festgehalten werden, dass die Gütekriterien bezüglich der Gesamtmodelle auf lokaler und globaler Ebene positiv bewertet werden können (vgl. Abbildungen 34 und 35).

Für den internetbasierten Handel erklären der Schutz der Privatsphäre (b=0,25; p<0,001), Abwicklungsprozesse (b=0,23; p<0,001) und gemeinsame Werte (b=0,22; p<0,001) den höchsten Anteil an Vertrauensvarianz. Dabei entstammen alle drei Größen dem Bereich der Prozesse und Politiken. Einen signifikanten Beitrag zur Varianzerklärung leisten zudem das Produkt- und Leistungsangebot (b=0,17; p<0,001), die Transparenz (b=0,10; p<0,001), die Beziehungsdauer und -intensität (b=0,10; p<0,001), die Anmutung der Website (b=0,07; p<0,05) sowie die Aktualität (b=0,06; p<0,05). Die Einstellung gegenüber dem Internetshopping verzeichnet im Gesamtmodell hingegen keinen signifikanten Einfluss auf das Gesamtvertrauen.

Abbildung 37:
Gesamtmodelle der Determinanten von Vertrauen

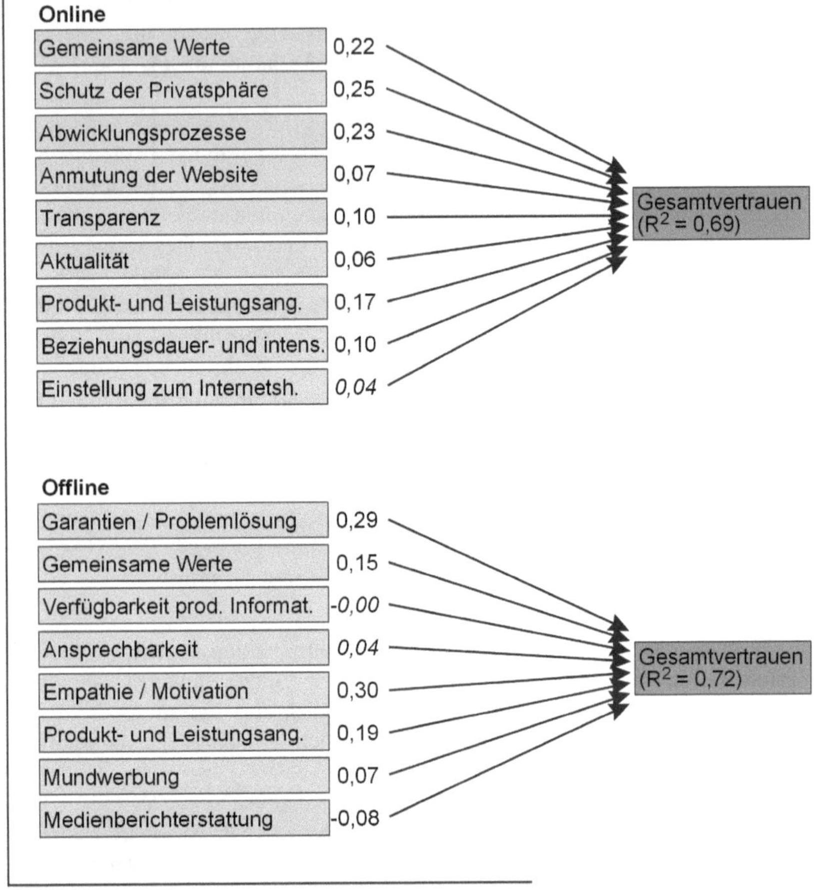

* Kursiv dargestellte Werte verzeichnen keinen signifikanten Einfluss (p > 0,05)

Für den traditionellen Handel wurde die Vertrauensvarianz in erster Linie durch die zusammengeführte mitarbeiterbezogene Determinante Empathie/ Motivation erklärt (b=0,30; p<0,001), gefolgt von Garantien/ Problemlösungsverhalten (b=0,29; p<0,001). Zudem wiesen das Produkt- und Leistungsangebot (b=0,19; p<0,001), gemeinsame Werte bzw. Ähnlichkeit mit dem Händler (b=0,15; p<0,001) sowie die Medienberichterstattung (b=-0,08; p<0,01) und Mundwerbung (b=0,07; $p<0,05$) einen signifikanten Einfluss auf Vertrauen auf. Die Verfügbarkeit produktbezogener Informationen sowie Ansprechbarkeit verzeichneten im Gesamtmodell hingegen keinen signifikanten Einfluss auf das Gesamtvertrauen. Abbildung 37 verortet die Gesamtmodelle für den traditionellen und den internetbasierten Handel.

3.3.1.2.3.2 Dimensionen von Vertrauen

Zur weiteren Steigerung des Erklärungsbeitrags der Modelle wurden im nächsten Schritt die kundenseitige Wahrnehmung der Kompetenz und des Wohlwollens als Dimensionen des Kundenvertrauens anstelle des Gesamtkonstrukts in die Betrachtung einbezogen. Dabei wurde die Fehlervarianz der beiden Dimensionen als korreliert betrachtet.

Wieder soll eingangs der internetbasierte Handel betrachtet werden. Der Anteil der erklärten Varianz bezüglich der beiden Vertrauensdimensionen war höher als für das Gesamtkonstrukt, wobei die Varianzerklärung bezüglich der kundenseitigen Wahrnehmung der Kompetenz (R^2=0,74) die des Wohlwollens (R^2=0,71) übertraf. Die Dimension der Kompetenz des Anbieters wurde am stärksten vom Produkt- und Leistungsangebot (b=0,39; $p<0,001$) erklärt, gefolgt von Abwicklungsprozessen (b=0,20; $p<0,001$), gemeinsamen Werten (b=0,19; $p<0,001$) und der Aktualität der Informationen (b=0,10; $p<0,001$). Die Wohlwollensdimension wurde hingegen erklärt von gemeinsamen Werten (b=0,29; $p<0,001$), dem Leistungsangebot (b=0,23; $p<0,001$), Abwicklungsprozessen (b=0,14; $p<0,001$), Transparenz (b=0,12; $p<0,001$) und dem Design der Website (b=0,11; $p<0,001$). Insofern zeigen die Ergebnisse klare Unterschiede bezüglich der Bedeutung der einzelnen Variablen für die beiden Dimensionen. Deutlich wird dies besonders beim Produkt- und Leistungsangebot, das im Falle des Wohlwollens den doppelten Anteil an Varianz erklärt. Es wird ersichtlich, dass die differenziertere Betrachtung der Dimensionen von Vertrauen den Erklärungsbeitrag der Analyse deutlich erhöht.

Im traditionellen Handel stellt es sich leicht gewandelt dar. Wieder verzeichneten die Dimensionen einen größeren Anteil an erklärter Varianz als das Gesamtkonstrukt des Vertrauens. Allerdings übertraf abweichend zum internetbasierten Handel nun die Erklärung der Dimension des Wohlwollens (R^2=0,83) die der Kompetenz (R^2=0,87). Insgesamt übertrafen beide Werte die Varianzerklärung im internetbasierten Handel noch einmal deutlich. Dabei verzeichnete das Produkt- und Leistungsangebot (b=0,49; $p<0,001$) insgesamt den größten Einfluss auf die Dimension der Kompetenz, gefolgt von den zusammengefassten Größen Empathie/Motivation (b=0,31; $p<0,001$). Weiter verzeichneten noch die Determinanten Gemeinsame Werte/Ähnlichkeit (b=0,08; $p<0,01$), Garantien/

Problemlösungsverhalten (b=0,07; *p*<0,05) und die Verfügbarkeit produktbezogener Informationen (b=0,07; *p*<0,05) einen signifikanten Einfluss auf die kundenseitige Wahrnehmung der Kompetenz, der allerdings in seinem Umfang begrenzt ist.

Abbildung 38:
Gesamtmodelle der Determinanten der Vertrauensdimensionen

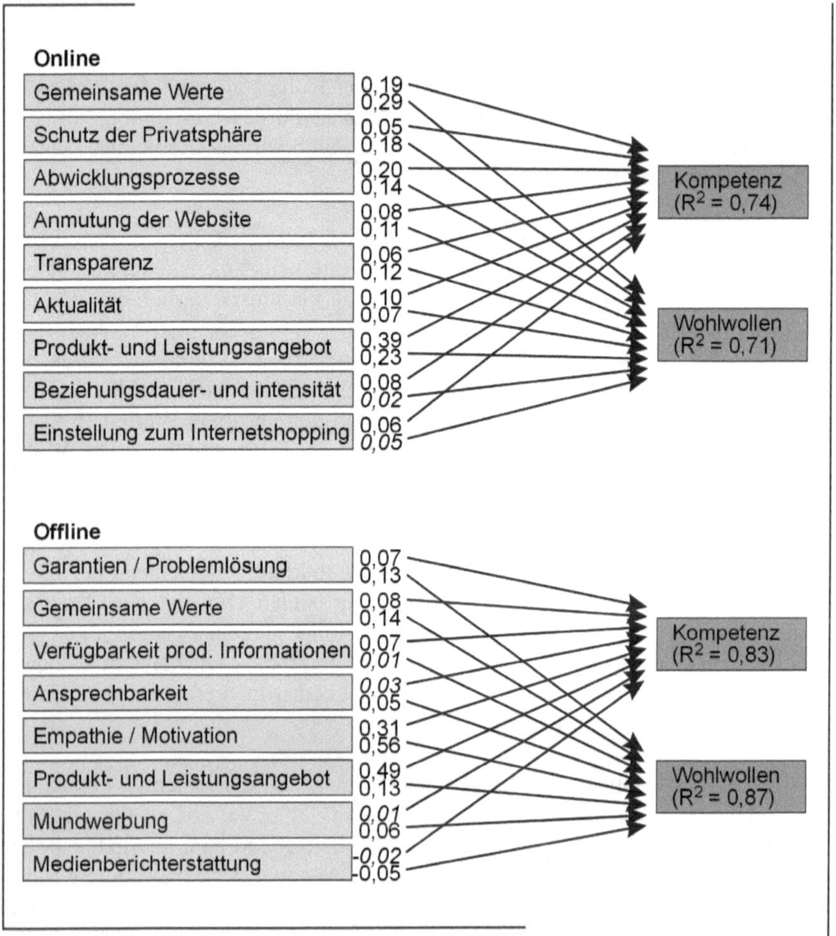

* Kursiv dargestellte Werte verzeichnen keinen signifikanten Einfluss (p> 0,05)

Die Determinanten Ansprechbarkeit, Mundwerbung und Medienberichterstattung verzeichneten hingegen im Gesamtmodell keinen signifikanten Einfluss mehr auf die Dimension des Wohlwollens. Die Wahrnehmung des Wohlwollens wurde hingegen primär von der Empathie/Motivation (b=0,56; $p<0,001$) erklärt, die bereits im Rahmen der Kompetenz eine wichtige Rolle spielte und hier einen größeren Anteil an Varianz erklärte, als alle anderen Determinanten zusammengefasst.

Im Feld der weiteren Determinanten erklärten zudem Gemeinsame Werte/Ähnlichkeit (b=0,14; $p<0,001$), Garantien/Problemlösungsverhalten (b=0,13; $p<0,001$) sowie das Produkt- und Leistungsangebot (b=0,13; $p<0,001$) einen höheren Anteil an Varianz. Nur noch geringfügig tragen hingegen Mundwerbung (b=0,06; $p<0,001$) und Ansprechbarkeit (b=0,05; $p<0,05$) bei, wohingegen Medienberichterstattung (b=-0,05; $p<0,05$) sogar einen geringfügig negativen Einfluss auf die Dimension des Wohlwollens aufweist. Abbildung 38 zeigt die Gesamtmodelle des traditionellen und des internetbasierten Handels für die Dimensionen des Kundenvertrauens.

3.3.1.2.3.3 Vergleich der Bereiche Reisebüros und Buch/CD/DVD-Handel

Abschließend wurde die Betrachtung weiter in die Bereiche Buch/CD/DVD-Handel sowie Reisebüros ausdifferenziert. Dabei soll sich die Darstellung der Ergebnisse auf das Gesamtmodell konzentrieren und erst für das Gesamtvertrauen erfolgen und anschließend in die Vertrauensdimensionen ausdifferenziert werden.

Für den Bereich des internetbasierten Buch/CD/DVD-Handels ergab sich für das Gesamtvertrauen eine höhere Varianzerklärung (72 %) als den Bereich der Reisebüros (65 %). Insgesamt kann konstatiert werden, dass die Abweichungen im internetbasierten Handel zwischen beiden Bereichen in Bezug auf das Gesamtvertrauen relativ gering ausfallen. Dies drückt sich nicht zuletzt dadurch aus, dass sich weitgehend die gleichen Determinanten in das Gesamtmodell durchsetzten. Die Abweichungen beziehen sich somit in erster Linie auf die Gewichtung der Schlüsselgrößen. Betrachtet man die Determinanten im Detail, weisen verschiedene Größen gar keinen Unterschied auf (Anmutung der Website, Verfügbarkeit produktbezogener Informationen, Aktualität, Produkt- und Leistungsangebot, Einstellung zum Internetshopping, Medienberichterstattung) wohingegen Gemeinsame Werte (Buch/CD/DVD: b=0,19/ Reise: b=0,23), Privatsphäre (b=0,26/b=0,19), Abwicklungsprozesse (b=0,23/b=0,25) sowie Beziehungsdauer und -intensität (b=0,09/b=0,13) eine sehr geringe Abweichung verzeichnen. Deutliche Abweichungen ergeben sich für die Transparenz (b=0,16/b=0,07). Die Beziehungsdauer und -intensität war hingegen im Reisebereich von gesteigerter Bedeutung (b=0,13/b=0,09).

Es folgt der Vergleich der traditionellen Handelstypen Buch/CD/DVD-Handel sowie Reisebüros in Bezug auf das Gesamtvertrauen. Insgesamt fielen die Differenzen hier geringfügig deutlicher aus, als dies im internetbasierten Handel der Fall war. Jedoch gleichen sich auch hier die Determinanten weitgehend, die sich in das Gesamtmodell durchsetzten, was die grundlegende Übereinstimmung unterstreicht. Abweichend vom internetbasierten Handel ergab sich für den Bereich Buch/CD/DVD-Handel eine geringere Varianzerklärung (71 %) als für den Bereich der Reisebüros (76 %). Auf Ebene der einzelnen Determinanten ergaben sich keine Abweichungen für die Größen Verfügbarkeit produktbezogener Informationen und Ansprechbarkeit. Deutlichere Abweichungen ergaben sich hingegen für die weiteren Bestandteile des Gesamtmodells. Es unterschieden sich Garantien und Problemlösungsverhalten (Buch/CD/DVD: b=0,33/ Reise: b=0,13), Gemeinsame Werte (b=0,17/b=0,10), Transparenz (b=-/b=0,10), Empathie/Motivation (b=0,22/b=0,29), Entscheidungsbefugnisse (b=-/b=0,13), Produkt-/Leistungsangebot (b=0,16/b=0,26), Beziehungsdauer und -intensität (b=-/b=0,12) sowie Mundwerbung (b=0,14/b=-) und Medienberichterstattung (b=-0,07/b=-).

Zudem wurden die Differenzen zwischen den Bereichen des Buch/CD/DVD-Handels sowie Reisebüros in Bezug auf die Dimensionen von Vertrauen betrachtet. Von geringen Abweichungen abgesehen spiegeln sie insgesamt die Ergebnisse für das Gesamtvertrauens wieder. Auch hier gilt für die jeweils verglichenen Bereiche, dass sich weitgehend dieselben Determinanten in das Gesamtmodell durchsetzten. Grundsätzlich zeichnet sich also eine einheitliche Tendenz ab. Im internetbasierten Handel ergeben sich im Detail Abweichungen für die Verfügbarkeit produktbezogener Informationen, die nun ausschließlich im Reisebereich und hier zudem nur auf Wohlwollen wirkt. Transparenz hingegen wirkt nur im Buch/CD/DVD-Handel und hier wiederum nur auf Kompetenz. Die Beziehungsdauer und -intensität sowie die Einstellung zum Thema Internetshopping konzentrieren sich auf verstärkt auf den Reisebereich und ausschließlich auf Kompetenz. Zudem sei noch auf Mundwerbung hingewiesen, dass im Gesamtmodell nur noch im Buch/CD/DVD-Handel einen signifikanten Einfluss aufweist.

Im traditionellen Handel ergeben sich bezüglich der Wirkung auf die Dimensionen von Vertrauen im Detail Unterschiede für Garantien/ Problemlösungsverhalten, die im Buch/CD/DVD-Handel ausschließlich auf Kompetenz wirkt, im Reisebereich hingegen ausschließlich auf Wohlwollen. Die Wirkung Gemeinsamer Werte hingegen beschränkt für beide Dimensionen primär auf den

Buch/CD/DVD-Handel. Die Wirkung der Ansprechbarkeit auf Wohlwollen beschränkt sich weitgehend auf den Buch/CD/DVD-Handel. Gleiches gilt für Mundwerbung und Medienberichterstattung wohingegen die Wirkung von Empathie/Motivation auf Wohlwollen im Reisebereich geringfügig stärker ausfällt.

Gleicht sich die erklärte Varianz in Bezug auf den Buch/CD/DVD-Handel im internetbasierten und im traditionellen Handel weitgehend, übertrifft der traditionelle den internetbasierten Handel bei den Reisebüros deutlich. Im Detail erklären dabei insbesondere Garantien/Problemlösungsverhalten (b=0,33 im Vergleich zu b=0,13 im Internet), Gemeinsame Werte/Ähnlichkeit (b=0,17 im Vergleich zu b=0,10 im Internet) und Mundwerbung (b=0,14 im Vergleich zu b=-0,07 im Internet) einen deutlich höheren Anteil an Varianz für den Buch/CD/DVD-Handel. Im Falle der Reisebüros hingegen erklären im stationären Bereich die Empathie/Motivation (b=0,29 im Vergleich zu b=0,22 im Internet) sowie die Entscheidungsbefugnisse der Mitarbeiter (b=0,13; nicht berücksichtigt im Internet), das Produkt- und Leistungsangebot (b=0,26 im Vergleich zu b=0,16 im Internet) sowie die Beziehungsdauer und -intensität (b=0,12; nicht berücksichtigt im Internet) einen höheren Varianzanteil als in Internetreisebüros.

Betrachtet man die Dimensionen des Vertrauens ergibt sich wieder ein vergleichbares Bild wie für das Gesamtvertrauen. Die erklärte Varianz der Modelle übertrifft im traditionellen Buch/CD/DVD-Handel sowohl für Kompetenz (Internet: 0,618 %; traditionell: 0,845 %; als auch für Wohlwollen (Internet: 0,752 %; traditionell: 0,870 %) deutlich die internetbasierten Werte. Gleiches gilt für Reisebüros (Kompetenz: 0,618 % im Vergleich zu 0,845 %; Wohlwollen: 0,752 % im Vergleich zu 0,870 %). Auffällig war zudem die hohe Bedeutung produktbezogener Informationen für die Dimension des Wohlwollens im internetbasierten Handel, die sich bislang nicht darstellte. Alle weiteren Abweichungen zeichneten sich bereits bei der Betrachtung des Gesamtkonstruktes deutlich ab.

Eine vollständige Darstellung und weitere Ausdifferenzierung in die Dimensionen des Vertrauens kann den Abbildungen 34 und 35 entnommen werden.

3.3.1.3 Diskussion

Eingangs kann festgestellt werden, dass die Determinanten, die zur Erklärung des Kundenvertrauens im traditionellen und im internetbasierten Handel herangezogen wurden, insgesamt einen hohen Anteil der Varianz des Vertrauenskonstruktes sowohl im internetbasierten als auch im traditionellen Handel zu erklären vermögen. Dies gilt umso mehr für die Dimensionen von Vertrauen und

eröffnet somit wertvolle Informationen für die Marketing-Praxis, wenn es darum geht, gezielt Instrumente und Maßnahmen zur Vertrauensgenerierung einzusetzen. Vergleicht man dabei das Internet mit dem stationären Handel, fällt bei letzterem die Varianzerklärung sowohl in Bezug auf das Gesamtvertrauen (+3,2 % erklärte Varianz) als auch in Bezug auf die Dimensionen von Vertrauen (+9,8 % erklärte Varianz für Kompetenz; +16,1 % erklärte Varianz für Wohlwollen) noch einmal deutlich gesteigert aus.

Sowohl im Internet als auch im traditionellen Handel und hier gleichermaßen im Bereich von Buch/CD/DVD-Handel und Reisebüros haben sich gerade die anbieterseitigen Determinanten als besonders wichtig herausgestellt und liefern notwendige Anhaltspunkte, über gezielte Anbietermaßnahmen Vertrauen zu generieren. Der hohe Anteil an anbieterseitig bedingter Varianzerklärung weist deutlich darauf hin, dass Vertrauen über gezielte Maßnahmen grundlegend beeinflusst werden kann. Gerade die Prozesse und Politiken weisen dabei in beiden Umfeldern den höchsten Beitrag bezüglich der Vertrauensgenerierung auf. Zudem haben sich das Produkt- und Leistungsangebot sowie die Kommunikation in beiden einbezogenen Bereichen und zudem bei Aufspaltung in die beiden betrachteten Branchen als bedeutend erwiesen, die ebenfalls direkt von Anbieterseite gesteuert werden können und sowohl im Internet als auch im traditionellen Handel signifikant zur Vertrauenssteigerung beitragen.

Im traditionellen Bereich sind zudem durchgehend die Mitarbeiterdeterminanten, insbesondere in Form des zusammengefassten Konstrukts Empathie/Motivation, von hoher Bedeutung. Dies gilt umso mehr für den Bereich der Reisebüros, der offensichtlich infolge der hohen Heterogenität des Leistungsangebotes die Notwendigkeit der Mitarbeiter besonders unterstreicht. Fraglich erscheint allerdings, wie die überaus geringe Wahrnehmung der Mitarbeiter im internetbasierten Handel kompensiert werden kann, da diese, wie gezeigt werden konnte, im traditionellen Handel eine der wichtigsten Quellen des Kundenvertrauens darstellen. Daraus erklärt sich recht deutlich die insgesamt geringere Varianzerklärung im internetbasierten Handel. Die fehlende Wahrnehmung der Mitarbeiter konnte nur bedingt über alternative Maßnahmen der Vertrauensbildung ausgeglichen werden.

Zudem wurden kundenseitige und sonstige Determinanten in die Betrachtung einbezogen. Die Bedeutung der kundenseitigen Größen überwiegt dabei deutlich im internetbasierten Handel (17,8 % im Vergleich zu 0,1 % erklärte Varianz durch die Teilmodelle). Weisen diese in den Partialmodellen einen signifikanten und nicht zu vernachlässigenden Erklärungsbeitrag bezüglich des Gesamtvertrauens auf, relativiert sich dieser im Rahmen der Gesamtmodelle allerdings deutlich. Im Gesamtmodell für den traditionellen Handel verzeichnet alleine die

Beziehungsdauer und -intensität noch einen signifikanten Einfluss auf Vertrauen, der im Falle von Reisebüros stärker ausfällt. Im internetbasierten Handel hat zudem bei Ausdifferenzierung in die Vertrauensdimensionen die Einstellung zum Internetshopping einen signifikanten Einfluss. Weiterhin kann festgestellt werden, dass den Kundenseitigen Determinanten im Bereich der Internet-Reisebüros eine deutlich höhere Bedeutung zukommt. Insgesamt macht ihr für die Betrachtung der einzelnen Bereiche signifikanter und zugleich hoher Erklärungsbeitrag deutlich, dass die nicht im anbieterseitigen Bereich verorteten Determinanten zumindest im Internetumfeld nicht vernachlässigt werden dürfen.

Interessant erscheint diesbezüglich, wie sich die einzelnen Bereiche weiterentwickeln werden. Die Einstellung zum Thema Internetshopping hat im Partialmodell einen relativ hohen Einfluss auf Vertrauen. Berücksichtigt man die zunehmende Adaption des Internets als Shopping-Kanal, wird sich die Einstellung der Konsumenten zu diesem Thema annahmegemäß normalisieren. Entsprechend kann angenommen werden, dass sich auch die Bedeutung dieser Determinante zunehmend wandeln wird, wenn die breite Masse der Konsumenten das vergleichsweise neue Medium adaptieren und somit nutzen und mit der Zeit Erfahrungen sammeln wird. Das traditionelle Umfeld dient hier eventuell der Orientierung, in dem alleine die Beziehungsdauer und diese zudem nur im Teilmodell Vertrauensrelevanz besaß.

Die weiteren Determinanten, die weder den Kunden noch dem Anbieter zugeordnet werden können, haben sich ausschließlich im traditionellen Handel bis in das Totalmodell behaupten können. Mundwerbung vermochte hier zumindest einen geringfügigen Einfluss aufzuweisen. Überraschend erschien hingegen der signifikant negative Einfluss der Medienberichterstattung über traditionelle Händler. Dieser lässt sich möglicherweise damit erklären, dass Berichte in den Medien sich regelmäßig auf große Marktteilnehmer beziehen. Entsprechend vermittelt die Berichterstattung beim Kunden den Eindruck, Ansprüche gegenüber dem übermächtigen Marktteilnehmer im Bedarfsfall nicht durchsetzen zu können. Aus diesem Zusammenhang kann ein negativer Einfluss auf Vertrauen abgeleitet werden, der in dieser Form nicht erwartet wurde. Im internetbasierten Handel hingegen beschränkt sich der signifikante Einfluss ausschließlich auf das Partialmodell. Der Erklärungsbeitrag der weiteren Determinanten ist hier zwar signifikant, fällt aber vergleichsweise gering aus (R^2=0,10). Infolge des geringen Pfadkoeffizienten fand eine Berücksichtigung im Gesamtmodell nicht mehr statt.

Verlässt man die Ebene der Bereiche und betrachtet die Determinanten im Detail, ergibt sich insgesamt ein ähnliches Bild. Von den eingangs 30 Determinanten im internetbasierten Handel wurden im Rahmen der Hauptstudie noch 20 berücksichtigt. Davon wiesen im internetbasierten Handel 19 Determinanten isoliert betrachtet eine signifikant positive Korrelation auf, wobei 17 im Partialmodell noch einen signifikant positiven Pfadkoeffizienten verzeichneten; im Determinanten-Gesamtmodell bezüglich des internetbasierten Handels fanden 9 Determinanten Aufnahme, von denen acht einen signifikanten Einfluss aufwiesen. Die Auswahl der Determinanten hat sich also in Bezug auf den internetbasierten Handel insgesamt bestätigt. Die Basis eines Vertrauensmanagements für den internetbasierten Handel stellt bei Betrachtung der einzelnen Determinanten der Bereich Privacy, die Leistungsabwicklung sowie gemeinsame Werte dar. Allerdings wird deutlich, dass eine ausschließliche Konzentration auf eine geringe Auswahl an Determinanten wenig zielführend hinsichtlich der Vertrauensgenerierung ist (vgl. die Ableitung von Implikationen in Kapitel F).

Im traditionellen Handel stellt sich das Ergebnis abweichend dar. Hier konnten von eingangs 24 Determinanten im Rahmen der Hauptstudie noch 18 Determinanten Berücksichtigung finden.[68] Davon wiesen 17 Determinanten isoliert betrachtet eine signifikant positive Korrelation auf, wobei 15 im Partialmodell noch einen signifikant positiven Pfadkoeffizienten verzeichneten. In das Gesamtmodell setzten sich schließlich acht Determinanten durch, von denen sechs einen signifikanten Einfluss auf Vertrauen aufwiesen. Diese vermochten nahezu den gleichen Anteil an Vertrauen zu erklären, wie dies für alle Determinanten zusammengefasst der Fall gewesen wäre. Dabei fällt in diesem stationären Bereich die große Bedeutung der Mitarbeiter auf. Deren Motivation und Empathie in Verbindung mit einem angemessenen Beschwerdemanagement sowie einer ansprechenden Produkt- und Leistungspalette stellt im traditionellen Handelsumfeld die solide Grundlage eines Vertrauensmanagements dar.

Zusammengefasst lässt sich sowohl für den internetbasierten als auch für den traditionellen Handel konstatieren, dass das Vertrauen der Kunden in einen Händler von einer ganzen Reihe von Determinanten beeinflusst wird. Zwar erklärt sich die Varianz im Gesamtmodell über wenige Determinanten. Defizite in einzelnen vertrauensrelevanten Bereichen wirken in der Wahrnehmung der Konsumenten aber auch auf andere Bereiche, was sich in der Interkorrelation der einzelnen Determinanten ausdrückt. Entsprechend kann an dieser Stelle vorweggenommen werden, dass ein sinnvolles Vertrauensmanagement sich auf eine Reihe von Schlüsselgrößen konzentrieren sollte, die in den Vordergrund gestellt werden. Dabei müssen jedoch zudem alle betrachteten signifikanten Größen auf einem Niveau gepflegt werden, das nicht unter den Erwartungen der Kunden liegt, um negative Ausstrahleffekte auf andere Größen und somit auf

---

[68] Nachdem die Konstrukte Empathie und Motivation der Mitarbeiter zusammengelegt wurden, reduzierte sich die Anzahl der Determinanten auf 17.

das Gesamtvertrauen zu vermeiden (vgl. für eine detaillierte Betrachtung und Einordnung die Ableitung von Implikationen in Kapitel F).

Zudem sei noch einmal auf die internetspezifischen Determinanten hingewiesen, die im Bereich der Prozesse und Politiken eingeordnet wurden und mit Privacy und Abwicklungsprozessen die beiden wichtigsten Determinanten in Bezug auf den internetbasierten Handel darstellen. Zwar können diese das bereits angesprochene Defizit der mangelnden Mitarbeiterwahrnehmung nicht gänzlich kompensieren, tragen aber maßgeblich zur Erklärung von Vertrauen bei. Bildet man ein Partialmodell für die internetkontextspezifischen Determinanten und betrachtet hier ausschließlich die Wirkung dieser internetkontextspezifischen Größen auf Vertrauen, erklären diese 58,4 Prozent der Varianz des Kundenvertrauens.

Weiter konnten die Dimensionen von Vertrauen bestätigt werden, die zwar in hohem Maße interkorrelieren, jedoch in allen betrachteten Bereichen bzw. Branchen maßgeblich von abweichenden Determinanten erklärt wurden und dabei den Erklärungsanteil an Varianz insgesamt deutlich erhöhen. Im internetbasierten Handel hat das Produkt- und Leistungsangebot dabei insgesamt den stärksten Einfluss auf die kundenseitige Wahrnehmung der Dimension der Kompetenz, verzeichnet aber nur einen moderaten Einfluss auf die kundenseitige Wahrnehmung der Dimension des Wohlwollens. Gemeinsame Werte und Privacy-Aspekte sind hingegen primär für die Herausbildung der Beurteilung der Kompetenz verantwortlich und wirken nur gering auf die Dimension des Könnens. Wieder ergeben sich wertvolle Ansätze für ein gezieltes Vertrauensmanagement.

Im traditionellen Handel stellt sich das Ergebnis abweichend dar. Dabei dominiert auch hier das Produkt- und Leistungsangebot hinsichtlich der Steigerung der kundenseitigen Wahrnehmung der Kompetenz, hat jedoch nur einen vergleichsweise geringen Einfluss auf die Dimension des Wohlwollens. Zudem hat die Empathie/Motivation der Mitarbeiter im stationären Bereich noch einen deutlichen Einfluss auf die Kompetenzwahrnehmung, beeinflusst aber gleichermaßen die Wahrnehmung des Wohlwollens.

Vor dem Hintergrund der betrachteten Bereiche Bücher/CDs/DVDs und Reisebüros konnten für den internetbasierten Handel nur geringe Unterschiede identifiziert werden. Es ist anzunehmen, dass das Internet als Kanal hier prägend wirkte. In traditionellen Bereichen unterscheiden sich beide Branchen bereits in der Vertriebsstruktur sehr viel mehr und werden entsprechend abweichend wahrgenommen. Das Internet gleicht beide Bereiche offensichtlich in der Wahrnehmung an. Geringfügige Abweichungen ergaben sich für Reisebüros, in deren

Umfeld Vertrauen eher auf der Beziehungsdauer und -intensität aufbaut, während im Bereich von Büchern/CDs/DVDs die Transparenz wichtiger war.

Vergleicht man beide Leistungsarten, stellt sich der Reisebereich insgesamt eher als hochpreisiger, intransparenter und somit risikobehafteter dar; vor Sucheigenschaften dominieren Erfahrungseigenschaften. Hier verlassen sich die Konsumenten offensichtlich eher auf ihre persönlichen Erfahrungen mit dem Anbieter als auf Informationen aus dem Internet. Allerdings bleibt festzuhalten, dass die Abweichungen insgesamt sehr moderat ausfallen. Im traditionellen Handel stellt sich die Differenz etwas deutlicher dar. Hier sind die bisherigen Erfahrungen des Kunden mit dem Reisebüro klar von größerer Bedeutung als im Falle des Buch/CD/DVD-Handels. Der persönliche Kontakt scheint dabei die Bedeutung zu verstärken, da hier Erfahrungen offensichtlich mit der Beratungsleistung des Personals verbunden werden. Die weiteren Abweichungen fallen vergleichsweise geringfügig aus und dienen somit nicht der Ableitung von weiteren Aussagen.

3.3.2 Konsequenzen von Vertrauen

3.3.2.1 Gegenüberstellung der Ergebnisse

Es folgt die Betrachtung der Konsequenzen von Vertrauen. Zur Überprüfung der Skalenreliabilität wurde wie im Rahmen der Determinantenbetrachtung auf die Berechnung des Cronbachs Alpha zurückgegriffen. Die Alpha-Werte lagen im Bereich über 0,85 und verzeichnen somit durchgängig eine hohe Skalenreliabilität für alle gemessenen Konstrukte. Zur Bestimmung der Diskriminanzvalidität wurde analog zu Kapitel E 3.3.1 auf das Kriterium von *Fornell & Larcker* (1981) zurückgegriffen, welches Diskriminanzvalidität für sämtliche Konstrukte auswies.[69] Abbildung 39 verortet die deskriptive Statistik, die Skalen Homogenität und die Interkorrelationen der betrachteten Größen des Konsequenzenmodells.

Im Rahmen des weiteren Vorgehens wurde zwecks kausalanalytischer Datenauswertung wieder das Programm LISREL in der Version 8.52 verwendet (vgl. *Jöreskög & Sörbom* 1996). Als Schätzverfahren wurde dabei wie bereits im Rahmen der Betrachtung der Determinanten auf den Maximum Likelihood Algorithmus zurückgegriffen, welcher bei ausreichend großen Stichproben die präziseste Schätzmethode und zudem das in der Praxis am häufigsten ange-

[69] Einzig die Dimensionen des Kundenvertrauens weisen eine vergleichsweise hohe Korrelation aus. Durch Eliminierung jeweils eines Indikators konnte jedoch auch für die Dimensionen Diskriminanzvalidität hergestellt werden. Da beide Größen Dimensionen desselben Konstruktes darstellen, soll dieser Sachverhalt hier vernachlässigt werden.

wandte Verfahren zur Schätzung theoretischer Modellstrukturen darstellt (vgl. *Backhaus et al.* 2000, S. 451). Wie bereits in Kapitel B dargelegt, lehnt sich die Modellstruktur an das Commitment-Trust-Modell an (vgl. Abbildungen 12 und 13). Dabei soll eingangs, wie in Abbildung 40 gezeigt, auf die Einbeziehung der Dimensionen verzichtet werden und Vertrauen somit als Gesamtkonstrukt berücksichtigt und gemessen werden.

Abbildung 39:
Deskriptive Statistik, Skalen Homogenität und Korrelationen*

	Anzahl Items	MW**	SD***	(1)	(2)	(3)	(4)	(5)
(1) Commitment	4	4,26	1,61	1				
	4	4,66	1,40					
(2) Kundenbindung	4	3,94	1,70	0,61	1			
	4	4,66	1,65	0,60				
(3) Kompetenz	4	2,47	1,03	0,63	0,61	1		
	4	2,45	0,99	0,50	0,56			
(4) Wohlwollen	4	2,66	1,20	0,73	0,60	0,88	1	
	4	2,83	1,09	0,58	0,51	0,83		
(5) Vertrauen	6	2,53	1,10	0,67	0,56	0,82	0,91	1
	6	2,68	1,08	0,57	0,56	0,81	0,88	

* der obere Wert beschreibt die Offline-Studie/der untere Wert beschreibt die Online-Studie; **MW: Mittelwert; ***SD: Standardabweichung

Die Gütemaße bezüglich des modifizierten Commitment-Trust-Modells können als weitgehend gut bezeichnet werden. Einzig die RMSEA-Werte liegen je nach zugrunde gelegtem Referenzmaßstab geringfügig über den Grenzkriterien für einen hohen Modell-Fit, der „test of close fit" ist somit abzulehnen.[70]

Allerdings ist eine Modellbeurteilung anhand eines einzelnen Kriteriums wenig sinnvoll. Vielmehr sollte das Ziel die Ableitung eines positiven Gesamturteils sein. Zieht man neben dem RMSEA-Wert folglich die sonst durchweg positiv erfüllten Gütekriterien heran, tritt der RMSEA-Wert an dieser Stelle etwas in den Hintergrund. Zusammenfassend kann das Modell somit insgesamt angenommen werden (vgl. zur Erfüllung der Kriterien *Homburg & Pflesser* 1999, S. 655). Zudem ist zu beachten, dass es sich hierbei nicht um die endgültige Modellstruktur handelt, sondern zur Veranschaulichung bewusst auf die Berücksichtigung der Vertrauensdimensionen verzichtet wurde. Die Überführung in die

[70] Für den RMSEA-Wert finden sich in der Literatur abweichende Grenzwerte. Im Rahmen dieser Arbeit soll die weitere Auslegung Anwendung finden, die einen Grenzwert von 0,9 vorsieht. Dieses Vorgehen wird durch die weiteren globalen Anpassungsmaße unterstrichen, die durchweg positiv ausfallen.

vollständige Modellstruktur verspricht dann auch in Bezug auf die Gütekriterien eine weitere Verbesserung der Werte.

Abbildung 40:
Wirkung von Vertrauen auf Commitment und Kundenbindung*

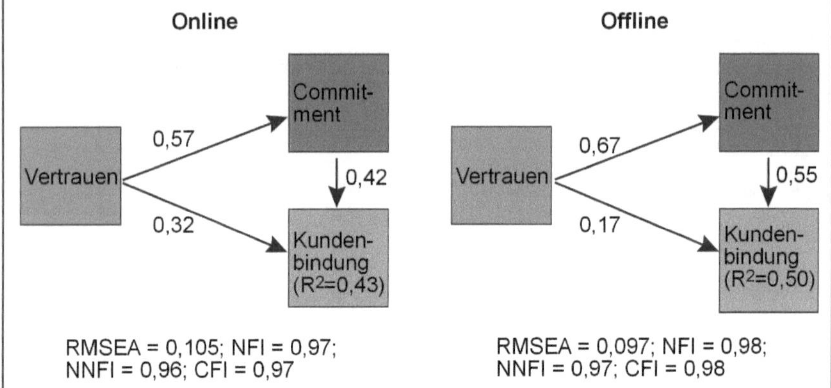

* Kursiv dargestellte Werte verzeichnen keinen signifikanten Einfluss (p > 0,05)

Die gewählte Modellstruktur vermag für den Online-Bereich 43 % und für den traditionellen, stationären Handel sogar 50 % der Kundenbindung zu erklären. Dies ist vor dem Hintergrund des bewusst eingeschränkten Modells als ansprechender Wert einzuschätzen. Vertrauen hat in beiden berücksichtigten Bereichen sowohl über Commitment als auch direkt einen signifikanten Einfluss auf Kundenbindung. Der direkte Einfluss ist im Onlinebereich (b=0,32; $p<0,05$) dabei deutlicher ausgeprägt als im traditionellen Handel (b=0,17; $p<0,05$). Gegenteilig verhält es sich hingegen mit der Wirkung von Vertrauen auf Commitment. Diese fällt im traditionellen Handel (b=0,67; $p<0,01$) deutlich höher aus als im Online-Bereich (b=0,57; $p<0,01$). Insgesamt wirkt Vertrauen jedoch deutlich stärker auf Commitment als direkt auf Kundenbindung. Commitment hat zudem in beiden betrachteten Bereichen einen höheren Einfluss auf Kundenbindung als Vertrauen. Dieser ist im Online-Bereich (b=0,42; $p<0,05$) jedoch geringer als im stationären Handel (b=0,58; $p<0,01$). Hier dominiert hingegen deutlich der moderierende sowie direkte Einfluss von Commitment auf Kundenbindung.

Für den internetbasierten Handel erklären der Schutz der Privatsphäre (b=0,25; $p<0,001$), Abwicklungsprozesse (b=0,23; $p<0,001$) und gemeinsame Werte (b=0,22; $p<0,001$) den höchsten Anteil an Vertrauensvarianz. Dabei entstammen alle drei Größen dem Bereich der Prozesse und Politiken. Einen signifikanten Beitrag zur Varianzerklärung leisten zudem das Produkt- und Leistungsangebot (b=0,17; *p*<0,001), die Transparenz (b=0,10; *p*<0,001), die Beziehungsdauer und -intensität (b=0,10; *p*<0,001), die Anmutung der Website (b=0,07; *p*<0,05) sowie die Aktualität (b=0,06; *p*<0,05). Die Einstellung gegenüber dem Internetshopping verzeichnet im Gesamtmodell hingegen keinen signifikanten Einfluss auf das Gesamtvertrauen.

Abbildung 41:
Wirkung der Dimensionen von Vertrauen sowie Commitment auf Kundenbindung*

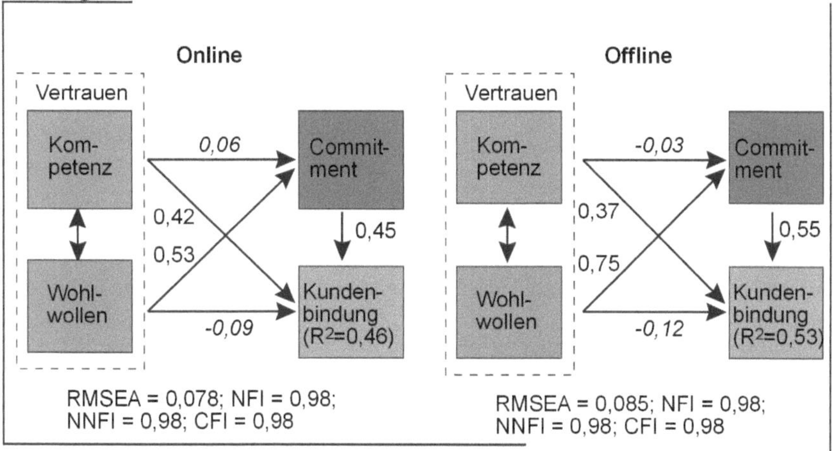

* Kursiv dargestellte Werte verzeichnen keinen signifikanten Einfluss (p> 0,05)

Für den traditionellen Handel wurde die Vertrauensvarianz in erster Linie durch die zusammengeführte mitarbeiterbezogene Determinante Empathie/ Motivation erklärt (b=0,30; *p*<0,001), gefolgt von Garantien/ Problemlösungsverhalten (b=0,29; *p*<0,001). Zudem wiesen das Produkt- und Leistungsangebot (b=0,19; *p*<0,001), gemeinsame Werte bzw. Ähnlichkeit mit dem Händler (b=0,15; *p*<0,001) sowie die Medienberichterstattung (b=-0,08; *p*<0,01) und Mundwerbung (b=0,07; *p*<0,05) einen signifikanten Einfluss auf Vertrauen auf. Die Verfügbarkeit produktbezogener Informationen sowie Ansprechbarkeit verzeichneten im Gesamtmodell hingegen keinen signifikanten Einfluss auf das Gesamtvertrauen. Abbildung 37 verortet die Gesamtmodelle für den traditionellen und den internetbasierten Handel.

Die Aufteilung des Vertrauenskonstruktes in die Dimensionen schafft ein deutlich ausdifferenzierteres Bild. Dabei erfahren die globalen Anpassungsmaße insgesamt eine weitere Verbesserung durch die Einführung der Dimensionen und fallen durchweg positiv aus. Konnte bislang der „test of close fit" aufgrund eines für den Online-Bereich geringfügig zu hohen RMSEA-Wertes nur bedingt angenommen werden, kann dies nun ohne Einschränkungen erfolgen.

Im Online-Bereich werden 46 % der Kundenbindung über das zugrunde gelegte Modell erklärt. Der Erklärungsbeitrag erhöht sich somit durch die weitere Ausdifferenzierung des Vertrauenskonstruktes. Bezüglich der Beziehungen im Modell fällt die sehr abweichende Wirkung der Dimensionen auf, die im Rahmen der Hypothesen bereits prognostiziert wurde. Zwar sind beide Dimensionen Bestandteil des Vertrauenskonstruktes und korrelieren bei isolierter Betrachtung in hohem Maße miteinander, wirken aber sowohl im Online-Bereich als auch im Offline-Bereich gänzlich unterschiedlich auf die übrigen Modellbestandteile. Dabei wirkt die Kompetenz ausschließlich direkt auf Kundenbindung (b=0,42; $p<0{,}05$), hat jedoch keinen signifikanten Einfluss (b=0,06; $p>0{,}05$) auf Commitment. Die Hypothesen 1a und 1b sind somit in Bezug auf den internetbasierten Handel zu verneinen, die Hypothese 4a wurde bestätigt. Wohlwollen hingegen wirkt ausschließlich positiv auf die Herausbildung von Commitment (b=0,53; $p<0{,}05$), verzeichnet jedoch keinen signifikanten Einfluss auf Kundenbindung (b=-0,09; $p>0{,}05$). Damit bestätigen sich ebenfalls die Hypothesen 2a, 3 sowie 5 in Bezug auf den internetbasierten Handel. Die Dimensionen von Vertrauen wirken folglich sehr different auf die weiteren Bestandteile des Modells. Commitment hat zudem einen signifikant positiven Einfluss auf die Kundenbindung (b=0,45; $p<0{,}05$), was die Hypothese 6a für den internetbasierten Handel bestätigt.

Im Offline-Bereich vermag das Modell sogar 53 % der Kundenbindung zu erklären und übertrifft ebenfalls deutlich den Wert des vorangegangenen Modells. Es bestätigt sich Hypothese 7. Dabei wirkt die Kompetenz wieder ausschließlich direkt auf Kundenbindung (b=0,37; $p<0{,}05$), wenn auch leicht geringer als im Online-Bereich. Sie verzeichnet hingegen auch hier keinen signifikanten Einfluss auf das Beziehungs-Commitment (b=-0,03; $p>0{,}05$). Es bestätigen sich somit die Hypothesen 4a und 4b für den stationären Handel; Hypothese 1a und 1b müssen hingegen wie schon für den internetbasierten Handel verworfen werden. Wieder stellt es sich in Bezug auf das Wohlwollen konträr dar, wenn auch mit deutlich gewandelten Werten. Zwar verzeichnet Wohlwollen keinen signifikanten direkten Einfluss auf Kundenbindung (b=-0,12; $p>0{,}05$), jedoch einen sehr hohen Einfluss auf das Commitment der Kunden (b=0,75; $p<0{,}05$). Die Wirkung von Commitment auf Kundenbindung ist mit b= 0,55 ($p<0{,}05$) ebenfalls relativ höher ausgeprägt als im Online-Bereich. Somit bestätigen sich die Hypothesen 5 und 6a für den stationären Handel. Die Hypothesen 2a, 3 und 6b können insgesamt bestätigt werden. Zusammenfassend ist festzustellen, dass somit neun Hypothesen im Rahmen der empirischen Untersuchung bestätigt werden konnten, zwei mussten hingegen für beide betrachteten Bereiche abgelehnt werden.

Es kann an dieser Stelle festgehalten werden, dass im Gegensatz zum relativ ausgeglichenen Bild im Online-Bereich die Wohlwollensdimension im stationären Handel eine deutlich gesteigerte Bedeutung verzeichnet, die im Rahmen der Diskussion wieder aufgegriffen werden soll. Dies war bereits im vorangegangenen Modell abzusehen, da auch hier die Vertrauenswirkung auf Commitment dominierte. Die Einführung der Dimensionen des Vertrauens vermochte insgesamt den Erklärungsbeitrag und die Güte des Modells deutlich zu steigern. Abschließend muss angemerkt werden, dass die differenzierte Betrachtung der Bereiche Reisebüros und Buch/CD/DVD-Handel keine weiteren Erkenntnisse brachte. Die Ergebnisse unterschieden sich im Falle der Betrachtung von Vertrauen als Gesamtkonstrukt nur geringfügig von den zusammengefassten Ergebnissen. Im Falle der Dimensionen von Vertrauen verzeichnet abweichend zu den bislang betrachteten Modellen und Teilmodellen die Dimension der Kompetenz einen direkten Einfluss auf das Commitment. Die weiteren Modellpfade unterscheiden sich z.T. in der Ausprägung ihrer Pfadkoeffizienten leicht. Insgesamt muss aber festgehalten werden, dass die branchenspezifischen Modelle weniger konsistent sind als die zusammengefassten Modelle.

3.3.2.2 Diskussion

Die Bestandteile der dieser Arbeit zugrunde gelegten Modelle vermögen, einen Überblick über die Konsequenzen des Kundenvertrauens zu liefern und dabei einen bedeutenden Anteil an Kundenbindung zu erklären. Dies gilt für den Internethandel und gleichermaßen für den traditionellen, stationären Handel. Dabei leistet die Untersuchung durch die Übertragung bisheriger Erkenntnisse auf den Internet-Bereich und den gewählten vergleichenden Charakter einen gezielten Beitrag, das Konzept des Relationship Marketings im Internetumfeld zu begründen, zu verstehen und Handlungsanweisungen für die Unternehmenspraxis zu generieren. Insbesondere aus der differenzierten Einbringung des Vertrauenskonstruktes und dem vergleichenden Charakter der Studie ergeben sich einige Besonderheiten, die einer weiteren Diskussion bedürfen.

In Bezug auf die Dimensionen des Vertrauenskonstruktes fällt in beiden betrachteten Bereichen die deutlich abweichende Wirkung der Dimensionen bezüglich Kundenbindung und Commitment auf. Verzeichnet das Vertrauenskonstrukt insgesamt noch einen signifikanten Einfluss auf beide Größen des

Modells, vermag sich die Kompetenz ausschließlich direkt auf die Kundenbindung auszuwirken, wohingegen Wohlwollen auf direktem Wege ausschließlich das Commitment steigert. Die in Hypothese 1 prognostizierte Wirkung der Kompetenz auf Commitment konnte somit nicht bestätigt werden, die in Hypothese 4a prognostizierte Wirkung hat sich hingegen bestätigt. Betrachtet man diesbezüglich die Operationalisierung der Kompetenz über weitgehend kognitiv geprägte Skalen, wird der fehlende Einfluss auf Commitment, das im Rahmen dieser Arbeit als primär emotional geprägtes Konstrukt aufgefasst wird, verständlich. Es wird deutlich, dass die Wahrnehmung des Wohlwollens als eher affektiv und emotional geprägte Größe einen, wie im Vorfeld in Hypothese 2a und 3 prognostiziert, stärkeren Einfluss auf das Beziehungs-Commitment hat. Schließen Kunden somit opportunistisches Verhalten und bewussten Missbrauch auf Seiten des Händlers aus, bauen sie in der Folge eine Verbundenheitsbeziehung zu diesem auf. Interessant ist, dass die Wirkung des Wohlwollens auf Kundenbindung ausschließlich über den indirekten Weg des Commitment stattfindet. Auch die Hypothesen 5 und 6a, die einen Einfluss von Commitment auf Kundenbindung, nicht aber direkt von Wohlwollen auf Kundenbindung prognostizierten, konnten diesbezüglich somit bestätigt werden.

Vergleicht man diese Ergebnisse nun vor dem Hintergrund der betrachteten Untersuchungsbereiche, dem Internet und dem stationären Handel, ergeben sich im Detail weitere Abweichungen. Eröffnet sich im Online-Bereich ein eher ausgeglichenes Bild bezüglich der Wirkung von Kompetenz und Wohlwollen sowie Commitment, wird das Commitment-Trust-Modell im traditionellen Handel deutlich von den Größen Wohlwollen und Commitment dominiert. Damit bestätigen sich die Hypothesen 2b und 6b. Diesbezüglich lässt sich nun vermuten, dass der mangelnde persönliche Kontakt im Internet den Ausschlag gibt und der Herausbildung von Commitment und emotional begründeter Kundenbindung entgegenwirkt. Vielmehr liegt die Bindung im Internetumfeld eher in kompetenztechnischen, also kognitiv dominierten Ursachen begründet. Da im traditionellen Handel die internettypische Diskussion um Privacy-Aspekte, die vorherrschende Sicherheitsproblematik u.a. nicht von entsprechender Bedeutung ist, fällt diese Komponente hier weniger ins Gewicht. Es bestätigt sich somit auch die Hypothese 4b, die der Kompetenz im internetbasierten Handel eine größere Bedeutung beimaß.

Im traditionellen Handel hingegen bestimmt das Beziehungs-Commitment, hervorgerufen durch die kundenseitige Beurteilung des Wohlwollens des Anbieters, die Beziehung. Das Service-Personal stellt dabei offensichtlich den Schlüssel zum Commitment des Kunden dar. Es fällt zudem auf, dass die erklärte Kundenbindung im Offline-Bereich insgesamt höher ausfällt, was sich u.a. aus dem stärkeren persönlichen Kontakt erklärt.

3.4 Zusammenfassung der Ergebnisse

Insgesamt kann festgehalten werden, dass die Ergebnisse des empirischen Teils dieser Arbeit die theoretischen Überlegungen der Kapitel B, C und D in weiten Teilen bestätigen. Dies gilt zudem für alle betrachteten Bereiche, sowohl für den internetbasierten als auch für den traditionellen Handel in den Bereichen Buch/CD/DVD-Handel und Reisebüros.

Die Determinanten des Kundenvertrauens, die in dieser Arbeit herangezogen wurden, erklären insgesamt einen hohen Anteil der Varianz des Vertrauenskonstruktes. Dies gilt umso mehr für die Kompetenz und das Wohlwollen als Dimensionen von Vertrauen, sodass wertvolle Informationen für die Marketingpraxis bereitgestellt werden können, die im folgenden Kapitel wieder aufgegriffen werden sollen. Insbesondere die anbieterseitigen Determinanten erweisen sich im internetbasierten und im traditionellen Handel als wichtig und liefern zentrale Anhaltspunkte, über gezielte Anbietermaßnahmen Kundenvertrauen zu generieren. Neben den Prozessen und Politiken haben sich das Produkt- und Leistungsangebot und die Kommunikation als vertrauensrelevant herausgestellt, wobei beide ebenfalls direkt von Anbieterseite gesteuert werden können.

Grundlegende Unterschiede zeichnen sich in Bezug auf die Determinanten des Kundenvertrauens hingegen im Bereich der Mitarbeiter und der internetspezifischen Determinanten ab. Stellen die Mitarbeiter im traditionellen Handel eine zentrale Größe im Rahmen der Vertrauensgenerierung dar, üben sie hingegen bei den betrachteten Online-Händlern keinen signifikanten Einfluss auf das Kundenvertrauen aus. Ähnlich verhält es sich mit den internetspezifischen Determinanten, deren Berücksichtigung sich auf das Internet beschränkt und die folglich im traditionellen Handel keine Anwendung finden. Insgesamt kann festgehalten werden, dass diese internetspezifischen Größen einen bedeutenden Teil des Vertrauensdefizits, das über die Irrelevanz der Mitarbeiter in diesem Bereich nicht erklärt werden kann, auszufüllen vermögen. Einen vollständigen Ersatz stellen sie hingegen nicht dar. Darin kann eine zentrale Ursache für die insgesamt und in allen Gesamtmodellen festgestellte höhere Varianzerklärung im traditionellen Handel vermutet werden.

Kundenseitige und sonstige Determinanten sind in den Gesamtmodellen von vergleichsweise geringer Bedeutung und weisen primär in den Teilmodellen einen signifikanten und nicht zu vernachlässigenden Erklärungsbeitrag auf. Hervorzuheben ist hier im internetbasierten Bereich die Einstellung zum Thema Internetshopping, welche im Partialmodell einen relativ hohen Einfluss auf Vertrauen ausübt. Berücksichtigt man allerdings die fortschreitende Adaption des Internets als Shopping-Kanal, wird die konsumentenseitige Nutzung des

Internets zunehmend zur Normalität werden. Entsprechend wird dieses Thema voraussichtlich weitgehend an Bedeutung verlieren.

Die weiteren Determinanten, die weder den Kunden noch dem Anbieter zugeordnet werden, konnten weder im internetbasierten noch im traditionellen Handel Eingang in das Gesamtmodell finden. Ihr geringer Erklärungsbeitrag beschränkt sich auf die Partialmodelle. Entsprechend kann ihre Bedeutung als vergleichsweise gering angesehen werden.

Somit können die primären Vertrauensquellen im Bereich der anbieterseitigen Determinanten identifiziert werden. Mögliche Implikationen für das strategische und auch operative Marketing-Management sollen anschließend in Kapitel F diskutiert werden.

In Bezug auf die Konsequenzen des Vertrauens fällt die Zusammenfassung ähnlich aus. Kundenbindung als zentrale Zielgröße des Relationship Marketings konnte zu einem bedeutenden Teil über die herangezogenen Modellbestandteile im Commitment-Trust-Modell erklärt werden. Dies gilt gleichermaßen für den traditionellen wie auch für den internetbasierten Handel. Hervorzuheben ist hier zusammenfassend die Bestätigung der Dimensionen von Vertrauen. Davon abgesehen, dass ihre Einführung die zugrunde gelegten Gütekriterien maßgeblich zu verbessern vermochte, erscheint ihre recht abweichende Wirkung auf die weiteren Modellbestandteile überaus plausibel. Entsprechend konnte hier die überwiegende Mehrzahl an aufgestellten Hypothesen bestätigt werden. Zudem unterscheidet sich ihre Wirkung in Bezug auf den internetbasierten Handel deutlich vom traditionellen Handel. Der Erklärungsbeitrag in Bezug auf die Konsequenzen des Kundenvertrauens konnte folglich deutlich erhöht werden, was sich offenkundig in den erklärten Varianzen der weiteren Modellbestandteile bzw. insbesondere in der erklärten Varianz der Kundenbindung als zentrale Zielgröße widerspiegelt.

Auch in Bezug auf die Konsequenzen von Vertrauen kann die zugrunde gelegte theoretische Fundierung der vorangegangenen Kapitel als weitgehend bestätigt betrachtet werden. Für Ableitung von Implikationen bieten die bisherigen Ergebnisse somit eine gelungene und vergleichsweise umfangreiche Grundlage.

F. Schlussfolgerungen

1 Implikationen für die Marketingtheorie

Es gilt nun, aus den Ergebnissen dieser Arbeit Implikationen sowohl für die Marketingtheorie als auch im weiteren Verlauf für die Marketingpraxis abzuleiten und somit die Relevanz der Ergebnisse weiter zu erhöhen.

In Bezug auf die Determinanten zeigt sich, dass Vertrauen in beiden betrachteten Bereichen, dem internetbasierten und auch dem traditionellen Handel, sowohl von übergreifend gültigen als auch von abweichenden, kontextspezifischen Determinanten erklärt wird. Dabei können die Ergebnisse dazu beitragen, den Bezug von traditioneller Vertrauensforschung im Marketing und den bislang vergleichsweise isoliert bzw. in abweichenden Fachgebieten positionierten internetspezifischen Forschungsbeiträgen herzustellen und zu vertiefen. Der Internethandel stellt sich somit nicht länger als eine abgetrennte Disziplin dar, sondern kann als Variation des traditionellen Handels begriffen werden, für den es gilt, die traditionellen Konzepte um Internetspezifika zu erweitern. Es kommt hier somit zu einer Integration des bislang in den Teilbereichen erreichten Wissens und zu einer Modifikation und Erweiterung in Bezug auf die Anwendung auf den Internethandel selbst.

In Bezug auf die Determinanten von Vertrauen bedeutet dies, dass dem abweichenden Einfluss der verschiedenen Determinanten des Kundenvertrauens, der zwischen den betrachteten Bereichen des traditionellen und des Internetbasierten Handels festgestellt wurde, besondere Aufmerksamkeit in zukünftigen Studien zukommen sollte. Gerade hier ergeben sich Anhaltspunkte für das Verständnis der kontextuellen Besonderheiten, die sich für die Bereiche ergeben.

In Bezug auf die Konsequenzen von Vertrauen, die im Rahmen des Commitment-Trust-Modells abgehandelt wurden, ergaben sich ebenfalls zahlreiche Erkenntnisse und Anknüpfungspunkte für die Marketing-Theorie. In Anbetracht der Ergebnisse kann insbesondere von einer Bestätigung und erfolgreichen Fundierung des Relationship-Marketing-Konzeptes und des Commitment-Trust-Modells als theoretische Grundlage auch für den Bereich des Internet-Handels gesprochen werden. Das Ausmaß, in dem auch für den internetbasierten Bereich Kundenbindung als Zielgröße des Relationship Marketings erklärt werden kann, lässt das Konzept als sinnvollen Ansatz für diesen Bereich erscheinen. Allerdings muss einschränkend festgehalten werden, dass in Bezug auf die einbezogenen Größen und deren Beziehung untereinander abweichende Werte im Vergleich zum traditionellen, stationären Handel gemessen wurden. Kontextübergreifend wird insbesondere dem Vertrauenskonstrukt in beiden Bereichen eine Schlüsselrolle zuteil, da Vertrauen sowohl Online als auch Offline einen bedeutenden Anteil an Kundenbindung direkt wie indirekt zu erklären vermag. Allerdings lassen sich auch Limitationen ableiten, die diskutiert werden müssen. Bei der Untersuchung handelt es sich bei genauerer Betrachtung um die isolierte Berücksichtigung der Determinanten auf der einen und der Konsequenzen auf der anderen Seite. Eine Integration beider Modelle wird nicht vollzogen, da sie sich weitaus komplexer gestaltet und insbesondere auch die vollständigen Determinanten des Commitment und der Kundenbindung beinhalten müsste. Diese wurden jedoch weder theoretisch aufgearbeitet noch im empirischen Teil berücksichtigt. Grundsätzlich erscheint jedoch eine Zusammenführung und Erweiterung beider Studien notwendig, da nur auf diesem Wege die Wirkung konkreter Maßnahmen vollständig bis hin zu ihrem Einfluss auf Kundenbindung nachvollzogen werden können.

Zudem ist die mangelnde Übertragbarkeit der Ergebnisse anzusprechen. Zwar wird mit der Berücksichtigung jeweils zweier Bereiche des Internets und des stationären Handels eine gewisse Breite erzielt. Eine Übertragbarkeit auf weitere Bereiche oder gar eine grundsätzliche Verallgemeinerbarkeit der Ergebnisse kann jedoch nicht beansprucht werden. Zwar bringt der Umstand, dass die Untersuchung nicht auf einen konkreten Händler fokussierte, sondern diverse Händler berücksichtigt wurden, eine große Heterogenität mit sich. Inwieweit sich die Ergebnisse allerdings auch in anderen Handelsbereichen, sowohl traditionell als auch internetbasiert, bestätigen werden, kann an dieser Stelle nicht beantwortet werden. Gerade Bereiche wie das bislang vergleichsweise stark frequentierte Homebanking bis hin zu ausschließlich online auftretenden Bankinstituten weisen abweichende Rahmenbedingungen auf, die im Rahmen weiterer Untersuchungen erschlossen werden müssen.

Weiter ist die Anknüpfung an den Bereich der angloamerikanischen Forschung, die bislang sowohl in Bezug auf die Relationship-Marketing- als auch die internetbezogene Marketingforschung führend ist, mit verschiedenartigen Problemen behaftet, die einer Identifizierung bedürfen. Diesbezüglich ist zu erwarten, dass gerade kulturelle Faktoren sowie die fortgeschrittene Adaption des Internets in einem Kulturkreis einen Einfluss auf die Ergebnisse haben. Im angloamerikanischen Bereich bedeutet dies, dass die kommerzielle Internetnutzung bereits weiter fortgeschritten ist und somit einen hohen Grad an Convenience erreicht hat. Entsprechend ist anzunehmen, dass sich die Ergebnisse in Bezug auf verschiedene Determinanten zumindest im Detail abweichend darstellen könnten.

Zudem ergeben sich aus dem Umfang des Samples und der resultierenden Zusammensetzung der Subsamples Limitationen, die im Rahmen weiterer

Untersuchungen wieder aufgegriffen werden müssen. Obwohl bereits verschiedene Subsamples gebildet werden konnten, erscheint eine weitere Differenzierung der Stichprobe sinnvoll und notwendig. Einen Anhaltspunkt offenbaren *Garbarino & Johnson* (1999), welche die Bedeutung des Beziehungsstatus hinsichtlich der Rolle, die Vertrauen für das Beziehungsverhalten spielt, aufgezeigt haben. Demnach bietet sich eine weitere Differenzierung des Datensatzes in Bezug auf die Dauer der Beziehung an. Gleiches kann angenommen werden, wenn die Bedeutung der Größen der Beziehungsdauer und -intensität speziell hinsichtlich loyaler Kunden betrachtet wird. Da das Ausmaß an Loyalität im Internet regelmäßig als geringer angesehen wird (vgl. etwa *Harrington & Reed* 1996), liegt ein Einfluss des Beziehungsstatus auf weitere Determinanten nahe. Auf diesem Wege könnten dann auch die Abweichungen einiger Determinanten zwischen dem traditionellen und dem internetbasierten Handel erklärt werden.

Eine differenzierte Betrachtung der Stichprobe erscheint zudem in Bezug auf soziodemografische Größen viel versprechend. *Li, Kuo & Russell* (1999) haben diesbezüglich aufgezeigt, dass Alter und Geschlecht einen signifikanten Einfluss auf das Internet-Nutzungsverhalten aufweisen. Entsprechend kann vermutet werden, dass sich einzelne demografische Segmente bei der Findung eines Vertrauensurteils auf abweichende Determinanten stützen, die sich von der aggregierten Betrachtung, die dem empirischen Teil dieser Arbeit zugrunde liegt, unterscheiden.

Abschließend muss noch auf die statische Modellstruktur hingewiesen werden, die sowohl für das Determinanten- als auch für das Konsequenzenmodell zugrunde gelegt wurde. Diese erleichtert es deutlich, die gewonnenen Erkenntnisse im Rahmen der Modellierung und Operationalisierung umzusetzen und ist gerade in Anbetracht des aktuellen Stadiums der Forschung, in der das Aufzeigen von Strukturen und Beziehungen im Mittelpunkt steht, durchaus angemessen. Betrachtet man allerdings das Vertrauenskonstrukt in seinen Ursachen und Konsequenzen und insbesondere die alles umschließende Kundenbeziehung im Detail, wird der prozessuale Charakter deutlich (vgl. *Singh & Sirdeshmukh* 2000). Eine Kundenbeziehung durchläuft demnach abweichende Beziehungsphasen, in deren Verlauf sich das Kundenvertrauen in einem langfristigen Prozess über die Zeit entwickelt. Entsprechend verspricht die Erweiterung um eine prozessuale Betrachtung weiteren Erkenntnisgewinn. Allerdings ist sie gerade hinsichtlich der notwendigen Modellierung und Operationalisierung mit diversen Schwierigkeiten verbunden, die es zu bewältigen gilt.
Insgesamt kann also festgehalten werden, dass die vorliegende Arbeit das Verständnis und die theoretische Fundierung des Relationship Marketings im Internet in vielerlei Hinsicht erweitert. Gleichermaßen lenkt sie das Augenmerk auf verschiedene Aspekte, die im Rahmen weiterer Forschung thematisiert werden

müssen. Es gilt folglich, die theoretische und empirische Fundierung des Relationship Marketings auch zukünftig weiter voranzutreiben. Dies ist insbesondere in Anbetracht der ökonomischen Relevanz, die sich aus der weiterhin zunehmenden Verbreitung entsprechender Ansätze in der Praxis ergibt, dringend geboten.

2 Implikationen für die Marketingpraxis

2.1 Basisaspekte

Anschließend stellt sich die Frage nach notwendigen Implikationen, die in Bezug auf die Marketingpraxis abgeleitet werden können. Die vorliegende Arbeit befasste sich auf Basis einer umfangreichen Studie der Literatur und einer vollständigen theoretischen Aufarbeitung des Feldes mit den Ursachen und Konsequenzen des Kundenvertrauens im traditionellen sowie im internetbasierten Handel. Dabei konnten Unterschiede zwischen dem Vertrauen in traditionelle und internetbasierte Händler herausgearbeitet werden. Die Ergebnisse offenbaren verschiedenartige Anhaltspunkte für die Unternehmenspraxis, die Ursachen und Konsequenzen des Kundenvertrauens besser zu verstehen, aus diesem Verständnis effizientere Maßnahmen zur Vertrauensgenerierung abzuleiten und somit das Kundenvertrauen und die Kundenbindung langfristig zu steigern. Diesbezüglich muss allerdings eingeschränkt werden, dass es nicht Anspruch dieser Arbeit sein kann, ein vollständiges Konzept eines Vertrauensmanagements zu erarbeiten. Vielmehr sollen auf Basis der Ergebnisse der empirischen Untersuchung Ansätze für die Umsetzung im Rahmen der Marketing-Praxis skizziert werden.

Eingangs sollen zunächst die identifizierten Determinanten des Kundenvertrauens aus einer Managementperspektive genauer betrachtet werden. Über die einbezogenen Determinanten des Kundenvertrauens konnten sowohl im traditionellen als auch im internetbasierten Handel mehr als 70 % des Kundenvertrauens erklärt werden. Über die Einführung der Dimensionen des Kundenvertrauens konnte der Erklärungsbeitrag sogar auf bis zu 87 % gesteigert werden. Betrachtet man diese Werte aus einer Managementperspektive, ist dabei von besonderer Wichtigkeit, dass gerade die anbieterseitigen Determinanten den überwiegenden Teil der Varianzerklärung zu leisten vermögen. Entsprechend stellen sich das Kundenvertrauen bzw. die Dimensionen des Kundenvertrauens als vergleichsweise weitreichend von Anbieterseite steuerbares Konstrukt dar. Dies gilt gleichermaßen im traditionellen und im internetbasierten Handel. Zwar leisten im internetbasierten Handel auch die kundenseitigen Determinanten einen gewissen Anteil an Varianzerklärung sowie im traditionellen Bereich die sonstigen Determinanten. Grundsätzlich und übergreifend erweisen sich jedoch die anbieterseitigen Determinanten als zentrale und dominierende Quelle des Kundenvertrauens.

Die vorliegende Untersuchung liefert dabei wertvolle Anhaltspunkte für das Management des Kundenvertrauens sowie des Relationship Marketings insgesamt, da sie Schlüsselgrößen im Prozess der Vertrauensgenerierung identifiziert. Infolge der selektiven Vorgehensweise wurden diese aus einer Reihe von relevanten Determinanten herausgefiltert. Zwar verzeichneten insgesamt 17 Determinanten im traditionellen und 19 Determinanten im internetbasierten Handel einen signifikanten Einfluss auf Vertrauen; es konnten jedoch 8 bzw. 9 Determinanten, die sich in die Gesamtmodelle durchsetzten, als Schlüsselvariablen identifiziert werden. Entsprechend erscheint es aus Anbietersicht geboten, das eigene Vertrauensmanagement auf eben diese Größen zu konzentrieren und entsprechende Maßnahmen abzuleiten. Die besondere Relevanz dieser Größen aus Kundensicht verspricht die besten Aussichten, das Kundenvertrauen langfristig zu steigern, da auf diesem Wege die sensibelsten Aspekte abgedeckt werden können.

Allerdings erscheint es kurzsichtig, dabei die weiteren signifikanten Größen gänzlich zu vernachlässigen und eventuell gar negativ auszugestalten. Die hohe Interkorrelation zwischen den Determinanten lässt erwarten, dass sich ein solches Vorgehen als strategisch überaus nachteilig erweisen könnte, da auch die weiteren Größen einen nicht zu vernachlässigenden Einfluss auf das Kundenvertrauen aufweisen, auf den die Interkorrelation zwischen den Determinanten hinweist. Es gilt folglich in Kapitel F 2.2 konkrete Maßnahmen für den operativen Bereich abzuleiten.

Vergleicht man nun beide Bereiche, den traditionellen und den internetbasierten Handel, wird offenkundig, dass sowohl Schlüsselgrößen identifiziert wurden, die in beiden Bereichen Gültigkeit haben, als auch bereichsspezifische Determinanten. Eine simple Übertragung bisheriger Erkenntnisse des Vertrauensmanagements aus dem traditionellen Bereich auf das Internet kommt also nicht in breiter Linie in Frage. Vielmehr müssen diese Erkenntnisse um kontextspezifische Strategien für das Internet erweitert werden. Hier wird etwa die besondere Bedeutung der Mitarbeiter im traditionellen Handel deren Einbindung erfordern, wohingegen im internetbasierten Handel gerade auch die internetspezifischen Größen entsprechend ausgestaltet werden müssen. (vgl. hierzu im Detail die Ausführungen im nachstehenden Kapitel F 2.2). Im traditionellen Handel ist es somit notwendig, ein Maßnahmenbündel zu schnüren, dessen Basis die Mitarbeiter bilden und das zudem aus den identifizierten Schlüsselgrößen wie Garantien/ Problemlösungsverhalten und dem Produkt- und Leistungsangebot besteht. Im internetbasierten Handel beinhaltet dieses Maßnahmenbündel hingegen neben dem Produkt- und Leistungsangebot und gemeinsamen Werten insbesondere eine Reihe internetspezifischer Größen. Für die betrachteten Bereiche des Buch/CD/DVD-Handels und Reisebüros ergeben sich nur geringfügige Abweichungen; grundlegende Änderungen der Strategiefindung lassen sich aus den Ergebnissen dagegen nicht ableiten.

Besonders problematisch stellt sich die widerspruchsfreie Strategiefindung und Umsetzung dar, wenn Anbieter in beiden Bereichen, dem traditionellen und dem internetbasierten Handel, im Sinne einer hybriden Strategie gleichermaßen aktiv sind. Die Umsetzung notwendiger hybrider Strategien bedeutet eine gesteigerte Herausforderung für das Marketing-Management, weil die Kunden kontextspezifisch angesprochen werden müssen. Zudem offenbaren die empirischen Ergebnisse gerade für den Bereich der Reisebüros, dass die bisherigen Erfahrungen mit dem Anbieter eine wichtige Rolle im Rahmen der Vertrauensbildung spielen. Dies unterstreicht die Bedeutung entsprechender Investitionen in die Kundenbeziehung, die hier im Sinne eines sich selbst verstärkenden Prozesses wiederum Vertrauen generieren.

Weiter lassen sich aus den betrachteten Konsequenzen des Vertrauens Implikationen für das strategische Marketing bzw. Vertrauensmanagement ableiten. Zentral ist dabei die Bestätigung der Erkenntnis, dass Vertrauen in Verbindung mit Commitment eine zentrale Größe im Rahmen der Erklärung von Kundenbindung darstellt, und zwar sowohl im traditionellen Handel als auch im internetbasierten Handel. Somit stellt sich die Fokussierung auf Vertrauen auch im Internet als strategisch sinnvolle Alternative dar, verspricht sie doch, die ökonomische Vorteilhaftigkeit der langfristigen Bindung von Kunden zu erschließen. Vertrauen stellt somit keinen Selbstzweck dar, sondern kann über die Notwendigkeit der Vertrauensbildung als Voraussetzung für die langfristige Bindung von Kunden ökonomisch begründet werden. Allerdings gilt es, wie bereits im Rahmen der Betrachtung der Determinanten, kontext-spezifische Umstände zu berücksichtigen. Dabei unterscheiden sich die kontextspezifischen Commitment-Trust-Modelle in Bezug auf die Bedeutung der Dimensionen und des Commitment für die Kundenbindung.

Strategisch relevant ist, dass Kundenbindung traditionell eher über Wohlwollen und Commitment erklärt wird, im internetbasierten Handel hingegen stärker über das kognitiv dominierte Konstrukt der Kompetenz. Eine Ausrichtung der Strategie und der daraus resultierenden Maßnahmen an dieser Erkenntnis verspricht vorteilhaft zu sein. Entsprechend sollte im traditionellen Handel die Herausbildung von Wohlwollen und Commitment im Mittelpunkt der Maßnahmen stehen, wohingegen das Vertrauensmanagement im internetbasierten Handel primär die Kompetenzen des Händlers in den Mittelpunkt stellen sollte, um über diese Vertrauen zu generieren. Dies gilt gleichermaßen für den Buch/CD/DVD-Handel wie für Reisebüros.

Die beschriebene Vorgehensweise lässt jedoch ein Defizit offenkundig erscheinen, das insbesondere die langfristige strategische Planung berücksichtigen sollte. Insgesamt kann über die Wahrnehmung der Mitarbeiter im traditionellen Bereich ein größerer Anteil des Vertrauens und in der Folge somit auch der Kundenbindung erklärt werden. Will man also im internetbasierten Bereich ein vergleichbares Ausmaß an Vertrauen und Kundenbindung schaffen, muss das strategische Marketing-Management nach Äquivalenten für die Mitarbeiter auch im internetbasierten Handel suchen sowie den Mitarbeiterkontakt wieder verstärkt in den Mittelpunkt stellen. Ein erster Schritt wäre hier bereits vollzogen, wenn über Maßnahmen wie Call-back-Angebote oder 0800-Nummern die Mitarbeiter wieder näher an den Kunden gerückt würden. Es bleibt abzuwarten, inwieweit technische Neuerungen wie internetbasierte Bildtelephonie eine weitere Annäherung bedingen. Folgt man den Ergebnissen der zugrunde liegenden Studie, erscheint es nur auf diesem Wege möglich, im Internet langfristig ein vergleichbares Niveau der Kundenbindung zu erzielen.

2.2 Ableitung von Maßnahmen

Neben der Ableitung von Implikationen auf strategischer Ebene ergibt sich die Notwendigkeit, Aussagen auch auf operativer Ebene zu treffen, d.h. konkrete Maßnahmen auf Ebene einzelner Determinanten und Determinantengruppen abzuleiten.

Im Rahmen der Betrachtung der Ergebnisse wurde bereits herausgestellt, dass sich innerhalb einer großen Anzahl signifikanter Determinanten eine geringe Zahl in dem jeweils betrachteten Bereich als Schlüsselgrößen herauskristallisierte, die Einzug in das Gesamtmodell fanden. Diese sollen nun wieder aufgegriffen werden und Gegenstand operativer Maßnahmen sein. Wie bereits vermerkt wurde darf eine priorisierte Ableitung von Maßnahmen im Bereich der Schlüsselgrößen nicht bedeuten, dass die anderen signifikanten Größen vernachlässigt und somit aus Kundensicht negativ ausgestaltet werden, da eine hohe Interkorrelation zwischen den signifikanten Determinanten besteht. Bei der Maßnahmen-Ableitung ist allerdings kontextspezifisch vorzugehen, da Vertrauen zwar sowohl im traditionellen als auch im internetbasierten Handel weitgehend von anbieterseitigen Determinanten erklärt wird, sich im Detail jedoch durchaus deutliche Abweichungen ergeben.

2.2.1 Maßnahmen zur Vertrauensbildung im traditionellen Handel

Eingangs soll ein konkretes Maßnahmenbündel für den traditionellen Handel zusammengestellt werden. Insgesamt führend bezüglich der Varianzerklärung erwies sich die Empathie/Motivation der Mitarbeiter, welche die wichtigste Größe in Bezug auf das Wohlwollen und die zweitwichtigste Größe in Bezug auf die Kompetenz darstellte. Dabei ist zu beachten, dass die Wahrnehmung der verschiedenen mitarbeiterbezogenen Determinanten in hohem Maße korreliert. Es ist folglich notwendig, die Mitarbeiter zielgerichtet in das Vertrauensmanagement zu integrieren, mit angemessenen Entscheidungs- und Handlungsbefugnissen auszustatten und diese in Bezug auf ihre Sozial- und Fachkompetenz zu schulen. Der Fokus liegt dabei allerdings auf der Schulung der sog. weichen Skills, die sich in der Folge auf die Wahrnehmung von Motivation/ Empathie auswirken. Folgt man den Ergebnissen der vorliegenden Arbeit, kann auf diese Weise systematisch sowohl die Wahrnehmung des Wohlwollens als auch der Kompetenz gesteigert werden.

Vergleicht man die mitarbeiterbezogenen Größen und dabei insbesondere Empathie/Motivation vor dem Hintergrund der Handelsbereiche Buch/ CD/DVD-Handel und Reisebüros fällt die gesteigerte Relevanz im Reisebereich auf. Offenbar ist hier die Beratung über die Mitarbeit infolge der großen Heterogenität des Leistungsangebots umso wichtiger und muss folglich gewährleistet werden, will man erfolgreich Vertrauen entwickeln.

Eine wichtige Position im Rahmen der vertrauensbildenden Maßnahmen nimmt die Zusammenstellung eines adäquaten Produkt- und Leistungsangebots ein. Es stellt eine Grundlage des Vertrauensmanagements in Bezug auf die gezielte Steigerung des Gesamtvertrauens dar und steigert sowohl die Kompetenz als auch in abgeschwächter Form das Wohlwollen. Das Produkt- und Leistungsangebots sollte sich an den Bedürfnissen der Kunden orientieren und sich zudem qualitativ vergleichsweise hochwertig darstellen. Dies gilt es sowohl für die einzelnen Produkte des Sortimentes und deren Qualität sowie gleichermaßen für die Zusammenstellung des Angebotes, also die Sortimentsgestaltung. Gerade letztere zählt seit jeher zu den zentralen Aufgaben des Handels und eröffnet ihm Möglichkeiten, sich unabhängig vom Produktangebot der Hersteller zu profilieren und Vertrauen zu generieren.

Weiter wurden Garantien/ Problemlösungsverhalten als Schlüsselgröße identifiziert und bilden die Grundlage zur Ableitung von Managementmaßnahmen. Diese bedingen in der Praxis ein effektives Beschwerdemanagement, dessen Umsetzung neben der Integration in die gesamte Unternehmung ebenfalls maßgeblich von der Einbindung der Mitarbeiter abhängt. Die Bedeutung der Mitarbeiter wird also weiter unterstrichen. Dabei wirkt die Größe deutlich stärker auf die kundenseitige Wahrnehmung des Wohlwollens und bietet sich somit insbesondere zur Steigerung dieser Dimension an. Gerade im Falle von Glaubwürdigkeitsproblemen versprechen Ansätze im Bereich Garantien/ Problemlösungsverhalten folglich Impulse auf das Kundenvertrauen.

Hervorzuheben ist weiterhin die Vermittlung gemeinsamer Werte an die Kunden. Wieder wird die Nähe zu den mitarbeiterbezogenen Determinanten deutlich, nehmen diese doch in der Wertevermittlung eine zentrale Stellung ein. Insgesamt kann also festgehalten werden, dass die Umsetzung eines Vertrauensmanagements im traditionellen Handel maßgeblich mit den Mitarbeitern des Händlers verbunden ist, da diesen im Rahmen der Ausgestaltung verschiedener anbieterseitiger Determinanten eine wichtige Rolle zuteil wird. Wie bereits im Bereich Garantien/ Problemlösungsverhalten sind die gemeinsamen Werte insbesondere im Bereich des Wohlwollens relevant und somit gerade zur gezielten Steigerung dieser Dimension heranzuziehen. Zudem fällt die Relevanz für den Buch/CD/DVD-Handel stärker aus. Gerade hier gilt es offensichtlich, die Kundenbeziehung persönlich zu pflegen und dem Kunden gemeinsame Werte zu vermitteln um auf diesem Wege das Vertrauen zu steigern. Dabei kann vermutet werden, dass im Rahmen der Beratung und gerade auch der Empfehlung von Werken und Titeln eine gemeinsame Wertebasis Vertrauen schafft.

Neben obigen Maßnahmen fällt es allerdings schwer, aus dem signifikant negativen Einfluss der Medienberichterstattung, der bei differenzierterer Betrachtung zudem nur im Bereich des Buch/CD/DVD-Handels für Wohlwollen auftritt, Maßnahmen abzuleiten. Besagter negativer Einfluss wurde mit der Wahrnehmung des offenbar übermächtig erscheinenden Unternehmens begründet. Leitet man nun aus diesem Ergebnis direkt Implikationen ab, bedeutete dies, auf jedwede Form der Werbung und Öffentlichkeitsarbeit zu verzichten und entsprechend jede Art der Berichterstattung zu vermeiden. Jedoch müssen deutliche Zweifel an einer solchen Strategie gehegt werden. Zudem sei noch auf die verwandte Größe Mundwerbung verwiesen.

Wie bereits angesprochen weisen obige Determinanten den größten Einfluss im Rahmen des Gesamtmodells für den traditionellen Handel auf. Neben diesen bietet sich jedoch die Einbeziehung der weiteren Größen in ein gezieltes Vertrauensmanagement ebenfalls an, wobei der Schwerpunkt der Maßnahmen auf die Schlüsselgrößen entfällt. Eine herausragende Stellung nehmen im Bereich des traditionellen Handels insbesondere die Mitarbeiter ein, deren Einbindung in das Vertrauensmanagement somit frühzeitig notwendig ist.

2.2.2 Maßnahmen zur Vertrauensbildung im internetbasierten Handel

Es folgt die Ableitung von Maßnahmen für den internetbasierten Handel. Neben verschiedenen Abweichungen im Detail wurde der gänzliche Wegfall der Mitarbeiter in der Wahrnehmung von Kundenseite als der zentrale Unterschied gegenüber dem traditionellen Handel identifiziert. Entsprechend stellen sich die Maßnahmen, die sich wieder an den Schlüsselgrößen des Gesamtmodells orientieren sollen, abweichend dar.

Die größte Vertrauensrelevanz im Gesamtmodell wird über die Größe des Schutzes Privatsphäre erklärt. Folglich sollte diese Größe auch einen Kernbereich des Vertrauensmanagements darstellen. Betrachtet man ihre Wirkung im Detail, erfolgt diese insbesondere auf die Dimension des Wohlwollens. In der Praxis wird der Schutz der Privatsphäre in der Regel kombiniert mit den weiteren sicherheitstechnischen Größen, die hier als Schutz vor Missbrauch durch den Anbieter und als Schutz vor Missbrauch durch den Händler selbst bezeichnet wurden. Infolge der technischen Umsetzung sowie der Interkorrelation der Determinanten bietet sich ein solches Vorgehen an und soll auch im Rahmen der vorliegenden Arbeit postuliert werden. Zudem kann auf diesem Wege neben dem Wohlwollen auch die Kompetenz-Wahrnehmung beeinflusst werden und somit beide Dimensionen gezielt gesteigert werden. Bedeutend erscheint dabei, dass neben der technischen Umsetzung die Politiken und Maßnahmen dem Kunden offen kommuniziert werden. Die Gesamtheit der Sicherheitsmaßnahmen kann die Kundenwahrnehmung nur beeinflussen, wenn der Kunde dieselben auch tatsächlich wahrnimmt. Sie stehen also im Rahmen des Vertrauensmanagements in enger Beziehung zur Größe der Transparenz, die ebenfalls eine Schlüsselrolle einnimmt. Dabei ergeben sich auf Basis der Ergebnisse der zugrunde liegenden Untersuchung keine elementaren Unterschiede zwischen dem internetbasierten Buch/CD/DVD-Handel und Internet-Reisebüros.

Es folgt die Abwicklung und damit verbundene Prozesse. Wie bereits die vorangegangenen Größen handelt es sich um eine internetspezifische Größe. Es gilt demnach, die Gestaltung einer problemlosen und nachvollziehbaren Abwicklung von Bestellung und Versand zu vollziehen. Die Größe bietet sich dabei Insbesondere in Bezug auf die gezielte Steigerung der Kompetenz-Wahrnehmung an.

Weiter wurden gemeinsame Werte bzw. Ähnlichkeit zwischen dem Kunden und dem Anbieter im Internet als Schlüsselgröße identifiziert. Offensichtlich stellt die Website ein durchaus angemessenes Mittel zur Kommunikation von Werten dar und muss entsprechend zielgerichtet genutzt werden. Die Wirkung ergibt sich dabei primär auf das Wohlwollen.

Fasst man obige Determinanten zusammen, ist die Website hier mittelbar oder unmittelbar beteiligt. Bei ihrer Gestaltung sind folglich über die Anmutung, der ebenfalls eine Schlüsselrolle zugewiesen wird, verschiedene weitere Aspekte zu beachten, die den Kunden über die Website vermittelt werden müssen. Die Ausgestaltung der Website muss zudem vor dem Hintergrund ständiger Aktualität vollzogen werden. Es wird deutlich, welcher Stellenwert sich aus dem integrativen Charakter der Website in Bezug auf verschiedenartige Funktionen ergibt.

Zudem kann wie bereits im traditionellen Handel auch im Internet auf die Bedeutung des Produkt- und Leistungsangebot hingewiesen werden. Eine qualitativ vergleichsweise hochwertige Zusammenstellung erscheint vor dem Hintergrund der Vertrauensrelevanz dieser Größe notwendig und sollte entsprechend zielgerichtet vollzogen werden.

Abschließend soll noch auf die abweichende Bedeutung der Kundenseitigen Determinanten hingewiesen werden. In Bezug auf das Gesamtvertrauen verzeichnet hier nur die Beziehungsdauer und -intensität einen Einfluss. Bei genauerer Betrachtung im Rahmen der Dimensionen erweitert sich der Kreis der Kundenseitigen Determinanten, die im Gesamtmodell einen signifikanten Einfluss aufweisen, um die Einstellung gegenüber dem Internetshopping. Dabei ist zum einen von Relevanz, dass sich sowohl für Beziehungsdauer und -intensität als auch für die Einstellung gegenüber dem Internetshopping die Wirkung auf die Vertrauensdimension der Kompetenz beschränkt und zum anderen im Bereich der Internet-Reisebüros deutlich stärker ausfällt. Offensichtlich ist also kundenseitigen Merkmale im Bereich der Reisebüros größere Beachtung zu schenken.

G. Zusammenfassung

Den Ausgangspunkt dieser Arbeit stellte die Annahme dar, bei dem Vertrauen der Kunden in einen Händler handele es sich um eine der Schlüsselgrößen des Relationship Marketings im internetbasierten Handel. Im Rahmen dieser Annahme wurde zudem postuliert, dass sich eine Übertragung des Konzeptes des Relationship Marketings auf das Internet als möglich und gleichermaßen sinnvoll darstellt. Dabei wiesen im Vorfeld verschiedene Arbeiten im Bereich der Marketingforschung und der Wirtschaftsinformatik auf die Relevanz der Thematik hin, ohne allerdings zufrieden stellende Antworten auf die sich ergebenden Fragen zu offerieren. Zudem unterstreicht die Entwicklung in der Praxis, etwa unter den Begriffen des CRM oder e-CRM, die Bedeutung und Frequentierung der Thematik. Ansetzend an diesen Erkenntnissen bestand das Hauptziel dieser Arbeit darin, die Bedeutung des Kundenvertrauens im Bereich des Internethandels zu fundieren sowie Determinanten zu identifizieren und zu evaluieren.

Vor diesem Hintergrund galt es zunächst, den Relationship-Marketing-Ansatz als konzeptionelle Grundlage der Arbeit in allen notwendigen Details darzustellen. Anschließend wurden die Commitment-Trust-Theorie und der verwandte Ansatz des Relationship-Quality-Konstruktes diskutiert. Diese werden regelmäßig zur theoretischen Fundierung des Relationship Marketings herangezogen und betten zudem das Vertrauenskonstrukt ein. Sie verorten es somit in Bezug auf das Relationship-Marketing-Konzept. Besagte Ansätze können infolge ihrer Modellstruktur insbesondere dazu dienen, die Konsequenzen des Kundenvertrauens in Geschäftsbeziehungen darzustellen. Diesbezüglich wurde schließlich der Commitment-Trust-Ansatz zur weiteren Berücksichtigung gewählt.

Darauf basierend wurde nun der Vertrauensbegriff sowohl vor dem Hintergrund seiner interdisziplinären Wurzeln als auch in Bezug auf die Berücksichtigung in der Marketingwissenschaft hinsichtlich des traditionellen Handels im Detail abgehandelt. Aufbauend auf einer umfangreichen Sichtung der relevanten Literatur wurde ein Determinantensystem für Vertrauen im traditionellen Handel entwickelt. Die Literatur wurde dabei um theoretische Überlegungen erweitert und vervollständigt. Die verschiedenen Ansätze etwa aus den Bereichen der Relationship-Marketing-Forschung und der Service-Quality-Forschung wurden schließlich in einem integrativen Ansatz zusammengeführt. Abschließend wurde das Commitment-Trust-Modell um die im bisherigen Verlauf gewonnenen Erkenntnisse erweitert.

Es folgte die Erweiterung der Betrachtung über die Einbeziehung des Internets. Eingangs wurde die Bedeutung des Internets für den Handel herausgestellt und ein Überblick über die Grundlagen des Mediums vollzogen. Weiter wurden internetbezogene Ansätze im Bereich der Marketing-Forschung und des Electronic Commerce dargestellt sowie eine grundlegende Abhandlung des Konsumentenverhaltens im Internet herausgearbeitet. Abschließend erfolgte eine Übertragung des Konzeptes des Relationship Marketings auf den Bereich des Internets. Dieser wurde mit dem Ziel durchgeführt, eine konzeptionelle Basis für die Behandlung vertrauensrelevanter Fragestellungen im Internet zu schaffen.

Auf dieser Grundlage konnte nun der theoretische Kern der Arbeit in Angriff genommen werden, die Behandlung des Vertrauenskonstrukts im Internet. Hier erfolgte eingangs die notwendige alternative Begriffsdiskussion in Bezug auf das gewandelte Umfeld. Die Notwendigkeit einer grundlegenden Neu-Definition des Vertrauensbegriffs wurde an dieser Stelle verneint. Wie bereits für den traditionellen Handel folgte auf Basis einer umfangreichen Literaturstudie die Erschließung der Determinanten. Diese wurde durch die Übertragung der Erkenntnis aus dem traditionellen Handel ergänzt und vervollständigt über theoretische sowie Plausibilitätsüberlegungen. Abschließend diente eine qualitative Studie der Überprüfung der Erkenntnisse. Das Ergebnis stellte ein System von Determinanten dar, die es im empirischen Teil der Arbeit zu überprüfen galt. Abschließend standen wieder die Konsequenzen des Kundenvertrauens in Gestalt der Commitment-Trust-Theorie im Fokus der Betrachtung. Diesbezüglich wurde das Commitment-Trust-Modell in Bezug auf die Besonderheiten des Internets auf seine Gültigkeit hin überprüft und modifiziert, um es in einem weiteren Schritt im Rahmen des empirischen Teils der Arbeit der empirischen Überprüfung zuzuführen.

Es folgte die Überprüfung der gewonnenen Erkenntnisse im Rahmen einer umfangreichen empirischen Vergleichsstudie, die in Zusammenarbeit mit der Universität Münster in der Zeit von Dezember 2002 bis Januar 2003 durchgeführt wurde und in deren Rahmen insgesamt über 2000 vollständig ausgefüllte Fragebögen erzielt werden konnten. Da das Kundenvertrauen im Internet Gegenstand der Untersuchung war, wurde das Internet selbst als Befragungsmedium genutzt. Bei der Befragung handelte es sich um eine Vergleichsstudie, die das Kundenvertrauen in den Bereichen des traditionellen und des Internetbasierten Handels systematisch gegenüberstellte. Der vergleichende Charakter vermochte dabei die Aussagekraft der Ergebnisse deutlich erhöhen. Die Studie lieferte sowohl in Bezug auf die Determinanten des Kundenvertrauens, die Dimensionen des Vertrauenskonstruktes selbst als auch eine Auswahl zentraler Konsequenzen des Kundenvertrauens ansprechende und plausible Ergebnisse, welche die theoretischen Erkenntnisse der vorangegangenen Kapitel weitgehend bestätigen konnten.

In Bezug auf die Determinanten des Kundenvertrauens konnte jeweils eine Reihe signifikanter Größen identifiziert werden. In einem stufenweisen Vorgehen konnten in der Folge über die Betrachtung in verschiedenen Teilmodellen sowie der anschließenden Zusammenführung im Rahmen eines Gesamtmodells Schlüsselgrößen des Kundenvertrauens herausgestellt werden. Vergleicht man beide Bereiche kann festgehalten werden, dass sowohl gemeinsam gültige Größen wie etwa das Produkt- und Leistungsangebot als auch kontextspezifische Determinanten einen signifikanten Einfluss aufwiesen und sich gleichermaßen in den Gesamtmodellen durchzusetzen vermochten. Gemeinsam und übergreifend konnte zudem für beide Bereiche, den traditionellen und den internetbasierten Handel, herausgestellt werden, dass anbieterseitige Determinanten die insgesamt dominierende Quelle des Kundenvertrauens darstellen. Das Vertrauen der Kunden in einen Händler stellt folglich sowohl im traditionellen wie auch im internetbasierten Handel eine von Händlerseite maßgeblich steuerbare Größe dar, die es systematisch zu beeinflussen gilt. Eine exponierte Stellung nehmen dabei für den traditionellen Handel die Mitarbeiter ein. Zwar kann ihre Irrelevanz in der Wahrnehmung der Kunden im Internet nicht gänzlich kompensiert werden, einen bedeutenden Teil vermögen jedoch alternativ die internetspezifischen Größen zu erklären.

Um den Erklärungsbeitrag weiter zu steigern und branchenspezifische Einflüsse auszuschließen wurde zudem in die Branchen Buch/CD/DVD-Handel und Reisebüros unterschieden. Allerdings konnten diesbezüglich nur wenige Abweichungen festgestellt werden.

Zudem erfolgte im Rahmen der empirischen Überprüfung der Konsequenzen des Kundenvertrauens die Betrachtung der Commitment-Trust-Theorie, welche infolge der Berücksichtigung grundlegender Konstrukte des Relationship Marketings als theoretische Grundlage des Konzeptes bezeichnet werden kann. Wieder konnten aussagekräftige Ergebnisse in Bezug auf beide Bereiche erzielt werden, die sich in einigen Details unterscheiden. Insbesondere die Vertrauensdimension des Wohlwollens sowie das Commitment sind dabei im traditionellen Handel von größerer Bedeutung, wohingegen der internetbasierte Handel eher von der Wahrnehmung der Vertrauensdimension der Kompetenz und dem resultierenden direkten Einfluss auf Kundenbindung bestimmt wird. Insgesamt kann resümiert werden, dass auf Grundlage der Ergebnisse das Konzept des Relationship Marketings, aufbauend auf den Größen Vertrauen, Commitment und der finalen Zielgröße der Kundenbindung, auch im Internet eine situativ sinnvolle Strategie darstellt. Eine Übertragung auf den Bereich des Internets ist folglich notwendig und zu bejahen.

Obige Zusammenfassung verdeutlicht, dass in Bezug auf den Erklärungsgehalt der Ergebnisse insgesamt ein deutlich positives Resümee gezogen werden kann. Im Detail ergeben sich allerdings auch einige Limitationen, aus denen sich die Notwendigkeit nach weiterer Forschung ergibt. In diesem Zusammenhang wurde auf ein integratives Modell hingewiesen, welches Determinanten und Konsequenzen in sich vereint. Zudem ergeben sich aus den Spezifika der Untersuchung Limitationen in Bezug auf die Übertragbarkeit der Ergebnisse auf andere Branchen und Kulturkreise sowie die Notwendigkeit einer weiteren Ausdifferenzierung in Subsamples, um etwa Beziehungskunden im Detail zu betrachten oder hinsichtlich soziodemografischer Kriterien zu differenzieren. Neben verschiedenartigen Erkenntnisgewinnen liefert die vergleichende Untersuchung des Vertrauens somit zahlreiche Ansatzpunkte, welche durch die Marketingforschung zukünftig aufgegriffen werden sollten.

Insgesamt kann jedoch festgehalten werden, dass im Rahmen der vorliegenden Arbeit verschiedenartige Aussagen für die Marketingtheorie und -praxis abgeleitet werden konnten. Sie trägt dazu bei, das Vertrauenskonstrukt sowohl im traditionellen Handel als auch im Internetumfeld besser zu verstehen sowie ein Relationship Marketing im Internet zu begründen und Vertrauen als Schlüsselgröße in dieses einzuordnen.

H. Literaturverzeichnis

ADM (2001): *Standards zur Qualitätssicherung für Online-Befragungen* – Ausgabe Mai 2001, im Internet unter: http://www.adm-ev.de, abgerufen am 08.12.2001.

Albach, H. (1980): Vertrauen in der ökonomischen Theorie, *Zeitschrift für die gesamte Staatswissenschaft*, Jg. 136 (1), S. 2-11.

Albers, S. & K. Peters (1997): Die Wertschöpfungskette des Handels im Zeitalter des Electronic Commerce, *Marketing ZFP*, Jg. 19 (2), S. 69-80.

Albert, H. (1976): Wissenschaftstheorie, in: E. Grochla und W. Wittmann, *Handwörterbuch der Betriebswirtschaft*, Stuttgart: Poeschel, Sp. 4674-4692.

Alpar, R. (1998): Kommerzielle Nutzung des Internets – Unterstützung von Marketing, Produktion, Logistik und Querschnittsfunktionen durch Internet, Intranet und kommerzielle Online-Dienste, 2. Aufl., Berlin: Springer.

Anderson, P.F. (1983): Marketing, Scientific Progress, and Scientific Method, *Journal of Marketing*, Vol. 47 (Fall), S. 18-31.

Anderson, E. & B. Weitz (1989): Determinants of Continuity in Conventional Industrial Channel Dyads, *Marketing Science*, Vol. 8 (Fall), S, 310-323.

Anderson, J.C. & Narus, J.A. (1990): A Model of Distributor Firm and Manufacturer Partnerships, *Journal of Marketing*, Vol. 54 (January), S. 42-58.

Arrow, K.J. (1974): *The limits of organization*, New York: Norton.

Backhaus, K. (1997): Relationship Marketing – Ein neues Paradigma im Marketing?, in: *Marktorientierte Unternehmensführung – Reflexionen - Denkanstöße – Perspektiven*, M. Bruhn und H. Steffenhagen (Hrsg.), H. Meffert zum 60. Geburtstag, Wiesbaden: Gabler, S. 19-35.

Backhaus, K., Erichson, B., Plinke, W. & Weiber, R. (2000): *Multivariate Analysemethoden – Eine anwendungsorientierte Einführung*, 9. Aufl., Berlin: Springer.

Bailey, J.P. & Bakos, Y. (1997): An Exploratory Study of the Emerging Role of Electronic Intermediaries, *International Journal of Electronic Commerce*, Vol. 1 (3), S. 7-20.

Bain, M.G. (1999): Business to Consumer eCommerce – An Investigation of Factors Related to Consumer Adoption of the Internet as a Purchase Channel, Centre for Marketing working paper No 99-806, December 1999, London Business School.

Baker, J. & Cameron, M. (1996): The Effects of the Service Environment on Affect and Consumer Perception of Waiting Time: An Integrative Review and Research Proposition, *Journal of the Academy of Marketing Science*, Vol. 24 (4), S. 338-349.

Baker, J., Grewal, D. & Parasuraman, A. (1994): The Influence of Store Environment on Quality Inferences and Store Image, *Journal of the Academy of Marketing Science*, Vol. 22 (4), S. 328-239.

Baker, T.L., Simpson, P.M. & Siguaw, J.A. (1999): The Impact of Suppliers' Perceptions of Reseller Market Orientation on Key Relationship Constructs, *Journal of the Academy of Marketing Science*, Vol. 27 (Winter), S. 50-57.

Bakos, Y. (1998): Towards Friction-Free Markets: The Emerging Role of Electronic Marketplaces on the Internet, *Communications of the ACM*, Vol. 41 (August), S. 35-42.

Bandilla, W. & Hauptmanns, P. (2001): Internetbasierte Umfragen: Eine geeignete Datenerhebungstechnik für die empirische Forschung?, in: W. Fritz (Hrsg.), *Internet-Marketing*, 2. Aufl., Stuttgart: Schäffer-Poeschel, S. 239-259.

Bauer, H.H., Brünner, D., Grether, M. & Leach, M. (2001): Die Virtuelle Gemeinschaft als Instrument des Customer Relationship Management, in: W. Fritz (Hrsg.), *Internet-Marketing und Electronic Commerce*, 2. Aufl., Stuttgart: Schäffer-Poeschel, S. 325-371.

Bendapudi, N. & Berry, L.L. (1997): Customers' Motivations for Maintaining Relationships With Service Providers, *Journal of Retailing*, Vol. 73 (1), S. 15-37.

Benjamin, R. & Wigand, R. (1995): Electronic Markets and Virtual Value Chains on the Information Superhighway, *Sloan Management Review*, Vol. 36 (Winter), S. 62 - 72.

Berekoven, L. (1990): Erfolgreiches Einzelhandelsmarketing: Grundlagen und Entscheidungshilfen, München: C.H. Beck

Berry, L.L. (1983): Relationship Marketing, in: L.L. Berry, G.L. Shostack und G. Upah (Eds.), *Emerging Perspectives on Services Marketing*, Chicago: AMA, S. 25-28.

Berry, L.L. (1993): Playing Fair in Retailing, *Arthur Anderson Retailing Issues Newsletter*, Vol. 5 (2).

Berry, L.L. (1995): Relationship Marketing of Services - Growing Interest, Emerging Perspectives, *Journal of the Academy of Marketing Science*, Vol. 23 (Fall), S. 236-245.

Bitner, M.J. (1992): Servicescapes: The Impact of Physical Surroundings on Customers and Employees, *Journal of Marketing*, Vol. 56 (April), S. 57-71.

Bitner,M.J., Booms, B.H. & Tetreault, M.S. (1990): The Service Encounter: Diagnosing Favorable and Unfavorble Incidents, *Journal of Marketing*, Vol. 54 (1), S. 71-84.

Blau, P.M. (1964): *Exchange and Power in Social Life*, New York: Wiley.

Bleicher, K. (1982): Vor dem Ende der Misstrauensorganisation?, *Office Management*, Jg. 30 (4), S. 400-404.

Bleicher, K. (1985): Meilensteine auf dem Weg zur Vertrauensorganisation, *Office Management*, Jg. 33 (4), S. 2-7.

Bliemel, F. & Fassot, G. (2000): Electronic Commerce und Kundenbindung, in: F. Bliemel, G. Fassot und A. Theobald (Hrsg.), *Electronic Commerce*, 3. Aufl., Wiesbaden: Gabler, S. 11-26.

Böhler, H. (1992): *Marktforschung*, 2. Aufl., Stuttgart: Kohlhammer.

Bolen, W.H. (1978): *Contemporary Retailing*, Englewood Cliffs: Prentice Hall.

Bollen, K.A. (1989): Structural Equations with Lantent Variables, New York: Wiley.

Bollnow, O.F. (1958): *Wesen und Wandel der Tugenden*, Berlin: Ullstein.

Borchers, A. (2001): Trust in Internet Shopping: A Test of a Measurement Instrument – Revised Data, working paper, Lawrence Technological University.

Bornemann, D., Hennig-Thurau, T. & Hansen, U. (2003): Der Einfluss von Vertrauen und Commitment auf die Kundenbindung – Ein Vergleich von

Internethandel und stationärem Einzelhandel, Arbeitspapier des Lehrstuhls Marketing I, Universität Hannover.

Brandtweiner, R. & Greimel, B. (1998): Elektronische Märkte, *WiSt - Wirtschaftswissenschaftliches Studium*, Jg. 27 (1), S. 37-42.

Brown, J.J. & Reingen, P. (1987): Social Ties and Word-of-Mouth Referral Behavior, *Journal of Consumer Research*, Vol. 14 (December), S. 350-362.

Brown, S.P. & Peterson, R.A. (1994): The Effect of Effort on Sales Performance and Job Satisfaction, *Journal of Marketing*, Vol. 58 (April), S. 70-80.

Bruhn, M. (1997): Multimedia-Kommunikation. Systematische Planung und Umsetzung eines interaktiven Marketinginstruments, Arbeitspapier, München 1997.

Bruhn, M. (1998): Wirtschaftlichkeit des Qualitätsmanagements, Berlin: Springer.

Bruhn, M. (1999): Kundenorientierung – Bausteine eines exzellenten Unternehmens, München: C.H. Beck.

Bruhn, M. & Georgi, D. (1998a): Kundenbezogene Wirtschaftlichkeitsanalyse des Qualitätsmanagements für Dienstleistungen, *Marketing ZFP*, Vol. 20 (2), S. 98-108.

Bruhn, M. & Georgi, D. (1998b): Wirtschaftlichkeit des Kundenbindungsmanagements, in: M. Bruhn und C. Homburg (Hrsg.), *Handbuch Kundenbindungsmanagement*, Wiesbaden: Gabler, S. 411-440.

Buttle, F. (Hrsg.) (1996a): Relationship Marketing, in: *Relationship Marketing – Theory and Practice*, London: Chapman, S. 1-16.

Buttle, F. (Hrsg.) (1996b): Where Do We Go Now in Relationship Marketing, in: *Relationship Marketing –Theory and Practice*, London: Chapman, S. 188-195.

Bussiere, D. (2000): Evidence and implications of electronic word of mouth, in: H. E. Spotts und H. L. Meadow (Eds.), *Proceedings of the Annual Conference of the Academy of Marketing Science*, Vol. 23, S. 361.

Buxel, H. (2002): Kundenindividuelles Marketing im Internet auf Basis von Customer Profiles, *Jahrbuch der Absatz- und Verbrauchsforschung*, Vol. 48 (1), S. 4-27.

Carroll, P. (1991): The Fallacy of Customer Retention, *Journal of Retail Banking*, Vol. 13 (4), S. 15-20.

Castelfranchi, C. & Tan, Y.-H. (2002): The Role of Trust and Deception in Virtual Societies, *International Journal of Electronic Commerce*, Vol. 6 (3), S. 55-70.

Cheung, C. & Lee, M.K.O. (2000): *Trust in Internet Shopping: A Proposed Model and Measurement Instrument*, working paper, City University of Hong Kong.

Chun, KT, & Campbell, JB (1974): Dimensionality of the Rotter Interpersonal Trust Scale, *Psychological Reports*, Vol. 35, S. 1059-1070.

Churchill, G.A. Jr. (1979): A Paradigm for Developing Better Measures of Marketing Constructs, *Journal of Marketing Research*, Vol. 16 (February), S. 64-73.

Clement, M., Peters, K. & Preiß, F. (2001): Electronic Commerce, in: S. Albers, M. Clement, K. Peters und B. Skiera (Hrsg.): *Marketing mit Interaktiven Medien – Strategien zum Markterfolg*, 3. Aufl., Frankfurt a.M.: F.A.Z.-Institut, S. 56-70.

Coleman, J.S. (1982a): Systems of Trust: A Rough Theoretical Framework, *Angewandte Sozialforschung*, Jg. 10 (3), S. 277-299.

Coleman, J.S. (1982b): Vertrauen als Eigenschaft von Interaktionssystemen – Entwurf eines theoretischen Bezugsrahmens, *Angewandte Sozialforschung*, Jg. 10 (3), S. 301-307.

Coleman, J.S. (1991): Grundlagen der Sozialtheorie, Band 1: Handlungen und Handlungssysteme, München: Oldenbourg.

Cowles, D.L. & Kiecker, P. (2000): Developing New Theoretical Perspectives for Predicting Consumer Acceptance and Use of the Internet, *American Marketing Association Winter Educators Conference*, S. 43-51.

Crosby, L.A., Evans, K.R. & Cowles, D. (1990): Relationship Quality in Services Selling: An Interpersonal Influences Perspective, *Journal of Marketing*, Vol. 54 (July), S. 68-81.

Crosby, L.A. & Stevens, N. (1987): Effects of Relationship Marketing on Satisfaction, Retention and Prices in the Llife Insurance Industry, *Journal of Marketing Research*, Vol. 24 (November), S. 404-411.

Csikszentmihalyi, M. (1975): *Beyond Boredom and Anxiety*, San Francisco: Jossey-Bass.

Dabholkar, P.A., Shepherd, C.D. & Thorpe, D.I. (2000): A Comprehensive Framework for Service Quality: An Investigation of Critical Conceptual and Measurement Issues Through a Longitudinal Study, *Journal of Retailing*, Vol. 76 (2), S. 139-173.

Dabholkar, P.A., Thorpe, D.I. & Rentz, J.O. (1996): A Measure of Service Quality for Retail Stores: Scale Development and Validation, *Journal of the Academy of Marketing Science*, Vol. 24 (1), S. 3-16.

Darby, M.R. & Karni, E. (1973): Free Competition and the Optimal Amount of Fraud, *Journal of Law and Economics*, Vol. 16 (April), S. 67-86.

Datz, F. (2002): *Management von Kundenartikulationen im Internet*, Nr. 11 der Reihe muk-Premium des Lehrstuhls Marketing I: Markt und Konsum, Hannover.

Degeratu, A.M., Rangaswamy, A. & Wu, J. (2000): *Consumer Choice Behavior in Online and Traditional Supermarkets: The Effects of Brand Name, Price, and other Search Attributes*, eBusiness Research Center Working paper 3-1999, Penn State's Smeal College of Business Administration and the School of Information Sciences and Technology, University Park, USA.

Deutsch, M. (1958): Trust and suspicion, *Journal of Conflict Resolution*, Vol. 2, S. 265-279.

Deutsch, M. (1960): The Effect of Motivational Orientation upon Trust and Suspicion, *Human Relations*, Vol. 13 (2), S. 123-139.

Deutsch, M. (1962): Cooperation and Trust: Some Theoretical Notes, in: M. Jones (Hrsg.), *Nebraska Symposium on Motivation*, Lincoln: Nebraska University Press, S. 275-320.

Diller, H. (1995a): Beziehungs-Marketing, *WiSt - Wirtschaftswissenschaftliches Studium*, Jg. 24 (9), S. 442-447.

Diller, H. (1995b): Beziehungsmanagement, in: B. Tietz, R. Köhler und J. Zentes (Hrsg.), *Handwörterbuch des Marketings,* 2. Aufl., Stuttgart: Schäffer-Poeschel, Sp. 285-300.

Diller, H. (1995c): *Kundenbindung als Zielvorgabe im Beziehungs-Marketing*, Arbeitspapier Nr. 40 des Lehrstuhl für Marketing an der Universität Nürnberg-Erlangen, Nürnberg.

Diller, H. (1996): Kundenbindung als Marketingziel, *Marketing ZFP*, Jg. 18 (2), S. 81-94.

Diller, H. (1997): Veränderungen im Marketing durch Online-Medien, in: M. Bruhn und H. Steffenhagen (Hrsg.), *Marktorientierte Unternehmensführung – Reflexionen - Denkanstöße – Perspektiven*, H. Meffert zum 60. Geburtstag, Wiesbaden: Gabler, S. 19-35.

Diller, H. (2000): Customer Loyalty: Fata Morgana or Realistic Goal? Managing Relationships with Customers, in: T. Hennig-Thurau und U. Hansen (Hrsg.), *Relationship Marketing - Gaining Competitive Advantage through Customer Satisfaction and Customer Retention*, Berlin: Springer, S. 29-48.

Diller, H. (2001): Beziehungsmanagement im Online-Marketing, in: G E M – Gesellschaft zur Erforschung des Markenwesens e.V. (Hrsg.), *E-Communication und Marken*, Tagungsband Markendialog, Juni 2001, S. 63-98.

Diller, H. & Kusterer, M. (1988): Beziehungsmanagement, *Marketing ZFP*, Jg. 10 (3), S. 211-220.

Doney, P.M. & Cannon, J.P. (1997): An Examination of the Nature of Trust in Buyer-Seller Relationships, *Journal of Marketing*, Vol. 61 (April), S. 35-51.

Dorsch, M.J., Swanson, S.R. & Kelley, S.W. (1998): The Role of Relationship Quality in the Stratification of Vendors as Perceived by Customers, *Journal of the Academy of Marketing Science*, Vol. 26 (2), S. 128-142.

Dowling, G.R. & Uncles, M. (1997): Do Customer Loyalty Programs Really Work?, *Sloan Management Review*, Vol. 38 (Summer), S. 71-82.

Duncan, M.E. (2000): The Internet and Relationship Marketing: A Framework for Application, *American Marketing Association Winter Educators Conference*, S. 72-80.

Dwyer, F.R., Schurr, P.H. & Oh, S. (1987): Developing Buyer-Seller Relationships, *Journal of Marketing*, Vol. 51 (April), S. 11-27.

Eggert, A. & Fassott, G. (Hrsg.)(2001): Elektronisches Kundenbeziehungsmanagement (eCRM), in: A. Eggert und G. Fassott, *eCRM - Electronic*

Customer Relationship Management, Stuttgart: Schäffer-Poeschel, S. 1-11.

Engelhardt, W.H. & Freiling, J. (1995): Leistungspotentiale als Basis für das Management von Geschäftsbeziehungen, in: H. Diller (Hrsg.), *Beziehungsmanagement*, Betriebswirtschaftliches Institut der Universität Erlangen-Nürnberg, Lehrstuhl für Marketing, Nürnberg, S. 7-33.

Evans, P.B. & Wurster, T.S. (1997): Strategy and the New Economics, *Harvard Business Review*, Vol. 75 (September-October), S. 71-82.

Fassot, G. & Eggert, A. (2002): Kundenbeziehungsmanagement für elektronische Dienstleistungen, in: M. Bruhn und B. Stauss (Hrsg.), *Dienstleistungsmanagement Jahrbuch 2002 – Electronic Services*, Wiesbaden: Gabler, S. 491-512.

Fornell, C. & Larcker, D.F. (1981): Evaluating Structural Equation Models with Unobserved Variables and Measurement Error, *Journal of Marketing Research*, Vol. 18 (1), S. 39-50.

Forrest, E. (1999): *Internet Marketing Research - Resources and Techniques*, Sydney: McGraw-Hill.

Friedman, B., Kahn, P.H. Jr. & Howe, D.C. (2000): Trust Online, *Communications of the ACM*, Vol. 43 (12), S. 34-40.

Fritz, W. (1992): *Marktorientierte Unternehmensführung und Unternehmenserfolg: Grundlagen und Ergebnisse einer empirischen Untersuchung*, Stuttgart: Schäffer-Poeschel.

Fritz, W. (1999): *Internet-Marketing und Electronic Commerce*, 1. Aufl., Stuttgart: Schäffer-Poeschel.

Fritz, W. (2001): *Internet-Marketing und Electronic Commerce*, 2. Aufl., Stuttgart: Schäffer-Poeschel.

G&J Electronic Media Service (2001): *Online-Monitor Welle 7*, Gruner & Jahr: Hamburg.

Gambetta, D. (Hrsg.) (1988): Can We Trust Trust, in: *Trust: Making and Breaking Cooperative Relations*, New York: Blackwell, S. 213-237.

Ganesan, S. (1994): Determinants of Long-Term Orientation in Buyer-Seller Relationships, *Journal of Marketing*, Vol. 58 (April), S. 1-19.

Ganesan, S. & R.L. Hess (1997): Dimensions and Levels of Trust: Implications for Commitment to a Relationship, *Marketing Letters* , Vol. 8 (4), S. 439-448.

Garbarino, E. & Johnson, M.S. (1999): The Different Roles of Satisfaction, Trust, and Commitment in Customer Relationships, *Journal of Marketing*, Vol. 63 (April), S. 70-87.

Gefen, D. (2002): Customer Loyalty in E-Commerce, *Journal of the Association for Information Systems*, Vol. 3 (1), S. 27-51.

GfK (2001): *GfK Online-Monitor – Ergebnisse der 7. Untersuchungswelle*, im Internet unter: www.gfk.de/produkte/eigene_pdf/online_monitor.pdf, abgerufen am 15.6.2002.

Glogoff, S. (2001): Virtual Connections: Community Bonding on the Web, *First Monday*, Vol. 6 (3), im Internet unter: http://www.fistmonday.dk/issues/issue6_3/glogoff/index.html, abgerufen am 4.7.2001.

Grabner-Kraeuter, S. (2002): The Role of Consumers' Trust in Online-Shopping, *Journal of Business Ethics*, Vol. 39, S. 43-50.

Granitz, N.A. & Ward, J.C. (1996): Virtual Community: A Sociocognitive Analysis, in: *Advances in Consumer Research*, Vol. 23, S. 161-166, im Internet unter: http://www.acrweb.org, abgerufen am 24.07.2001.

Grayson, K. & Ambler, T. (1999): The dark side of long-term relationships in marketing services, *Journal of Marketing Research*, Vol. 36 (1), S. 132-141.

Gremler, D.D., Gwinner, K.P. & Brown, S.W. (2001): Generating positive word-of-mouth communication through customer-employee relationships, *International Journal of Service Industry Management*, Vol. 12 (1), S. 44-59.

Grönroos, C. (1994a): From Marketing Mix to Relationship Marketing: Towards a Paradigm Shift in Marketing, *Management Decision*, Vol. 32 (2), S. 4-20.

Grönroos, C. (1994b): Quo Vadis, Marketing? Toward a Relationship Marketing Paradigm, *Journal of Marketing Management*, Vol. 10 (5), S. 347-360.

Grönroos, C. (1995): Relationship Marketing: The Strategy Continuum, *Journal of the Academy of Marketing Science*, Vol. 23 (4), S. 252-254.

Gruen, T.W. (1995): The Outcome Set of Relationship Marketing in Consumer Markets, *International Business Review*, Vol. 4 (4), special issue on Relationship Marketing, S. 447-469.

Gummesson, E. (1996): Toward a Thoeretical Framework of Relationship Marketing, in: *Development, Management and Governance of Relationships*, J.N. Sheth und A. Söllner (Hrsg.), Tagungsband der International Conference on Relationship Marketing, 29.-31. März 1996, Berlin, S. 5-18.

Gummesson, E. (1997): Relationship Marketing: The Emperor's New Clothes or a Paradigm Shift?, *Marketing and Research Today*, Vol. 25 (1), S. 53-60.

Gummesson, E. (1999): Total Relationship Marketing, Rethinking Marketing Management: From 4Ps to 30Rs, Oxford: Butterworth Heinemann.

Gutenberg, E. (1984): Grundlagen der Betriebswirtschaftslehre, 2. Band: Der Absatz, 17. Aufl., Berlin: Springer.

Hammann, P. & Erichson, B. (1994): *Marktforschung*, 3. Auflage, Stuttgart: Lucius & Lucius.

Hansen, U. (1990): *Absatz- und Beschaffungsmarketing der Einzelhandels*, 2. Aufl., Göttingen: Vandenhoeck.

Hansen, U. (1995): Kundenorientierung durch aktive Beschwerdepolitik im Handel, in: U. Hansen (Hrsg.), *Verbraucher- und Umweltorientiertes Marketing*, Stuttgart: Schäffer-Poeschel, S. 272-288.

Hansen, U. (2000): Lost in Relationship-Marketing Space – The Limits of Relationship Marekting from the Perspective of the Consumer, in: T. Hennig-Thurau und U. Hansen (Hrsg.), *Relationship Marketing - Gaining Competitive Advantage through Customer Satisfaction and Customer Retention*, Berlin: Springer, S. 415-435.

Hansen, U. & Bode, M. (1999): Marketing und Konsum: Theorie und Praxis von der Industrialisierung bis ins 21. Jahrhundert, München: Vahlen.

Hansen, U. & Hennig, T. (1995): Der Co-Produzenten-Ansatz im Konsumgütermarketing. Darstellung und Implikationen einer Neuformulierung der Konsumentenrolle, in: U. Hansen (Hrsg.), *Verbraucher- und Umweltorientiertes Marketing*, Stuttgart: Schäffer-Poeschel, S. 309-331.

Hansen, U., Hennig-Thurau, T. & Schrader, U. (2001): *Produktpolitik: ein kunden- und gesellschaftsorientierter Ansatz*, 3. Aufl., Stuttgart: Schäffer-Poeschel.

Hansen, U. & Jeschke, K. (1992): Nachkaufmarketing – Ein neuer Trend im Konsumgütermarketing, *Marketing ZFP*, Jg. 14 (2), S. 88-97.

Hansen, U., Jeschke, K. & Schöber, P. (1995): Beschwerdemanagement – Die Karriere einer kundenorientierten Unternehmensstrategie im Konsumgütersektor, in: U. Hansen (Hrsg.), *Verbraucher- und Umweltorientiertes Marketing*, Stuttgart: Schäffer-Poeschel, S. 289-308.

Hansen, U. & Schoenheit, I. (1995): Verbraucherzufriedenheit und Beschwerden – Strategische Herausforderungen für Unternehmen und Verbraucherorganisationen, in: U. Hansen (Hrsg.), *Verbraucher- und Umweltorientiertes Marketing*, Stuttgart: Schäffer-Poeschel, S. 217-230.

Harrington, L. & Reed, G. (1996): Electronic Commerce (finally) comes of age, *The McKinsey Quarterly*, (2), S. 68-77.

Hartmann, N. (1962): *Ethik*, 4. Aufl., Berlin: de Gruyter.

Hauptmanns, P. & Lander, B. (2001): Zur Problematik von Internet-Stichproben, , in: A. Theobald, M. Dreyer und T. Starsetzki (Hrsg.), *Online-Marktforschung - Theoretische Grundlagen und praktische Erfahrungen*, Wiesbaden: Gabler, S. 27-40.

Hennig-Thurau, T. (1998): Konsum-Kompetenz: Eine neue Zielgröße für das Management von Geschäftsbeziehungen, Frankfurt/Main: Peter Lang.

Hennig-Thurau, T. (2000): Relationship Marketing Success Through Investments in Customers, in: T. Hennig-Thurau und U. Hansen (Hrsg.), *Relationship Marketing - Gaining Competitive Advantage through Customer Satisfaction and Customer Retention*, Berlin: Springer, S. 127-146.

Hennig-Thurau, T. & Bornemann, D. (2001): Lohnen sich Investitionen in die Qualität von Geschäftsbeziehungen? Ein Modell der ökonomischen Attraktivität des Relationship Marketings, Lehr- und Forschungsbericht Nr. 47 des Lehrstuhls Marketing I: Markt und Konsum, Universität Hannover, Hannover.

Hennig-Thurau, T. & Bornemann, D. (2003): Return on Relationship Quality, oder: Lohnen sich Investitionen in die Qualität von Geschäftsbeziehungen?, in: R. Rapp und A. Payne (Hrsg.), *Handbuch Relationship Marketing*, 2. Aufl., München: Vahlen, S. 111-136.

Hennig-Thurau, T. & Dallwitz-Wegner, D. (2002): Online-Befragungen – Ein neues Instrument für die Marktforschung, *WiSt - Wirtschaftswissenschaftliches Studium*, Jg. 31 (6), S. 309-314.

Hennig-Thurau, T., Gwinner, K.P. & Gremler, D.D. (2002): Understanding Relationship Marketing Outcomes: An Integration of Relational Benefits and Relationship Quality, *Journal of Service Research*, Vol. 5 (February), S. 230-247.

Hennig-Thurau, T. & Hansen, U. (2000): Relationship Marketing – Some Reflections on the State-of-the-Art of the Relational Concept, in: T. Hennig-Thurau und U. Hansen (Hrsg.), *Relationship Marketing - Gaining Competitive Advantage through Customer Satisfaction and Customer Retention*, Berlin: Springer, S. 3-27.

Hennig-Thurau, T. & Hansen, U. (2001): Kundenartikulationen im Internet – Virtuelle Meinungsplattformen als Herausforderung für das Marketing, *Die Betriebswirtschaft*, Jg. 60 (5), S. 560-580.

Hennig-Thurau, T., Hansen, U. Eifler, V. & Bornemann, D. (2002): Vertrauen in Kundenartikulationen auf virtuellen Meinungsplattformen, in: M. Bruhn und B. Stauss (Hrsg.), *Dienstleistungsmanagement Jahrbuch 2002 – Electronic Services*, Wiesbaden: Gabler, S. 461-487.

Hansen, U., Hennig-Thurau, T. & Schrader, U (2001): *Produktpolitik – Ein kunden- und gesellschaftsorientierter Ansatz*, 3. Aufl., Stuttgart: Schäffer-Poeschel.

Hennig-Thurau, T. & Klee, A. (1997): The Impact of Customer Satisfaction and Relationship Quality on Customer Retention - A Critical Reassessment and Model Development, *Psychology & Marketing*, Vol. 14 (8), S. 737-764.

Hennig-Thurau, T., Klee, A. & Langer, M.F. (1999): Das Relationship Quality-Modell zur Erklärung von Kundenbindung: Einordnung und empirische Überprüfung, *Zeitschrift für Betriebswirtschaft*, Jg. 67 (Sonderausgabe 2/99), S. 111-132.

Herrmann, A. & Homburg, C. (Hrsg.) (1999): Marktforschung: Ziele, Vorgehensweisen und Methoden, in: A. Herrmann und C. Homburg, *Marktforschung: Methoden, Anwendungen, Praxisbeispiele*, Wiesbaden: Gabler, S. 13-32.

Herrmann, A., Huber, F. & Braunstein, C. (2000): Kundenzufriedenheit garantiert nicht immer mehr Gewinn, *Harvard Business Manager*, Jg. 22 (1), S. 45-55.

Herrmanns, A. & Flegel, V. (Hrsg.) (1992): Handbuch des Electronic Marketing - Funktionen und Anwendungen der Informations- und Kommunikationstechnik im Marketing, München: Beck.

Herrmanns, A. (1999): Electronic Commerce – Herausforderungen für das Marketing-Management, in: *Management-Handbuch Electronic Commerce*, A. Herrmanns und M. Sauter, München: Vahlen, S. 87-100.

Heskett, J.L., Jones, T.O., Loveman, G.W., Sasser, W.E. Jr. & Schlesinger, L.A. (1994): Putting the Service-Profit Chain to Work, *Harvard Business Review*, Vol. 72 (March-April), S. 164-174.

Hoffman, D.L. & Novak, T.P. (1996a): Marketing in Hypermedia Computer-Mediated Environments: Conceptual Foundations, *Journal of Marketing*, Vol. 60 (3), S. 50-68.

Hoffman, D.L. & Novak, T.P. (1996b): *A New Marketing Paradigm for Electronic Commerce*, working paper, im Internet unter: http://www2000.ogsm.vanderbilt.edu/, abgerufen am 20.3.2000.

Hoffman, D.L., Novak, T.P. & Perelta, M. (1998): *Building Consumer Trust in Online Environments: The Case for Information Privacy*, working paper, Vanderbilt University.

Hoffman, D.L., Novak, T.P. & Yung, Y.-F. (1999): *Measuring the Flow Construct in Online Environments: A Structural Modeling Approach*, working paper, im Internet unter: http://www2000.ogsm.vanderbilt.edu/, abgerufen am 20.3.2000.

Hoffman, D.L., Novak, T.P. & Yung, Y.-F. (2000): Measuring the Customer Experience in Online Environments: A Structural Modeling Approach, *Marketing Science*, special issue on Marketing Science and the Internet, Vol. 19 (1), S. 22-42.

Homburg, C. (1992): Die Kausalanalyse – Eine Einführung, *WiSt - Wirtschaftswissenschaftliches Studium*, Jg. 21 (10), S. 499-508.

Homburg, C. (1995): Kundennähe von Industriegüterunternehmen: Konzeption und Erfolgsaussichten – Determinanten, Wiesbaden: Gabler.

Homburg, C. & Bruhn, M. (1998): Kundenbindung – Eine Einführung in die theoretischen und praktischen Problemstellungen, in: M. Bruhn und C. Homburg (Hrsg.), *Handbuch Kundenbindungsmanagement*, Wiesbaden: Gabler, S. 3-35.

Homburg, C, Giering, A. & Hentschel F. (1999): Der Zusammenhang zwischen Kundenzufriedenheit und Kundenbindung, in: M. Bruhn und C. Homburg (Hrsg.), *Handbuch Kundenbindungsmanagement*, Wiesbaden: Gabler, S. 81-112.

Homburg, C. & Pflesser, C. (1999): Konfirmatorische Faktoranalyse, in: A. Herrmann und C. Homburg (Hrsg.), *Marktforschung: Methoden, Anwendungen, Praxisbeispiele*, Wiesbaden: Gabler, S. 413-437.

Homburg, C. & Werner, H. (1999): Kundenzufriedenheit und Kundenbindung, in: A. Herrmann und C. Homburg (Hrsg), *Marktforschung: Methoden, Anwendungen, Praxisbeispiele*, Wiesbaden: Gabler, S. 911-932.

Hudson, S., Snaith, T., Miller, G. & Hudson, P. (2001): Travel Retailing: Switch-selling in the UK, in: D. Buhalis und E. Laws (Eds), *Tourism Distribution Channels: Practices, Issues and Transformations*, Continuum: London.

Hunt, S.D. (1990): Truth in Marketing Theory and Research, *Journal of Marketing*, Vol. 54 (July), S. 1-15.

Hunt, S.D. (1992): For Reason and Realism in Marketing, *Journal of Marketing*, Vol. 56 (April), S. 89-102.

Hüttner, M. (1992): Marktforschung, in: Diller, M. (Hrsg.), *Vahlens großes Marketing Lexikon*, München: Vahlen, S. 721-724.

Hüttner, M. & Schwarting, U. (2002): *Grundzüge der Marktforschung*, 7. Aufl., München: Oldenbourg.

Illik, J. A. (1999): Electronic Commerce: Grundlagen und Technik für die Erschließung elektronischer Märkte, München: Oldenbourg.

ISI Web of Science (2002): *Social Sciences Citation Index*, im Internet unter: http://isiknowledge.com/wos, abgerufen am 03.06.2003.

IVW (2001): *Online-Nutzungdaten Dezember 2000*, im Internet unter http://www.ivw.de, abgerufen am 27.04.2001.

Jarvenpaa, S.L., Tractinsky, N. & Saarinen, L. (1999): Consumer Trust in an Internet Store: A Cross Cultural Validation, *Journal of Computer Mediated Communication*, Vol. 5 (2), im Internet unter: http://www.ascusc.org/jcmc/vol5/issue2/jarvenpaa.html, abgerufen am 24.06.2002.

Jeschke, K. (1995): Nachkaufmarketing - Kundenzufriedenheit und Kundenbindung auf Konsumgütermärkten, Frankfurt: Peter Lang.

Johnson, D. & Grayson, K. (1999): *Cognitive and Affective Trust in Service Relationships*, working paper, Emory University, December 1999.

Johnson, D. & Grayson, K. (2000): Sources and Dimensions of Trust in Service Relationships, in: T.A. Swartz und D. Iacobucci (Eds.), *Handbook of Services Marketing & Management*, London: Thousand Oaks, S. 357-370.

Jöreskög, K. & Sörbom, D. (1996): *Lisrel 8 User's Reference Guide*, Lincolnwood: Scientific Software International.

Kaapke, A. & Dobbelstein, T. (1999): Kundenbindung im Handel – Empirische Ergebnisse, in: L. Müller-Hagedorn, *Kundenbindung im Handel*, Hrsg., Frankfurt/Main: Deutscher Fachverlag, S. 45-64.

Kaas, K.P. (1995): Marketing zwischen Markt und Hierarchie, in: K.P. Kass (Hrsg): *Kontrakte, Geschäftsbeziehungen, Netzwerke: Marketing und neue Institutionenökonomik*, ZfBf Sonderheft Nr. 35, Düsseldorf, S. 19-42.

Karayanni, D.A. & Baltas, G.A. (2003): Web site characteristics and business performance: some evidence from international business-to-business organizations, *Marketing Intelligence & Planning*, Vol. 21 (2), S. 105-114.

Kim, K. & Prabhakar, B. (2000): *Initial Trust, Perceived Risk, and the Adoption of Internet Banking*, working paper, University of Cincinnati.

Klee, A. (2000): Strategisches Beziehungsmanagement – Ein integrativer Ansatz zur strategischen Planung des Beziehungsmanagement, Aachen: Shaker Verlag.

Klein, S. (2001): Preismanagement im Internet aus wissenschaftlicher Perspektive, in: H. Meffert, K. Backhaus und J. Becker (Hrsg.), *Preismanagement im Internet*, Dokumentation des Workshops vom 13. November 2000, S. 5-11.

Koczkas, S. (1981): Vertrauen im Betrieb – Grundlage des Wandels, in: E. Zander und W. Reinecke (Hrsg.), *Führungsentwicklung. Organisation Development in der Praxis*, Heidelberg.

Kolesar, M.B. & Galbraith, R.W. (2000): A Service-Marketing Perspective on e-Retailing, *Internet Research: Electronic Networking Applications and Policy*, Vol. 10 (5), S. 424-438.

Koufaris, M., Kambil, A. & LaBarbera, P.A. (2001): Consumer Behavior in Web Based Commerce: An Empirical Study, *International Journal of Electronic Commerce*, 6 (2), S. 115-138.

Kreuels, B. (2001): Caveats and Options of Internet Surveys, *Journal of E-Business*, Vol. 1 (1), S. 1-7.

Krum, S. (2000): Word of Mouse, *Australia's Business Review Weekly*, Vol. 22 (16), im Internet unter http://www.brw.com, abgerufen am 14.04.2001.

Krystek, U. & Zumbrock, S. (1993): Planung und Vertrauen – Die Bedeutung von Vertrauen und Misstrauen für die Qualität von Planungs- und Kontrollsystemen, Stuttgart: Schäffer-Poeschel.

Kuhn, T.S. (1962): The Structure of Scientific Revolutions, International Encyclopedia of Unified Science II, Chicago: University Press.

Lau, G.T. & Lee, S.H. (1999): Consumers' Trust in a Brand and the link to Brand Loyalty, *Journal of Market Focused Management*, Vol. 4 (4), S. 341-370.

Lechner, U. & Hummel, J. (2002): Business Models and System Architectures of Virtual Communities: From a Sociological Phenomenon to Peer-to-Peer Architectures, *International Journal of Electronic Commerce*, Vol. 6 (3), S. 41-53.

Lechner, U. & Schmid, B. (2000): Communities - Business Models and System Architectures: The Blueprint of MP3.com, Napster and Gnutella Revisited, Hawaii International Conference on System Sciences, Hawaii 2001.

Lechner, U., Stanoevska-Slabeva, K. & Tan, Y.-T. (2002): Introduction to the Special Issue: Communities in the Digital Economy, *International of Journal of Electronic Commerce*, Vol. 6 (3) S. 5-7.

Lee, M.K.O. & Turban, E. (2001): A Trust Modell of Consumer Internet Shopping, *International Journal of Electronic Commerce*, Vol. 6 (1), S. 75-91.

Leiss, W., S. Kline & Jhally, S. (1990): Social Communication in Advertising: Persons, Products & Images of Well-Being, London: Routledge.

Lewicki, R.J., McAllister, D.J. & Bies, R.J. (1998): Trust and Distrust: New Relationships and Realities, *Academy of Management Review*, Vol. 23 (3), S. 438-458.

Li, H., C. Kuo & Russell, M.G. (1999): The Impact of Perceived Channel Utilities, Shopping Orientations, and Demographics on the Consumer's Online Buying Behavior, *Journal of Computer Mediated Communication*, 5 (2), im Internet unter: http://www.ascusc.org/jcmc/, abgerufen am 24.07.2000.

Liljander, V. (2000): The Importance of Internal Relationship Marketing for External Relationship Success, in: T. Hennig-Thurau und U. Hansen (Hrsg.), *Relationship Marketing - Gaining Competitive Advantage through Customer Satisfaction and Customer Retention*, Berlin: Springer, S. 161-192.

Link, J. & Tiedtke, D. (2000): Personalisierung und Electronic Commerce – Databased-Online-Marketing, in: C. Wamser (Hrsg.), *Electronic Commerce*, München: Vahlen, S. 97-116.

Loiacono, E., Watson, R.T. & Goodhue, D.L. (2000): *WebQual™: A Web site quality instrument*, working paper, Terry College of Business, University of Georgia.

Luhmann, N. (1968): *Vertrauen – Ein Mechanismus der Reduktion sozialer Komplexität*, 1. Aufl., Stuttgart Ferdinand Enke Verlag.

Luhmann, N. (2000): Vertrauen – Ein Mechanismus der Reduktion sozialer Komplexität, 4. Aufl., Stuttgart: Lucius & Lucius.

MacDonald, S. (1996): Wenn zuviel Kundennähe zur Abhängigkeit führt, *Harvard Business Manager*, Jg. 18 (2), S. 95-103.

Malhotra, N.K. (1999): *Marketing Research – An Applied Orientation*, 3 Aufl., Upper Saddle River: Prentice Hall.

Manfreda, L.M., Bategelj, Z. & Vehovar, Z. (2002): Design of Web Survey Questionnaires: Three Basic Experiments, *Journal of Computer-Mediated Communication*, Vol. 7 (3), im Internet unter : http://www.ascusc.org/jcmc/, abgerufen am 25. Mai 2003.

Mann, A. (1996): Online-Service, in: Hünerberg, R. (Hrsg.), *Handbuch Online-Marketing: Wettbewerbsvorteile durch weltweiter Datennetze*, Landsberg/Lech: Moderne Industrie, S. 157-179.

Mayer, R.C., Davis, J.H. & Schoorman, F.D. (1995): An Integrative Model of Organizational Trust, *Academy of Management Review*, Vol. 20 (3), S. 709-734.

McAlexander, J., Schouten, J. & Koenig, H. (2002): Building Brand Community, *Journal of Marketing*, Vol. 66 (1), S. 38-54.

McGaughey, R.E. & Mason, K.H. (1998): The Internet as a Marketing Tool, *Journal of Marketing – Theory and Practice*, Vol. 6 (3), S. 1-11.

McKnight, D.H. & Chervany, N.L. (2002): What Trust means in E-Commerce Customer Relationships: An interdisciplinary Conceptual Typology, *International Journal of Electronic Commerce*, Vol. 6 (2), S. 35-59.

McKnight, D. H., Cummings, N.L. & Chervany, N.L. (2002): *Trust Formation in New Organizational Relationships*, working paper, University of Minnesota, Curtis L. Carlson School of Management.

Meffert, H. (1992): Marketing-Theorie, in: H. Diller, *Vahlens großes Marketing Lexikon*, München: Vahlen, S. 698-701.

Metha, S.C., Lalwani, A.K. & Han, S.L. (2000): Service Quality in Retailing: Relative Efficiency of Alternative Measurement Scales for Different Product-Service Environments, *International Journal of Retail & Distribution Management*, Vol. 28 (2), S. 62-72.

Meyer, A., Blümelhuber, C. & Pfeiffer, M. (1999): Der Kunde als Co-Produzent und Co-Designer – oder: die Bedeutung der Kundenintegration für die Qualitätspolitik von Dienstleistungsanbietern, in: M. Bruhn und B. Stauss (Hrsg.), *Dienstleistungsqualität, Konzepte – Methoden – Erfahrungen*, 3. Aufl., Wiesbaden: Gabler, S. 49-70.

Meyer A. & Oevermann, D. (1995): Kundenbindung, in: B. Tietz, R. Köhler und J. Zentes (Hrsg.), *Handwörterbuch des Marketings,* 2. Aufl., Stuttgart: Schäffer-Poeschel, Sp. 1340-1351.

Meyer, A. & Westerbarkey, P. (1991): Bedeutung der Kundenbeteiligung für die Qualitätspolitik von Dienstleistungsunternehmen, in: M. Bruhn und B. Stauss (Hrsg.), *Dienstleistungsqualität*, Wiesbaden: Gabler, S. 83-103.

Möllenberg, A. (2003): Internet-Auktionen im Marketing aus der Konsumentenperspektive, Norderstedt: BoD.

Moorman, C., Deshpandé, R. & Zaltman, G. (1993): Factors Affecting Trust in Marketing Research Relationships, *Journal of Marketing*, Vol. 57 (January), S. 81-101.

Moorman, C., Zaltman, G. & Deshpandé, R. (1992): Relationships Between Providers and Users of Marketing Research: The Dynamics of Trust Within and Between Organizations, *Journal of Marketing Research*, Vol. 29 (August), S. 314-328.

Morgan, R.F. (1996): An Internet Marketing Framework for the World Wide Web, *Journal of Marketing Management*, Vol. 12 (8), S. 757-775.

Morgan, R.M., Crutchfield, T.N. & Lacey, R. (2000): Patronage and Loyalty Strategies: Understanding the Behavioral and Attitudinal Outcomes of Customer Retention Programs, in: T. Hennig-Thurau und U. Hansen (Hrsg.), *Relationship Marketing - Gaining Competitive Advantage through Customer Satisfaction and Customer Retention*, Berlin: Springer, S. 71-87.

Morgan, R.M. & Hunt, S.D. (1994): The Commitment-Trust Theory of Relationship Marketing, *Journal of Marketing*, Vol. 58 (July), S. 20-38.

Morisson, D.E. & Firmstone, J. (2000): The Social Function of Trust and Implications for E-Commerce, *International Journal of Advertising*, Vol. 19 (5), S. 599-623.

Muniz, A.M., Jr. & O'Guinn, T.C. (2001): Brand Community, *Journal of Consumer Research*, Vol. 27 (March), S. 412-431.

Naudé, P. & Buttle, F. (2000): Assessing Relationship Quality, *Industrial Marketing Management*, Vol. 29 (4), S. 351.361.

Nelson, P. (1970): Advertising as Information, *Journal of Political Economy*, Vol. 78 (July/August), S. 729-754.

o.V. (1997): *Duden – Das Fremdwörterbuch*, 6. Aufl., Mannheim: Brockhaus.

Oberparleitner, K. (1955): *Funktionen und Risiken des Warenhandels*, 2. Aufl., Wien.

OECD (2001): *Understanding the Digital Divide*, working paper, Paris.

Oehme, W. (1992): *Handelsmarketing*, 2. Aufl., München: Vahlen.

Oliver, R.L. (1999): Whence Consumer Loyalty, *Journal of Marketing*, 63 (Sonderausgabe 1999), S. 33-44.

Oswald, M.E. (1994): Vertrauen - eine Analyse aus psychologischer Sicht, in: H. Hof, H. Kummer, P. Weingart & S. Massen (Hrsg.): *Recht und Verhalten: Verhaltensgrundlagen des Rechts – zum Beispiel Vertrauen*, Baden-Baden: Nomos, S. 111-128.

Ouchi, W.G. (1980): Markets, Bureaucracies, and Clans, *Administrative Science Quarterly*, Vol. 25 (1), S. 129-141.

Ouchi, W.G. (1981): *Theory Z*, Reading: Addison-Wesley.

Parasuraman, A., Zeithaml, V.A. & Berry, L.L. (1985): A Conceptual Model of Service Quality and its Implications for Future Research, *Journal of Marketing*, Vol. 49 (Fall), S. 41-50.

Payne, A. & Frow, P. (2000): Services Relationship Marketing: A Sector Case Study, in: T. Hennig-Thurau und U. Hansen (Hrsg.), *Relationship Marketing - Gaining Competitive Advantage through Customer Satisfaction and Customer Retention*, Berlin: Springer, S. 299-317.

Payne, A. & Rickard, J. (1997): *Relationship Marketing, Customer Retention and Firm Profitability*, working paper, Cranfield School of Management, Cranfield.

Peter, S.I. (1998): Kundenbindung als Marketingziel, *absatzwirtschaft*, Vol. 41 (7), S. 74-80.

Peter, S.I. (1999): Kundenbindung als Marketingziel – Identifikation und Analyse zentraler Determinanten, Wiesbaden: Gabler.

Peterson, R.A., Balasubramanian, S. & Bronnenberg, B.J. (1997): Exploring the Implications of the Internet for Consumer Marketing, *Journal of the Academy of Marketing Science*, Vol. 25 (4), S. 329-346.

Picot, A. (1982): Transaktionskosten in der Organisationstheorie: Stand der Diskussion und Aussagewert, *Die Betriebswirtschaft*, Vol. 42 (2), S. 269-284.

Picot, A. (1986): Transaktionskosten im Handel - Zur Notwendigkeit einer flexiblen Strukturentwicklung in der Distribution, *Betriebs-Berater*, Jg. 41 (2), Beilage 13, S. 1-16.

Picot, A., Reichwald, R. & Wigand, R.T. (1998): *Die grenzenlose Unternehmung*, 3. Aufl., Wiesbaden: Gabler.

Pieper, J. (2000): Vertrauen in Wertschöpfungspartnerschaften – Eine Analyse aus Sicht der Neuen Institutionenökonomie, Wiesbaden: Gabler.

Plinke, W. (1989): Die Geschäftsbeziehung als Investition, in: G. Specht, G. Silberer und W.H. Engelhardt (Hrsg.), *Marketing-Schnittstellen*, Stuttgart: Schäffer-Poeschel, S. 305-325.

Plinke, W. (1997): Grundlagen des Geschäftsbeziehungsmanagements, in: M. Kleinaltenkamp und W. Plinke (Hrsg.), *Geschäftsbeziehungsmanagement*, Berlin: Springer, S. 1-61.

Popper, K.R. (1971): *Logik der Forschung*, 4. Aufl., Tübingen: Mohr.

Popper, K.R. (1976): *Logik der Forschung*, 6. Aufl., Tübingen: Mohr.

Possekel, S., Olavarria-Berger, M. & Jenner, T. (1994): Möglichkeiten und Grenzen des Beziehungsmarketing im Konsumgütersektor, in: T. Tomczak und C. Belz (Hrsg.), *Kundennähe realisieren*, St. Gallen: Thexis, S. 217-229.

Raffeé, H. (1984): Gegenstand, Methoden und Konzepte der Betriebswirtschaftslehre, in: J. Baetge et al. (Hrsg.), *Vahlens Kompendium der Betriebswirtschaftslehre*, Band 1, München: Vahlen, S. 1-46.

Rapp, R. (2003): Relationship Marketing und Customer Relationship Management, in: A. Payne und R. Rapp (Hrsg.), *Handbuch Relationship Marketing – Konzeption und Umsetzung*, 2. Aufl., München: Vahlen, S. 59-74.

Ratchford, B.T., Talukdar, D. & Lee, M.-S. (2001): A Model of Consumer Choice of the Internet as an Information Source, *International Journal of Electronic Commerce*, Vol. 5 (3), S. 7-21.

Ratnasingham, P. & Kumar, K. (2000): *Trading Partner Trust in Electronic Commerce Participation*, working paper, Victoria University of Wellington.

Reichheld, F.F. (1993): Loyalty Based Management, *Harvard Business Review*, Vol. 71 (März-April), S. 64-73.

Reichheld, F.F. (1996): *The Loyalty Effect*, Boston: Harvard Business School Press.

Reichheld, F.F. & Sasser, W.E. Jr. (1990): Zero Defections: Quality Comes to Services, *Harvard Business Review*, Vol. 68 (September-Oktober), S. 105-111.

Reichwald, R., Piller, F. & Meier, R. (2002): E-Service Customization – Strategien zur effizienten Individualisierung von Dienstleistungen, in: M. Bruhn und B. Stauss (Hrsg.), *Dienstleistungsmanagement Jahrbuch 2002 – Electronic Services*, Wiesbaden: Gabler, S. 225-241.

Rettie, R. (2001): An Exploration of Flow During Internet Use, *Internet Research: Electronic Networking Applications and Policy*, Vol. 11 (2), S. 103-112.

Rigby, D.K., Reichheld F.F. & Schefter, P. (2002): CRM – wie Sie die vier größten Fehler vermeiden, *Harvard Business Manager*, Jg. 24 (4), S. 55-63.

Rindfleisch, A. & Heide, J.B. (1997): Transaction Cost Analysis: Past, Present, and Future Applications, *Journal of Marketing*, Vol. 61 (October), S. 30-54.

Rotter, J.B. (1967): A New Scale for the Measurement of Interpersonal Trust, *Journal of Personality*, Vol. 35, S. 651-665.

Rotter, J.B. (1971): Generalized Expectancies for Interpersonal Trust, *American Psychologist*, Vol. 26 (2), S. 443-452.

Rotter, J.B. (1980): Interpersonal Trust, Trustworthiness and Gullibility, *American Psychologist*, Vol. 35 (1), S. 1-7.

Rousseau, D.M., Sitkin, S.B., Burt R.S. & Camerer, C. (1998): Not So Different After All: A Cross Discipline View of Trust, *Academy of Management Review*, Vol. 23 (3), S. 393-404.

Rust, R.T. & Lemon, K. (2001): E-Service and the Consumer, *International Journal of Electronic Commerce*, Vol. 5 (Spring), S. 85-100.

Rust, R.T. & Oliver, R.L. (1994): *Service Quality: New directions in Theory and Practice*, Thousand Oaks: Sage.

Rust, R.T. & Zahorik, A.J. (1993): Customer Satisfaction, Customer Retention, and Market Share, *Journal of Retailing*, Vol. 69 (2), S. 193-215.

Rust, R.T., Zahorik, A.J. & Keiningham, T.L. (1995): Return on Quality (ROQ): Making Service Quality Financially Accountable, *Journal of Marketing*, Vol. 59 (April), S. 58-70.

Ruyter, K.d., Moorman, L. & Lemmink, J. (2001): Antecedents of Commitment and Trust in Customer-Supplier Relationships in High Technology Markets, *Industrial Marketing Management*, Vol. 30, S. 271-286.

Sarkar, M.B., Butler, B. & Steinfeld, C. (2001): Intermediaries and Cybermediaries: A Continuing Role for Marketing Players in the Electronic Marketplace, *Journal of Computer-Mediated Communication*, Vol. 5 (2), im Internet unter: http://www.ascusc.org/jcmc, abgerufen am 14.09.2001.

Sauermann, H. & Selten, R. (1967): Zur Entwicklung der experimentellen Wirtschaftsforschung, in: H. Sauermann (Hrsg.), *Beiträge zur experimentellen Wirtschaftsforschung, Band 1*, Tübingen: Mohr, S. 1-8.

Saxe, R. & Weitz, B.A. (1982): The SOCO Scale: A Measure of the Customer Orientation of Salespeople, *Journal of Marketing Research*, Vol. 19 (August), S. 343-351.

Schauer, B. (1999): Electronic Commerce in der Europäischen Union, Wien.

Scheiter, S. & Binder, C. (1992): Kennen Sie Ihre rentablen Kunden?, *Harvard Manager*, Jg. 12 (2), S. 17-22.

Schindler, R.M. & Bickart, B. (2002): *Published "Word-of-Mouth:" Referable, Consumer-Generated Information on the Internet*, working paper, im Internet unter: http://elab.vanderbilt.edu/elib/index.cfm, abgerufen am 06.06.2002.

Schlenker, B., Helm, B. & Tedeschi, J.T. (1973): The Effects of Personality and Situational Variables on Behavioral Trust, *Journal of Personality and Social Psychology*, Vol. 25 (3), S. 419-427.

Schottlaender, R. (1957): *Theorie des Vertrauens*, Berlin: De Gruyter.

Schurr, P.H. & Ozanne, J.L. (1985): Influences on Exchange Processes: Buyers' Preconceptions of a Seller's Trustworthiness and Bargaining Toughness, *Journal of Consumer Research*, Vol. 11 (March), S. 939-953.

Scott, J. (2000): Emerging Patterns from the Dynamic Capabilities of Internet Intermediaries, *Journal of Computer-Mediated Communication*, Vol. 5 (3), im Internet unter: http://www.ascusc.org/jcmc/, abgerufen am 23.Juli 2003.

Selten, R. & Tietz, R. (1980): Zum Selbstverständnis der experimentellen Wirtschaftsforschung im Umkreis von Heinz Sauermann, *Zeitschrift für die gesamte Staatswissenschaft*, Jg. 136 (1), S. 12-27.

Seyffert, R. (1972): *Wirtschaftslehre des Handels*, 5. Aufl., Opladen: Westdeutscher Verlag.

Shankar, V., Sultan, F. & Urban, G.L. (2002): *Online Trust and e-Business Strategy: Concept, Implications, and Future Directions*, working paper, University of Maryland.

Sheehan, K.B. (2001): E-mail Survey Response Rates: A Review, *Journal of Computer-Mediated Communication*, Vol. 6 (2), im Internet unter : http://www.ascusc.org/jcmc/, abgerufen am 5. Mai 2003.

Sheehan, K.B. (2002): Online Research Methodology: Reflections and Speculations, *Journal of Interactive Advertising*, Vol. 3 (1), im Internet unter: http://www.jiad.org/, abgerufen am 27. Mai 2003.

Sheppard, B.H. & Sherman, D.M. (1998): The Grammars of Trust: A Model and General Implications, *Academy of Management Review*, Vol. 23 (2), S. 422- 437.

Sheth, J.N., Mittal, B. & Newman, B.I. (1999): *Customer Behavior: Consumer Behavior and Beyond*, Fort Worth: Dryden.

Sheth, J.N. & Sisodia, R.S. (1997): Consumer Behavior in the Future, in: J. N Sheth, A. Eshghi und B.C. Krishnan, *Internet Marketing*, Fort Worth: Harcourt, S. 72-90; nachgedruckt nach: R.A. Peterson (Ed.), *Electronic Marketing and the Consumer*, Thousand Oaks: Sage, S. 17-38.

Singh, J. & Sirdesmukh, D. (2000): Agency and Trust Mechanisms in Consumer Satisfaction and Loyalty Judgements, *Journal of the Academy of Marketing Science*, Vol. 28 (1), S. 150-167.

Sirdeshmukh, D., Singh, J. & Sabol, B. (2002), Consumer Trust , Value, and Loyalty in Relational Exchanges, *Journal of Marketing*, Vol. 66 (January), S. 15-37.

Siu, Y.M. & Cheung, J.T.-H. (2001): A Measure of Retail Service Quality, *Marketing Intelligence and Planning*, Vol. 19 (2), S. 88-96.

Slywotzky, A.J. & Shapiro, B.P. (1993): Leveraging to Beat the Odds: The New Marketing Mind-Set, *Harvard Business Review*, Vol. 71 (September-October), S. 97-107.

Smith, A. (1976): *Der Wohlstand der Nationen*, dt. Übersetzung von 1990, München: dtv.

Smith, J.B. (1998): Buyer-Seller Relationships: Similarity, Relationship Management, and Quality, *Psychology & Marketing*, Vol. 15 (1), S. 3-21.

Stanoevska-Slabeva, K. (2002): Towards a Community-Oriented Design of Internet Platforms, *International Journal of Electronic Commerce*, Vol. 6 (3), S. 71-95.

Stauss, B. (1997): Global Word of Mouth, *Marketing Management*, Vol. 6 (3), S. 28-30.

Stauss, B. (2000): Using New Media for Customer Interaction: A Challenge for Relationship Marketing, in: T. Hennig-Thurau und U. Hansen (Hrsg.), *Relationship Marketing - Gaining Competitive Advantage through Customer Satisfaction and Customer Retention*, Berlin: Springer, S. 233-253.

Steinfeld, C. & Whitten, P. (1999): Community Level Socio-Economic Impacts of Electronic Commerce, *Journal of Computer-Mediated Communication*, Vol. 5 (2), im Internet unter: http://www.ascusc.org/jcmc, abgerufen am 24.07.2000.

Sultan, F., Urban, G.L., Shankar, V. & Bart, I. (2002): *Determinants and Consequences of Trust in e-Business*, working paper, Sloan School of Management, MIT, Cambridge.

Swan, J.E. & Trawick, I.F. Jr. (1987): Building customer trust in the industrial salesperson: Process and outcomes, *Advances in Business Marketing*, Vol. 2, S. 81-113.

Swan, J. E., Trawick, I.F. & Silva, D.W. (1985): How Industrial Salespeople Gain Customer Trust, *Industrial Marketing Management*, Vol. 14 (August), S. 203-211.

Tan, Y.-H. & Thoen, W. (2000): Toward a Generic Model of Trust for Electronic Commerce, *International Journal of Electronic Commerce*, Vol. 5 (2), 61-74.

Tax, S.S., Brown, S.W. & Chandrashekaran, M. (1998): Customer Evaluations of Service Complaint Experiences: Implications for Relationship Marketing, *Journal of Marketing*, Vol. 60 (April), S. 60-76.

Tax, S.S., Chandrashekaran, M. & Christiansen, T. (1993): Word-of-Mouth in Consumer Decision-Making: An Agenda for Research, *Journal of Con-*

sumer Satisfaction/Dissatisfaction and Complaining Behavior, Vol. 6 (January), S. 74-80.

Teo, T.S.H. (2001): Demographic and Motivation Variables Associated with Internet Usage Activities, *Internet Research: Electronic Networking Applications and Policy*, Vol. 11 (2), S. 125-137.

Theobald, A. (2000): Das World Wide Web als Befragungsinstrument, Wiesbaden: Gabler.

Ulrich, P. & Hill, W. (1979): Wissenschaftstheoretische Grundlagen der Betriebswirtschaftslehre, in: H. Raffeé und B. Abel, *Wissenschaftstheoretische Grundfragen der Wirtschaftswissenschaften*, München: Vahlen, S. 161-190.

Urban, G.L., Sultan, F.& Qualls, W.J. (2000a): *Desing of a Trust Based Advisor on the Internet*, working paper, Massachusetts Institute of Technology.

Urban, G.L., Sultan, F. & Qualls, W.J. (2000b): *Placing Trust at the Center of Your Internet Strategy*, working paper, Massachusetts Institute of Technology.

W3B (2002): *W3B-Umfrage*, im Internet unter: http://www.w3b.de/, abgerufen am: 22.08.2002.

Wang, F., Head, M. & Archer, N. (2000): A Relationship Building Model for the Web Retail Marketplace, *Internet Research: Electronic Applications and Policy*, Vol. 10 (5), S. 374-384.

Ward, M.R. & Morganosky, M. (2000): *Online Consumer Search and Purchase in a Multiple Channel Environment*, working paper, University of Illinois, Urbana Champaign, USA.

Wegmann, C. (2002): Der E-Services Marketing-Mix, in: M. Bruhn und B. Stauss (Hrsg.), *Dienstleistungsmanagement Jahrbuch 2002 – Electronic Services*, Wiesbaden: Gabler, S. 243-262.

Weiber, R. & Adler, J. (1995): Der Einsatz von Unsicherheitsreduktionsstrategien im Kaufprozeß: Eine Informationsökonomische Analyse, in: K.P. Kass (Hrsg): *Kontrakte, Geschäftsbeziehungen, Netzwerke: Marketing und neue Institutionenökonomik*, ZfBf Sonderheft Nr. 35, Düsseldorf, S. 61-77.

Westbrook, R. (1987): Product/Consumption-based Affective Responses and Purchase Processes, *Journal of Marketing Research*, Vol. 24 (August), S. 258-270.

Wheeless, L.R. (1978): A follow-up study of the relationships among trust, disclosure, and interpersonal solidarity, *Human Communication Research*, Vol. 4 (2), S. 143-157.

Williamson, O.E. (1975): Markets and Hierarchies: Analysis and Antitrust Implications. A Study in the Economics of Internal Organization, New York: The Free Press.

Williamson, O.E. (1981): The Economics of Organization: The Transaction Cost Approach, *American Journal of Sociology*, Vol. 87 (3), S. 548-577.

Wirtz, B.W. (2000): *Electronic Business*, Wiesbaden: Gabler.

Wirtz, B.W. (2001): *Electronic Business*, 2. Aufl., Wiesbaden: Gabler.

Wirtz, B.W. & Olderog, T. (2002): Kundenbindungsmanagement und elektronische Dienstleistungen, in: M. Bruhn und B. Stauss (Hrsg.), *Dienstleistungsmanagement Jahrbuch 2002 – Electronic Services*, Wiesbaden: Gabler, S. 513-535.

Wirtz, B.W. & Vogt, P. (2001): Kundenbeziehungsmanagement im Electronic Business, *Jahrbuch der Absatz- und Verbrauchsforschung*, Jg. 47 (2), S. 116-135.

Wolfinbarger, M. & Gilly, M. C. (2002): *comQ: Dimensionalizing, Measuring, and Predicting Quality of the E-tail Experience*, working paper no. 100, Marketing Science Institute.

Worchel, P. (1979): Trust and distrust, in: W. G. Austin & S. Worchel (Eds.), *The social psychology of intergroup relations*, Belmont: Wadsworth.

Yun, G.W. & Trumbo, C.W. (2000): Comparative Response to a Survey Executed by Post, E-mail, & Web Form, *Journal of Computer-Mediated Communication*, Vol. 6 (1), im Internet unter: http://www.ascusc.org/jcmc/, abgerufen am 25. Mai 2003.

Zand, D.E. (1972): Trust and Managerial Problem Solving, *Administrative Science Quarterly*, Vol. 17 (2), S. 229-239.

Zeithaml, V.A., Berry, L.L. & Parasuraman, A. (1996): The Behavioral Consequences of Service Quality, *Journal of Marketing*, Vol. 60 (April), S. 31-46.

Zeithaml, V.A. & Bitner, M.J. (1996): *Services Marketing*, New York: McGraw-Hill.

Zeithaml, V.A., Parasuraman, A. & Malhotra, A. (2000): A Conceptual Framework for Understanding e-Service Quality: Implications for Future Research and Managerial Practice, MSI Monograph, Report 00-115.

Zeithaml, V.A., Parasuraman, A. & Malhotra, A. (2002): Service Quality Delivery Through Web Sites: A critical Review of Extant Knowledge, *Journal of the Academy of Marketing Science*, Vol. 30 (4), S. 362-375.

Zhang, P. & von Dran, G.M. (2001): *Expectations and Rankings of Website Quality Features: Results of Two Studies on User Perceptions*, International Conference on Software Engineering 2001, Hawaii, USA.

Zott, C., Amit, R. & Donlevy, J. (2000): Strategies for Value Creation in E-Commerce: Best Practice in Europe, *European Management Journal*, Vol. 18 (5), S. 463-475.

Zündorf, L. (1986): Macht, Einfluß und Vertrauen – Elemente einer soziologischen Theorie des Managements, *Angewandte Sozialforschung*, Jg. 14 (4), S. 303-311.

I. Anhang

a) Fragebogen Alternative I: Internet-Buch/CD/DVD-Handel im Original-Layout der Internetbefragung

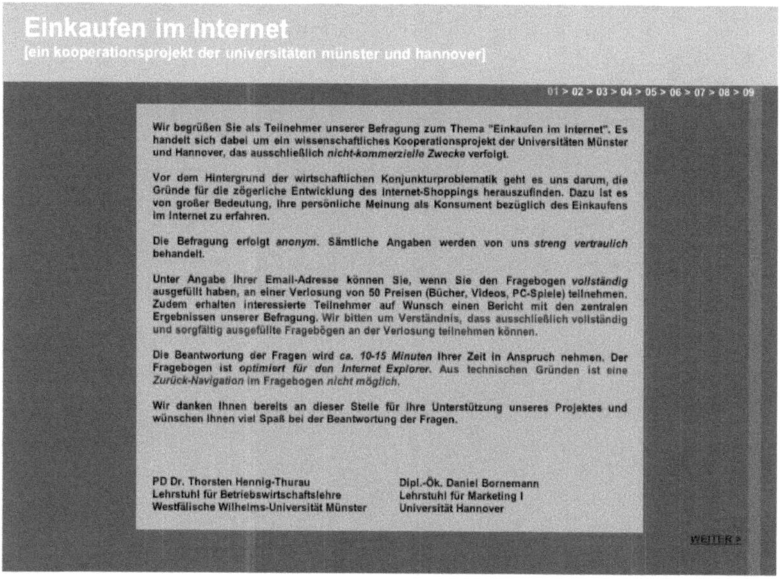

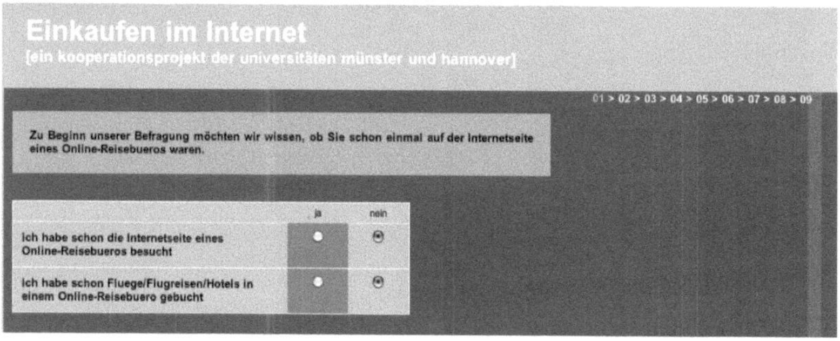

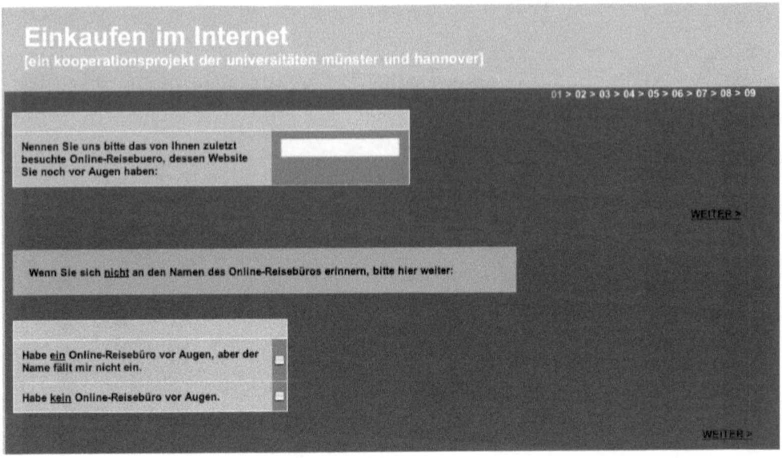

Einkaufen im Internet
[ein kooperationsprojekt der universitäten münster und hannover]
01 > 02 > 03 > 04 > 05 > 06 > 07 > 08 > 09
Nennen Sie uns bitte das von Ihnen zuletzt besuchte Online-Reisebuero, dessen Website Sie noch vor Augen haben:
WEITER >
Wenn Sie sich nicht an den Namen des Online-Reisebüros erinnern, bitte hier weiter:
Habe ein Online-Reisebüro vor Augen, aber der Name fällt mir nicht ein.
Habe kein Online-Reisebüro vor Augen.
WEITER >

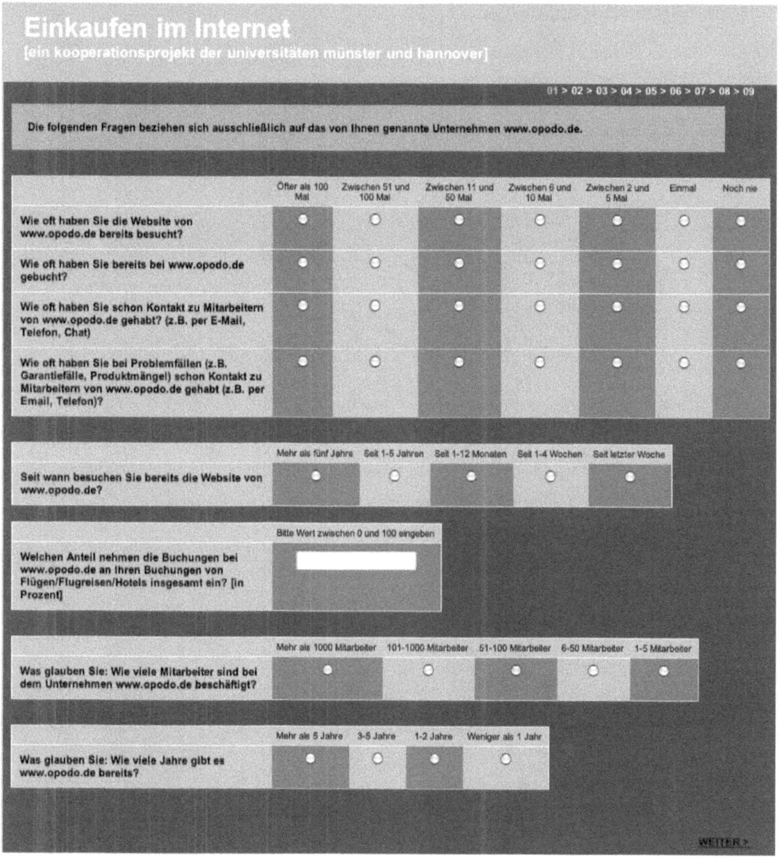

Einkaufen im Internet

[ein kooperationsprojekt der universitäten münster und hannover]

01 > 02 > 03 > 04 > 05 > 06 > 07 > 08 > 09

Die folgenden Fragen beziehen sich ausschließlich auf das von Ihnen genannte Unternehmen www.opodo.de.

	Öfter als 100 Mal	Zwischen 51 und 100 Mal	Zwischen 11 und 50 Mal	Zwischen 6 und 10 Mal	Zwischen 2 und 5 Mal	Einmal	Noch nie
Wie oft haben Sie die Website von www.opodo.de bereits besucht?	○	○	○	○	○	○	○
Wie oft haben Sie bereits bei www.opodo.de gebucht?	○	○	○	○	○	○	○
Wie oft haben Sie schon Kontakt zu Mitarbeitern von www.opodo.de gehabt? (z.B. per E-Mail, Telefon, Chat)	○	○	○	○	○	○	○
Wie oft haben Sie bei Problemfällen (z.B. Garantiefälle, Produktmängel) schon Kontakt zu Mitarbeitern von www.opodo.de gehabt (z.B. per Email, Telefon)?	○	○	○	○	○	○	○

	Mehr als fünf Jahre	Seit 1-5 Jahren	Seit 1-12 Monaten	Seit 1-4 Wochen	Seit letzter Woche
Seit wann besuchen Sie bereits die Website von www.opodo.de?	○	○	○	○	○

	Bitte Wert zwischen 0 und 100 eingeben
Welchen Anteil nehmen die Buchungen bei www.opodo.de an Ihren Buchungen von Flügen/Flugreisen/Hotels insgesamt ein? [in Prozent]	

	Mehr als 1000 Mitarbeiter	101-1000 Mitarbeiter	51-100 Mitarbeiter	6-50 Mitarbeiter	1-5 Mitarbeiter
Was glauben Sie: Wie viele Mitarbeiter sind bei dem Unternehmen www.opodo.de beschäftigt?	○	○	○	○	○

	Mehr als 5 Jahre	3-5 Jahre	1-2 Jahre	Weniger als 1 Jahr
Was glauben Sie: Wie viele Jahre gibt es www.opodo.de bereits?	○	○	○	○

WEITER >

Einkaufen im Internet

[ein kooperationsprojekt der universitäten münster und hannover]

01 > 02 > 03 > 04 > 05 > 06 > 07 > 08 > 09

Bitte sagen Sie uns nun, in wieweit die folgenden Aussagen über www.opodo.de für Sie persönlich zutreffen.

	Stimme voll zu	Stimme weitgehend zu	Stimme eher zu	Teils teils	Stimme eher nicht zu	Stimme kaum zu	Stimme gar nicht zu
Die Website von www.opodo.de ist toll designed.	◉	○	○	○	○	○	○
Die Website von www.opodo.de wirkt auf mich sehr einladend.	○	◉	○	○	○	○	○
Reisen im Geschäft von www.opodo.de zu buchen macht Spaß!	○	◉	○	○	○	○	○
Das Design des Webauftritts von www.opodo.de ist sehr gut aufeinander abgestimmt.	○	○	◉	○	○	○	○

	Stimme voll zu	Stimme weitgehend zu	Stimme eher zu	Teils teils	Stimme eher nicht zu	Stimme kaum zu	Stimme gar nicht zu
Auf der Website von www.opodo.de findet man sofort was man sucht.	○	○	○	○	○	○	○
Die Website von www.opodo.de ist sehr benutzerfreundlich gestaltet.	○	○	○	○	○	○	○
Die Website von www.opodo.de ist sehr einfach zu bedienen.	○	○	○	○	○	○	○
Die Website von www.opodo.de ist sehr übersichtlich gestaltet.	○	○	○	○	○	○	○

	stimme voll zu	stimme weitgehend zu	stimme eher zu	teils teils	stimme eher nicht zu	stimme kaum zu	stimme gar nicht zu
Die Website von www.opodo.de ist stets verfügbar.	○	○	○	○	○	○	○
Die Website von www.opodo.de funktioniert zuverlässig.	○	○	○	○	○	○	○
Die Seite von www.opodo.de war immer online, wenn ich sie besuchen wollte.	○	○	○	○	○	○	○
Die Website von www.opodo.de zeichnet sich durch ein hohes Maß an Stabilität aus.	○	○	○	○	○	○	○

	stimme voll zu	stimme weitgehend zu	stimme eher zu	teils teils	stimme eher nicht zu	stimme kaum zu	stimme gar nicht zu
www.opodo.de bietet mir individuelle Angebote und/oder Lösungen an.	○	○	○	○	○	○	○
www.opodo.de berücksichtigt meine individuellen Interessen.	○	○	○	○	○	○	○
www.opodo.de passt seine Website meinen persönlichen Bedürfnissen an.	○	○	○	○	○	○	○
www.opodo.de ermöglicht eine Lieferung/Zustellung „nach Maß".	○	○	○	○	○	○	○

WEITER >

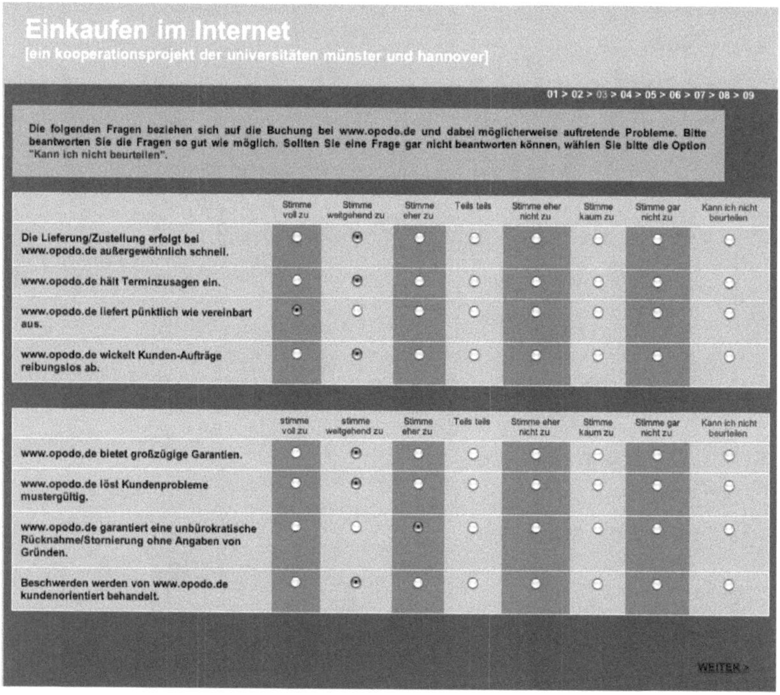

Einkaufen im Internet

[ein kooperationsprojekt der universitäten münster und hannover]

01 > 02 > 03 > 04 > 05 > 06 > 07 > 08 > 09

Die folgenden Fragen beziehen sich auf die Buchung bei www.opodo.de und dabei möglicherweise auftretende Probleme. Bitte beantworten Sie die Fragen so gut wie möglich. Sollten Sie eine Frage gar nicht beantworten können, wählen Sie bitte die Option "Kann ich nicht beurteilen".

	Stimme voll zu	Stimme weitgehend zu	Stimme eher zu	Teils teils	Stimme eher nicht zu	Stimme kaum zu	Stimme gar nicht zu	Kann ich nicht beurteilen
Die Lieferung/Zustellung erfolgt bei www.opodo.de außergewöhnlich schnell.	○	◉	○	○	○	○	○	○
www.opodo.de hält Terminzusagen ein.	○	◉	○	○	○	○	○	○
www.opodo.de liefert pünktlich wie vereinbart aus.	◉	○	○	○	○	○	○	○
www.opodo.de wickelt Kunden-Aufträge reibungslos ab.	○	◉	○	○	○	○	○	○

	stimme voll zu	stimme weitgehend zu	Stimme eher zu	Teils teils	Stimme eher nicht zu	Stimme kaum zu	Stimme gar nicht zu	Kann ich nicht beurteilen
www.opodo.de bietet großzügige Garantien.	○	◉	○	○	○	○	○	○
www.opodo.de löst Kundenprobleme mustergültig.	○	◉	○	○	○	○	○	○
www.opodo.de garantiert eine unbürokratische Rücknahme/Stornierung ohne Angaben von Gründen.	○	○	◉	○	○	○	○	○
Beschwerden werden von www.opodo.de kundenorientiert behandelt.	○	◉	○	○	○	○	○	○

WEITER >

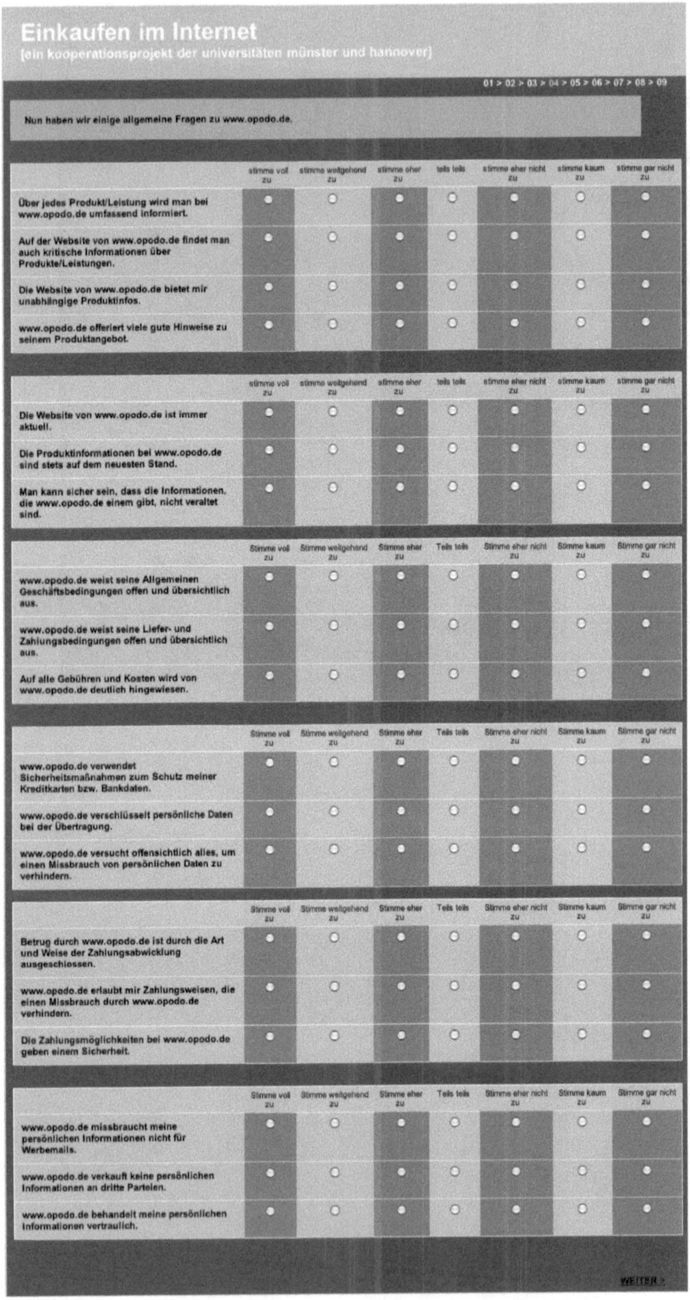

Einkaufen im Internet

[ein kooperationsprojekt der universitäten münster und hannover]

01 > 02 > 03 > 04 > 05 > 06 > 07 > 08 > 09

Nun haben wir einige allgemeine Fragen zu www.opodo.de.

	stimme voll zu	stimme weitgehend zu	stimme eher zu	teils teils	stimme eher nicht zu	stimme kaum zu	stimme gar nicht zu
Über jedes Produkt/Leistung wird man bei www.opodo.de umfassend informiert.							
Auf der Website von www.opodo.de findet man auch kritische Informationen über Produkte/Leistungen.							
Die Website von www.opodo.de bietet mir unabhängige Produktinfos.							
www.opodo.de offeriert viele gute Hinweise zu seinem Produktangebot.							

	stimme voll zu	stimme weitgehend zu	stimme eher zu	teils teils	stimme eher nicht zu	stimme kaum zu	stimme gar nicht zu
Die Website von www.opodo.de ist immer aktuell.							
Die Produktinformationen bei www.opodo.de sind stets auf dem neuesten Stand.							
Man kann sicher sein, dass die Informationen, die www.opodo.de einem gibt, nicht veraltet sind.							

	Stimme voll zu	Stimme weitgehend zu	Stimme eher zu	Teils teils	Stimme eher nicht zu	Stimme kaum zu	Stimme gar nicht zu
www.opodo.de weist seine Allgemeinen Geschäftsbedingungen offen und übersichtlich aus.							
www.opodo.de weist seine Liefer- und Zahlungsbedingungen offen und übersichtlich aus.							
Auf alle Gebühren und Kosten wird von www.opodo.de deutlich hingewiesen.							

	Stimme voll zu	Stimme weitgehend zu	Stimme eher zu	Teils teils	Stimme eher nicht zu	Stimme kaum zu	Stimme gar nicht zu
www.opodo.de verwendet Sicherheitsmaßnahmen zum Schutz meiner Kreditkarten bzw. Bankdaten.							
www.opodo.de verschlüsselt persönliche Daten bei der Übertragung.							
www.opodo.de versucht offensichtlich alles, um einen Missbrauch von persönlichen Daten zu verhindern.							

	Stimme voll zu	Stimme weitgehend zu	Stimme eher zu	Teils teils	Stimme eher nicht zu	Stimme kaum zu	Stimme gar nicht zu
Betrug durch www.opodo.de ist durch die Art und Weise der Zahlungsabwicklung ausgeschlossen.							
www.opodo.de erlaubt mir Zahlungsweisen, die einen Missbrauch durch www.opodo.de verhindern.							
Die Zahlungsmöglichkeiten bei www.opodo.de geben einem Sicherheit.							

	Stimme voll zu	Stimme weitgehend zu	Stimme eher zu	Teils teils	Stimme eher nicht zu	Stimme kaum zu	Stimme gar nicht zu
www.opodo.de missbraucht meine persönlichen Informationen nicht für Werbemails.							
www.opodo.de verkauft keine persönlichen Informationen an dritte Parteien.							
www.opodo.de behandelt meine persönlichen Informationen vertraulich.							

WEITER >

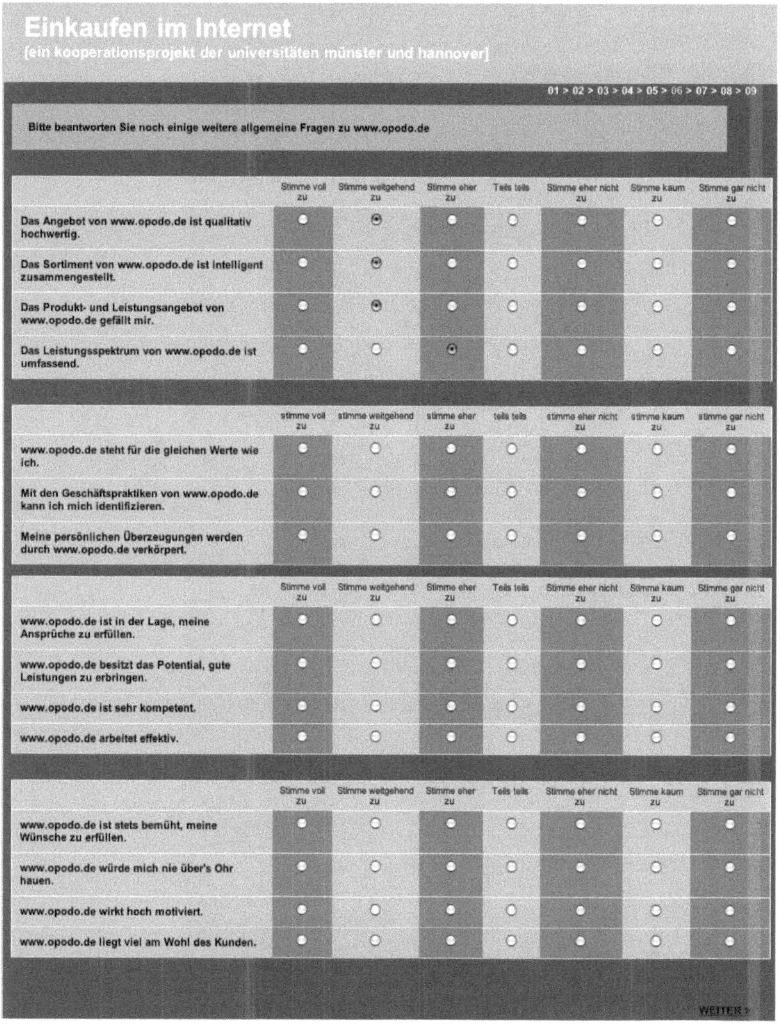

Einkaufen im Internet

[ein kooperationsprojekt der universitäten münster und hannover]

01 > 02 > 03 > 04 > 05 > 06 > 07 > 08 > 09

Bitte beantworten Sie noch einige weitere allgemeine Fragen zu www.opodo.de

	Stimme voll zu	Stimme weitgehend zu	Stimme eher zu	Teils teils	Stimme eher nicht zu	Stimme kaum zu	Stimme gar nicht zu
Das Angebot von www.opodo.de ist qualitativ hochwertig.							
Das Sortiment von www.opodo.de ist intelligent zusammengestellt.							
Das Produkt- und Leistungsangebot von www.opodo.de gefällt mir.							
Das Leistungsspektrum von www.opodo.de ist umfassend.							

	stimme voll zu	stimme weitgehend zu	stimme eher zu	teils teils	stimme eher nicht zu	stimme kaum zu	stimme gar nicht zu
www.opodo.de steht für die gleichen Werte wie ich.							
Mit den Geschäftspraktiken von www.opodo.de kann ich mich identifizieren.							
Meine persönlichen Überzeugungen werden durch www.opodo.de verkörpert.							

	Stimme voll zu	Stimme weitgehend zu	Stimme eher zu	Teils teils	Stimme eher nicht zu	Stimme kaum zu	Stimme gar nicht zu
www.opodo.de ist in der Lage, meine Ansprüche zu erfüllen.							
www.opodo.de besitzt das Potential, gute Leistungen zu erbringen.							
www.opodo.de ist sehr kompetent.							
www.opodo.de arbeitet effektiv.							

	Stimme voll zu	Stimme weitgehend zu	Stimme eher zu	Teils teils	Stimme eher nicht zu	Stimme kaum zu	Stimme gar nicht zu
www.opodo.de ist stets bemüht, meine Wünsche zu erfüllen.							
www.opodo.de würde mich nie über's Ohr hauen.							
www.opodo.de wirkt hoch motiviert.							
www.opodo.de liegt viel am Wohl des Kunden.							

WEITER >

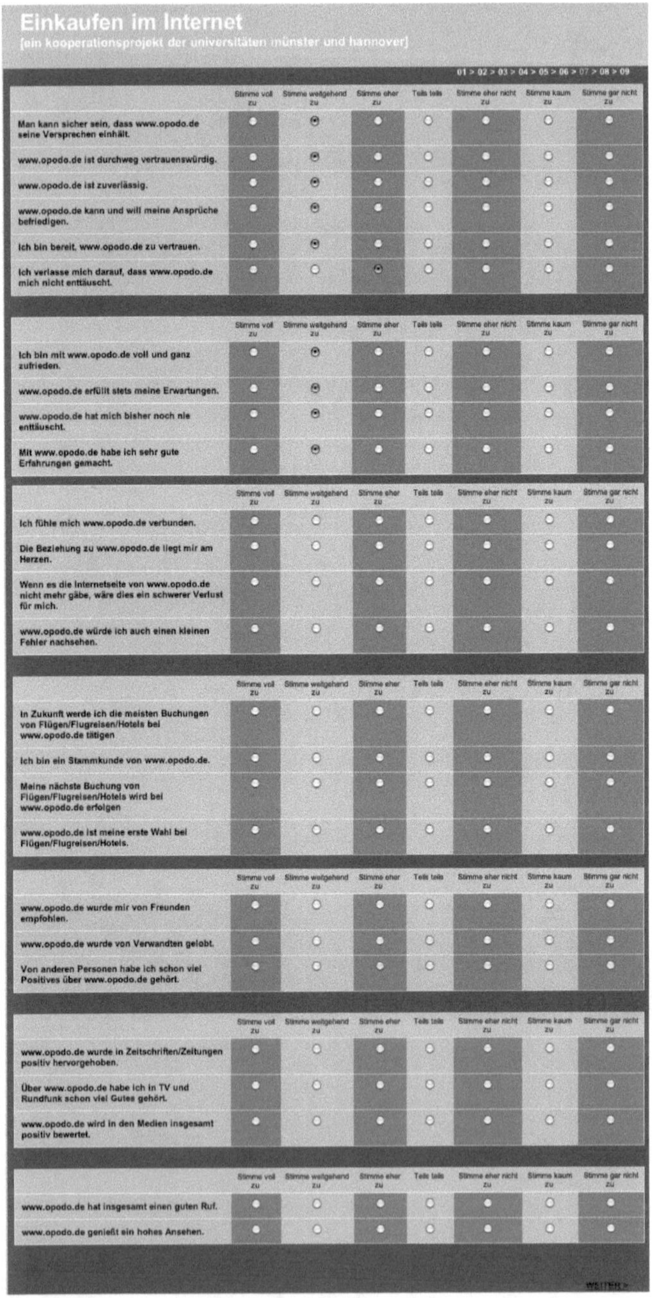

Einkaufen im Internet

[ein kooperationsprojekt der universitäten münster und hannover]

01 > 02 > 03 > 04 > 05 > 06 > 07 > 08 > 09

	Stimme voll zu	Stimme weitgehend zu	Stimme eher zu	Teils teils	Stimme eher nicht zu	Stimme kaum zu	Stimme gar nicht zu
Man kann sicher sein, dass www.opodo.de seine Versprechen einhält.		x					
www.opodo.de ist durchweg vertrauenswürdig.		x					
www.opodo.de ist zuverlässig.		x					
www.opodo.de kann und will meine Ansprüche befriedigen.		x					
Ich bin bereit, www.opodo.de zu vertrauen.		x					
Ich verlasse mich darauf, dass www.opodo.de mich nicht enttäuscht.			x				

	Stimme voll zu	Stimme weitgehend zu	Stimme eher zu	Teils teils	Stimme eher nicht zu	Stimme kaum zu	Stimme gar nicht zu
Ich bin mit www.opodo.de voll und ganz zufrieden.		x					
www.opodo.de erfüllt stets meine Erwartungen.		x					
www.opodo.de hat mich bisher noch nie enttäuscht.		x					
Mit www.opodo.de habe ich sehr gute Erfahrungen gemacht.		x					

	Stimme voll zu	Stimme weitgehend zu	Stimme eher zu	Teils teils	Stimme eher nicht zu	Stimme kaum zu	Stimme gar nicht zu
Ich fühle mich www.opodo.de verbunden.							
Die Beziehung zu www.opodo.de liegt mir am Herzen.							
Wenn es die Internetseite von www.opodo.de nicht mehr gäbe, wäre dies ein schwerer Verlust für mich.							
www.opodo.de würde ich auch einen kleinen Fehler nachsehen.							

	Stimme voll zu	Stimme weitgehend zu	Stimme eher zu	Teils teils	Stimme eher nicht zu	Stimme kaum zu	Stimme gar nicht zu
In Zukunft werde ich die meisten Buchungen von Flügen/Flugreisen/Hotels bei www.opodo.de tätigen							
Ich bin ein Stammkunde von www.opodo.de.							
Meine nächste Buchung von Flügen/Flugreisen/Hotels wird bei www.opodo.de erfolgen							
www.opodo.de ist meine erste Wahl bei Flügen/Flugreisen/Hotels.							

	Stimme voll zu	Stimme weitgehend zu	Stimme eher zu	Teils teils	Stimme eher nicht zu	Stimme kaum zu	Stimme gar nicht zu
www.opodo.de wurde mir von Freunden empfohlen.							
www.opodo.de wurde von Verwandten gelobt.							
Von anderen Personen habe ich schon viel Positives über www.opodo.de gehört.							

	Stimme voll zu	Stimme weitgehend zu	Stimme eher zu	Teils teils	Stimme eher nicht zu	Stimme kaum zu	Stimme gar nicht zu
www.opodo.de wurde in Zeitschriften/Zeitungen positiv hervorgehoben.							
Über www.opodo.de habe ich in TV und Rundfunk schon viel Gutes gehört.							
www.opodo.de wird in den Medien insgesamt positiv bewertet.							

	Stimme voll zu	Stimme weitgehend zu	Stimme eher zu	Teils teils	Stimme eher nicht zu	Stimme kaum zu	Stimme gar nicht zu
www.opodo.de hat insgesamt einen guten Ruf.							
www.opodo.de genießt ein hohes Ansehen.							

WEITER >

Einkaufen im Internet

[ein kooperationsprojekt der universitäten münster und hannover]

01 > 02 > 03 > 04 > 05 > 06 > 07 > 08 > 09

Nun haben wir ein paar allgemeine Fragen zu Ihrer Person.

	Stimme voll zu	Stimme weitgehend zu	Stimme eher zu	Teils teils	Stimme eher nicht zu	Stimme kaum zu	Stimme gar nicht zu
Ich vertraue Menschen erst, wenn ich sie sehr lange kenne.							
Vertrauen ist gut, Kontrolle ist aber besser.							
Es fällt mir schwer, mich auf andere Leute zu verlassen.							
Ich glaube nicht an das "Gute" in jedem Menschen.							

Mit den folgenden Fragen möchten wir wissen, was Sie vom Internet halten und wie Sie es nutzen.

	Seit mehr als fünf Jahren	Seit 3-5 Jahren	Seit 1-3 Jahren	Seit circa einem Jahr	Erst seit Kurzam
Seit wann nutzen Sie das Internet?					

	Mehrmals täglich	Einmal am Tag	Einmal die Woche	Ein bis zweimal im Monat
Wie häufig surfen Sie im Internet?				

	Stimme voll zu	Stimme weitgehend zu	Stimme eher zu	Teils teils	Stimme eher nicht zu	Stimme kaum zu	Stimme gar nicht zu
Einkaufen im Internet finde ich gut.							
Das Einkaufen im Internet ist nicht riskanter als Einkaufen im "normalen" Geschäft.							
Einkaufen im Internet ist eine praktische Angelegenheit.							
Einkaufen im Internet macht Spaß.							

	Stimme voll zu	Stimme weitgehend zu	Stimme eher zu	Teils teils	Stimme eher nicht zu	Stimme kaum zu	Stimme gar nicht zu
Ich stehe dem Internet sehr aufgeschlossen gegenüber.							
Das Internet an sich ist ein tolle Sache.							
Das Internet kann einem das Leben enorm erleichtern.							

	Stimme voll zu	Stimme weitgehend zu	Stimme eher zu	Teils teils	Stimme eher nicht zu	Stimme kaum zu	Stimme gar nicht zu
Meine Freunde bezeichnen mich als Internet-Experten.							
Was das Internet betrifft bin ich stets auf dem Laufenden.							
Ich bin ein versierter Internet-User.							
Ich habe bereits häufig im Internet eingekauft bzw. gebucht (z.B. Reisen).							

WEITER >

Einkaufen im Internet

[ein kooperationsprojekt der universitäten münster und hannover]

01 > 02 > 03 > 04 > 05 > 06 > 07 > 08 > 09

Abschließend benötigen wir noch einige statistische Angaben von Ihnen. Diese werden selbstverständlich streng vertraulich behandelt.

	Alter
Wie alt sind Sie?	

	männlich	weiblich
Ihr Geschlecht?	○	○

	Keinen Abschluss	Volksschule/ Hauptschule	Realschule	Abitur	Studium
Welches ist Ihr letzter Schulabschluss?	○	○	○	○	○

	Welchen Beruf üben Sie aus?
Schüler/-in	○
Student/-in	○
Sachbearbeiter/-in	○
Leitende/-r Angestellte/-r	○
Selbständig	○
Arbeitslos	○
Hausmann/-frau	○
Beamte/-r	○
Rentner/Pensionär	○
Sonstiges	○

	weniger als 500 Euro	zwischen 500 und 1000 Euro	zwischen 1000 und 2000 Euro	zwischen 2000 und 5000 Euro	mehr als 5000 Euro
Wie hoch ist Ihr monatliches Bruttoeinkommen? [in Euro]	○	○	○	○	○

WEITER >

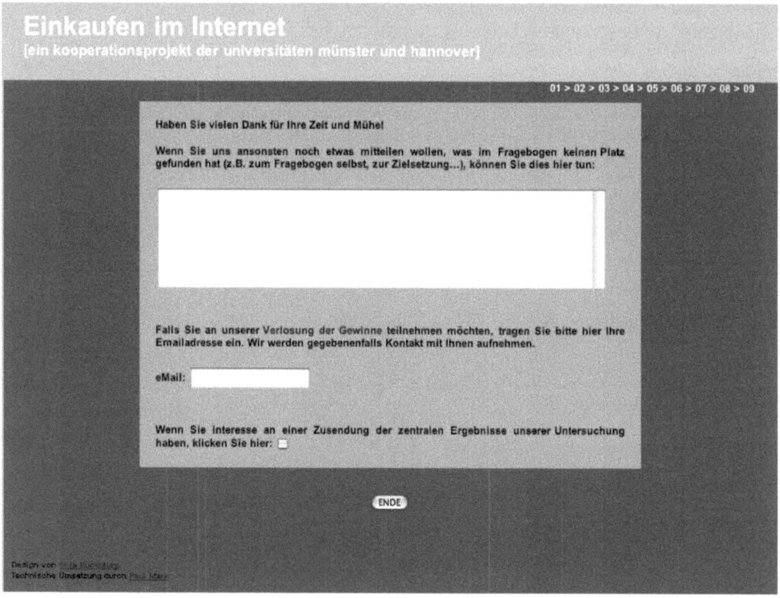
Einkaufen im Internet
[ein kooperationsprojekt der universitäten münster und hannover]
01 > 02 > 03 > 04 > 05 > 06 > 07 > 08 > 09
Haben Sie vielen Dank für Ihre Zeit und Mühe!
Wenn Sie uns ansonsten noch etwas mitteilen wollen, was im Fragebogen keinen Platz gefunden hat (z.B. zum Fragebogen selbst, zur Zielsetzung...), können Sie dies hier tun:
Falls Sie an unserer Verlosung der Gewinne teilnehmen möchten, tragen Sie bitte hier Ihre Emailadresse ein. Wir werden gegebenenfalls Kontakt mit Ihnen aufnehmen.
eMail:
Wenn Sie Interesse an einer Zusendung der zentralen Ergebnisse unserer Untersuchung haben, klicken Sie hier:
ENDE
Design von
Technische Umsetzung durch

b) Fragebogen Alternative I: Internet-Buch/CD/DVD-Handel[71]

Nr.		Frage	Konstrukt
6	1	Wie oft haben Sie die Website von www.amazon.de bereits besucht?	Erfahrungen mit dem Händler
6	2	Wie oft haben Sie bereits bei www.amazon.de eingekauft?	
6	3	Wie oft haben Sie schon Kontakt zu Mitarbeitern von www.amazon.de gehabt? (z.B. per E-Mail, Telefon, Chat)	
6	4	Wie oft haben Sie bei Problemfällen (z.B. Garantiefälle, Produktmängel) schon Kontakt zu Mitarbeitern von www.amazon.de gehabt (z.B. per Email, Telefon)?	
7	1	Seit wann besuchen Sie bereits die Website von www.amazon.de?	Länge der Geschäftsbeziehung
8	1	Welchen Anteil nehmen die Käufe bei www.amazon.de an Ihren Käufen von Büchern/CDs/DVDs insgesamt ein? [in Prozent]	Anteil der Käufe
9	1	Was glauben Sie: Wie viele Mitarbeiter sind bei dem Unternehmen www.amazon.de beschäftigt?	Größe
10	1	Was glauben Sie: Wie viele Jahre gibt es www.amazon.de bereits?	Alter
13	1	Die Website von www.amazon.de ist toll designed.	Anmutung der Website / des Geschäftes
13	2	Die Website von www.amazon.de wirkt auf mich sehr einladend.	
13	3	Surfen auf der Website von www.amazon.de macht Spaß.	
13	4	Das Design des Webauftritts von www.amazon.de ist sehr gut aufeinander abgestimmt.	
14	1	Auf der Website von www.amazon.de findet man sofort was man sucht.	Bedienungsprozesse
14	2	Die Website von www.amazon.de ist sehr benutzerfreundlich gestaltet.	
14	3	Die Website von www.amazon.de ist sehr einfach zu bedienen.	
14	4	Die Website von www.amazon.de ist sehr übersichtlich gestaltet.	

[71] Die Skalen der Fragebögen in den Anhängen b), c), d) und e) stimmen weitgehend mit den Skalen des Fragebogens in Anhang a) überein. Auf eine gesonderte Abbildung der Skalen in Anhang b), c), d) und e) wird aus diesem Grund verzichtet. Die verwendeten Anbieterbezeichnungen www.amazon.de, www.opodo.de, Decius und First stehen exemplarisch für den durch den Kunden als „zuletzt besuchtes Geschäft/Website" angegebenen Buch/CD/DVD-Handel bzw. Reisebüro.

15	1	Die Website von www.amazon.de ist stets verfügbar.	Stabilität und Verfügbarkeit
15	2	Die Website von www.amazon.de funktioniert zuverlässig.	
15	3	Die Seite von www.amazon.de war immer online, wenn ich sie besuchen wollte.	
15	4	Die Website von www.amazon.de zeichnet sich durch ein hohes Maß an Stabilität aus.	
17	2	www.amazon.de bietet mir individuelle Angebote und/oder Lösungen an.	Individualisierung/Personalisierung
17	3	www.amazon.de berücksichtigt meine individuellen Interessen.	
17	4	www.amazon.de passt seine Website meinen persönlichen Bedürfnissen an.	
17	5	www.amazon.de ermöglicht eine Lieferung/Zustellung „nach Maß".	
20	1	Die Lieferung/Zustellung erfolgt bei www.amazon.de außergewöhnlich schnell.	Abwicklungsprozesse
20	2	www.amazon.de hält Terminzusagen ein.	
20	3	www.amazon.de liefert pünktlich wie vereinbart aus.	
20	4	www.amazon.de wickelt Kunden-Aufträge reibungslos ab.	
21	1	www.amazon.de bietet großzügige Garantien.	Problemlösungsprozesse und Garantien
21	2	www.amazon.de löst Kundenprobleme mustergültig.	
21	3	www.amazon.de garantiert eine unbürokratische Rücknahme/Stornierung ohne Angaben von Gründen.	
21	4	Beschwerden werden von www.amazon.de kundenorientiert behandelt.	
24	1	Über jedes Produkt/Leistung wird man bei www.amazon.de umfassend informiert.	Informationsverfügbarkeit
24	2	Auf der Website von www.amazon.de findet man auch kritische Informationen über Produkte/Leistungen.	
24	3	Die Website von www.amazon.de bietet mir unabhängige Produktinfos.	
24	4	www.amazon.de offeriert viele gute Hinweise zu seinem Produktangebot.	
25	1	Die Website von www.amazon.de ist immer aktuell.	Aktualität
25	2	Die Produktinformationen bei www.amazon.de sind stets auf dem neuesten Stand.	
25	3	Man kann sicher sein, dass die Informationen, die www.amazon.de einem gibt, nicht veraltet sind.	
26	1	www.amazon.de weist seine Allgemeinen Geschäftsbedingungen offen und übersichtlich aus.	Transparenz

26	2	www.amazon.de weist seine Liefer- und Zahlungsbedingungen offen und übersichtlich aus.	
26	3	Auf alle Gebühren und Kosten wird von www.amazon.de deutlich hingewiesen.	
27	1	www.amazon.de verwendet Sicherheitsmaßnahmen zum Schutz meiner Kreditkarten bzw. Bankdaten.	Datensicherheit
27	2	www.amazon.de verschlüsselt persönliche Daten bei der Übertragung.	
27	3	www.amazon.de versucht offensichtlich alles, um einen Missbrauch von persönlichen Daten zu verhindern.	
28	1	Betrug durch www.amazon.de ist durch die Art und Weise der Zahlungsabwicklung ausgeschlossen.	Schutz vor Missbrauch durch den Händler im Rahmen der Zahlungsabwicklung
28	2	www.amazon.de erlaubt mir Zahlungsweisen, die einen Missbrauch durch www.amazon.de verhindern.	
28	3	Die Zahlungsmöglichkeiten bei www.amazon.de geben einem Sicherheit.	
29	1	www.amazon.de missbraucht meine persönlichen Informationen nicht für Werbemails.	Schutz persönlicher Daten vor Missbrauch durch den Händler
29	2	www.amazon.de verkauft keine persönlichen Informationen an dritte Parteien.	
29	3	www.amazon.de behandelt meine persönlichen Informationen vertraulich.	
38	1	Das Angebot von www.amazon.de ist qualitativ hochwertig.	Leistungsangebot
38	2	Das Sortiment von www.amazon.de ist intelligent zusammengestellt.	
38	3	Das Produkt- und Leistungsangebot von www.amazon.de gefällt mir.	
38	4	Das Leistungsspektrum von www.amazon.de ist umfassend.	
39	1	www.amazon.de steht für die gleichen Werte wie ich.	Gemeinsame Werte/Ähnlichkeit
39	2	Mit den Geschäftspraktiken von www.amazon.de kann ich mich identifizieren.	
39	3	Meine persönlichen Überzeugungen werden durch www.amazon.de verkörpert.	
40	1	www.amazon.de ist in der Lage, meine Ansprüche zu erfüllen.	Kompetenz
40	2	www.amazon.de besitzt das Potential, gute Leistungen zu erbringen.	
40	3	www.amazon.de ist sehr kompetent.	
40	4	www.amazon.de arbeitet effektiv.	
41	1	www.amazon.de ist stets bemüht, meine Wünsche zu erfüllen.	Wohlwollen

41	2	www.amazon.de würde mich nie über's Ohr hauen.	
41	3	www.amazon.de wirkt hoch motiviert.	
41	4	www.amazon.de liegt viel am Wohl des Kunden.	
43	1	Man kann sicher sein, dass www.amazon.de seine Versprechen einhält.	Vertrauen
43	2	www.amazon.de ist durchweg vertrauenswürdig.	
43	3	www.amazon.de ist zuverlässig.	
43	4	www.amazon.de kann und will meine Ansprüche befriedigen.	
43	5	Ich bin bereit, www.amazon.de zu vertrauen.	Vertrauen (Verhalten)
43	6	Ich verlasse mich darauf, dass www.amazon.de mich nicht enttäuscht.	
44	1	Ich bin mit www.amazon.de voll und ganz zufrieden.	Zufriedenheit mit dem Anbieter
44	2	www.amazon.de erfüllt stets meine Erwartungen.	
44	3	www.amazon.de hat mich bisher noch nie enttäuscht.	
44	4	Mit www.amazon.de habe ich sehr gute Erfahrungen gemacht.	
45	1	Ich fühle mich www.amazon.de verbunden.	Commitment
45	2	Die Beziehung zu www.amazon.de liegt mir am Herzen.	
45	3	Wenn es die Internetseite von www.amazon.de nicht mehr gäbe, wäre dies ein schwerer Verlust für mich.	
45	4	www.amazon.de würde ich auch einen kleinen Fehler nachsehen.	
46	1	In Zukunft werde ich die meisten Einkäufe von Büchern/CDs/DVDs bei www.amazon.de tätigen.	Kundenbindung
46	2	Ich bin ein Stammkunde von www.amazon.de.	
46	3	Mein nächster Einkauf von Büchern/CDs/DVDs wird bei www.amazon.de erfolgen.	
46	4	www.amazon.de ist meine erste Wahl bei Büchern/CDs/DVDs.	
47	1	www.amazon.de wurde mir von Freunden empfohlen.	trad. Mundwerbung
47	2	www.amazon.de wurde von Verwandten gelobt.	
47	3	Von anderen Personen habe ich schon viel Positives über www.amazon.de gehört.	
48	1	www.amazon.de wurde in Zeitschriften/Zeitungen positiv hervorgehoben.	Medienecho
48	2	Über www.amazon.de habe ich in TV und Rundfunk schon viel Gutes gehört.	
48	3	www.amazon.de wird in den Medien insgesamt positiv bewertet.	
49	1	www.amazon.de hat insgesamt einen guten Ruf.	Reputation

49	2	www.amazon.de genießt ein hohes Ansehen.	
52	1	Ich vertraue Menschen erst, wenn ich sie sehr lange kenne.	Vertrauensneigung
52	2	Vertrauen ist gut, Kontrolle ist aber besser.	
52	3	Es fällt mir schwer, mich auf andere Leute zu verlassen.	
52	4	Ich glaube nicht an das "Gute" in jedem Menschen.	
54	1	Seit wann nutzen Sie das Internet?	Seit wann nutzen Sie das Internet?
55	1	Wie häufig surfen Sie im Internet?	Wie häufig nutzen sie das Internet?
56	1	Einkaufen im Internet finde ich gut.	Einstellung zum dem Thema "Einkaufen im Internet"
56	2	Das Einkaufen im Internet ist nicht riskanter als Einkaufen im "normalen" Geschäft.	
56	3	Einkaufen im Internet ist eine praktische Angelegenheit.	
56	4	Einkaufen im Internet macht Spaß.	
57	1	Ich stehe dem Internet sehr aufgeschlossen gegenüber.	Einstellung zum dem "Thema" Internet allgemein
57	2	Das Internet an sich ist ein tolle Sache.	
57	3	Das Internet kann einem das Leben enorm erleichtern.	
58	1	Meine Freunde bezeichnen mich als Internet-Experten.	Expertenstatus Internet
58	2	Was das Internet betrifft bin ich stets auf dem Laufenden.	
58	3	Ich bin ein versierter Internet-User.	
58	4	Ich habe bereits häufig im Internet eingekauft bzw. gebucht (z.B. Reisen).	
61	1	Wie alt sind Sie?	Wie alt sind Sie?
62	1	Ihr Geschlecht?	Geschlecht
63	1	Welches ist Ihr letzter Schulabschluss?	Letzter Schulabschluss
64	1	Schüler/-in	Welchen Beruf üben Sie aus?
64	2	Student/-in	
64	3	Sachbearbeiter/-in	
64	4	Leitende/-r Angestellte/-r	
64	5	Selbständig	
64	6	Arbeitslos	
64	7	Hausmann/-frau	
64	8	Beamte/-r	
64	9	Rentner/Pensionär	
64	10	Sonstiges	
65	1	Wie hoch ist Ihr monatliches Bruttoeinkommen? [in Euro]	Bruttoeinkommen

c) Fragebogen Alternative II: Internet-Reisebüros

Nr.		Frage	Konstrukt
6	1	Wie oft haben Sie die Website von www.opodo.de bereits besucht?	Erfahrungen mit dem Händler
6	2	Wie oft haben Sie bereits bei www.opodo.de gebucht?	
6	3	Wie oft haben Sie schon Kontakt zu Mitarbeitern von www.opodo.de gehabt? (z.B. per E-Mail, Telefon, Chat)	
6	4	Wie oft haben Sie bei Problemfällen (z.B. Garantiefälle, Produktmängel) schon Kontakt zu Mitarbeitern von www.opodo.de gehabt (z.B. per Email, Telefon)?	
7	1	Seit wann besuchen Sie bereits die Website von www.opodo.de?	Länge der Geschäftsbeziehung
8	1	Welchen Anteil nehmen die Buchungen bei www.opodo.de an Ihren Buchungen von Reisen insgesamt ein? [in Prozent]	Anteil der Käufe
9	1	Was glauben Sie: Wie viele Mitarbeiter sind bei dem Unternehmen www.opodo.de beschäftigt?	Größe
10	1	Was glauben Sie: Wie viele Jahre gibt es www.opodo.de bereits?	Alter
13	1	Die Website von www.opodo.de ist toll designed.	Anmutung der Website / des Geschäftes
13	2	Die Website von www.opodo.de wirkt auf mich sehr einladend.	
13	3	Reisen auf der Website von www.opodo.de zu buchen macht Spaß!	
13	4	Das Design des Webauftritts von www.opodo.de ist sehr gut aufeinander abgestimmt.	
14	1	Auf der Website von www.opodo.de findet man sofort was man sucht.	Bedienungsprozesse
14	2	Die Website von www.opodo.de ist sehr benutzerfreundlich gestaltet.	
14	3	Die Website von www.opodo.de ist sehr einfach zu bedienen.	
14	4	Die Website von www.opodo.de ist sehr übersichtlich gestaltet.	
15	1	Die Website von www.opodo.de ist stets verfügbar.	Stabilität und Verfügbarkeit
15	2	Die Website von www.opodo.de funktioniert zuverlässig.	
15	3	Die Seite von www.opodo.de war immer online, wenn ich sie besuchen wollte.	
15	4	Die Website von www.opodo.de zeichnet sich durch ein hohes Maß an Stabilität aus.	
17	2	www.opodo.de bietet mir individuelle Angebote und/oder Lösungen an.	Individualisierung/Personalisierung

17	3	www.opodo.de berücksichtigt meine individuellen Interessen.	
17	4	www.opodo.de passt seine Website meinen persönlichen Bedürfnissen an.	
17	5	www.opodo.de ermöglicht eine Lieferung/Zustellung „nach Maß“.	
20	1	Die Lieferung/Zustellung erfolgt bei www.opodo.de außergewöhnlich schnell.	Abwicklungsprozesse
20	2	www.opodo.de hält Terminzusagen ein.	
20	3	www.opodo.de liefert pünktlich wie vereinbart aus.	
20	4	www.opodo.de wickelt Kunden-Aufträge reibungslos ab.	
21	1	www.opodo.de bietet großzügige Garantien.	Problemlösungsprozesse und Garantien
21	2	www.opodo.de löst Kundenprobleme mustergültig.	
21	3	www.opodo.de garantiert eine unbürokratische Rücknahme/Stornierung ohne Angaben von Gründen.	
21	4	Beschwerden werden von www.opodo.de kundenorientiert behandelt.	
24	1	Über jedes Produkt/Leistung wird man bei www.opodo.de umfassend informiert.	Informationsverfügbarkeit
24	2	Auf der Website von www.opodo.de findet man auch kritische Informationen über Produkte/Leistungen.	
24	3	Die Website von www.opodo.de bietet mir unabhängige Produktinfos.	
24	4	www.opodo.de offeriert viele gute Hinweise zu seinem Produktangebot.	
25	1	Die Website von www.opodo.de ist immer aktuell.	Aktualität
25	2	Die Produktinformationen bei www.opodo.de sind stets auf dem neuesten Stand.	
25	3	Man kann sicher sein, dass die Informationen, die www.opodo.de einem gibt, nicht veraltet sind.	
26	1	www.opodo.de weist seine Allgemeinen Geschäftsbedingungen offen und übersichtlich aus.	Transparenz
26	2	www.opodo.de weist seine Liefer- und Zahlungsbedingungen offen und übersichtlich aus.	
26	3	Auf alle Gebühren und Kosten wird von www.opodo.de deutlich hingewiesen.	
27	1	www.opodo.de verwendet Sicherheitsmaßnahmen zum Schutz meiner Kreditkarten bzw. Bankdaten.	Datensicherheit
27	2	www.opodo.de verschlüsselt persönliche Daten bei der Übertragung.	

27	3	www.opodo.de versucht offensichtlich alles, um einen Missbrauch von persönlichen Daten zu verhindern.	
28	1	Betrug durch www.opodo.de ist durch die Art und Weise der Zahlungsabwicklung ausgeschlossen.	Schutz vor Missbrauch durch den Händler im Rahmen der Zahlungsabwicklung
28	2	www.opodo.de erlaubt mir Zahlungsweisen, die einen Missbrauch durch www.opodo.de verhindern.	
28	3	Die Zahlungsmöglichkeiten bei www.opodo.de geben einem Sicherheit.	
29	1	www.opodo.de missbraucht meine persönlichen Informationen nicht für Werbemails.	Schutz persönlicher Daten vor Missbrauch durch den Händler
29	2	www.opodo.de verkauft keine persönlichen Informationen an dritte Parteien.	
29	3	www.opodo.de behandelt meine persönlichen Informationen vertraulich.	
38	1	Das Angebot von www.opodo.de ist qualitativ hochwertig.	Leistungsangebot
38	2	Das Sortiment von www.opodo.de ist intelligent zusammengestellt.	
38	3	Das Produkt- und Leistungsangebot von www.opodo.de gefällt mir.	
38	4	Das Leistungsspektrum von www.opodo.de ist umfassend.	
39	1	www.opodo.de steht für die gleichen Werte wie ich.	Gemeinsame Werte/Ähnlichkeit
39	2	Mit den Geschäftspraktiken von www.opodo.de kann ich mich identifizieren.	
39	3	Meine persönlichen Überzeugungen werden durch www.opodo.de verkörpert.	
40	1	www.opodo.de ist in der Lage, meine Ansprüche zu erfüllen.	Kompetenz
40	2	www.opodo.de besitzt das Potential, gute Leistungen zu erbringen.	
40	3	www.opodo.de ist sehr kompetent.	
40	4	www.opodo.de arbeitet effektiv.	
41	1	www.opodo.de ist stets bemüht, meine Wünsche zu erfüllen.	Wohlwollen
41	2	www.opodo.de würde mich nie über's Ohr hauen.	
41	3	www.opodo.de wirkt hoch motiviert.	
41	4	www.opodo.de liegt viel am Wohl des Kunden.	
43	1	Man kann sicher sein, dass www.opodo.de seine Versprechen einhält.	Vertrauen
43	2	www.opodo.de ist durchweg vertrauenswürdig.	
43	3	www.opodo.de ist zuverlässig.	
43	4	www.opodo.de kann und will meine Ansprüche befriedigen.	
43	5	Ich bin bereit, www.opodo.de zu vertrauen.	Vertrauen (Verhal-

43	6	Ich verlasse mich darauf, dass www.opodo.de mich nicht enttäuscht.	ten)
44	1	Ich bin mit www.opodo.de voll und ganz zufrieden.	Zufriedenheit mit dem Anbieter
44	2	www.opodo.de erfüllt stets meine Erwartungen.	
44	3	www.opodo.de hat mich bisher noch nie enttäuscht.	
44	4	Mit www.opodo.de habe ich sehr gute Erfahrungen gemacht.	
45	1	Ich fühle mich www.opodo.de verbunden.	Commitment
45	2	Die Beziehung zu www.opodo.de liegt mir am Herzen.	
45	3	Wenn es die Internetseite von www.opodo.de nicht mehr gäbe, wäre dies ein schwerer Verlust für mich.	
45	4	www.opodo.de würde ich auch einen kleinen Fehler nachsehen.	
46	1	In Zukunft werde ich die meisten Buchungen von Reisen bei www.opodo.de tätigen	Kundenbindung
46	2	Ich bin ein Stammkunde von www.opodo.de.	
46	3	Meine nächste Buchung von Reisen wird bei www.opodo.de erfolgen	
46	4	www.opodo.de ist meine erste Wahl bei Reisen .	
47	1	www.opodo.de wurde mir von Freunden empfohlen.	trad. Mundwerbung
47	2	www.opodo.de wurde von Verwandten gelobt.	
47	3	Von anderen Personen habe ich schon viel Positives über www.opodo.de gehört.	
48	1	www.opodo.de wurde in Zeitschriften/Zeitungen positiv hervorgehoben.	Medienecho
48	2	Über www.opodo.de habe ich in TV und Rundfunk schon viel Gutes gehört.	
48	3	www.opodo.de wird in den Medien insgesamt positiv bewertet.	
49	1	www.opodo.de hat insgesamt einen guten Ruf.	Reputation
49	2	www.opodo.de genießt ein hohes Ansehen.	
52	1	Ich vertraue Menschen erst, wenn ich sie sehr lange kenne.	Vertrauensneigung
52	2	Vertrauen ist gut, Kontrolle ist aber besser.	
52	3	Es fällt mir schwer, mich auf andere Leute zu verlassen.	
52	4	Ich glaube nicht an das "Gute" in jedem Menschen.	
54	1	Seit wann nutzen Sie das Internet?	Seit wann nutzen Sie das Internet?
55	1	Wie häufig surfen Sie im Internet?	Wie häufig nutzen sie das Internet?
56	1	Einkaufen im Internet finde ich gut.	Einstellung zum dem Thema "Einkaufen im Internet"
56	2	Das Einkaufen im Internet ist nicht riskanter als Einkaufen im "normalen" Geschäft.	

56	3	Einkaufen im Internet ist eine praktische Angelegenheit.	
56	4	Einkaufen im Internet macht Spaß.	
57	1	Ich stehe dem Internet sehr aufgeschlossen gegenüber.	Einstellung zum dem "Thema" Internet allgemein
57	2	Das Internet an sich ist ein tolle Sache.	
57	3	Das Internet kann einem das Leben enorm erleichtern.	
58	1	Meine Freunde bezeichnen mich als Internet-Experten.	Expertenstatus Internet
58	2	Was das Internet betrifft bin ich stets auf dem Laufenden.	
58	3	Ich bin ein versierter Internet-User.	
58	4	Ich habe bereits häufig im Internet eingekauft bzw. gebucht (z.B. Reisen).	
61	1	Wie alt sind Sie?	Wie alt sind Sie?
62	1	Ihr Geschlecht?	Geschlecht
63	1	Welches ist Ihr letzter Schulabschluss?	Letzter Schulab-schluss
64	1	Schüler/-in	Welchen Beruf üben Sie aus?
64	2	Student/-in	
64	3	Sachbearbeiter/-in	
64	4	Leitende/-r Angestellte/-r	
64	5	Selbständig	
64	6	Arbeitslos	
64	7	Hausmann/-frau	
64	8	Beamte/-r	
64	9	Rentner/Pensionär	
64	10	Sonstiges	
65	1	Wie hoch ist Ihr monatliches Bruttoeinkommen? [in Euro]	Bruttoeinkommen

d) Fragebogen Alternative III: traditioneller Buch/CD/DVD-Handel

Nr.		Frage	
6	1	Wie oft haben Sie das Geschäft von Decius bereits besucht?	Erfahrungen mit dem Händler
6	2	Wie oft haben Sie bereits bei Decius eingekauft?	
6	3	Wie oft haben Sie schon Kontakt zu Mitarbeitern von Decius gehabt? (z.B. per E-Mail, Telefon, Chat)	
7	1	Seit wann besuchen Sie bereits Decius?	Länge der Geschäftsbeziehung
8	1	Welchen Anteil nehmen die Käufe bei Decius an Ihren Käufen von Büchern/CDs/DVDs insgesamt ein? [in Prozent]	Anteil der Käufe
9	1	Was glauben Sie: Wie viele Mitarbeiter sind bei dem Unternehmen Decius beschäftigt?	Größe
10	1	Was glauben Sie: Wie viele Jahre gibt es Decius bereits?	Alter
13	1	Das Geschäft von Decius ist toll designed.	Anmutung der Website / des Geschäftes
13	2	Das Geschäft von Decius wirkt auf mich sehr einladend.	
13	3	Shopping im Geschäft von Decius macht Spaß.	
13	4	Das Design der Geschäftsausstattung von Decius ist gut aufeinander abgestimmt.	
14	1	Im Geschäft von Decius findet man sofort was man sucht.	Bedienungsprozesse
14	2	Das Geschäft von Decius ist sehr kundenfreundlich eingerichtet.	
14	4	Das Geschäft von Decius ist sehr übersichtlich gestaltet.	
16	1	Decius bietet mir die Möglichkeit, jederzeit mit einem Mitarbeiter in Kontakt zu treten.	Ansprechbarkeit
16	2	Falls ich Fragen habe, gibt es bei Decius immer einen Ansprechpartner.	
16	3	Bei Fragen bekomme ich schnell eine Antwort von Decius.	
17	1	Ich fühle mich von Decius persönlich angesprochen.	
17	2	Decius bietet mir individuelle Angebote und/oder Lösungen an.	Individualisierung/Personalisierung
17	3	Decius berücksichtigt meine individuellen Interessen.	
17	4	Decius offeriert Serviceleistungen nach Maß.	
21	1	Decius bietet großzügige Garantien.	Problemlösungsprozesse und Garantien
21	2	Decius löst Kundenprobleme mustergültig.	
21	3	Decius garantiert eine unbürokratische Rücknahme/Stornierung ohne Angaben von Gründen.	
21	4	Beschwerden werden von Decius kundenorientiert behandelt.	
24	1	Über jedes Produkt/Leistung wird man bei Decius umfassend informiert.	Informationsverfügbarkeit

24	2	Bei Decius erhält man auch kritische Informationen über Produkte/Leistungen.	
24	3	Decius bietet mir unabhängige Produktinfos.	
24	4	Decius offeriert viele gute Hinweise zu seinem Produktangebot.	
25	1	Decius ist immer „up-to-date".	Aktualität
25	2	Die Produktinformationen, die man bei Decius bekommt, sind stets auf dem neuesten Stand.	
25	3	Man kann sicher sein, dass die Informationen, die Decius einem gibt, nicht veraltet sind.	
26	1	Decius weist seine Allgemeinen Geschäftsbedingungen offen und übersichtlich aus.	Transparenz
26	2	Decius weist seine Zahlungsbedingungen offen und übersichtlich aus.	
26	3	Auf alle Gebühren und Kosten wird von Decius deutlich hingewiesen.	
32	1	Die Mitarbeiter von Decius verfügen über ein großes Fachwissen.	Fachwissen der Mitarbeiter
32	2	Die Mitarbeiter von Decius sind Experten in ihrem Job.	
32	3	Die Mitarbeiter von Decius sind fachlich extrem kompetent.	
33	1	Die Mitarbeiter von Decius verfügen über eine hohe Sozialkompetenz.	Empathie der Mitarbeiter
33	2	Die Mitarbeiter von Decius können sich gut in die Lage des Kunden hineinversetzen.	
33	3	Die Mitarbeiter von Decius wissen, wie man Kunden gut behandelt.	
34	1	Die Mitarbeiter von Decius zeigen ein hohes Engagement.	Motivation der Mitarbeiter
34	2	Die Mitarbeiter von Decius setzen sich für die Belange des Kunden ein.	
34	3	Die Mitarbeiter von Decius sind stets hochmotiviert.	
35	1	Die Mitarbeiter von Decius dürfen bei Kundenangelegenheiten selbständig Entscheidungen treffen.	Empowerment der Mitarbeiter
35	2	Die Mitarbeiter von Decius haben einen angemessen großen Handlungsspielraum bei der Lösung von Kundenproblemen.	
35	3	Bei Kundennachfragen müssen sich die Mitarbeiter von Decius nicht bei ihrem Chef die Erlaubnis einholen.	
38	1	Das Angebot von Decius ist qualitativ hochwertig.	Leistungsangebot
38	2	Das Sortiment von Decius ist intelligent zusammengestellt.	
38	3	Das Produkt- und Leistungsangebot von Decius gefällt mir.	
38	4	Das Leistungsspektrum von Decius ist umfassend.	
39	1	Decius steht für die gleichen Werte wie ich.	Gemeinsame

39	2	Mit den Geschäftspraktiken von Decius kann ich mich identifizieren.	Werte/Ähnlichkeit
39	3	Meine persönlichen Überzeugungen werden durch Decius verkörpert.	
40	1	Decius ist in der Lage, meine Ansprüche zu erfüllen.	Kompetenz
40	2	Decius besitzt das Potential, gute Leistungen zu erbringen.	
40	3	Decius ist sehr kompetent.	
40	4	Decius arbeitet effektiv.	
41	1	Decius ist stets bemüht, meine Wünsche zu erfüllen.	Wohlwollen
41	2	Decius würde mich nie über's Ohr hauen.	
41	3	Decius wirkt hoch motiviert.	
41	4	Decius liegt viel am Wohl des Kunden.	
43	1	Man kann sicher sein, dass Decius seine Versprechen einhält.	Vertrauen
43	2	Decius ist durchweg vertrauenswürdig.	
43	3	Decius ist zuverlässig.	
43	4	Decius kann und will meine Ansprüche befriedigen.	
43	5	Ich bin bereit, Decius zu vertrauen.	Vertrauen (Verhal-ten)
43	6	Ich verlasse mich darauf, dass Decius mich nicht enttäuscht.	
44	1	Ich bin mit Decius voll und ganz zufrieden.	Zufriedenheit mit dem Anbieter
44	2	Decius erfüllt stets meine Erwartungen.	
44	3	Decius hat mich bisher noch nie enttäuscht.	
44	4	Mit Decius habe ich sehr gute Erfahrungen gemacht.	
45	1	Ich fühle mich Decius verbunden.	Commitment
45	2	Die Beziehung zu Decius liegt mir am Herzen.	
45	3	Wenn es Decius nicht mehr gäbe, wäre dies ein schwerer Verlust für mich.	
45	4	Decius würde ich auch einen kleinen Fehler nachsehen.	
46	1	In Zukunft werde ich die meisten Einkäufe von Bü-chern/CDs/DVDs bei Decius tätigen.	Kundenbindung
46	2	Ich bin ein Stammkunde von Decius.	
46	3	Mein nächster Einkauf von Büchern/CDs/DVDs wird bei Decius erfolgen.	
46	4	Decius ist meine erste Wahl bei Reisen.	
47	1	Decius wurde mir von Freunden empfohlen.	trad. Mundwerbung
47	2	Decius wurde von Verwandten gelobt.	
47	3	Von anderen Personen habe ich schon viel Positives über Decius gehört.	
48	1	Decius wurde in Zeitschriften/Zeitungen positiv hervorgeho-ben.	Medienecho
48	2	Über Decius habe ich in TV und Rundfunk schon viel Gutes gehört.	

48	3	Decius wird in den Medien insgesamt positiv bewertet.	
49	1	Decius hat insgesamt einen guten Ruf.	Reputation
49	2	Decius genießt ein hohes Ansehen.	
52	1	Ich vertraue Menschen erst, wenn ich sie sehr lange kenne.	Vertrauensneigung
52	2	Vertrauen ist gut, Kontrolle ist aber besser.	
52	3	Es fällt mir schwer, mich auf andere Leute zu verlassen.	
52	4	Ich glaube nicht an das "Gute" in jedem Menschen.	
54	1	Seit wann nutzen Sie das Internet?	Seit wann nutzen Sie das Internet?
55	1	Wie häufig surfen Sie im Internet?	Wie häufig nutzen sie das Internet?
56	1	Einkaufen im Internet finde ich gut.	Einstellung zum dem Thema "Einkaufen im Internet"
56	2	Das Einkaufen im Internet ist nicht riskanter als Einkaufen im "normalen" Geschäft.	
56	3	Einkaufen im Internet ist eine praktische Angelegenheit.	
56	4	Einkaufen im Internet macht Spaß.	
57	1	Ich stehe dem Internet sehr aufgeschlossen gegenüber.	Einstellung zum dem "Thema" Internet allgemein
57	2	Das Internet an sich ist ein tolle Sache.	
57	3	Das Internet kann einem das Leben enorm erleichtern.	
58	1	Meine Freunde bezeichnen mich als Internet-Experten.	Expertenstatus Internet
58	2	Was das Internet betrifft bin ich stets auf dem Laufenden.	
58	3	Ich bin ein versierter Internet-User.	
58	4	Ich habe bereits häufig im Internet eingekauft bzw. gebucht (z.B. Reisen).	
61	1	Wie alt sind Sie?	Wie alt sind Sie?
62	1	Ihr Geschlecht?	Geschlecht
63	1	Welches ist Ihr letzter Schulabschluss?	Letzter Schulabschluss
64	1	Schüler/-in	Welchen Beruf üben Sie aus?
64	2	Student/-in	
64	3	Sachbearbeiter/-in	
64	4	Leitende/-r Angestellte/-r	
64	5	Selbständig	
64	6	Arbeitslos	
64	7	Hausmann/-frau	
64	8	Beamte/-r	
64	9	Rentner/Pensionär	
64	10	Sonstiges	
65	1	Wie hoch ist Ihr monatliches Bruttoeinkommen? [in Euro]	Bruttoeinkommen

e) Fragebogen Alternative IV: traditionelle Reisebüros

Nr.		Frage	Konstrukt
6	1	Wie oft haben Sie das Geschäft von First bereits besucht?	Erfahrungen mit dem Händler
6	2	Wie oft haben Sie bereits bei First gebucht?	
6	3	Wie oft haben Sie schon Kontakt zu Mitarbeitern von First gehabt? (z.B. per E-Mail, Telefon, Chat)	
6	4	Wie oft haben Sie bei Problemfällen (z.B. Garantiefälle, Produktmängel) schon Kontakt zu Mitarbeitern von First gehabt (z.B. per Email, Telefon)?	
7	1	Seit wann besuchen Sie bereits First?	Länge der Geschäftsbeziehung
8	1	Welchen Anteil nehmen die Buchungen bei First an Ihren Buchungen von Reisen insgesamt ein? [in Prozent]	Anteil der Käufe
9	1	Was glauben Sie: Wie viele Mitarbeiter sind bei dem Unternehmen First beschäftigt?	Größe
10	1	Was glauben Sie: Wie viele Jahre gibt es First bereits?	Alter
13	1	Das Geschäft von First ist toll designed.	Anmutung der Website / des Geschäftes
13	2	Das Geschäft von First wirkt auf mich sehr einladend.	
13	3	Reisen im Geschäft von First zu buchen macht Spaß!	
13	4	Das Design der Geschäftsausstattung von First ist gut aufeinander abgestimmt.	
14	1	Im Geschäft von First findet man sofort was man sucht.	Bedienungsprozesse
14	2	Das Geschäft von First ist sehr kundenfreundlich eingerichtet.	
14	4	Das Geschäft von First ist sehr übersichtlich gestaltet.	
16	1	First bietet mir die Möglichkeit, jederzeit mit einem Mitarbeiter in Kontakt zu treten.	Ansprechbarkeit
16	2	Falls ich Fragen habe, gibt es bei First immer einen Ansprechpartner.	
16	3	Bei Fragen bekomme ich schnell eine Antwort von First.	
17	1	Ich fühle mich von First persönlich angesprochen.	
17	2	First bietet mir individuelle Angebote und/oder Lösungen an.	Individualisierung/Personalisierung
17	3	First berücksichtigt meine individuellen Interessen.	
17	4	First offeriert Serviceleistungen nach Maß.	
21	1	First bietet großzügige Garantien.	Problemlösungsprozesse und Garantien
21	2	First löst Kundenprobleme mustergültig.	
21	3	First garantiert eine unbürokratische Rücknahme/Stornierung ohne Angaben von Gründen.	
21	4	Beschwerden werden von First kundenorientiert behandelt.	

24	1	Über jedes Produkt/Leistung wird man bei First umfassend informiert.	Informationsverfügbarkeit
24	2	Bei First erhält man auch kritische Informationen über Produkte/Leistungen.	
24	3	First bietet mir unabhängige Produktinfos.	
24	4	First offeriert viele gute Hinweise zu seinem Produktangebot.	
25	1	First ist immer „up-to-date".	Aktualität
25	2	Die Produktinformationen, die man bei First bekommt, sind stets auf dem neuesten Stand.	
25	3	Man kann sicher sein, dass die Informationen, die First einem gibt, nicht veraltet sind.	
26	1	First weist seine Allgemeinen Geschäftsbedingungen offen und übersichtlich aus.	Transparenz
26	2	First weist seine Zahlungsbedingungen offen und übersichtlich aus.	
26	3	Auf alle Gebühren und Kosten wird von First deutlich hingewiesen.	
38	1	Das Angebot von First ist qualitativ hochwertig.	Leistungsangebot
38	2	Das Sortiment von First ist intelligent zusammengestellt.	
38	3	Das Produkt- und Leistungsangebot von First gefällt mir.	
38	4	Das Leistungsspektrum von First ist umfassend.	
39	1	First steht für die gleichen Werte wie ich.	Gemeinsame Werte/Ähnlichkeit
39	2	Mit den Geschäftspraktiken von First kann ich mich identifizieren.	
39	3	Meine persönlichen Überzeugungen werden durch First verkörpert.	
40	1	First ist in der Lage, meine Ansprüche zu erfüllen.	Kompetenz
40	2	First besitzt das Potential, gute Leistungen zu erbringen.	
40	3	First ist sehr kompetent.	
40	4	First arbeitet effektiv.	
41	1	First ist stets bemüht, meine Wünsche zu erfüllen.	Wohlwollen
41	2	First würde mich nie über's Ohr hauen.	
41	3	First wirkt hoch motiviert.	
41	4	First liegt viel am Wohl des Kunden.	
43	1	Man kann sicher sein, dass First seine Versprechen einhält.	Vertrauen
43	2	First ist durchweg vertrauenswürdig.	
43	3	First ist zuverlässig.	
43	4	First kann und will meine Ansprüche befriedigen.	
43	5	Ich bin bereit, First zu vertrauen.	Vertrauen (Verhalten)
43	6	Ich verlasse mich darauf, dass First mich nicht enttäuscht.	
44	1	Ich bin mit First voll und ganz zufrieden.	Zufriedenheit mit

44	2	First erfüllt stets meine Erwartungen.	dem Anbieter
44	3	First hat mich bisher noch nie enttäuscht.	
44	4	Mit First habe ich sehr gute Erfahrungen gemacht.	
45	1	Ich fühle mich First verbunden.	Commitment
45	2	Die Beziehung zu First liegt mir am Herzen.	
45	3	Wenn es First nicht mehr gäbe, wäre dies ein schwerer Verlust für mich.	
45	4	First würde ich auch einen kleinen Fehler nachsehen.	
46	1	In Zukunft werde ich die meisten Buchungen von Reisen bei First tätigen	Kundenbindung
46	2	Ich bin ein Stammkunde von First.	
46	3	Meine nächste Buchung von Reisen wird bei First erfolgen	
46	4	First ist meine erste Wahl bei Reisen.	
47	1	First wurde mir von Freunden empfohlen.	trad. Mundwerbung
47	2	First wurde von Verwandten gelobt.	
47	3	Von anderen Personen habe ich schon viel Positives über First gehört.	
48	1	First wurde in Zeitschriften/Zeitungen positiv hervorgehoben.	Medienecho
48	2	Über First habe ich in TV und Rundfunk schon viel Gutes gehört.	
48	3	First wird in den Medien insgesamt positiv bewertet.	
49	1	First hat insgesamt einen guten Ruf.	Reputation
49	2	First genießt ein hohes Ansehen.	
52	1	Ich vertraue Menschen erst, wenn ich sie sehr lange kenne.	Vertrauensneigung
52	2	Vertrauen ist gut, Kontrolle ist aber besser.	
52	3	Es fällt mir schwer, mich auf andere Leute zu verlassen.	
52	4	Ich glaube nicht an das "Gute" in jedem Menschen.	
54	1	Seit wann nutzen Sie das Internet?	Seit wann nutzen Sie das Internet?
55	1	Wie häufig surfen Sie im Internet?	Wie häufig nutzen sie das Internet?
56	1	Einkaufen im Internet finde ich gut.	Einstellung zum dem Thema "Einkaufen im Internet"
56	2	Das Einkaufen im Internet ist nicht riskanter als Einkaufen im "normalen" Geschäft.	
56	3	Einkaufen im Internet ist eine praktische Angelegenheit.	
56	4	Einkaufen im Internet macht Spaß.	
57	1	Ich stehe dem Internet sehr aufgeschlossen gegenüber.	Einstellung zum dem "Thema" Internet allgemein
57	2	Das Internet an sich ist ein tolle Sache.	
57	3	Das Internet kann einem das Leben enorm erleichtern.	
58	1	Meine Freunde bezeichnen mich als Internet-Experten.	Expertenstatus Internet
58	2	Was das Internet betrifft bin ich stets auf dem Laufenden.	

58	3	Ich bin ein versierter Internet-User.	
58	4	Ich habe bereits häufig im Internet eingekauft bzw. gebucht (z.B. Reisen).	
61	1	Wie alt sind Sie?	Wie alt sind Sie?
62	1	Ihr Geschlecht?	Geschlecht
63	1	Welches ist Ihr letzter Schulabschluss?	Letzter Schulab-schluss
64	1	Schüler/-in	Welchen Beruf üben Sie aus?
64	2	Student/-in	
64	3	Sachbearbeiter/-in	
64	4	Leitende/-r Angestellte/-r	
64	5	Selbständig	
64	6	Arbeitslos	
64	7	Hausmann/-frau	
64	8	Beamte/-r	
64	9	Rentner/Pensionär	
64	10	Sonstiges	
65	1	Wie hoch ist Ihr monatliches Bruttoeinkommen? [in Euro]	Bruttoeinkommen

f) Deskriptive Statistik, Skalenhomogenität Korrelationen im Rahmen der Hauptstudie*

	Anzahl Items	MW*	SD***	(1)	(2)	(3)	(4)	(5)	(6)
(1) Funktionalität des Geschäfts/ der Website	4/4 3/3	2.52/2.79 3.10/3.00	.95/1.08 1.19/1.11	.91/.92 .89/.82	.52 .46	-.02 .21	.33 .45	.02 -.11	.17 -
(2) Garantien/ Problemlösungsverhalten	4/4 5/4	3.30/3.00 3.26/3.05	1.00/1.38 1.07/1.24	.38 .60	.84/.91 .91/.85	.05 .29	.35 .49	.13 -.05	.38 -
(3) Gemeinsame Werte/ Ähnlichkeit	3/3 3/3	4.18/4.06 4.59/4.10	1.30/1.43 1.37/1.48	.38 .44	.44 .59	.89/.91 .91/.92	.00 .48	.49 .65	-.11 -
(4) Individualisierung	5/4 4/4	3.29/3.38 3.40/3.30	1.19/1.30 1.34/1.41	.47 .59	.66 .74	.40 .64	.88/.88 .89/.92	.14 .19	.11 -
(5) Community	4/- 3/-	4.50/- 4.53/-	1.32/- 1.44/-	- -	- -	- -	- -	.90/- .88/-	-.15 -
(6) Schutz vor Missbrauch Dritter	3/3 -/-	2.41/2.66 -/-	1.02/1.19 -/-	.36 -	.39 -	.33 -	.35 -	- -	.91/.92 -/-
(7) Schutz vor Missbrauch durch den Händler	2/3 -/-	2.40/3.03 -/-	1.16/1.31 -/-	.35 -	.40 -	.41 -	.35 -	- -	.67 -
(8) Privacy	3/3 -/-	2.85/2.75 -/-	1.32/1.34 -/-	.29 -	.48 -	.42 -	.29 -	- -	.49 -
(9) Verfügbarkeit der Website	3/4 -/-	1.48/1.87 -/-	.71/.92 -/-	.45 -	.26 -	.20 -	.29 -	- -	.30 -
(10) Abwicklungsprozesse	3/4 -/-	2.42/2.10 -/-	1.08/.99 -/	.31 -	.55 -	.27 -	.31 -	- -	.32 -
(11) Werbung	3/- 3/-	3.45/- 4.35/-	1.59/- 1.77/-	- -	- -	- -	- -	- -	- -
(12) Anmutung des Geschäfts/ der Website	3/4 4/4	3.17/3.20 3.44/3.34	.97/1.05 1.14/1.15	.65 .70	.44 .47	.45 .48	.48 .50	- -	.37 -
(13) Verfügbarkeit produktb. Informationen	3/4 3/4	3.34/3.38 3,75/3.33	1.29/1.16 1.21/1.21	.49 .52	.58 .69	.44 .55	.61 .73	- -	.43 -
(14) Transparenz	3/3 3/3	2.24/2.54 3.51/3.22	.93/1.13 1.25/1.40	.40 .34	.53 .44	.34 .34	.38 .36	- -	.54 -
(15) Referenzen	3/- 3/-	3.86/- 4.86/-	1.43/- 1.42/-	- -	- -	- -	- -	- -	- -
(16) Ansprechbarkeit	4/- 4/4	2.97/- 2.42/2.41	1.13/- 1.02/1.31	- .55	- .72	- .45	- .67	- -	-
(17) Aktualität der Informationen	2/3 2/3	1.92/2.39 2.57/2.63	.77/1.03 .92/1.07	.46 .49	.33 .59	.30 .46	.34 .55	- -	.40 -

	Anzahl Items	MW*	SD***	(1)	(2)	(3)	(4)	(5)	(6)
(18) Fachwissen der Mitarbeiter	3/- 3/3	3.58/- 2.69/2.97	1.03/- 1.02/1.25	- .47	- .65	- .55	- .65	- -	- -
(19) Empathie der Mitarbeiter	3/- 3/3	3.48/- 2.86/3.01	.92/- 1.11/1.19	- .55	- .74	- .60	- .71	- -	- -
(20) Motivation der Mitarbeiter	3/- 3/3	3.42/- 2.96/2.92	.95/- 1.14/1.19	- .60	- .76	- .60	- .73	- -	- -
(21) Empowerment der Mitarbeiter	2/- 3/3	3.91/- 3.48/3.44	1.11/- 1.15/1.29	- .38	- .60	- .52	- .60	- -	- -
(22) Produkt/-Leistungsangebot	3/4 3/4	2.07/2.36 2.31/2.45	.76/.98 .90/.96	.58 .55	.52 .67	.54 .59	.56 .59	- -	.45 -
(23) Größe	1/1 1/1	2.43/2.87 3.24/3.47	1.10/1.12 1.29/1.36	.13 -.12	.09 -.24	-.01 -.22	.13 -.31	- -	.16 -
(24) Langlebigkeit	1/1 1/1	1.74/1.84 1.14/1.21	.67/.75 .44/.54	.13 .08	.16 .06	.10 .00	.19 .01	- -	.11 -
(25) Vertrauensneigung	4/4 4/4	4.06/3.59 4.16/3.70	1.08/1.16 1.12/1.21	-.02 .08	-.04 .15	.08 .09	.04 .08	- -	-.01 -
(26) Beziehungsdauer/ -intensität	3/3 3/3	3.72/3.97 3.20/3.15	.89/.93 1.08/1.09	.30 .10	.31 .19	.08 .05	.27 -.05	- -	.32 -
(27) Einstellung zum Internetshopping	5/4 5/4	2.88/2.95 2.86/3.38	.95/1.20 .92/1.38	.28 -.05	.17 -.09	.30 -.04	.20 -.07	- -	.34 -
(28) Internet Expertise	3/4 3/4	3.69/3.99 3.70/4.27	1.59/1.55 1.64/1.71	.17 -.04	.15 -.04	.20 .00	.12 -.06	- -	.22 -
(29) Word-of-mouth	3/3 3/3	4.27/4.53 4.31/4.65	1.72/1.74 1.61/1.75	.24 .35	.24 .45	.22 .51	.29 .43	- -	.23 -
(30) Reputation in Medien	2/3 2/3	3.38/4.31 4.77/5.29	1.48/1.68 1.56/1.65	.21 .16	.19 .10	.26 .26	.24 .10	- -	.28 -
(31) Wahrgenommene Kompetenz	4/4 4/4	2.22/2.57 2.39/2.58	.80/.97 .93/1.00	.55 .59	.54 .76	.59 .66	.51 .71	- -	.50 -
(32) Wahrgenommenes Wohlwollen	4/4 4/4	2.71/2.79 2.76/2.87	.80/1.06 .97/1.17	.48 .59	.66 .81	.65 .69	.55 .73	- -	.57 -
(33) Vertrauen	6/6 6/6	2.44/2.76 2.47/2.61	.83/1.06 .87/1.08	.47 .55	.60 .77	.59 .64	.45 .65	- -	.54 -

* der obere Wert beschreibt die Offline-Studie/der untere Wert beschreibt die Online-Studie; **MW: Mittelwert; ***SD: Standardabweichung

	(7)	(8)	(9)	(10)	(11)	(12)	(13)	(14)	(15)
(1) Funktionalität des Geschäfts/ der Website	.36 -	-.05 -	.38 -	.45 -	.11 -.03	.43 .49	.43 .17	.44 .20	.04 .16
(2) Garantien/ Problemlösungsverhalten	.28 -	.00 -	.23 -	.48 -	.35 .02	.25 .46	.43 .39	.49 .33	.10 .20
(3) Gemeinsame Werte/ Ähnlichkeit	.06 -	.23 -	.15 -	.17 -	-.16 .10	.04 .47	.26 .41	-.02 .30	.24 .16
(4) Individualisierung	.09 -	-.04 -	.15 -	.28 -	.06 .05	.36 .37	.55 .74	.38 .47	.39 .41
(5) Community	.05 -	-.09 -	-.08 -	.07 -	.13 .14	.28 .28	.26 .27	.1 .06	.22 .06
(6) Schutz vor Missbrauch Dritter	.52 -	.33 -	.32 -	.5 -	.27 -	.08 -	.17 -	.63 -	.03 -
(7) Schutz vor Missbrauch durch den Händler	.91/.93 -/-	.32 -	.28 -	.48 -	.10 -	.13 -	.18 -	.41 -	-.02 -
(8) Privacy	.52 -	.80/.90 -/-	.02 -	.23 -	-.13 -	.00 -	.00 -	.14 -	-.13 -
(9) Verfügbarkeit der Website	.30 -	.26 -	.93/.92 -/-	.37 -	.09 -	.20 -	.18 -	.38 -	-.06 -
(10) Abwicklungsprozesse	.35 -	.31 -	.39 -	.93/.91 -/-	.19 -	.19 -	.43 -	.42 -	.01 -
(11) Werbung	- -	- -	- -	- -	.94/- .97/-	.38 .23	.17 .04	.16 .11	.24 .36
(12) Anmutung des Geschäfts/ der Website	.31 -	.27 -	.33 -	.26 -	- -	.79/.86 .89/.87	.26 .21	.13 .26	.28 .24
(13) Verfügbarkeit produktb. Informationen	.43 -	.32 -	.30 -	.28 -	- -	.51 .41	.79/.82 .78/.87	.36 .43	.44 .40
(14) Transparenz	.52 -	.49 -	.35 -	.45 -		.34 .21	.46 .43	.85/.87 .79/.83	.06 .40
(15) Referenzen	- -	- -	- -	- -	- -	- -	- -	- -	.79/- .77/-
(16) Ansprechbarkeit	-	-	-	-	-	- .36	- .57	- .32	- -
(17) Aktualität der Informationen	.37 -	.36 -	.43 -	.42 -	- -	.41 .43	.50 .59	.49 .38	- -
(18) Fachwissen der Mitarbeiter	- -	- -	- -	- -	- -	- .42	- .55	- .30	- -
(19) Empathie der Mitarbeiter	- -	- -	- -	- -	- -	- .44	- .68	- .36	- -
(20) Motivation der Mitarbeiter	- -	- -	- -	- -	- -	- .48	- .71	- .38	- -
(21) Empowerment der Mitarbeiter	- -	- -	- -	- -	- -	- .35	- .62	- .33	- -
(22) Produkt/- Leistungsangebot	.44 -	.45 -	.44 -	.40 -	- -	.55 .56	.67 .60	.49 .34	- -
(23) Größe	.05 -	-.01 -	.08 -	.02 -	- -	.17 -.06	.12 -.29	.05 -.05	- -
(24) Langlebigkeit	.11 -	.07 -	.11 -	.01 -	- -	.14 .02	.18 .04	.06 -.03	- -
(25) Vertrauensneigung	.00 -	-.02 -	-.06 -	-.06 -	- -	.02 .04	.05 .09	.00 .07	- -

	(7)	(8)	(9)	(10)	(11)	(12)	(13)	(14)	(15)
(26) Beziehungsdauer/ -intensität	.22 -	.20 -	.29 -	.12 -	- -	.28 .16	.29 .00	.25 -.02	- -
(27) Einstellung zum Internetshopping	.28 -	.28 -	.25 -	.20 -	- -	.27 -.01	.23 -.02	.24 -.02	- -
(28) Internet Expertise	.18 -	.13 -	.20 -	.08 -	- -	.18 .01	.15 .01	.12 -.06	- -
(29) Word-of-mouth	.16 -	.10 -	.08 -	.08 -	- -	.29 .35	.38 .46	.18 .24	- -
(30) Reputation in Medien	.17 -	.13 -	.13 -	.11 -	- -	.26 .24	.31 .12	.20 .19	- -
(31) Wahrgenommene Kompetenz	.46 -	.49 -	.46 -	.54 -	- -	.55 .52	.54 .70	.54 .35	- -
(32) Wahrgenommenes Wohlwollen	.56 -	.57 -	.38 -	.49 -	- -	.54 .51	.56 .71	.56 .38	- -
(33) Vertrauen	.58 -	.61 -	.40 -	.54 -	- -	.49 .43	.53 .64	.57 .38	- -

	(16)	(17)	(18)	(19)	(20)	(21)	(22)	(23)	(24)
(1) Funktionalität des Geschäfts/ der Website	.1 .40	.49 .41	.10 .33	.01 .35	.11 .37	.17 .31	.49 .53	.04 .09	.02 .08
(2) Garantien/ Problemlösungsverhalten	.35 .46	.27 .47	.19 .42	.17 .55	.25 .48	.14 .55	.49 .60	.38 .10	.26 .27
(3) Gemeinsame Werte/ Ähnlichkeit	-.1 .40	.16 .44	.25 .38	.20 .51	.22 .47	.14 .34	.36 .40	.05 .08	.07 -.03
(4) Individualisierung	.17 .52	.17 .21	0 .50	.01 .59	-.05 .64	.18 .47	.41 .46	.07 -.03	.23 .13
(5) Community	-.17 .13	.14 .13	.18 .20	.14 .26	.18 .32	.18 .07	.22 .09	.26 -.01	.01 .14
(6) Schutz vor Missbrauch Dritter	.21 -	.29 -	.03 -	.14 -	.06 -	.06 -	.45 -	.17 -	.14 -
(7) Schutz vor Missbrauch durch den Händler	.21 -	.33 -	.12 -	.19 -	.17 -	-.04 -	.52 -	.23 -	.19 -
(8) Privacy	.18 -	.01 -	.18 -	.19 -	.20 -	-.06 -	.26 -	.01 -	.01 -
(9) Verfügbarkeit der Website	.16 -	.51 -	.19 -	.15 -	.11 -	.11 -	.39 -	.14 -	.33 -
(10) Abwicklungsprozesse	.17 -	.53 -	.1 -	.08 -	.16 -	.13 -	.63 -	.18 -	.11 -
(11) Werbung	.38 -.21	.16 .01	.11 -.21	.06 -.15	.10 -.13	.11 -.20	.15 .03	.52 .61	.31 .43
(12) Anmutung des Geschäfts/ der Website	-.01 .11	.38 .45	.19 .30	.07 .38	.05 .34	.15 .33	.32 .63	.13 .30	.10 .10
(13) Verfügbarkeit produktb. Informationen	-.08 .39	.34 .52	.18 .48	.07 .55	.03 .64	.06 .44	.55 .36	.12 -.02	.08 .27
(14) Transparenz	.38 .31	.45 .45	.02 .25	.04 .39	.03 .35	.09 .29	.47 .34	.18 .10	.14 .11
(15) Referenzen	-.19 -.01	.04 .14	-.05 .10	-.02 .24	-.11 .22	-.33 .09	.06 .19	.08 .30	.03 .22
(16) Ansprechbarkeit	.88/-	.07	.20	.38	.33	.24	.21	.14	.22

	(16)	(17)	(18)	(19)	(20)	(21)	(22)	(23)	(24)
	.79/.93	.36	.61	.53	.58	.30	.34	-.23	.29
(17) Aktualität der Informationen	- .44	.88/.92 .85/.90	.32 .52	.24 .54	.28 .52	.20 .43	.6 .79	.12 .16	.03 .22
(18) Fachwissen der Mitarbeiter	- .58	- .54	.93/- .95/.95	.75 .76	.68 .75	.40 .43	.19 .58	.06 -.20	.02 .13
(19) Empathie der Mitarbeiter	- .62	- .49	- .77	.91/- .93/.93	.94 .96	.39 .62	.21 .56	.06 -.12	.06 -.01
(20) Motivation der Mitarbeiter	- .68	- .55	- .77	- .89	.91/- .94/.92	.44 .63	.13 .47	.14 -14.	-.02 .14
(21) Empowerment der Mitarbeiter	- .54	- .39	- .60	- .66	- .66	.93/- .86/.91	.2 .45	.02 -.23	-.06 -.14
(22) Produkt/- Leis-tungsangebot	- .48	.61 .69	- .59	- .56	- .62	- .45	.77/.89 .83/.89	.25 .14	.26 .01
(23) Größe	- -.34	.11 -.09	- -.30	- -.40	- -.37	- -.37	.13 -.03	-/- -/-	.50 .22
(24) Langlebigkeit	- .04	.06 .02	- .08	- .02	- .03	- -.03	.19 .05	.47 .20	-/- -/-
(25) Vertrauensneigung	- .10	-.05 .10	- .04	- .00	- .07	- -.03	.02 .07	.05 -.04	.08 -.01
(26) Beziehungsdauer/ -intensität	- .01	.22 .14	- .05	- -.05	- -.03	- -.05	.32 .23	.27 .29	.35 .36
(27) Einstellung zum Internetshopping	- -.03	.27 .01	- -.03	- -.02	- -.05	- -.04	.31 -.04	.03 -.02	.01 .06
(28) Internet Expertise	- -.05	.25 -.02	- .01	- -.03	- -.06	- -.04	.17 .00	.00 .07	-.05 -.04
(29) Word-of-mouth	- .33	.17 .40	- 39	- .40	- .46	- .30	.32 .50	.16 -.08	.16 .03
(30) Reputation in Medien	- -.06	.22 .21	- .07	- .04	- .06	- .06	.31 .20	.36 .37	.24 .02
(31) Wahrgenommene Kompetenz	- .61	.59 .65	- .76	- .74	- .78	- .57	.78 .83	.14 -.22	.16 .10
(32) Wahrgenommenes Wohlwollen	- .68	.54 .59	- .74	- .84	- .89	- .68	.70 .70	.08 -.39	.15 .04
(33) Vertrauen	- .62	.53 .55	- .65	- .73	- .76	- 62	.67 .68	.05 -..33	.14 .02

	(25)	(26)	(27)	(28)	(29)	(30)	(31)	(32)	(33)
(1) Funktionalität des Geschäfts/ der Website	.02 -.01	.30 .11	.25 -.20	.24 -.05	.19 .11	.39 .11	.54 .36	.45 .33	.41 .39
(2) Garantien/ Prob-lemlösungsverhalten	-.19 -.20	.44 .28	.16 -.14	.18 -.10	.10 .15	.56 .28	.50 .63	.50 .54	.50 .57
(3) Gemeinsame Werte/ Ähnlichkeit	-.06 .12	.03 .02	-.03 -.10	.05 .01	.01 .45	.06 .58	.33 .48	.42 .50	.42 .45
(4) Individualisierung	-.09 -.23	.41 -.26	.05 -.21	.20 -.23	.31 .49	.33 .40	.36 .57	.44 .58	.33 .46
(5) Community	-.03 .02	.14 .13	-.15 .03	.01 .06	.19 .54	.15 .44	.25 .27	.04 .20	.16 .17
(6) Schutz vor Miss-brauch Dritter	-.00 -	.38 -	.33 -	.22 -	.25 -	.32 -	.53 -	.40 -	.46 -
(7) Schutz vor Miss-brauch durch den	-.03 -	.29 -	.21 -	.16 -	.37 -	.32 -	.47 -	.44 -	.46 -

	(25)	(26)	(27)	(28)	(29)	(30)	(31)	(32)	(33)
Händler									
(8) Privacy	.01 -	.07 -	.03 -	-.02 -	.07 -	-.08 -	.22 -	.38 -	.36 -
(9) Verfügbarkeit der Website	-.06 -	.22 -	.07 -	.23 -	-.06 -	.33 -	.59 -	.42 -	.40 -
(10) Abwicklungspro-zesse	-.07 -	.47 -	.02 -	.08 -	.10 -	.38 -	.56 -	.55 -	.63 -
(11) Werbung	-.01 .20	.31 .32	.04 -.04	-.03 -.01	.19 .22	.48 .51	.23 -.02	.08 -.10	.14 -.05
(12) Anmutung des Geschäfts/ der Website	-.04 -.19	.17 .39	.02 -.15	.08 .06	.19 .23	.47 .45	.32 .52	.27 .41	.34 .45
(13) Verfügbarkeit produktb. Informatio-nen	-.12 .02	.41 -.20	.18 -.16	.32 -.11	.29 .41	.43 .35	.50 .56	.48 .59	.47 .38
(14) Transparenz	.01 .01	.37 -16.	.29 .00	.29 .00	.25 .50	.26 .35	.55 .44	.39 .40	.54 .31
(15) Referenzen	-.14 .18	.08 -.07	-.04 -.24	-.03 -.21	.42 .39	.34 .54	.13 .18	.04 .24	.12 .17
(16) Ansprechbarkeit	-.09 -.23	.02 .03	-.02 .07	-.13 .10	-.05 .36	.03 -.05	.23 .48	.29 .57	.23 .48
(17) Aktualität der Informationen	.10 -.18	.12 .19	.23 -.18	.12 -.11	.02 .33	.36 .22	.56 .79	.46 .72	.46 .70
(18) Fachwissen der Mitarbeiter	-.04 -.20	-.17 -.03	.01 -.03	-.03 -.04	-.06 .30	.07 .10	.28 .61	.43 .67	.19 .51
(19) Empathie der Mitarbeiter	.04 -.23	-.15 -.14	.17 -.10	-.05 -.04	-.06 .32	.01 .31	.30 .70	.48 .79	.22 .61
(20) Motivation der Mitarbeiter	.14 -.24	-.15 -.17	.07 -.12	-.09 -.06	-.09 .36	.02 .31	.26 .66	.48 .78	.23 .55
(21) Empowerment der Mitarbeiter	.12 -.02	.00 -.11	.13 -.34	.09 -.19	-.16 .15	.02 .13	.21 .51	.27 .56	.13 .41
(22) Produkt/- Leis-tungsangebot	-.23 -.03	.45 .34	.19 -.16	.33 -.14	.32 .20	.55 .19	.86 .79	.70 .66	.69 .67
(23) Größe	-.10 .14	.41 .32	-.14 -.04	-.05 -.09	.20 .04	.31 .44	.26 .01	.14 -.09	.19 .01
(24) Langlebigkeit	-.09 .55	.48 .50	-.04 .21	-.02 .16	.28 .36	.08 .36	.31 -.01	.18 .11	.22 .09
(25) Vertrauensneigung	.77/.73 .80/.75	-.11 .11	.15 -.09	-.19 .07	-.24 .04	-.08 .03	-.08 -.42	.20 -.41	.14 -.28
(26) Beziehungsdauer/ -intensität	-.04 -.03	.75/.75 .82/.82	.22 .03	.37 .00	.43 .11	.42 .07	.46 .11	.25 .05	.45 .17
(27) Einstellung zum Internetshopping	-.02 -.04	.34 -.02	.78/.81 .78/.83	.59 .63	.07 .05	.07 -.07	.23 -.07	.14 -.03	.23 -.01
(28) Internet Expertise	.03 -.01	.36 .05	.51 .65	.93/.89 .95/.92	.03 -.03	.19 .04	.30 -.05	.12 -.14	.15 -.07
(29) Word-of-mouth	.09 .12	.17 .15	.06 .07	.03 .09	.76/.90 .73.90	.46 .62	.31 .32	.08 .40	.21 .30
(30) Reputation in Medien	.14 .11	.20 .14	.14 .07	.16 .12	.58 .50	.85/.93 .93/.92	.52 .25	.37 .24	.38 .14
(31) Wahrgenommene Kompetenz	.00 .09	.34 .08	.38 -.05	.23 .02	.32 .48	.33 .13	.86/.89 .91/.89	.77 .91	.81 .85
(32) Wahrgenommenes	.04	.26	.36	.23	.30	.33	.83	.81/.85	.88

	(25)	(26)	(27)	(28)	(29)	(30)	(31)	(32)	(33)
Wohlwollen	.06	.04	-.05	-.02	.49	.09	.88	.87/.89	.90
(33) Vertrauen	.00 .05	.33 .09	.37 -.07	.22 -.05	.28 .46	.29 .08	.81 .82	.88 .92	.91/.94 .93/.94

Markt und Konsum

Herausgegeben von Prof. Dr. Dr. h. c. Ursula Hansen

- Band 1 Kurt Jeschke: Nachkaufmarketing. Kundenzufriedenheit und Kundenbindung auf Konsumgütermärkten. 1995.
- Band 2 Jürgen Schwill: Reparaturservice als Marketingaufgabe des Handels. 1995.
- Band 3 Holger Wochnowski: Veranstaltungsmarketing. Grundlagen und Gestaltungsempfehlungen zur Vermarktung von Veranstaltungen. 1996.
- Band 4 Peter Schöber: Organisatorische Gestaltung von Beschwerdemanagement-Systemen. 1997.
- Band 5 Thomas Nassua: Die Rolle des Einzelhandels bei der Entwicklung des Konsumentenverhaltens in den neuen Bundesländern. 1998.
- Band 6 Stephan Kull: Ökologieorientiertes Handelsmarketing. Grundlegungen, konzeptuale Ausformungen und empirische Einsichten. 1998.
- Band 7 Michael Korpiun: Erfolgsfaktoren personendominanter Dienstleistungen. Eine quantitative Analyse am Beispiel der Friseurdienstleistung. 1998.
- Band 8 Thorsten Hennig-Thurau: Konsum-Kompetenz: Eine neue Zielgröße für das Management von Geschäftsbeziehungen. Theoretische Begründung und empirische Überprüfung der Relevanz für das Konsumgütermarketing. 1998.
- Band 9 Bernd Rettberg: Der Unternehmensdialog als Instrument einer gesellschaftsorientierten Unternehmensführung. Theoretische Fundierung, empirische Untersuchung und Handlungsempfehlungen. 1999.
- Band 10 Ulf Schrader: Konsumentenakzeptanz eigentumsersetzender Dienstleistungen. Konzeption und empirische Analyse. 2001.
- Band 11 Klaus Wieser: Schwule Männer als Zielgruppe für das Marketing. Eine qualitativ orientierte empirische Untersuchung. 2001.
- Band 12 Frank Eretge: Kollektive Selbstregulierungen als Möglichkeit der Verantwortungsübernahme durch Unternehmen. 2002.
- Band 13 Jens Hoffmann: Automobilmarketing im Spannungsfeld von gesellschaftlichen Umweltzielen und Kundennutzen. 2002.
- Band 14 Christiane Pfeiffer: Integrierte Kommunikation von Sustainability-Netzwerken. Grundlagen und Gestaltung der Kommunikation nachhaltigkeitsorientierter intersektoraler Kooperationen. 2004.
- Band 15 Matthias Bode: Musik in der Werbemittelforschung unter besonderer Berücksichtigung interpretativer Verfahren. 2004.
- Band 16 Daniel Bornemann: Die Konzeptualisierung und empirische Überprüfung des Vertrauenskonstrukts im Rahmen einer vergleichenden Studie zwischen internetbasiertem und traditionellem Handel. 2004.

www.peterlang.de

Peter Lang · Europäischer Verlag der Wissenschaften

Iwona Nowicka

Entstehung von Vertrauen am Beispiel des Berufsstandes der Wirtschaftsprüfer in Polen

Frankfurt am Main, Berlin, Bern, Bruxelles, New York, Oxford, Wien, 2003.
XII, 237 S., zahlr. Abb.
Europäische Hochschulschriften: Reihe 5, Volks- und Betriebswirtschaft. Bd. 2940
ISBN 3-631-50273-7 · br. € 45.50*

Die Vertrauenswürdigkeit von Personen und Institutionen des Wirtschaftslebens wird zunehmend kritisch in der Öffentlichkeit diskutiert. Informationen, die von Unternehmen herausgegeben und von renommierten Prüfungsunternehmen bestätigt wurden, haben sich später als unrichtig erwiesen. Angesichts der im Rahmen der Globalisierung immer stärker werdenden Wirtschaftsverflechtungen erhöht sich jedoch der Anspruch an die Qualität der Wirtschaftsinformationen. Vor diesem Hintergrund untersucht die Arbeit den Prozess der Vertrauensbildung in den Berufsstand der Wirtschaftsprüfer am Beispiel Polens, wo dieser Berufsstand seit Beginn der neunziger Jahre quasi gänzlich neu entstanden ist.

Aus dem Inhalt: Terminologische und konzeptionelle Grundlagen von Vertrauen · Entstehung von Vertrauen in den Berufsstand der Wirtschaftsprüfer in Polen

Frankfurt am Main · Berlin · Bern · Bruxelles · New York · Oxford · Wien
Auslieferung: Verlag Peter Lang AG
Moosstr. 1, CH-2542 Pieterlen
Telefax 00 41 (0) 32 / 376 17 27

*inklusive der in Deutschland gültigen Mehrwertsteuer
Preisänderungen vorbehalten

Homepage http://www.peterlang.de

FSC
www.fsc.org
MIX
Papier | Fördert
gute Waldnutzung
FSC® C083411

Kolibri 360 GmbH
Ferdinand-Jühlke-Straße 7
99095 Erfurt, Deutschland
produktsicherheit@kolibri360.de

Druck:
CPI Druckdienstleistungen GmbH
im Auftrag der
Kolibri 360 GmbH
Ferdinand-Jühlke-Str. 7
99095 Erfurt